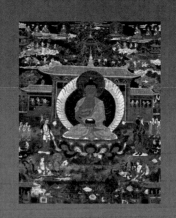

心一堂彭措佛緣叢書・索達吉堪布仁波切譯著文集

佛說無量壽經廣釋

堪布索達吉仁波切　講解

Śūnyatā

書名：佛說無量壽經廣釋
系列：心一堂彭措佛緣叢書 • 索達吉堪布仁波切譯著文集
原著：索達吉堪布仁波切
講解：索達吉堪布仁波切
責任編輯：陳劍聰

出版：心一堂有限公司
地址/門市：香港九龍尖沙咀東麼地道六十三號好時中心LG六十一室
電話號碼：+852-6715-0840　+852-3466-1112
網址：www.sunyata.cc　publish.sunyata.cc
電郵：sunyatabook@gmail.com
心一堂 彭措佛緣叢書論壇：　http://bbs.sunyata.cc
心一堂 彭措佛緣閣：　　　　http://buddhism.sunyata.cc
網上書店：　　　　　　　　http://book.sunyata.cc

香港及海外發行：香港聯合書刊物流有限公司
地址：香港新界大埔汀麗路三十六號中華商務印刷大廈三樓
電話號碼：+852-2150-2100
傳真號碼：+852-2407-3062
電郵：info@suplogistics.com.hk

台灣發行：秀威資訊科技股份有限公司
地址：台灣台北市內湖區瑞光路七十六巷六十五號一樓
電話號碼：+886-2-2796-3638
傳真號碼：+886-2-2796-1377
網絡書店：www.bodbooks.com.tw
台灣讀者服務中心：國家書店
地址：台灣台北市中山區松江路二〇九號一樓
電話號碼：+886-2-2518-0207
傳真號碼：+886-2-2518-0778
網絡網址：http://www.govbooks.com.tw/

中國大陸發行 • 零售：心一堂 • 彭措佛緣閣
深圳地址：中國深圳羅湖立新路六號東門博雅負一層零零八號
電話號碼：+86-755-8222-4934
北京流通處：中國北京東城區雍和宮大街四十號
心一店淘寶網：http://sunyatacc.taobao.com/

版次：二零一五年八月初版，平裝

定價：　港幣　　　二百五十八元正
　　　　新台幣　　九百九十八元正

國際書號 ISBN 978-988-8316-33-5

目錄

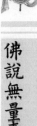

佛說無量壽經廣釋

目
錄

第一課

　　今天開始講《佛說無量壽經》。在正式聽經之前，大家首先對人身難得、佛法難聞應該有個清晰的認識。《佛名經》中說：「人身難得，佛法難聞，眾僧難值，信心難生。」《涅槃經》裡也講了六種難得①。因此大家首先要有難得之心，如果有了這種心，聞法時就會有珍惜心、恭敬心和歡喜心，這樣所獲的功德就無量了。

　　為什麼這次要講《無量壽經》呢？有兩個原因。首先，大約九年前我在廈門翻譯《釋迦牟尼佛廣傳》，當時閩南佛學院和紫竹林佛學院的幾位法師經常跟我談論佛法，因為《無量壽經》的某些版本在漢傳佛教界爭論比較大，所以他們勸我根據藏文譯本重新翻譯這部經典。當時我說自己不一定翻譯，但可以結合藏文譯本講一遍。從那以後我就很想講這部經，一轉眼這麼多個春秋過去了，但一直沒有講成。此外，這幾年我開設了淨土班，給學院內外的佛友們傳講了《阿彌陀經》、《極樂願文大疏》等淨土經論，而《無量壽經》與《阿彌陀經》、《觀經》、《往生論》在漢地被合稱為「淨土三經一論」，在漢傳佛教界影響很大，很多道友都想聽這部經典。基於這兩個原因，所以此次我準備傳講這部經典。

---

①《大般涅槃經》云：一佛世難遇，二正法難聞，三怖心難起，四中國難生，五人身難得，六諸根難具。

1

漢文的《無量壽經》有很多譯本。據歷史記載，此經共有十二個譯本，目前《大藏經》中只有五個譯本，其他譯本都已經佚失了。現存的五種譯本為：《佛說無量清淨平等覺經》，後漢月支國三藏支婁迦讖譯；《佛說阿彌陀三耶三佛薩樓佛檀過度人道經》，吳月支國居士支謙譯；《佛說無量壽經》，曹魏天竺三藏康僧鎧譯；《大寶積經》第五會——《無量壽如來會》，唐代三藏菩提流志譯；《佛說大乘無量壽莊嚴經》，北宋西天譯經三藏法賢譯。如果加上宋代王日休居士會集的《佛說大阿彌陀經》，近代夏蓮居居士會集的《佛說大乘無量壽莊嚴清淨平等覺經》，現存共有七種流傳比較廣的版本。在藏文中，《無量壽經》只有一個版本，收於藏文《大藏經》中。

第一課

這次我準備講菩提流志的譯本，可能有些人會問：「自從菩提流志翻譯後，離現在一千三百多年了，可能從來沒有人講過這個譯本，為什麼你要講他的譯本？」（從這個角度來講，菩提流志應該感謝我。北京大學有一位有名的教授，那天他在接受採訪時說：「我很感謝有人出版我的書……現在我要去接待出版社的人，等他們回去時我還要送。」記者問：「您為什麼這樣做？」他說：「我辛辛苦苦寫了一本書，如果沒有出版，那我不是白費時間了嗎？我希望自己的書對社會發揮作用。」我想，菩提流志辛辛苦苦翻譯出《無量壽經》，肯定也希望有人學習他的譯本。）我的原因有以下幾點：

一、該譯本為漢地諸大德所讚歎。

蕅益大師說：「五譯之中，唐本最佳」。印光大師雖然推薦　康僧鎧的譯本，但他對五種譯本曾經作過評價，對唐譯的評價是：「就中無量壽如來會文理俱好。」袁宏道在《西方合論》中也說：「一無量平等清淨覺經。二無量壽經。三阿彌陀經。四無量壽莊嚴經。五出寶積第十八經，名無量壽如來會。五經同一梵本，前四譯稍不精。」因為這些大德都讚歎唐譯本，所以我選擇了唐譯本。我的選擇到底有沒有道理，希望你們課後好好比較、分析。

二、唐譯本與藏文譯本吻合，便於本人傳講。

很久以來，我一直在藏文《大藏經》裡尋找漢傳淨土經典。到目前為止，《觀經》還沒有找到，也許此經的藏文譯名不同。我有這種經驗，有時某經典的漢藏譯名不同，在這情況下很難找到對應的譯本。而《阿彌陀經》和《無量壽經》則找到了，其中《無量壽經》也是《大寶積經》的第五會。我將藏漢譯本作了對照，發現兩者基本上是相同的。

此外，1993年我們學院舉辦了第一次極樂法會，（那次法會規模巨大，人們有各種說法：有些人說參加的人有七十萬，有些說有二十萬，有些說有十萬，有些說有幾萬。其實這些說法並不矛盾，這應該是眾生面前的不同顯現。在《無量壽經》的各個譯本中，對於與會眷屬數量的說法也不同。有一次我們迎接法王

回學院，對於迎接的車輛，許多部門包括某些秘密部門的說法都不相同：有些說兩百多輛，有些說一百多輛……後來，在關於哪種說法正確上，他們內部也發生了一些矛盾。所以眾生的業力不可思議，我們不可能用一個數字確定某件事情。）法會期間上師如意寶用五六天傳講了此經，我具有此經的清淨傳承。

因此，一方面唐譯本跟藏文譯本的文、義基本對得上，另一方面我有此經的傳承，所以這次我準備用唐譯本傳講。

三、菩提流志是了不起的大德。

菩提流志是南印度人，出身於婆羅門家庭，姓迦葉。他十二歲從外道出家，不久就通達外道的一切學說。六十歲時，他捨棄外道而趣入佛門，依止耶舍瞿沙學習經論，不到五年就通達三藏，成為印度大名鼎鼎的高僧大德。後來唐高宗聽到菩提流志的名聲，於公元683年派專人去印度迎請他到中國。十年後，菩提流志到達洛陽，並在洛陽翻譯出《寶雨經》。因為此經序分中有月光天子將來變成女皇統轄中國的授記，武則天看後非常歡喜，他原來名叫達摩流支，武則天把他的名字改為菩提流志②。

雖然有些歷史說，菩提流志為了取悅武則天，在翻譯《寶雨經》時增加了月光天子變成女皇的說法，因為

②「達摩」意為「法」，「流支」意為「愛」，合起來意為「法愛」；而「菩提」意為「覺」，所以「菩提流志」意為「覺愛」。

其他版本中沒有這段內容。但我想，從菩提流志的嚴謹翻譯態度來看，他應該不會這樣做。

菩提流志後來到了長安，在崇福寺翻譯出包括《大寶積經》在內的許多經典。尤其值得一提的是他對《大寶積經》的翻譯。玄奘大師圓寂前曾準備翻譯《大寶積經》，但才翻譯了幾行就因身體不適而輟筆，不久就示現圓寂。菩提流志來到中國後，在皇帝的支持下準備重譯《大寶積經》，以完成玄奘未竟的事業。《大寶積經》分為許多會，菩提流志在翻譯的過程中，翻閱了前人的零散譯本，譯得好就予以保留，譯得不好就改譯，遇到舊本無有的才新譯，如是歷時七年，終於將《大寶積經》完整地翻譯出來。當時唐睿宗為《大寶積經》親自書寫了序言③。現在後人依然能看到菩提流志翻譯的《大寶積經》，單單從這個貢獻來講，可以說他確實是大菩薩再來。

四、本人綜合比較後作出的選擇。

不管從文字還是從意義上觀察，我覺得菩提流志的譯本確有殊勝之處。前一段時間，我專門拿出兩三天時間，對菩提流志、法賢、康僧鎧、支婁迦讖、支謙的譯本以及兩個會集本進行了研究，並與藏文譯本進行了對照。現在有些人動輒說要研究某部經十年、二十年，我

佛說無量壽經廣釋

---

③據歷史記載，菩提流志活了一百五十六歲，經歷了唐朝好幾任皇帝，這些皇帝都特別恭敬他。

不敢說這樣的話，但也用了一定的時間來研究。通過反覆研究，我覺得唐譯本最好，於是決定採用該譯本。雖然漢地的高僧大德經常講《無量壽經》，但到目前為止沒聽說有人講過這個譯本。當然也許有人講過，我也沒有特別去打聽。

前一段時間，我在中國人民大學宗教研究所演講《藏傳佛教的思想與現實生活》，期間遇到一位曾在斯里蘭卡獲得佛學博士學位的法師，他正在人民大學教梵文。在與他交流的過程中，我問現在有沒有《無量壽經》的梵文原本，他說好像以前看到過。我當時說，如果能找到梵文原本，希望我們能將藏文、漢文譯本和梵文原本進行對照。漢傳佛教有些大德說，因為《無量壽經》有不同的梵文原本，所以導致有不同的譯本；還有些法師說，因為現在沒有可靠的《無量壽經》的梵文原本，所以出現了五花八門的版本。所以問題的焦點都落在梵文原本上。如果能找到可靠的梵文原本，將藏文、漢文譯本和梵文原本進行對照，這樣就可以得出一個結論了。當然，即使沒有得出統一的結論，我想問題也不是很大。在漢傳佛教歷史上，《金剛經》、《心經》、《般若攝頌》等經典都有不同譯本，但人們對各個譯本並沒有太大爭論。在藏傳佛教界，對《大藏經》裡的經典也沒有這方面的爭論。

總而言之，這次我採用唐譯本的原因大概就是這樣。

第
一
課

下面我順便講一下對於《無量壽經》會集本的看法。

　　在漢傳佛教界，對《無量壽經》會集本的爭論歷來比較大。《無量壽經》共有四個會集本，分別由南宋王日休、清代彭際清和魏源以及民國夏蓮居會集。

　　《無量壽經》會集本最早是王日休居士（也叫龍舒居士）整理的，王日休不僅修證非常不錯，臨終站著往生西方淨土，而且對佛教有一定貢獻，曾著有《龍舒淨土文》等論典。他看了菩提流志譯本以外的四種譯本，感覺都有不妥之處，於是會集出了《大阿彌陀經》。從後來的歷史看，很多人都很推崇這個會集本，並且收錄在《大藏經》中。不過到了明朝末年，蓮池大師開始對這個會集本表示不滿，批評此本「未順譯法、高下失次」，也就是說不符合翻譯的方法、經文次第紊亂。因為蓮池大師的影響非常大，從此以後《大阿彌陀經》就逐漸被棄而不用了。

　　到了清朝，又出現了彭際清和魏源的兩個會集本，不過這兩個會集本影響不大。清朝末年，印光大師也對各個會集本提出了批評。雖然有人說印光大師對《大阿彌陀經》很贊同，但從他的《文鈔》看，他不僅對《大阿彌陀經》不滿，對後來的幾個會集本也不贊同。

　　夏蓮居老居士和印光大師是同時代的人，雖然印光大師明確反對會集佛經，但夏居士後來還是會集出

佛說無量壽經廣釋

了《佛說大乘無量壽莊嚴清淨平等覺經》。對於夏居士的會集本，很多人非常讚歎，認為歷代的譯本文字不好懂，而夏居士的會集本文字很優美。這個會集本問世後的一段時間裡，很多人都按照它念誦、修行。據說黃念祖老居士特別推崇這個會集本。曾有人說夏居士是在家身分，沒有資格會集佛經，黃念祖居士特意解釋說，這個經不是夏居士一個人會集的，有一位慧明法師也幫忙會集過。淨空法師也曾說：夏蓮居的會集本不僅文字好，而且圓滿會集了五種譯本的內容，雖然康僧鎧的譯本和其他幾個會集本都很好，但是自己主要講夏蓮居的會集本，並且勸大家念這個會集本。當然，也有人批評夏蓮居的會集本，說不能隨便臆造佛經，東拼西湊是不合理的。

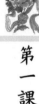

對這件事情，我也考慮過很長時間，但感覺確實不太好說，如果王龍舒居士、夏蓮居居士有特別高深的境界，並且有引導眾生的特殊密意，這樣做當然是可以的。諸佛菩薩的化現各種各樣，會示現各種身分包括特別下劣的身分來度化眾生，甚至會通過讚歎外道、誹謗佛法來度化眾生。因此，如果他們是大菩薩，也有度化眾生的密意，那我不敢說會集佛經不好。但如果不是這樣，一般來講，佛經還是原汁原味放著比較好。

在我們藏地，對佛經的態度是非常慎重的。1987年，土登尼瑪活佛等人建立了《大藏經》對勘局，二十

幾年以來，他們對照了藏文《大藏經》的所有版本，如北京版本、塔爾寺版本、德格版本、西藏版本等，在對照的過程中，如果發現各版本有不同之處，只是在後面做一個注釋。比如經中有一句「阿彌陀經」，在德格版本中這句話是完整的，而北京版本中則少了一個「阿」字，他們不會評價哪個對、哪個錯，只是在北京版本後面做個標記：此處比德格版本少一「阿」字。我認為這種對待佛經的態度很好，因為古代的很多譯師是了不起的大德，他們的譯文很可能有殊勝的密意，所以後人不應該隨便更改。

我們學院印龍欽巴尊者的《七寶藏》也是如此，當時我們對照了藏地七八個不同的版本，有德格版本、安宗版本、從拉薩文物館裡得到的《法界寶藏論》，還有據說是無垢光尊者親自手寫的版本。對於不同版本的差異之處，我們也只是打一個記號，此外所有的原文都完完整整保留著。

我剛才也講了，如果會集佛經有度化眾生的特殊密意，那我們當然無法揣度，這樣做也沒什麼不可以的；但如果不是這樣，那不同的譯本還是應該原封不動地留著。後人如果要學習佛經，就應該通過其中任何一種譯本學習，這樣也許更好吧。

我看過一位法師寫的紀念印光大師生西六十周年的文章，文中說印光大師對會集佛經很不滿，作者根據

佛說無量壽經廣釋

《印光法師文鈔》羅列了五條根據：

一、古人對譯經極為慎重。古代翻譯經典都是經過集體推敲印定的，後人沒有資格對古人翻譯的經文擅自增減取捨。

二、會集佛經極難確保無誤。會集佛經是相當困難的事，像王日休這麼有修證的人，蓮池大師都不滿意他的會集本，更何況現在人的會集本？

三、會集導致妄改佛經。會集佛經會開後人隨意妄改佛經的先例。佛經的金剛語是針對不同根機眾生宣說的，裡面有許多甚深的意義，後人憑自己的分別念隨便改造、增減是不合理的。

四、古德不流通會集本。蓮池大師當年都不同意流通王日休的會集本，所以現在流通其他會集本也是不合理的。

五、會集本授辟佛者柄。如果會集佛經，很可能有些人以「佛經是後人偽造的，並非從印度翻譯而來」為藉口來攻擊佛教。

我覺得他說的第三條、第五條的確很有道理。如果一個人沒有度化眾生的特殊密意，看到這裡有點「問題」，就認為這個版本不對，看到那裡有點「問題」，就覺得那個版本不對，然後就要動手修改佛經，這是非常不合理的。尤其是有些搞學術研究的人，天天用分別念觀察來觀察去，做各種添枝加葉的工作，這種現象如

第一課

果繼續下去，可能以後很多人都會這樣——只要稍微覺得佛經不符合自己的心，就想動手改一改。原來有一個人說《佛子行》寫得不好，他準備增加一兩條無著菩薩沒有說到的內容。不懂經論意義和價值的人確實什麼話都說得出來。

　　在藏傳佛教界，人們對經論普遍非常尊重。不管是任何一部經典，哪怕其中的一個字、一句話，在人們的心目中都會把它看作真正的佛陀，根本不敢輕易更改。對於不同的譯本，人們都依之念誦、學習、修持。像藏地的《入中論》有不同的譯本，法王如意寶背誦的《入中論》和他上師背誦的《入中論》版本不同，法王在引用教證時，有時候引用自己背過的《入中論》，有時候引用他上師背過的《入中論》。（法王記性非常好，年輕時背過很多教證，晚年還能輕鬆地背出來。）

佛說無量壽經廣釋

　　總之，佛教的許多經論有不同的版本，有些版本淺顯易懂，有些版本比較難懂，而且不同版本的內容也有不同之處，但我個人建議：沒有必要對這些進行更改，應該依照古德翻譯的原本念誦學習，這樣比較好。

　　當然，有些佛友學習會集本也不會有什麼危害。我詳細觀察過，會集本裡基本上是佛菩薩的語言，所以學習它應該沒有危害，只不過會集經典的傳統如果繼續下去，很可能真的像剛才那位法師說的一樣：更改佛經的現象會不會越來越多？後人會不會誹謗經典是偽造的？

本來在漢傳佛教，這方面的說法就很多：這個經典是偽造的，那個經典也是偽造的……所以佛教徒對此應該慎重。這次我之所以採用唐譯，原因也與此有關。

以上是我對會集本的一點個人看法。

言歸正傳，從各方面來看，也許現在弘揚唐譯本的緣起成熟了。弘一大師在《蕅益大師年譜》中提到，蕅益大師曾打算給唐譯本寫一個注疏，但因為大師五十七歲就因病圓寂，所以沒有來得及實現這個願望④。以前有人勸我：「當年蕅益大師準備造《無量壽如來會》的注疏，可惜沒有能夠實現，您能不能寫一個注疏？」我開玩笑地說：「螞蟻不能裝老虎，我可能沒有這個能力。」但不管怎麼樣，現在我參照藏文、漢文的各個版本，然後給大家講解此經，之後就像以前整理出《金剛經講記》一樣，給後人留下一本《無量壽經講記》，這應該沒有什麼不可以的，即使對後人沒有利益，至少不會有危害。

在這裡我還要強調一點：我們對宣講佛法一定要慎重。在藏地，講經是相當謹慎的，必須參考前代高僧大德的注釋，否則自己直接講解有一定困難。所以我這次在講解此經的過程中，一方面盡量回憶法王如意寶講過的竅訣，不過上師當時講的很多竅訣現在都忘了，一方

第一課

④《蕅益大師年譜》云：大師著述，除靈峰宗論十卷外，其釋論則有……四十七種。又定嗣注經目，有……圓覺經新疏、無量壽如來會疏……共二十一種，俱未及成書。

面也翻閱相關資料，然後一邊祈禱三寶一邊宣講。

現在很多人認為講經很容易，其實並非如此。相對而言，講論典比較容易，而講經典則不太容易。月稱論師在《入中論》裡說：「如我於佛眾功德，豈能了知而讚言？然由龍猛已宣說，故我無疑述少分。」意思是，我對於佛陀的如海功德怎麼能了知並讚歎呢？但是由於龍猛菩薩在《中論》、《讚法界頌》等論典中已經作了宣說，所以以此為據我才無有懷疑地宣說了少部分。月稱論師說得很清楚，他對於佛陀的功德都無法憑自力宣說，只能依靠龍猛菩薩的論典宣說，可見講經是很不容易的。

我本人對講經的確沒有把握，擔心憑自己的分別念不能很好地解釋經中的甚深道理，所以在這裡特別祈禱：歷代傳承上師、十方諸佛菩薩和護法神，請你們以慧眼明鑒，本人在宣講過程中如果沒有很好地解釋經義，或者以自己分別念染污了經義，或者沒有按次第宣講，諸如此類的過失預先發露懺悔，請對本人傳講此經賜予開許。

此次傳講《無量壽經》，我的發心是這樣的：依靠自己的理解並以善心作講解，但願諸位聽受之後悉皆蒙受利益，獲得阿彌陀佛、法王如意寶以及印度、藏地、漢地所有祖師的加持，相續中的善根早日成熟，早日往生極樂世界。總之，願本人的講解成為各位獲得成就的

佛說無量壽經廣釋

殊勝助緣。

這次聽受《無量壽經》，對很多人來說可能是即生中第一次，當然有些人也許聽過其他法師宣講，對我來說也是第一次宣講《無量壽經》，這對講聞雙方都是很不容易的，所以大家應該共同發願：以此因緣，願自他一切眾生悉皆往生極樂世界。

以前的許多大德曾以金剛語授記說，凡是與法王如意寶結上善緣的人即生都能往生極樂世界，所以我們應該通過學習此經跟法王結上善緣，同時也與阿彌陀佛以及歷代淨土宗祖師結上善緣，這樣自己離開世間時，就能直接往生極樂世界。大家學過《極樂願文大疏》，都知道如果平時精進修持往生四因，依靠自己的信心力和阿彌陀佛宿世的大願力，即使煩惱深重、具足一切束縛的薄地凡夫，也能輕而易舉往生西方極樂世界，所以希望各位好好努力。

今天本來我想講正文，但前面囉嗦了這麼多，只有下一堂課講了。最後我提一點：這次外面很多人通過上網聽經⑤，希望接下來不要耽誤了菩提學會的正式學習，其實有時候在網上聽課不是很守規矩，大家集體學習才是最好的。

---

⑤此次傳講《無量壽經》是首次通過網絡正式對外直播傳法。

14

第二課

在上一節課，我大概介紹了《無量壽經》的不同譯本，依靠唐譯本進行傳講的原因以及對會集本的看法。從這節課開始，我向各位簡單地解釋《無量壽經》。

其實對我來說，解釋這部經典並不是很容易，在座諸位母語是漢語，也許解釋得比我更好，所以這次就算我們共同學習吧。雖然我有慧遠法師的《無量壽經義疏》等幾個講義，但我沒時間細看，另外，在和藏文譯本對照時，有時候能對得上，有時候對不上，所以我講的不一定都對，但不管怎麼樣，從字面上解釋可能不會有太大困難。佛經有外義、內義、密義等不同的意義，一般人以分別念去講解不一定完全對，有時候看起來講經典確實很難，講論典要稍微好一點，所以這次的講解只是給大家做個參考。

就我本人而言，這次能夠學習《無量壽經》，確實發自內心地感到高興。為什麼呢？因為人的壽命是無常、短暫的，能遇到如此加持無量、功德無量的甚深法門，確實是一件非常幸運的事。當一個人離開世間的時候，非佛教徒當然沒有什麼方向，而大多數佛教徒的心願就是回歸極樂世界。但光有心願是不夠的，還要有實際行動，所以我們要精進聞思修行淨土法門，與阿彌陀佛的淨土結上善緣，這樣才能往生極樂世界。而做其他

佛說無量壽經廣釋

的一些行為，比如做一些供養錢財等世間善事，想依之往生淨土恐怕有一定困難。

既然值遇了《無量壽經》這麼殊勝的法門，而且又是法王親自傳授的，所以我一直有傳講這部經典的想法。可是自從法王1993年為我們傳講此經以來，到現在接近二十年了，這個心願一直沒有實現。因緣是很奇妙的，在它該具足的時候，不知不覺就會自然具足，而在它不具足的時候，再怎麼想也沒辦法實現。直到最近以來，各方面的因緣終於湊合了，才有了給大家傳講此經的機會。

在此次傳講的過程中，有人在現場聽聞，有人在外面通過網絡聽聞，這些應該沒有什麼區別，《極樂願文》中說阿彌陀佛的加持沒有遠近之別，所以每位聽法者都能得到利益。如果阿彌陀佛的加持有遠近之別，那極樂世界如是遙遠，遠遠超出了太陽系和銀河系，念阿彌陀佛怎麼會有感應呢？因此大家無需多慮，要相信：在西方無數個世界以外有一位阿彌陀佛，他晝夜六時觀照著五濁惡世的眾生，不管我在現場還是通過網絡聽《無量壽經》，都能得到他的無偏加持。

雖然我講的不一定都對，但和經義應該不會有太大出入，所以大家還是要認真對待。我沒有時間詳細看很多講義，否則有些道理也說得來。現在我每天處於迷迷糊糊的狀態，前一段時間有一個領導說：「我每天要陪

別人喝酒，總是處於迷迷糊糊中，所以建學校的事情就委託你們了，你們想怎麼建都可以。」我倒沒有喝酒，但每天處於這樣那樣的瑣事中，所以也是迷迷糊糊的。這些瑣事不完全算是世間法，我認為可能與眾生的解脫間接有關，所以投入了不少時間和精力。不過這也許是我的執著。每個人都認為自己做的事情有意義，甚至小螞蟻也認為自己的工作很有意義，只要太陽一出來就開始「上班」。其實我們跟這些小蟲沒什麼差別，生前一直忙忙碌碌，當離開人間時才醒悟：噢，原來我活著時再怎麼操勞，現在色身還是要留在人間，只有心識獨自前往後世！

人的一生很快就會過去，今天下午吃一大碗飯，明天下午已經變成屍體，放在殯儀館裡凍僵了，後天可能變成另一種眾生，這些都是很難說的。因此，以猶如水泡般脆弱的身心，聽受能帶來無邊利益的淨土法門，我覺得這的確是一件很好的事情。

如果沒有以聞法來約束自己，沒有以佛法來「充電」，許多人很可能被燈紅酒綠、五欲六塵所誘惑，身陷爾虞我詐的名利場，被煩惱牢牢捆縛著，始終沒有辦法自拔，一直苦不堪言，這樣就特別可憐了。所以我們要強迫自己與佛法結上善緣。哪怕一年當中短短幾個月或者一天當中短短幾個小時用在聞法上，這也是非常有意義的。當你聞法的時候，也許會打妄想，甚至會打瞌

睡，但從總體上講，來聞法還是很好的，畢竟自己不像其他人那樣沒完沒了地忙於無義之事。

在聽課的時候，各位對佛法要有歡喜心，對諸佛菩薩要有恭敬心，這一點非常重要。在世間，唯有佛法的甘露妙藥才能帶來暫時和究竟的快樂，所以我們對佛法要有歡喜心，而佛法是依靠諸佛菩薩的發心才得到的，所以對諸佛菩薩要有恭敬心。如果對佛法有歡喜心，對諸佛菩薩有恭敬心，時刻祈禱諸佛菩薩——願佛法融入自心，願臨終時輕而易舉往生極樂世界，那諸佛菩薩絕不會欺惑我們，自己必定能往生淨土。

在學習的過程中，大家要從兩方面下工夫：具體而言，在學這部《無量壽經》時，要認真聽每一句、每一字，看我是怎樣解釋的，你自己又是如何理解的；總體而言，這部經講完以後，整個情節和內容要能在心中浮現出來，而且不僅知道《無量壽經》是怎麼講的，還要會聯繫其他經典，看《阿彌陀經》是怎麼講的，《觀經》又是怎樣講的。

經題：《大寶積經.無量壽如來會》

這部經典實際上是《大寶積經》中的一會。藏文譯名為《大乘無量壽莊嚴經》，與宋代法賢的譯本名稱相同。如果按藏文譯名來理解，所謂「無量壽」，即經中所講的阿彌陀佛及其四十八願，所謂「莊嚴」，即經中

所講的極樂世界的功德莊嚴，所謂「大乘經」是指描述上述內容的大乘經典。

譯者：大唐三藏菩提流志

菩提流志昨天簡單介紹過了，這部經是他奉皇帝之詔翻譯的。在漢地，唐宋元明等朝代的很多皇帝不僅信佛學佛，對佛教的弘揚也非常重視。像菩提流志活了一百五十六歲，武則天、唐中宗、唐睿宗、唐玄宗四朝皇帝對他的譯經事業都很支持。

一般來講，佛經共分七種：一是佛陀親口說的經典，如去年我們學習的《般若攝頌》。二是佛陀用身體加持的經典，如佛陀加持金剛藏菩薩宣說的《十地經》。三是佛陀用語言加持的經典，如佛陀加持文殊菩薩宣說的《未生怨王懺悔經》。四是佛陀用意加持的經典，如佛陀加持觀音菩薩和舍利子宣說的《心經》。五、六是佛陀的功德和事業加持的經典，包括佛陀加持凡夫、聲緣宣說的經典，樹林傳出的法音以及天鼓傳出的四法印等法音。（佛陀的加持不可思議，有些人原來不太懂佛法，但通過佛陀的加持，後來慢慢會講經說法了。甚至動物也是如此，有些小鳥嘰嘰喳喳叫，我們不知道牠們在叫什麼，但很可能是諸佛菩薩加持牠們在說法。在有些高僧大德的境界中，甚至空調也發出法音。）七是佛陀開許的經典，即佛陀開許弟子在結集佛經時增加的字句。如佛經前面的「如是我聞」、中

佛說無量壽經廣釋

間的「舍利子白佛」、最後的「人非人諸天大眾歡喜讚歎」等。這部《無量壽經》就是佛陀當年親口宣說，後來由弟子們結集而成的。

關於佛經的結集者，雖然有不同的說法，但公認是三位結集者：多聞第一的阿難尊者結集經藏，持戒第一的優波離尊者結集律藏，頭陀第一的迦葉尊者結集論藏。三藏主要是由他們三位結集的。此外，也有很多具足不忘陀羅尼的阿羅漢輔助他們結集。

下面看經典正文。

如是我聞，一時佛住王舍城耆闍崛山中。

我是這樣聽佛說的，在某一個時候，佛陀住於王舍城附近的耆闍崛山中。

「如是我聞」意為我是這樣聽佛說的，這是結集者後來加的。為什麼佛經前面有「如是我聞」呢？這表明結集者對於當時佛陀怎麼說、眷屬怎麼說等過程一清二楚，以證明經文的真實可靠。

如果寫一篇世間的記文，一般要涉及時間、地點、人物、事情，佛經也是如此。下面對這些依次介紹：

「一時」，在某個時候。此處並沒有說某年的一月三十號等固定的時間，為什麼不這樣說呢？因為每個眾生聽聞此經的時間不是一定的，所以要確定一個時間是不合理的。有些眾生可能是夏天聽到這部經，有些眾生

可能是春天聽到，因為佛陀的加持不可思議，所以每個眾生前顯現的說法時間也不盡相同。表面上看，佛陀說法有個固定的時間似乎很好，但實際上不一定很好，有一定的靈活性反而更好。

如果按照大圓滿來講，此處的「一時」可以解釋為三時無時的本來清淨時，或者包括了過去、現在、未來，其意義非常深廣。

「佛住王舍城耆闍崛山中」，佛陀安住在王舍城附近的耆闍崛山中。「耆闍崛山」指的是靈鷲山，《大唐西域記》中對此山有詳細描述。為什麼這座山叫靈鷲山呢？一種說法認為，在這座山頂有一塊大石頭，它的形狀特別像禿鷲，所以這座山叫靈鷲山；還有一種說法認為，當時王舍城的人死後送往附近的屍陀林中，經常有禿鷲從這座山上飛下來吃屍體，吃完後又飛回山上（就像我們學院附近棲息禿鷲的護法神山），因為這座山上有很多禿鷲，所以人們稱其為靈鷲山。靈鷲山是釋迦牟尼佛宣講《妙法蓮華經》、《無量壽經》等很多大乘經典的地方。不過個別小乘宗信徒對此不承認，他們去印度時只去鹿野苑、金剛座等地，不去朝拜靈鷲山。

與大比丘眾萬二千人俱。

與大比丘眾一萬二千人俱會一處。

對於此處的人數，各個版本的說法略有不同：支謙和康僧鎧的譯本也是一萬二千，而藏文譯本和法賢的譯

佛說無量壽經廣釋

本中則是三萬二千。這些差別的原因我在前面講過，可能跟每個眾生的因緣有關。

眾生的業緣各不相同。我們學院舉辦首屆極樂法會時，有些人說參加者有二十萬人，有些則說有七十萬人，差別很大。每個人都認為自己說的準確，但實際上也許確實存在不同的數量。有時候我在外地講課，有人統計說聽課者有一千五百人，有人說有三千人，還有人說有一千人，差別也特別大，也很難說到底哪個數字是對的。所以面對佛經的不同說法，我們也不能輕率下結論，認為一個是正確的、另一個是錯誤的。

《無量壽經》有四個會集本，我不知道每個會集本對此處的數量是怎麼定的，但不管怎麼樣，想定一個「準確」的數字的確很困難。由此我也想到，會集佛經確實不是一件容易的事。這幾位會集者對佛教應該是出於好心，不可能懷有惡心，但這樣會集佛經到底有利有弊真的很難說。很可能像有些法師說的那樣，會導致別人認為佛經是後人偽造的。所以我們對佛經要尊重，不允許隨意添加很多字，甚至一個字都不能更改。即使看到明明是錯別字，也要想：這是不是有密意？我印法本就是這樣，即使在原本中看到明顯的錯別字，也不敢隨便改。佛教的經論與世間的書籍不同，希望大家在這方面要引起注意。

皆是諸大聲聞，眾所知識。

這些比丘都是遠離一切煩惱、獲得漏盡智慧的聲聞聖者，為大眾所知所識。

下面對這些聖者作代表性介紹。在舉行成千上萬人的大會時，主持人不可能提到所有人的名字，只介紹主要的領導。佛陀轉法輪時，與會者也特別多，所以也只能對主要人物加以介紹。

這裡沒有從大乘菩薩開始介紹，而是從小乘比丘開始介紹，否則小乘行者可能會生氣，開玩笑。現在國際上發獎時，往往先發第五名，然後發第四名、第三名、第二名，最後發第一名。這裡也差不多，先從小乘開始介紹，然後再介紹大乘。

說到大小乘，現在有些人說不應該提小乘、大乘，應該提聲聞乘、菩薩乘。為了各宗派之間的和諧，現在有些國際會議上已經不提大小乘了。但我想，提大小乘應該沒什麼問題，小乘行者不至於那麼小氣吧。

其名曰：尊者阿若憍陳如、馬勝、大名、有賢、無垢、須跋陀羅、善稱、圓滿、憍梵缽提、優樓頻螺迦葉、那提迦葉、伽耶迦葉、摩訶迦葉、舍利弗、大目揵連、摩訶迦旃延、摩訶劫賓那、摩訶注那、滿慈子、阿尼樓馱、離波多、上首王、住彼岸、摩俱羅、難陀、有光、善來、羅羅、阿難陀等而為上首。

他們的名字是：尊者阿若憍陳如、馬勝、大名、有賢、無垢、須跋陀羅、善稱、圓滿、憍梵缽提、優樓頻蠡迦葉、那提迦葉、伽耶迦葉、摩訶迦葉、舍利弗、大目犍連、摩訶迦旃延、摩訶劫賓那、摩訶注那、滿慈子、阿尼樓馱、離波多、上首王、住彼岸、摩俱羅、難陀、有光、善來、羅羅、阿難陀，以這些人為上首。

阿若憍陳如是最初追隨佛陀的五比丘之一，在釋迦牟尼佛的教法中，他是第一個證悟者。

馬勝也是五比丘之一，他的行為非常寂靜如法，在佛陀的教法中是威儀第一。當年舍利子看到他的威儀，以此因緣才皈依佛門。

憍梵缽提即牛主尊者或者牛尊者，在佛陀的教法中，他是受天供第一。

優樓頻蠡迦葉、那提迦葉、伽耶迦葉是三兄弟，迦葉是他們的姓氏，這三個人在皈依佛門以前是外道。「優樓頻蠡」是一種樹，因為老大經常在這種樹下搭茅棚修行，於是人們稱他為優樓頻蠡迦葉，他有五百個弟子。「那提」意為河，因為老二經常在河邊居住，於是人們稱他為那提迦葉，他有三百個弟子。此人修行非常精進，在佛陀教法中是精進第一。「伽耶」意為城，因為老三居住在王舍城南，故人們稱他為伽耶迦葉，他有二百個弟子，在佛陀的教法中是教化眾生第一[6]。他們三

⑥此說出自《三藏法數》，《阿彌陀經要解》中說迦留陀夷是教化眾生第一。

位後來發現釋迦牟尼佛的教法才有解脫道，便和弟子們一起皈入佛門。

摩訶迦葉即我們經常說的大迦葉，也就是在雞足山入定的那位迦葉尊者，在佛陀的教法中他是頭陀第一。

舍利弗、目犍連大家都應該很熟悉，他們分別是佛陀教法中智慧第一與神通第一的弟子。

摩訶迦旃延善能分別佛經的甚深意義，他經常到餓鬼和地獄界度化眾生，在佛陀的教法中他是論議第一。

摩訶劫賓那經常說軟語，為眾人所愛樂，在佛陀的教法中他是軟語第一。

滿慈子就是富樓那尊者，在佛陀的教法中他是說法第一。

阿尼樓馱就是阿那律尊者。他原來很愛睡覺，後來佛陀嚴厲呵斥他，他心生大慚愧，便一直精進不睡覺，以致眼睛都瞎了。佛陀哀憫他，為他傳授金剛照明三昧，他通過修持開了天眼，在佛陀的教法中他是天眼第一。《楞嚴經》云：「阿那律見閻浮提，如觀掌中庵摩羅果。」意為，阿那律以天眼能無礙徹見整個南瞻部洲，就像看手中的庵摩羅果一樣清楚。（以後大家瞌睡時也不要睡，一直睜著眼睛，到一定的時候肉眼瞎了，然後通過修行開天眼，那時什麼東西都能看見，晚上出門也不用拿著一個大大的手電筒了，開玩笑。）

離波多是禪定第一，難陀是護根第一，羅羅是密行

佛說無量壽經廣釋

第一，阿難是多聞第一。

除了這些上座比丘以外，在場的還有無量比丘、比丘尼。這些都是聲聞乘眷屬。

復有菩薩摩訶薩眾，所謂普賢菩薩、文殊師利菩薩、彌勒菩薩及賢劫中諸菩薩摩訶薩眾前後圍繞。

還有菩薩摩訶薩眾，所謂普賢菩薩、文殊師利菩薩、彌勒菩薩，以及在賢劫中成佛的諸菩薩眾前後圍繞。

普賢菩薩在菩薩中是大願第一，他發了著名的十大願王。

文殊師利菩薩是三世諸佛之母，十方如來都依靠文殊菩薩教化而發菩提心，如《大乘本生心地觀經》云：「文殊師利大聖尊，三世諸佛以為母，十方如來初發心，皆是文殊教化力。」文殊菩薩也是一切諸佛智慧的總集，所以大家在聞思修行的過程中要經常念文殊心咒，隨時不離文殊菩薩像。

法王如意寶特別重視祈禱文殊菩薩。我記得去五台山前一年，法王要求我們學院每個人念一億遍文殊心咒。他老人家給別人加持時，基本上都是念文殊心咒。很多老道友也清楚，在上師面前得加持時，上師經常是拿著經書或者佛像擱在弟子頭上，然後口中念「嗡阿喇巴匝那德」。

很多授記中都說，法王如意寶就是文殊菩薩的化

現。通過多年聞思和依止上師，我對此深信不疑，自己也經常想：上師一定是大菩薩的化現，只不過我們這些末法眾生業力深重，所以看不到上師的相好莊嚴，只能看到人的形象。

不管在藏地還是漢地，法王如意寶的傳承弟子在講經說法、弘法利生方面都有不共的能力，這應該是得到文殊菩薩加持所致。1987年，法王帶領眾眷屬朝拜五台山，回到學院後法王常說：「我的眷屬們得到文殊菩薩的加持後，智慧之火突然熾燃起來，不管顯宗還是密宗的智慧都極其熾盛。」我並不是自讚毀他，從方方面面來看，上師跟文殊菩薩的確有特殊的因緣。

有些人聞思的能力比較差，背誦一部論典後很快就忘了，佛法的道理一直搞不清楚。這也許是被前世的業力所覆，所以本具的智慧一直體現不出來。如果這些人精進懺悔，虔誠祈禱文殊菩薩，未來生生世世都不會離開智慧的明燈。因此大家要經常祈禱文殊菩薩。

彌勒菩薩是生生世世修持慈心的大菩薩，佛經中說，彌勒菩薩從最初發心開始就不害眾生、不食眾生肉。在梵文中，「彌勒」就是「慈氏」的意思。

又與賢護等十六丈夫眾俱。所謂善思惟義菩薩、慧辯才菩薩、觀無住菩薩、善化神通菩薩、光幢菩薩、智上菩薩、寂根菩薩、慧願菩薩、香象菩薩、寶幢菩薩等而為上首。

佛說無量壽經廣釋

又與賢護等十六位在家菩薩眾俱，所謂善思惟義菩薩、慧辯才菩薩、觀無住菩薩、善化神通菩薩、光幢菩薩、智上菩薩、寂根菩薩、慧願菩薩、香象菩薩、寶幢菩薩等為上首。

總之，佛陀說這部經的時候，有成千上萬的聲聞、菩薩眷屬在場，其他人、非人等眾生應該也有，但此處代表性地介紹了這些聖者。

下面介紹這些大乘菩薩的功德。這段文字在康僧鎧的譯本中有，而在藏文譯本和法賢譯本中都沒有。當然這不可能是譯者隨便加的。既然經中有這樣的內容，我們也從字面上作一個簡單的介紹。

咸共遵修普賢之道，滿足菩薩一切行願，安住一切功德法中，到諸佛法究竟彼岸，願於一切世界之中成等正覺。

（這些菩薩）都遵修普賢之道，滿足菩薩的一切行願，安住於菩薩的一切功德法中，已經到達了佛法的究竟彼岸，並且發願於一切世界之中成正等覺⑦。

下面講這些菩薩發願像釋迦牟尼佛一樣，在不同的世界以十二相⑧成就佛果。

⑦不僅這些菩薩如是發願，其實舍利子、目犍連等在場的很多聲聞聖者也如是發願，他們表面上雖然現為小乘聖者，但有些大乘經典中說他們實際上也是大乘菩薩。

⑧藏地經常講十二相，漢地則經常講八相，其實兩種說法並不矛盾，只是開合不同而已。按照《寶性論》的說法，釋迦牟尼佛於此娑婆世界示現了從兜率天降到人間、入胎、降生、學習乃至涅槃等十二相。

第一、第二、第三相：從兜率天下降人間、入胎以及出生。

又願生彼兜率陀天，於彼壽終，降生右脅，見行七步，放大光明，普佛世界，六種震動，而自唱言：我於一切世間最為尊貴。釋梵諸天咸來親奉。

（這些菩薩）發願轉生到兜率天，在兜率天命終後下降人間，入於母胎中安住，然後從母親右脅降生，示現向四方各行七步，放出光明普照整個世界，大地出現六種震動，然後一手指天、一手指地說：「天上天下，唯我獨尊。」釋梵諸天都前來親近供奉。

六種震動是東湧西沒、西湧東沒、南湧北沒、北湧南沒、邊湧中沒、中湧邊沒。佛經中說，一般的人覺察不到這六種震動，只有天人或者有天眼通的人才知道。這六種震動不是世間的地震，如果釋迦牟尼佛降生時出現大地震，那所有的人都會非常害怕，但這是不可能的。昨天日本又發生了七點幾級的地震，佛陀降生的震動不可能是這樣。

第四相：精通工巧。

又見習學書計、曆數、聲明、伎巧、醫方、養生、符印及餘博戲，擅美過人。

又示現學習文字、算術、曆算、文學、工巧、醫學、養生、符咒、武功，在這些領域獨享美名，所有的人都沒辦法相比。

佛說無量壽經廣釋

「博戲」可能是指武功，義成王子在家時，經常跟釋迦族人比賽箭術、摔跤，當時沒有一個人能勝得過他。

第五相：受用后妃。

身處王宮，厭諸欲境。

身處王宮享受五欲，後來對欲妙產生厭惡心。

第六相：捨國位出家。

見老病死，悟世非常，捐捨國位，踰城學道，解諸纓絡及迦尸迦⑨。

出遊時見到老病死的現象，由此體悟到世間無常，於是捨棄王位，半夜騎馬出城前往寂靜處學道。解下珍寶瓔珞和迦尸迦質地的妙衣，交給馬夫帶回王宮。

第七相：六年苦行。

被服袈裟，六年苦行，能於五濁剎中作斯示見。

出家後披上袈裟，在尼連禪河邊苦行六年，能在五濁世界作如是示現。

第八相：前往菩提道場。

順世間故，浴尼連河，行趣道場。龍王迎讚，諸菩薩眾右繞稱揚。菩薩爾時受草，自敷菩提樹下，結加趺坐。

為了避免眾人譏毀，隨順世間在尼連禪河沐浴，接受牧牛女供養的飲食，享用後恢復了金色的身相，之後

⑨迦尸迦：一種上好布料。

前往金剛座。到達金剛座後，受到龍王、天人和諸菩薩的迎接讚歎供養。菩薩接受賣草人供養的吉祥草，親自敷草為座，然後金剛跏趺坐於座上，發下誓願：「我今若不證，無上大菩提，寧可碎此身，終不起此座！」

第九相：降魔。

又見魔眾合圍，將加危害，菩薩以定慧力降伏魔怨。

又示現被魔眾合圍，將要加以危害，菩薩以禪定和智慧力降伏了一切魔眾。

魔眾首先用美女引誘菩薩，但無法損害菩薩的禪定和智慧，後來他們又用武力進行攻擊，菩薩又以禪定和智慧的力量將魔眾投來的兵器化為朵朵蓮花。

第十相：成正等覺。

成無上覺。

最後夜睹明星大徹大悟，成就無上正等正覺果位。

第十一相：轉法輪。

梵王勸請轉於法輪，勇猛無畏，佛音震吼，擊法鼓，吹法螺，建大法幢，然正法炬，攝受正法，及諸禪定，雨大法雨，澤潤含生，震大法雷，開悟一切。

大梵天王勸請世尊為眾生轉法輪，世尊接受了勸請，勇猛無畏地發出佛音的震吼：擊大法鼓，吹大法螺，立大法幢，點燃正法的火炬，攝受正法以及諸禪定⑩，降大法

⑩即具足教法和證法的功德。

佛說無量壽經廣釋

雨澤潤一切眾生，震大法雷醒悟一切眾生。

釋迦牟尼佛剛成佛時並沒有說法，後來梵天和帝釋天供養千輻金輪和右旋海螺並反覆祈請轉法輪，世尊才應允說法。自從釋迦牟尼佛在鹿野苑說法度化五比丘開始，這個世間才有了佛法和解脫者，眾生才有了光明的前途。

諸佛剎土，普照大光，世界之中，地皆震動，魔宮摧毀，驚怖波旬，破煩惱城，墮諸見網。

轉法輪時放出大光明，普照無量諸佛的剎土，一切世界普皆六種震動，摧毀了魔王的宮殿，使波旬恐怖無比，破除了一切煩惱城，摧毀了一切惡見之網。

遠離黑法，生諸白法，於佛施食，能受能消。

因為已經大徹大悟，遠離了一切黑法，出生一切白法，所以堪能接受、消化人們的供養。

為調眾生，宣揚妙理。或見微笑，放百千光。升灌頂階，受菩提記，或成佛道。

為了調化不同的眾生，宣說初轉四諦法輪、二轉無相法輪、三轉善分別法輪等顯宗法門以及《時輪金剛》、《文殊真實名經》等密宗法門。為了度化眾生，或者示現破顏微笑，或者身體放百千光明。令無量菩薩升至十地灌頂位⑪，為根性成熟的菩薩授記成佛，最終令其成佛。

---

⑪菩薩在十地末時，佛陀會發光為其灌頂。

第十二相：入涅槃。

見入涅槃。

最後示現入於涅槃。

雖然釋迦牟尼佛八十一歲時色身入於涅槃，但就像《法華經》裡說的那樣，實際上佛陀的法身是永遠不會涅槃的，佛陀的正法也不會隱沒。

使無量有情皆得漏盡，成熟菩薩無邊善根。如是諸佛剎中皆能示見。

使無量有情都獲得漏盡果位，成熟菩薩的無邊善根，在各個佛剎中都能示現如是十二相。

總之，像釋迦牟尼佛一樣以上述十二相廣利一切人天大眾，這就是上述諸大菩薩的發願。

我認為這段經文這樣解釋可能比較好，方便的話你們跟康僧鎧的譯本對照一下，看這樣解釋怎麼樣。漢地大德對《無量壽經》歷來解釋得不多，道友們以後要發願宣講《無量壽經》。當然，自己首先對這部經典從頭到尾要明白，否則自己都不懂，給別人宣講是很困難的。從這個時代開始，大家要大力弘揚《阿彌陀經》和《無量壽經》。

學習《無量壽經》後，我們的心要跟佛法相應，經中的這些道理是阿彌陀佛和釋迦牟尼佛悲心和智慧的流露，如果自己經常處於這樣的悲心和智慧中，邪見會一

佛說無量壽經廣釋

天天摧毀，正見會一天天增上，這樣往生極樂世界就不困難了。

　　如果自己的心沒有和佛法相應，即使你口中說「我一定要往生，我現在就想往生」，手中拿著轉經輪往西方拼命跑，這也不一定能往生。有些人一邊生嗔恨心一邊念：「南無阿彌陀佛，南無阿彌陀佛……」這樣念佛也不是個辦法。大家應該通過佛法摧毀相續中的煩惱，對阿彌陀佛生起清淨的信心，將所有眾生都觀為佛菩薩，把他們當作修布施、持戒、安忍的對境。要知道六波羅蜜多全部是依靠眾生而成就的，如果有這樣清淨的境界，往生極樂世界應該不會很困難。總之，淨土宗的修行人應該將聞思和修行相結合、修行和生活相結合，這一點非常重要。

第二課

第三課

今天接著講《大寶積經.無量壽如來會》。這次我基本上是以傳統的方式講這部經。如今很多人按照現代人的口吻講經，這在有些領域是適合的，比如聽眾大多數是非佛教徒或者大學生、知識分子，對這些人不一定要按照古代的方式講經。但這次聽《無量壽經》的人當中，90%以上是長期聞思修行、有一定佛教基礎的人，如果在這些人面前按照世俗的理念或者人間佛教的提法來講，我覺得沒有太大必要。

現在藏地法師講法的方式也不盡相同，有些人雖然沒有明說，但基本上與人間佛教的理念相同。這有一個好處——非佛教徒比較容易理解；但也有不好的地方——有時候佛教的真正味道沒有了，比如在講出離心或者空性時，按他們的講法就體現不出本來的意義。

學習佛法的機會非常難得，所以大家要珍惜這次的機會。在短暫的人生中，每個人都有許多希求，但是真正實現的卻寥寥無幾。因此，如果能放下世間的希求，圓滿聽聞一部佛經甚至一堂法，也會在阿賴耶中播下解脫的種子，這樣自己的人生也有意義了，所以大家應該以歡喜心聽受佛法。在這個過程中，即使沒有通達甚深的法義，但只要內心對佛法有強烈的意樂，這也是一件好事。

佛說無量壽經廣釋

大家要注意的是，學習佛法的時間不能太短了。昨天我家裡來了一個出家人，我問他：「現在你過得怎麼樣？」他說：「還可以吧，很好的。」我說：「怎麼很好啊？」他說：「每天聽聽課，學學法，多好啊。」我又問他：「你聽了多長時間課了？」他說：「我在這裡已經十八年了。」後來我想：能夠聽課學法十八年，這的確是一種享受。

　　華智仁波切曾說，有些人的聞思就像蝌蚪的身體一樣——頭大尾巴小。現在有些人就是如此，剛學佛時熱情得不得了，廢寢忘食地學習，白天不休息，晚上也不睡覺。旁邊人勸他：「你不要這樣，不然會累壞的。」他根本不聽：「沒事，人身難得，佛法難聞，壽命無常，一定要精進。」可是一段時間後，他們又完全放棄佛法，重新拾起世間法。

　　前一段時間，我在南方對一些居士開示：「剛開始學佛時，有些人太積極了，把所有的事情都拋棄，家裡的人不管，工作也不要，然後前往寂靜的地方，在自己有信心的上師前發誓：『不管是死也好活也好，我永遠依止您老人家，我的生活、解脫、一切的一切都寄託在您身上了！』可是到了後來，自己的信心不那麼強烈了，又徹底放棄佛法，完全回到世間。我覺得這兩者都是走極端。」

　　其實，學佛是個漫長的過程，我們不要指望有立竿

見影的效果。雖然有些人就像口渴時喝水一樣，學佛後馬上會有不同的感覺，但不一定所有人都如此。只有通過長期熏習，依靠潛移默化的力量，自己的心才會變得柔軟，逐漸與正法相應。所以大家要有長期聞思修行的打算。

下面開始講正文。今天講的道理沒什麼可發揮的，再加上唐譯本沒有可供參考的講義，所以我只是憑自己的理解從字面上過一下，在聽講時你們也要運用自己的智慧去理解。

前面講了諸大菩薩發願示現十二相，下面講這些菩薩的境界。

譬如幻師善知幻術，而能示見男女等相，於彼相中實無可得；如是如是諸菩薩等，善學無邊幻術功德故，能示見變化相應，能善了知變化之道故。

比如幻師非常善巧幻術，能夠變現男女大象駿馬等相，而且他知道正在變現這些相時，其本體了不可得；同樣，這些菩薩善學無量無邊的幻術功德，能夠能相應眾生的根機意樂示現種種幻變（尤其是能應機宣說佛法）。為什麼他們能做到這樣？因為善於了知變化之道的緣故。

《華嚴經》云：「猶如工幻師，能現種種身，菩薩自在力，充滿十方界。」猶如幻化師能變現男女等種種

身相，同樣，依靠善巧方便的自在力量，菩薩也能在十方世界示現種種身相，並饒益十方世界的眾生。這就是菩薩的大智慧力。

通過什麼方法能度化眾生？講什麼法、做什麼功德對眾生有利？對於諸如此類的問題，凡夫人確實不知道，怎麼想也不會明白。有些人本來想做好事，但往往在不了知眾生根機的情況下，做出了與最初所想不一致的事情。這就是凡夫人的不足之處。

示諸佛土，見大慈悲，一切群生，普皆饒益，菩薩願行。

（這些菩薩）示現東南西北等無量的剎土，展現內在的大慈大悲心，普皆饒益世間的一切群生，這就是菩薩的偉大願行。

願力的作用很大。《大智度論》云：「譬如牛力雖能挽車，要須御者能有所至；淨世界願亦復如是，福德如牛，願如御者。」如果沒有人駕馭，只靠牛的力量，車子不可能行於正道；同樣，如果沒有願力，菩薩即使有福德，也無法行持利益眾生的事業。因此，哪怕我們聽一堂課、做一點善事，剛開始都要發願：以今天所作的善根，願我將來能夠利益眾生。做完之後也要這樣迴向。

《法華玄義》云：「願行事理，自然和融。」因此，如果能常發大願，到一定時候願力跟行為便能自然

第三課

融合，這樣就會圓滿菩薩的六度萬行；否則，如果現在沒有發願，將來要實現六度萬行是很困難的。

人身很難得，值遇大乘佛法、善知識和同行道友更為難得，在座諸位已經具足了這些善緣，此時內心的發願尤為重要。每個人學佛目的不盡相同，有些是為了健康，有些是為了發財，有些是為了自己獲得解脫，還有些是為了度化天邊無際的眾生而成佛。人的發心從表面形象看不出來，道教修行善法，基督教修行善法，佛教也修行善法，除了穿著方式不同以外，外在的善法形象似乎都一樣，但內在的發心卻有天壤之別。大乘佛法最不共於其他宗教和思想的是什麼？就是利他的願行。如果一個人有了利他的願行，那他學佛的方向決定是正確的，即使他沒有開天眼，也沒有發神通，既不能像老鷹一樣在虛空中飛翔，也不能持寶瓶氣，一吸氣整個肚子都鼓起來，我覺得也沒有什麼遺憾的。

佛說無量壽經廣釋

成就無疆無量義門，通達平等，一切善法具足修成，諸佛剎中平等趣入，常為諸佛勸進加威。

（這些菩薩）成就無量無邊法門，（菩薩的心胸很豁達，無礙通達顯宗、密宗以及世間的無量法門，不像有些人那樣狹隘——我只學這個宗派，不學其他宗派。其他宗派本來也是純正的佛教，可是有些人根本不想看、不想聽、不想學。）對世俗諦和勝義諦、顯現和空性、大悲和智慧都通達平等無二，並且對這些都具足修成，（不是光理論上通達卻不修持，從一地

到十地都是菩薩修道的過程。）依靠神變平等前往東南西北等無量恆河沙數佛剎⑫，在如來面前聞受種種法門、獲得種種等持，恆常蒙受諸佛勸發精進、賜予威力。

有些人經常說：「請給我開導開導」，「請給我加持加持」，「請賜予我力量，否則我馬上要倒下去了」。其實不僅一般的人需要幫助，菩薩也需要佛陀勸進、加威。如《觀經》中說：「讚歎行者，勸進其心。」十方如來恆時觀照法界有情，經常安慰、讚歎、加被菩薩：「你現在學得很好」，「你修行很精進」，「這幾天你很有進步」……菩薩尚且需要安慰，和菩薩相比，凡夫人當然更需要安慰了。有些人兩三天沒有上師或者道友提供助緣，馬上就奄奄一息了，他們自己也講：「我現在已經不行了，明明知道墮落了，但實在是站不起來。」

一切如來識知印可，為教菩薩作阿闍梨，常習相應無邊諸行，通達一切法界所行。

（這些菩薩）為一切如來所識知印可，為了教化其他菩薩，他們示現作阿闍梨，經常修習相應無邊諸行，通達一切法界所行。

這些菩薩的境界為一切如來所了知，並且獲得一切如來的印證。《維摩詰經》中說「佛所印可」，所謂的

---

⑫一地菩薩一剎那可以前往一百個佛剎，二地、三地乃至十地的菩薩可以一剎那前往更多佛剎。

40

「印可」，其實就是印證修行境界。禪宗經常說直指人心、見性成佛，這種境界也需要開悟禪師的印證。

為了教化其他菩薩，這些菩薩還顯現阿闍梨的形象，為眷屬們講經說法、開示指導。此外，他們經常修習相應無邊法門。在世俗中現前盡所有智，隨眾生根機行持相應的六度萬行；在勝義中現前如所有智，了悟一切萬法皆為空性，通達一切所行無有所住，認識到一切都是法界真如，遠離了一切邊執戲論。

能善了知有情及土，亦常發趣供諸如來，見種種身，猶如影像⑬。

（這些菩薩）善能了知一切眾生的根機、意樂、界性以及一切清淨和不清淨剎土，也經常以普賢雲供供養十方諸佛，能示現種種猶如影像般現而無自性的身相。

此處的菩薩都是一地以上的聖者，所以都具足一剎那面見並供養眾多如來的能力。實際上，不要說這些登地的菩薩，大資糧道以上的菩薩都能面見十方如來的尊顏。

善學因陀羅網，能破魔網，壞諸見網，入有情網，能超煩惱眷屬及魔侶魔人，遠出聲聞辟支佛地。

（這些菩薩）善學因陀羅網⑭，依靠這種無畏的智

---

⑬在康僧鎧譯本中為：「化現其身，猶如電光。」
⑭因陀羅網就是帝釋網。帝釋天王有一種寶珠串成的網，這種網上的每一顆寶珠能映現其他所有的寶珠，佛教常用它比喻一多相融、重重無盡之義。此處以因陀羅網比喻無畏的智慧之網。

佛說無量壽經廣釋

慧之網能破除一切邪魔外道的魔網，毀壞一切邊見、邪見、見取見等惡見之網，他們能以大悲心入於束縛有情的迷亂之網，同時又超越了貪嗔癡等根本煩惱與隨煩惱的束縛，遠離了魔侶、魔人的危害，並且遠遠超出聲聞和辟支佛的境界。

世間眾生被纏縛在煩惱、迷茫和痛苦的網中，根本沒辦法自拔，就像小鳥被困在羅網裡一樣；而菩薩擺脫了一切束縛之網，就像老鷹一樣自由自在地在虛空中翱翔，這就是菩薩的超勝功德。

入空無相無願法門，而能安住方便善巧，初不樂入二乘涅槃，得無生無滅諸三摩地。

（這些菩薩）入於因無相、體空性、果無願的三解脫門，能安住度化眾生的善巧方便，不樂入於聲聞緣覺的涅槃，已經獲得了無生無滅的究竟三摩地。

三摩地又叫三昧，就是禪定的意思。《大智度論》云：「善心一處住不動，是名三昧。」所以，令善心不動搖，這就是禪定。當然，現在我們令心安住是有生有滅的，而最究竟的禪定是無生無滅的。

及得一切陀羅尼門，廣大諸根，辯才決定，於菩薩藏法善能了知，佛華三昧隨時悟入。

（這些菩薩）獲得一切陀羅尼法藏，信勤念定慧等五根廣大、清淨，辯才圓滿決定，善能了知菩薩法藏，能夠隨時悟入佛華三昧。

佛華三昧即《華嚴經》中所說的佛華嚴三昧，簡稱華嚴三昧，也就是普賢菩薩所入的禪定。真正的禪定是遠離邪分別念的，《大乘義章》中說：「心體寂靜，離於邪亂，故曰三昧。」佛華三昧是遠離一切邪分別念的究竟三昧，此處的諸大菩薩可以隨時隨地入於這種三昧。

具一切種甚深禪定，一切諸佛皆悉見前，於一念中遍遊佛土，周旋往返不異其時。

（這些菩薩）具足一切甚深禪定，隨時隨地能見到一切諸佛，在一念中可以周遊十方恆河沙數佛土，在諸佛面前聽受深廣法門，然後不異其時而返回。

所謂「不異其時」，即來去的時間沒有前後之別。在菩薩的自現境界中，一瞬間便可到各個佛土並且再回到自己的居處。這種境界對我們來講是不可思議的，在座很多人恐怕都難以理解，但大菩薩的神通就是這麼稀奇。

於難非難邊能了諸邊，敷演實際，差別善知，得佛辯才，住普賢行。

（這些菩薩）對難（勝義空性境界）與非難（世俗名言境界）諸邊都能通達無礙，能在不同根機眾生面前演說實際法門，善巧了知一切差別之法，得到佛陀的種種辯才，安住於普賢菩薩的十大願行。

《大智度論》中說：「實際者如先說，法性名為

佛說無量壽經廣釋

實，入處名為際。」意思是法性叫做「實」，入於法性叫做「際」。我們平時經常說實相，其實與「實際」一樣，「實相」也可以分開——法性叫做「實」，入於法性叫做「相」。因此，如果現相和實相融為一體，現前了現空雙運的本體，那時就叫做「實際」或者「實相」。

「差別」就是世俗名言之法。這些大菩薩善能了知種種差別法，如眾生根機的差別、法門的差別等，總之，他們對世間千差萬別的道理全部瞭如指掌。

善能分別眾生語言，超過世間一切之法，善知一切出世間法。

（這些菩薩）善能分別眾生的語言，超出一切世間的染污法，並且善知一切出世間法。

第
三
課

這些菩薩善能分別眾生的語言，可以隨眾生根機而宣說佛法。他們說一句話，不同的眾生能以各自的語言了知——人類以人的語言了知，飛禽以飛禽的語言了知，走獸以走獸的語言了知。雖然他們超越了世間的迷亂顯現，了知一切出世間法，可是為了利益眾生，他們也示現隨順世間，通達世間的一切所為。

說到這裡，我順便談談「入世和出世」這個問題。唐代的惟信禪師說：「老僧三十年前未參禪時，見山是山、見水是水。及至後來親見知識有個入處，見山不是山、見水不是水。而今得個休歇處，依然見山只是山、

見水只是水。」今天有人問我入世和出世的關係，我結合這個教言回答說：「一個人剛信佛時，沒有任何看破世間的境界，那時山就是山、水就是水，對他來講一切都是世間法，此為入世；到了中間，有了看破世間的境界，那時山不是山、水不是水，世間和出世間完全是分開的，他可以安住於出世間的境界修行，此為出世；到了最後，有了很高的證悟境界，以大悲心重新融入世間，那時山還是山、水還是水，這又是入世。」

這三個階段也可以用煩惱和菩提來解釋：剛開始煩惱就是煩惱；中間煩惱不是煩惱，從前遍滿煩惱的相續成了菩提（暫時的菩提）的境界；最後煩惱還是煩惱，只不過已經轉為菩提（究竟的菩提）的妙用。

這是從入世和出世的角度理解惟信禪師的教言。《大圓滿前行》中說，世間法和出世間法不可能兩全其美，只能選擇其一、放棄另一個。其實這是對一般初學者講的。米拉日巴開始雖然遠離世間精進苦行，但最後還是入於世間以唱道歌的方式向人們弘揚佛法。所以在入世和出世的問題上，我們要有全面的理解。

得資具自在波羅蜜多，荷擔有情，為不請友，能持一切如來法藏，安住不斷一切佛種，哀愍有情，能開法眼。

（這些菩薩）獲得資具自在波羅蜜多，荷擔一切有情的義利，成為一切眾生的不請友，能受持一切如來的

佛說無量壽經廣釋

正法寶藏，以大悲心和菩提心不斷一切佛種，慈悲一切有情，開啟有情的法眼。

什麼是不請友？即不需要眾生邀請，自己主動去利益眾生。世間人互相交往是有一定條件的——你如果邀請我，我才會幫助你；你如果對我好，我就對你好；你如果對我不好，我就對你不好。但對發了菩提心的菩薩來講，利益眾生不需要別人邀請，應該有主動性和積極性。並不是可憐的眾生天天呼喚：「菩薩！菩薩！我痛得不行了，我窮得不行了，你可不可以幫助我啊？」聽到這些求助聲後，菩薩才不情願地幫一幫，然後趕緊離開。在佛教的歷史上，許多偉大的菩薩都是沒有邀請，主動去幫助可憐眾生的。

《華嚴經》中說：「非眾生請我發心，我自為眾生作不請之友。」在座很多人都發過菩提心，既然已經發過菩提心，那我們就是眾生的不請友，應該無條件地幫助眾生。菩薩利益眾生不能像世間人簽合同或者結婚一樣，首先要有一定的條件，在這個條件基礎上才簽字、拍照。作為發菩提心的菩薩，無邊的眾生都是他的朋友，哪裡有眾生就應該到哪裡去。這不是行為上的表演，也不是口頭上的宣傳，內心要真有這種境界，這才算真正體現華嚴精神的大菩薩。

菩薩還能受持如來的正法寶藏。現在我們天天聽聞佛法、弘揚佛法，這就是受持教法藏，相續中生起出離

心、大悲心、菩提心等善心，這就是受持證法藏。當然，大菩薩能受持如來的一切法藏，而我們只能受持如來的部分法藏。

菩薩恆時悲憫一切有情，並且通過講經說法讓他們開啟智慧的法眼。眾生非常需要講經說法，所以我希望今後因緣具足時，在不被世間法所染的基礎上，很多人能夠主動站出來為眾生宣說佛法。不過漢地歷來不太重視講經說法，更何況現在是21世紀，是金錢至上的時代，人們特別崇拜金錢，學習佛法的氛圍就更淡薄了，這一點非常可悲。

電影《2012》出現後，很多人問我：「瑪雅人對未來的授記到2012年就結束了，這是不是預示著世界末日到了？」我曾經看過這方面的一些書，我認為瑪雅人的授記並不是說世界到了末日，而是指人類的精神進化在2012年可能會到一個轉折點。從瑪雅人的授記來看，到公元2012年，人們盲目追求外在的享受，內心的快樂基本上沒有了。從某種意義上講，2012年也許標誌著人類文化的結束。如今漢地的傳統文化、藏地的傳統文化都面臨中斷的危機。我們平時不難發現，在很多藏族年輕人的身上，幾乎找不到佛教信仰和傳統文化的痕跡，這是非常可悲的。

現在的人很需要對解脫和心靈有利的智慧法語，所以有能力者應以講經說法開啟眾生的法眼。可是如今能

47

講經說法的人很少,即使有這樣的人,也很難找到弟子。那天我遇到一位法師,他說:「我這次放假期間特別想講經說法,但是從東北到南方轉了一圈,結果沒有找到一個弟子,實在無法開啟眾生的慧眼,最後不得不回學院了。」他說得是,現在弟子的確不好找。

閉諸惡趣,開善趣門,普觀有情,能作父母兄弟之想,又觀眾生如己身想。

(這些菩薩)斷除一切惡業,故能閉塞一切惡趣的門,發起菩提心和出離心,故能開啟解脫和善趣的門,能觀一切有情為父母兄弟,又觀一切眾生如同自己的身體。

證得一切讚歎功德波羅蜜多,能善了知讚歎如來一切功德及餘稱讚諸功德法。如是菩薩摩訶薩眾無量無邊皆來集會。

(這些菩薩)證得一切讚歎功德波羅蜜多,能了知如何讚歎如來的一切功德以及其餘值得稱讚的功德法。這樣的菩薩摩訶薩眾無量無邊皆來集會。

其實讚歎不是件容易事,有些人雖然想讚歎,可是不會讚歎。有些弟子本來在讚歎上師,可是聽起來卻像在誹謗上師:我的上師會唱歌、會跳舞、會……藏地有種說法:不會讚歎者的讚歎是一種誹謗。所以讀了有些上師的傳記,自己只有悄悄地笑——這難道是功德嗎?但菩薩不是這樣,他們懂得如何讚歎。

第三課

總之，這樣的菩薩大菩薩眾有無量無邊，他們都集聚在法會現場。當然，前面也講過，除了以普賢菩薩、文殊菩薩、彌勒菩薩為主的菩薩眾以外，還有以目犍連、舍利子尊者為主的很多阿羅漢也集聚在這裡。

以上這段文字在康僧鎧和菩提流志的譯本中有，而在其他譯本中沒有。我相信這些文字在梵文原本中肯定是有的，這麼著名的大譯師不可能隨便編造一段文字加在經中。所以我憑藉自己的理解從字面上簡單地作了一個解釋。

一般來說，佛陀宣講任何經典都有特定的緣起：首先是時間和地點，然後是參加的人員，這樣說法的緣起就聚合了。就像世間的開會一樣，在某個時間和地點，與會人員全部到了以後，主持人開始發言：……請某某致詞。我看過一些《會議紀要》，基本上就是這樣。佛陀說法的法會也差不多。以上介紹了法會的緣起，下面開始進入正題。

爾時尊者阿難從坐而起，整理衣服，偏袒右肩，右膝著地，合掌向佛。

這個時候，阿難尊者從座而起，整理衣服，偏袒右肩，右膝著地，合掌向佛。

佛陀在世時披法衣的方式和現在一樣，也是披在左肩、露出右肩。現在有些人說法衣應該披在右肩上，這

恐怕是不合理的。不過有些人洗照片時把底片放反了，結果法衣真的成了披在右肩。這裡說阿難尊者右膝著地，現在拜見高僧大德一般都是雙膝著地，也有些人是左膝著地，不知道這是誰的傳統。

白言：大德世尊，身色諸根悉皆清淨，威光赫奕如融金聚，又如明鏡凝照光暉，從昔已來初未曾見。喜得瞻仰，生希有心。

阿難說：大德世尊，您的身色和諸根都極其清淨，身體發出金色的光，猶如融化的贍部金⑮一樣，又像明鏡一樣光輝照耀，我從來沒有見過如此莊嚴的身相。今天瞻仰如此莊嚴的身相，我生起極大的歡喜心和稀有心。

見到金光閃閃的佛像或者莊嚴的唐卡時，如果能生起信心，就會積累不可思議的功德。《大寶積經.如來不思議性品》云：「諸佛不思議，佛光不思議，信者及獲福，亦爾難思議。」大意為佛陀的功德不可思議，佛光的功德不可思議，如果有人對佛陀和佛光有信心，那麼所獲的福德也是不可思議的。我覺得這個教證很好，大家應該牢記。

不管看見什麼樣的佛像，我總是覺得自己很有福報。大家也應該有這樣的感覺。即使你有點愚笨，不能理解佛陀的甚深教義，但是能擁有佛像，內心生起信

⑮贍部金：即閻浮檀金，又稱染部捺陀金、贍部捺陀金、剡浮那他金、閻浮那陀金、勝金。於香醉山與雪山之間，有流經閻浮樹林之河流，從此河流採出之金即稱閻浮檀金。此金色澤赤黃帶有紫焰氣，為金中之最高貴者。

心，以其為對境進行供養，這也有很大的福德。有些人對我說：「這輩子我造了那麼多業，雖然現在已經皈依佛門，但是什麼法都沒有學到，感覺自己活著一點意義都沒有，還不如早點死了好。」其實並非如此，只要你有信心，乃至對佛像生起一剎那信心，也會有不可思議的功德。當然，在法會現場的阿難等人就更不用說了，他們能親見如來的尊顏，確實很有福報。

當時阿難看到如來的身相極其莊嚴，從來沒有見過如此身相，他覺得今天世尊一定很高興，是不是有什麼事情，所以便向佛陀發問。

世尊今者入大寂定行，如來行皆悉圓滿，善能建立大丈夫行，思惟去來現在諸佛，世尊何故住斯念耶？

是不是世尊今天入於禪定波羅蜜多？是不是您圓滿行持如來的行為？是不是您在眾生面前善妙建立大丈夫行？是不是您在思維過去、未來、現在諸如來的不可思議境界？世尊為何住於這樣的境界？

人們平時也會講：「上師，今天您這麼高興，是不是要給我們講一個特別殊勝的竅訣？」「是不是要給我們作個不同以往的開示？」當時阿難尊者也這樣問佛陀：……您是不是入於不可思議的境界？當然，佛陀本來恆時安住於這樣的境界，但為了創造宣說佛法的緣起，所以阿難故意提出這個問題。

佛說無量壽經廣釋

爾時佛告阿難：汝今云何能知此義？為有諸天來告汝耶？為以見我及自知耶？

　　這時佛陀告訴阿難：你今天怎麼能知道這個意義？是天人告訴你呢？還是你見到我的身相後以自己的智慧知道呢？

　　阿難白佛言：世尊，我見如來光瑞希有，故發斯念，非因天等。

　　阿難對佛陀說：世尊，我見到如來諸根清淨、光芒照耀等稀有瑞相，所以產生了這樣的心念，並不是帝釋、梵天等天人告訴我的。

第三課

第四課

　　講經典和講一些簡單的論典有所不同。講經典時首先要從字面上解釋，讓聽眾明白經文的直接意義，然後再開顯經文的密義和引申意義。聽經的人也要從這些方面進行思維。

　　前面我們講到，佛陀問阿難：「你提出這樣的問題，是天人告訴你的呢？還是你見到我的身相後以自己的智慧問的呢？」阿難回答說：「我見到世尊的身體、光芒如是稀有，所以向佛陀提問，並不是天人告訴我的。」

　　實際上，阿難也不是依靠自己的能力提問的，應該說是佛陀加持他產生了提問的勇氣和智慧。當時阿難還沒有獲得阿羅漢果，只獲得了須陀洹果，直到佛陀涅槃後，四百九十九位阿羅漢結集佛經時，他通過精進修行才獲得阿羅漢果。所以，當時要憑自力向世尊提問，對阿難來說有困難。但佛陀的加持力不可思議，即使沒有得到阿羅漢果，通過佛陀的加持也可以提問。

　　現在也有類似的情況。有些人本身智慧不是很高，可以說是非常一般，但是憑藉上師和諸佛菩薩的加持，在弘法利生的過程中發揮了很大作用。很多發心人都有這種感覺，平時自己在智慧、禪定、精進各方面都不如別人，可是在發心過程中智慧自然而然流露出來，自己

佛說無量壽經廣釋

也很奇怪：怎麼我這麼有智慧？很多人也感謝上師說：
「肯定是諸佛菩薩的加持，肯定是上師您老人家的加
持，所以我現在這麼成功。」

**佛告阿難：善哉，善哉，汝今快問，善能觀察，
微妙辯才，能問如來如是之義。**

佛陀告訴阿難：善哉，善哉，你今天問得很好，你
的觀察力很好，具足微妙的辯才，所以能問如來如是之
義。

有時候，通過提出的問題，也能測知一個人的內
心。有些人在佛法或者世間法上沒有很深的體悟，雖然
能夠提出一些問題，但只不過是個人的小懷疑，沒什麼
可回答的，即使作了回答，對眾生幫助也不大。這是我
們平時在和人交流的過程中也能發現的。

第四課

在此處，佛陀讚歎阿難具足智慧辯才，能向如來詢
問如是甚深的意義。其實從表面上看，阿難的問題比較
簡單，但佛陀為什麼非常高興呢？這是因為緣起很好，
所以即便一個很小的問題，也能引出甚深的答案。換句
話說，並不是阿難問得深奧，而是他問的時機成熟。

當緣起成熟時，通過弟子的請求，高僧大德們也會
傳授相應的法要。1990年底，法王如意寶從印度回到學
院，由於我對《大圓滿心性休息大車疏》很有信心，便
祈求上師傳授這部法，也講了需要傳法的理由。後來上

師確實傳講了這部法。我感覺這是自己一生中很歡喜的一件事。所以，當因緣成熟的時候，向善知識請法對大眾或者個人都有很大利益。

汝為一切如來應正等覺及安住大悲利益群生如優曇花希有大士出見世間故問斯義，又為哀愍利樂諸眾生，故能問如來如是之義。

你為一切如來應供正等覺以及安住大悲利益群生猶如優曇花般稀有大士出現於世間，所以提出這個問題；你又為了哀愍利樂一切眾生，所以能向如來問如是之義。

佛陀從三個方面讚歎阿難的提問。

一、為一切如來應供正等覺出世而提問。

如來相續中具有無量的深廣法門，並且也願意向眾生宣說，但如果沒有人提問，如來也不一定顯示這種智慧。如來不可能主動說：「要不要我給你們說法？」所以，為了創造說法的緣起，當時阿難向如來發問。

以前法王如意寶講過，麥彭仁波切有一個叫哦色的侍者，他經常請求上師寫一些經論的講義，以此因緣，麥彭仁波切寫了許多殊勝的講義。

二、為安住大悲利益群生的一切大士出世而提問。

利益群生的大士就像優曇花⑯一樣難得現於世間，當

佛
說
無
量
壽
經
廣
釋

---

⑯優曇花是一種稀有的花，只有佛陀出世時才開，佛教常用它比喻極其難得之事。如《開顯解脫道》在宣講人身難得時說：「暇滿難得猶如優曇花」。

他們住世時，我們一定要向他們請法。

雖然諸佛菩薩具有無量無邊的大慈大悲心，並且具有徹知萬法的智慧，可是如果沒有抓住機會問法，他們也不一定能留下有價值的法語；再加上諸佛菩薩出世又那麼難得，所以向他們請法非常值得。

我有這種感覺：諸佛菩薩和高僧大德與眾生結緣的時間不會很長，也就是幾年或者幾十年，如果能將他們的法語記錄下來，這非常有必要。法王如意寶沒圓寂時，自己總覺得上師肯定會跟我們在一起，沒有特別珍惜的感覺。可是上師離開世間後，才感覺他的每一句教言甚至開玩笑都很難得。前一段時間，我們想盡辦法尋找上師傳法的錄像帶和磁帶，但因為早期的音像設備很差，很多錄像帶和磁帶過十幾年、二十年都不能用了，即使能用效果也很差。現在想來，自己雖然依止上師這麼多年，但沒有為上師做任何事情，如果當時能把上師的隻言片語記錄下來，那多麼有意義啊！可是如今再也聽不到老人家的法語了，雖然上師會以肉眼看不見的形象利益眾生、轉法輪，但我和與我業力相同的眾生很難見到。

三、為哀愍利樂諸眾生而提問。

佛陀講經說法時，在場的眾生有些也許會誹謗，有些不一定起信心，有些即使起信心，卻沒有特別重視，但不管怎麼樣，將來的無量眾生很需要如來的教言，所

以阿難為了利益眾生而提問。

大家想一想：從佛陀滅度到現在，世間有多少眾生學習《無量壽經》？可見，一部經典對眾生的利益也是不可估量的。正因為如此，佛陀讚歎阿難：你能為眾生問如來如是之義，你的提問非常有價值。

阿難，如來應正等覺善能開示無量知見。何以故？如來知見無有障礙。

阿難，如來應供正等覺能夠開示無量知見。為什麼呢？因為如來的智慧是無有障礙的。

《寶星陀羅尼經》云：「三界眾生中，更無如佛者，自既得解脫，復解脫世間。」如來不僅滅除了一切煩惱，獲得了究竟的解脫，並且通過講經說法向眾生傳遞智慧，使無量無邊的眾生也獲得解脫，所以在整個三界中，沒有任何士夫能和佛陀相比。

此處的論證方式是這樣的：通過成立佛陀是解脫者——如來知見無有障礙，由此證明佛陀說的法百分之百正確——如來應正等覺善能開示無量知見。

為了說明如來具足徹知萬法的智慧，能夠通過講經說法度化無量眾生，佛陀接著講了一個比喻。

阿難，如來應正等覺欲樂住世，能於食頃住無量無數百千億那由他劫，若復增過如上數量，而如來身及以諸根無有增減。何以故？如來得三昧自在，到於彼岸，於一切法最勝自在。

佛說無量壽經廣釋

阿難，假設如來應供正等覺願意住世⑰，那只需吃一頓飯，就能於無量無數百千億那由他⑱劫或者更長時間住於世間，在此期間如來的身體和眼耳鼻舌諸根不會有任何損減。何以故？因為如來得到三昧自在，已經到達究竟的彼岸，於一切法得到最勝自在。

一般人吃一頓飯只能管三四個小時，早上吃完飯只能維持到中午，中午吃完飯只能維持到晚上，一天至少要吃三頓飯。如果吃一頓飯後不進食，過五六天、七八天身體就不行了，甚至兩三天沒有吃飯，身體就損減了——原來臉色很好看，可是慢慢就憔悴了，身體也慢慢瘦了，最終變成骨架一樣。但如來不是這樣，從他本身的功德來講，只需吃一頓飯就可以維持無量時日，只不過為了隨順世間，如來示現每天都要吃飯。為什麼如來具有這樣的能力呢？因為他獲得了三昧自在，到達了究竟的彼岸，於一切法得到大自在，換句話說，因為如來已經獲得了長壽持明⑲。

是故阿難，諦聽，善思念之，吾當為汝分別解說。

因此阿難你應該認真聽聞，然後善加思維，我現在

---

⑰之所以說「假設」，是因為如來住世是要觀待種種因緣的。

⑱那由他：又作那庾多，那由多，那術，那述。數目名，諸師定那由他之數不同。本行經十二曰：「那由他，隋言數千萬。」玄應音義三曰：「那術，經文作述，同食事反，或言那由他，正言那庾多。當中國十萬也。光讚經云：億，那述劫是也。」

⑲一地以上的菩薩就獲得了長壽持明，但最究竟的長壽持明是如來的果位。

為你分別解說。

這裡的「汝」可以理解為「汝等」。在佛經中，誰是提問者，佛陀就主要為他解答，其他的人也可以分享如來的教言。有些上師也是這樣的，表面上在批評某人，實際上也在批評有相同過失的人（不僅當時的人，將來的人也可依此類推）；表面上賜給某人一個教言，實際上也是賜給所有同緣分的人。

大家要記住，學習佛法應該具足兩個條件：一是諦聽，要認認真真地聽，避免聞法規矩中的一切過失，如果不認真聽聞，那你也不是得到不忘陀羅尼的阿羅漢，不可能完全記住法師所講的內容；二是善加思維，對於所講的到底是什麼內容，一定要進行反覆思維。

尤其首先要一字一句地聽聞，即便聽一個公案也要認真；否則，如果前面沒有聽清楚，後面的情節根本接不上。小學生如果上課時不認真聽，課後一點印象都不會有，世間的知識尚且如此，更何況甚深的佛法呢？所以大家應該認真諦聽。

現在聞法的機會很多，一方面可以在現場聽，一方面可以通過網絡、光盤聽，我希望大家在聽法的過程中放下一切瑣事。現在大多數人聽法的態度還不錯：現場的道友一直很好，都聚精會神、認認真真地聽；外面的人以前不太好，但現在很多人也懂得聞法規矩，聽法時都能放下一切瑣事。

佛說無量壽經廣釋

大家在聽法時，要把聽到的內容一一記於心間，如果心裡記不住就應該做筆記，這樣課後就會有印象。前一段時間，我到一所學校講話，當時我講了八個問題，老師們的表現不盡相同：有的老師不做筆記，聽的時候好像在坐飛機，一會兒想這個，一會兒想那個，一點都沒有聽進去；有一兩個老師從頭到尾記了下來；有一個老師記了四個問題，然後他有點累了，剩下四個就不記了；有一個老師記了六個；還有一個老師記了三個。

　　人和人的差別很大，在交代一些事情時，有些人注意力非常集中，自始至終認真地聽；有些人則不能一直集中注意力，講到故事時目瞪口呆，講到道理則打瞌睡、犯迷糊。有些道友分食物時直咽口水，聽聞佛法時則無精打采，好像佛法連一點食物都不如。這樣很不好。總之，希望各位認真聽法，這才會有所收穫。

　　阿難白佛言：唯然世尊，願樂欲聞。

　　阿難對佛陀說：好的，世尊，我很樂意聽聞。

　　「唯然」意為「好的」，在藏語中是「拉索」。可能阿難還想說：「不僅是我，文殊菩薩、彌勒菩薩等大菩薩也樂意聽，很多阿羅漢雖然有自私自利心，但他們也很樂意聽。」我估計阿難有這樣的意思。當時在場的應該還有凡夫人。一般凡夫人不太好說，剛開始聽法裝得很如法，但逐漸就會暴露出不如法的醜態。但佛陀的眷屬應該不會這樣，他們肯定也是樂意聽法的。

聽聞佛法時，有一分恭敬就會得一分利益，因此大家對聞法要有恭敬心、歡喜心。世間的眾生都拼命追求世間八法，尤其21世紀的眾生更是如此，此時如果有人能聽聞佛法的確很難得。《佛說德護長者經》云：「無量百千萬億劫，佛名難聞況得見，汝能於佛生勝信，如是信心實難得。」因此，如今我們能聽到佛的名號，聽聞如此殊勝的佛經，這是非常不容易的；不要說以信心聽聞佛法，甚至僅僅聽到說法的聲音也很難得。所以各位理應對聞法產生恭敬心和歡喜心。

這次能與各位學習《無量壽經》，我發自內心地歡喜。為什麼呢？人身非常難得，什麼時候離開世間很難說，如果生前和法王如意寶、阿彌陀佛結上殊勝的因緣，死的時候一定能往生極樂世界。人活在世間的時間不會很長，一百年之內基本上都會離開，因此大家要趁早種下解脫的善根。世間人考慮的只是幾年或者幾十年的生活，對未來的打算不外乎買人壽保險、醫療保險等，而對於百年後的事情，愚昧的眾生是不會想的。和這些人相比，我們能夠學習對今生來世有真實利益的《無量壽經》，的確是件值得歡喜的事情。

下面講極樂世界形成的緣起。極樂世界的形成是一個漫長的歷史過程，根本不是兩三百年或者人類五千年歷史所能比擬的。這一切都源於法處比丘的發願。談到

佛說無量壽經廣釋

法處比丘的發願，就要追溯到久遠以前——釋迦牟尼佛之前有迦葉佛，迦葉佛之前有燃燈佛，燃燈佛之前又有別的佛，如是很多很多佛以前，有一位世間自在王如來出世，當時法處比丘就是在這位如來面前發願的。

在各個譯本中，這段內容的說法不盡相同：唐譯本提到了四十一個佛，宋譯本提到了三十七個佛，康僧鎧譯本提到了五十三個佛[20]，藏文譯本提到了八十個佛。事實上，提到的佛陀是多是少沒有太大區別，八十個也好，三十七個也好，這都只是一個代表，實際上有無量的佛陀。

在講這部分時，我基本上像念傳承一樣讀下來，不一個一個加以介紹。如果要解釋每個佛的名號，必須要有可靠的教證來源，否則我也不會隨便亂解釋。總之大家應該清楚，這裡的每個佛號都有特定意義，聽到這些佛號非常有功德。

爾時佛告阿難：往昔過阿僧祇無數大劫，有佛出現，號曰然燈。

這時佛陀告訴阿難：往昔無量阿僧祇劫以前，有一位佛陀出世，他的名號叫燃燈佛。

燃燈佛大家都應該知道，釋迦牟尼佛因地時就是在他面前得到成佛授記的。

於彼佛前極過數量有苦行佛出興于世。苦行佛

⑳在會集本中，這些佛號都沒有。

前復有如來號為月面。月面佛前過於數量有旃檀香佛。於彼佛前有蘇迷盧積佛。盧積佛前復有妙高劫佛。如是展轉，有離垢面佛、不染污佛、龍天佛、山聲王佛、蘇迷盧積佛、金藏佛、照曜光佛、光帝佛、大地種姓佛、光明熾盛琉璃金光佛、月像佛、開敷花莊嚴光佛、妙海勝覺遊戲神通佛、金剛光佛、大阿伽陀香光佛、捨離煩惱心佛、寶增長佛、勇猛積佛、勝積佛、持大功德法施神通佛、映蔽日月光佛、照曜琉璃佛、心覺花佛、月光佛、日光佛、花瓔珞色王開敷神通佛、水月光佛、破無明暗佛、真珠珊瑚蓋佛、底沙佛、勝花佛、法慧吼佛、師子吼鵝雁聲佛、梵音龍吼佛，如是等佛出現於世，相去劫數皆過數量。彼龍吼佛未出世前無央數劫有世主佛，世主佛前無邊劫數有佛出世，號世間自在王如來應正等覺明行圓滿善逝世間解無上丈夫調御士天人師佛世尊。

　　在這位佛前無數劫有苦行佛出現於世。在苦行佛前又有月面如來出世。月面佛前無數劫有旃檀香佛出世。在這位佛前有蘇迷盧積佛出世。蘇迷盧積佛前又有妙高劫佛出世。如是展轉，有離垢面佛、不染污佛、龍天佛、山聲王佛、蘇迷盧積佛、金藏佛、照曜光佛、光帝佛、大地種姓佛、光明熾盛琉璃金光佛、月像佛、開敷花莊嚴光佛、妙海勝覺遊戲神通佛、金剛光佛、大阿伽

陀香光佛、捨離煩惱心佛、寶增長佛、勇猛積佛、勝積佛、持大功德法施神通佛、映蔽日月光佛、照曜琉璃佛、心覺花佛、月光佛、日光佛、花瓔珞色王開敷神通佛、水月光佛、破無明暗佛、真珠珊瑚蓋佛、底沙佛、勝花佛、法慧吼佛、師子吼鵝雁聲佛、梵音龍吼佛，如是等佛出現於世，每尊佛之間相隔無數劫數。梵音龍吼佛出世前無數劫有世主佛出世，世主佛前無數劫有一位佛出世，號世間自在王如來應正等覺明行圓滿善逝世間解無上丈夫調御士天人師佛世尊。

此處提到了如來十號，下面作簡單介紹。

一、如來，「如」即真如之義，「來」即真實行持而來。因為乘如實之道而來，所以名為如來。

二、應，「應」即「應供」。斷除一切惡法，堪能接受人天供養，所以名為應供。

三、正等覺，即無倒真實覺悟萬法。佛陀對一切無所不知，已經現前了究竟的智慧，所以名為正等覺。

四、明行圓滿，又叫明行足。《大智度論》中說，明即宿命、天眼、漏盡等三明（即宿命通、天眼通、漏盡通）；行㉑即身、口二業；佛具足成就三明二業，故稱明行足。

五、善逝，《釋量論》中說，由於佛陀斷除了痛苦之因，具足善妙而逝、不退而逝、無餘而逝三種功德，

㉑其他經論中也有五行的說法：聖行、梵行、天行、嬰兒行、病行。

所以名為善逝。

六、世間解，對世間的一切知識無所不知。其實佛陀完全通達世間，不管科學還是其他世間明處⑳，佛陀的智慧都能無礙通達。

七、無上丈夫，佛陀是三界中無與倫比的士夫，不管身口意哪方面的功德，眾生都沒辦法與他相比。

八、調御士，佛陀能以身口意調伏一切有緣眾生，就像駕駛員能將自己走過的路指點給他人一樣，佛陀也能為眾生指明解脫之路。

九、天人師，佛陀是天和人為主一切眾生的導師，故名天人師。就像有些法師說的那樣，釋迦牟尼佛是我們最好的老師。

十、佛世尊，佛即覺悟之義，佛陀已經斷除一切障礙、證得一切功德。以佛這個名號能表達斷證功德，以世尊也能表達。

這段經文大意是，在無量位佛陀以前，有一位世間自在王如來出現於世。（藏地小孩講故事時常說：「很早很早很早……以前」，要說好多個「很早」，讓大家的心一直往前追溯。漢語沒有這種表達方式，一般是「很早很早以前」，說一兩次就可以了。）

---

⑳明處：「明」即學問、學科，「明處」即經由學習而生智慧之處。古代印度有五類學科，全稱為五明處，即聲明、工巧明、醫方明、因明和內明。前四明是各學派共同的，後一明各學派各有自己的典籍、宗旨，內容亦不相同。如佛教以三藏十二部經典教義為內明，婆羅門教則以四吠陀為內明。

阿難，彼佛法中有一比丘，名曰法處。

阿難，這位如來的教法中有一位比丘，他的名字叫法處。

藏文譯本中也說名叫法處，而在康僧鎧譯本中叫法藏，法賢譯本中叫作法，《大智度論》中叫法積。這些不同可能是梵文原本不同所致。

康僧鎧譯本中還說，這位比丘以前是一個國王，後來捨棄了王位，在世間自在王如來面前出家。

有殊勝行願，及念慧力增上，其心堅固不動，福智殊勝，人相端嚴。

（法處比丘）有殊勝的行願，正念和智慧增上，心態堅固不動搖，福德智慧殊勝，相貌端嚴。

心態堅固很重要，有些發心人員剛開始有一種熱情，可是過了兩三年就不那麼積極了，原來的「高燒」退了，再也不會復發了。其實不應該這樣，人的心態要堅固不動搖。

阿難，彼法處比丘往詣世間自在王如來所，偏袒右肩，頂禮佛足，向佛合掌，以頌讚曰。

阿難，法處比丘到世間自在王如來那裡，偏袒右肩，頂禮佛足，向佛合掌，以偈頌讚歎佛陀。

下面這篇偈文功德非常大，阿彌陀佛因地就是用它讚歎世間自在王如來的。有些人說，孔子時代的文章流傳到現在，這些文章如何如何有價值。其實，此處的偈

第四課

文才有價值，光是念一遍也有無量功德。剛才上課前，我對照了一遍漢文和藏文，發現基本上是相同的，在對照的過程中我感覺這些偈文確實很殊勝。這篇偈文是阿彌陀佛因地造的，讚歎的對境就是世間自在王如來，即便過了無數個大劫，它的加持力依然存在。在短暫的人生中，能夠讀誦這樣的偈文，對有信心者來講功德確實不可思議。

大家對佛法應該有歡喜心。現在有些人對經文態度很淡然，沒有什麼特別的感覺；如果一個歌星演唱引發貪心嗔心的歌，他們可能會特別陶醉，把心臟挖出來供養對方都願意。有時候通過媒體看到追星族的狂熱，我會有這種感覺：如果他們對佛菩薩有那麼大的信心，可能離解脫都不遠了。可是這些人的崇拜有什麼價值呢？明星自己死時都很痛苦，根本救不了崇拜者。

下面我從字面上解釋一下這篇偈文。大家看看阿彌陀佛因地是怎樣讚歎如來的。

如來無量無邊光，舉世無光可能喻，

一切日月摩尼寶，佛之光威皆映蔽。

如來的光芒無量無邊，世間任何光芒都無法比喻，在佛陀的威光面前，太陽、月亮、摩尼寶等一切光芒都顯得黯然無色。

世間的光芒最多帶來暫時的快樂，此外就再也沒有什麼作用了。佛陀的光芒則不同，它能讓眾生種下善

佛說無量壽經廣釋

根、獲得解脫。所以佛陀的光芒遠遠超勝世間的光芒。不過，雖然佛陀有這麼殊勝的光芒，但眾生不一定都見得到，有些愚昧眾生即使見到佛光也不一定生起歡喜心。《大寶積經》云：「下劣諸眾生，不見佛光明，彼不見光照，謂佛光無有。」當年釋迦牟尼佛在世時，外道飲光能圓不僅見不到佛陀的相好、光芒，反而見到佛陀具足九種醜相。所以業力深重者對佛陀不會生信心。

世尊能演一音聲，有情各各隨類解，

佛陀演說一個法音，能使眾生根據各自根機得到不同的意義。

經云：「佛以一音演說法，而現種種若干義。」佛陀說法時，小乘根機的眾生聽到小乘的道理，大乘根機的眾生聽到大乘的道理，每個眾生聽到的不盡相同。有時候我在想：現在科學很發達，通過網絡傳播佛法，每個人都能得到不同的受益，這也應該是諸佛菩薩的加持，依靠這種加持，法音得以在不同的世界宣流。

又能現一妙色身，普使眾生隨類見，

佛陀顯現一個妙色身，能使一切眾生隨其根機而見到不同的身相。

釋迦牟尼佛住世時，在天界顯示天人的身相，在餓鬼界顯示餓鬼的身相，在地獄界顯示地獄的身相，相應各自的緣分，眾生能見到不同的身相，最終都種下了解脫的善根。

戒定慧進及多聞，一切有情無與等。

佛陀具有清淨的戒律、穩固的禪定、敏銳的智慧、不懈的精進以及廣聞博學，一切有情都無法與他相等。

世間的文學家、科學家只是「專家」，對一個學問暫時有所了解，這樣的「專家」絕對無法和全知的佛陀相比。而且佛陀的戒定慧等功德是無數劫串習所成就的，不是一天兩天或者幾月幾年修出來的，所以佛陀的功德非常穩固，這也是任何人無法相比的。這並非因為我是佛教徒，特別喜歡佛陀，所以故意讚歎佛陀。只要深入聞思佛教的經論，真正理解其中的意義，就不得不承認佛陀的功德。

心流覺慧如大海，善能了知甚深法，

惑盡過亡應受供，如是聖德惟世尊。

佛陀心中流露出的覺悟和智慧猶如大海，善能了知一切甚深廣大的世出世間法，佛陀滅盡了一切煩惱，沒有一點過失，堪為世間的應供處，唯有世尊才具有如是聖德。

佛陀是無與倫比的士夫，可以說是「天上天下，唯我獨尊」。雖然這篇偈文是讚歎世間自在王如來的，但一切佛陀都具有同樣的斷證功德，所以也可以用來讚歎其他佛陀。

佛有殊勝大威光，普照十方無量剎，

我今稱讚諸功德，冀希福慧等如來。

佛陀具有殊勝的大威光，能夠普照十方無量世界，

佛說無量壽經廣釋

如今我稱讚如來諸功德，以此緣起希望我的福德智慧等同如來。

在《大寶積經》的其他會中，對佛光也有類似的讚歎：「諸佛無邊光，光網不思議，遍滿十方界，無邊佛土海。」我在海南對照《大寶積經》的藏漢譯本時，看到佛陀身、語、意、光、事業的功德，由此對佛陀生起了無比的信心。雖然我沒有智慧趨入佛陀的境界，但在這個多種文化興於世間的時代，能夠遇到佛陀的教法，覺得自己還是有殊勝的緣分。

法處比丘當年發願獲得等同世間自在王如來的身光、福德、智慧，後來他的願力成熟，他不僅獲得了這些功德，而且名號也成了「無量光佛」。（「阿彌陀佛」就是「無量光佛」。我認識一個藏族警察，他特別喜歡說「阿彌陀佛」，他每次見到我，第一句話就是「阿彌陀佛」。）

> 能救一切諸世間，生老病死眾苦惱，
> 願當安住三摩地，演說施戒諸法門，
> 忍辱精勤及定慧，庶當成佛濟群生。

願我能救度一切世間的生老病死之苦，安住如如不動的三摩地，演說㉓布施、持戒、安忍、精進、禪定、智慧等法門，但願我成佛普濟一切眾生。

修持六度是成佛必需的，不僅釋迦牟尼佛因地修持六度，阿彌陀佛因地也修持六度，我們也要發願通過修

㉓藏文譯本中說「獲得」六度。

持六度獲得佛陀的功德，將來能夠廣利眾生。

<blockquote>
為求無上大菩提，供養十方諸妙覺，

百千俱胝那由他，極彼恆沙之數量。
</blockquote>

為了求得無上大菩提，我願供養十方的無量如來，其數量多達百千俱胝[24]那由他恆河沙。

妙覺就是如來，《三藏法數》中說：「自覺覺他，覺行圓滿，不可思議，故名妙覺性。」如來既能覺悟自己，又能通過講經說法覺悟他人；不僅道理上覺悟，行為也圓滿了。現在有些人雖然會說法，但是行為不如法，這樣是不行的。

此處說供養百千俱胝那由他恆沙數如來，這說明只有長期精進才能得到大菩提。《俱舍論釋》中說，世尊在三個阿僧祇劫中供養了諸多如來，最終才得以成佛[25]。《菩提資糧論》中也說：「少少積聚福，不能得菩提，百須彌量福，聚勝乃能得。」

<blockquote>
又願當獲大神光，倍照恆沙億佛剎，

及以無邊勝進力，感得殊勝廣淨居。
</blockquote>

願我獲得大神光，照耀百千萬億恆河沙數佛剎，願我以無邊精進力感得廣大清淨的殊勝剎土。

精進非常關鍵，有了精進才能獲得殊勝的剎土，否

---

[24]俱胝：古代印度數量單位，千萬或者億。

[25]從大釋迦牟尼佛（往昔一位古佛）起在第一個阿僧祇劫中承侍七萬五千如來，最後寶髻佛出世，圓滿了第一個阿僧祇劫；接著於第二個阿僧祇劫中承侍七萬六千如來，最後燃燈佛出世，圓滿第二個阿僧祇劫；此後在第三個阿僧祇劫中承侍七萬七千如來，最後毗尸佛出世，圓滿了第三個阿僧祇劫。

則不可能獲得剎土。如來的精進非常殊勝，能夠感動一切人。我遇到過一個世間人，這個人對他的領導很有信心，他評價自己的領導說：「他的每一句話都讓我感動，當他開會發言的時候，我在本子上只寫兩個字——真行。」作為佛教徒，我們也應該被佛陀感動，沒有感動是不行的。

<blockquote>

如是無等佛剎中，安處群生當利益，

十方最勝之大士，彼皆當往生喜心。

</blockquote>

　　如是無與倫比的佛剎（即極樂世界）中安住著無量眾生，這些眾生都能蒙受無邊的利益，十方的大菩薩都將往生此剎，往生後生起無比的歡喜心。

　　人們不是常說「極樂世界」嘛？這個名稱就源於法處比丘的發願——願我以精進力獲得殊勝的淨土，十方眾生對我的剎土生起信心，往生後都生起無比的歡喜心。我在講《阿彌陀經》時也說過，因為往生阿彌陀佛國土者都快樂無比，所以他的剎土名為「極樂」。

<blockquote>

唯佛聖智能證知，我今希求堅固力，

縱沈無間諸地獄，如是願心終不退，

一切世間無礙智，應當了知如是心。

</blockquote>

　　希望佛陀以智慧證知我的心願，希望佛陀賜予我堅固的願力，縱然沉淪無間地獄受苦，我的願心也不退失，一切世間的無礙智（即一切佛陀），但願你們了知我的發心。

今天聽課的每個人也應該在諸佛菩薩面前發願：我一定要往生極樂世界，乃至獲得菩提果之間不要退失對三寶的信心。其實每個人都要像法處比丘那樣發堅定的大願，當時他和我們一樣也是凡夫，但因為發了堅定的大願，所以最後成就了佛果。學佛者都應該有他那樣的長遠目光，這樣才會有成就的時候。

《經莊嚴論》云：「雖恆處地獄，不障大菩提，若起自利心，是大菩提障。」意思是，雖然恆時處於地獄，這不會成為大菩提的障礙，但如果生起自私自利心，這就是大菩提的障礙。對大乘修行人來說，最可怕的魔障就是自私自利心，一旦產生這種心，以後的菩提之路就很難說了。

世間人常說：從我做起，從今天做起，從小事做起……但這些大多是好聽的話，不一定能實現。但對於大乘修行人來講，一定要從內心發願：從今天開始，我一定要利益眾生！利益眾生的心是菩提的唯一因，因此大家應該經常發願：願我早日成佛，利益無量眾生。

聽經聞法之後，大家要清楚自己未來的目標，遣除貪嗔癡等亂七八糟的分別念，在相續中裝入智慧、禪定、戒律的功德，總之，每個人的相續要有所改變，讓人生變得有價值，最好能像法處比丘那樣發願：即使遇到再大的困難，甚至墮入地獄中，也不要退失利益眾生的心。

世間的無礙智就是佛陀，佛陀能如實徹知眾生的心態。法處比丘發願時，世間自在王如來等諸佛知道他的心，在座每個人發願時，阿彌陀佛、釋迦牟尼佛等諸佛也知道自己的心，所以我們要讓諸佛為自己的發願作證。

以上簡單介紹了這段偈文。有時間大家要讀一讀這些金剛語。漢地歷來有讀誦《阿彌陀經》的傳統，但基本上沒有讀誦《無量壽經》的傳統，以後如果諸位能讀誦這部《無量壽經》，這應該是個非常好的緣起。現在漢地流行的《無量壽經》是康僧鎧翻譯的，康僧鎧是康居國人，大概三國時期來到漢地，他翻譯的經典不是很多，我看過他翻譯的一些經典，感覺還是很好的。但不管怎麼樣，我覺得菩提流志的譯本非常有加持力，與一般人造的儀軌完全不同，如果你們不能讀誦整部經典，可以將這段偈文放在念誦功課裡，有時間經常讀一讀。

第四課

第五課

　　我看到在場有些人沒有法本，流通處應該還有一些法本，下堂課最好拿到經堂來，給這些人每人發一本。過一段時間，我們也準備給通過網絡聽課的人發放法本，這些人暫時可以從網上下載法本。沒有法本學法恐怕很困難，你們也不是獲得不忘陀羅尼的阿羅漢，光聽聲音不一定能記住我講的內容。我覺得下載幾十頁經文是值得的，按理來說為了佛法連生命都可以付出，如果連打印幾張紙都捨不得，那你求法的心肯定不是很誠。我估計外面個別人聽課不用法本，可能一地以上的菩薩才有這種境界，否則講課的人沒有法本講不出來，聽課的人沒有法本也學不好。

　　就我本人而言，學習淨土法是很久以來的一個心願，這次能夠和大家學習《無量壽經》，我覺得是一個很好的因緣。希望大家對此也引起重視。在淨土五經一論中，《無量壽經》是一部非常重要的經典。不過漢傳佛教界對此經的版本爭議一直比較大。這次我們採用唐譯本後，所有的問題都迎刃而解了——我們既不用專門破斥他宗的觀點，也不必刻意建立自宗的觀點。唐譯本到底怎麼樣？通過這次的學習，我想很多人都應該清楚。

　　不管聽受任何佛法，大家都應該有一種歡喜心。為

佛說無量壽經廣釋

什麼呢？在人們涉及的各種事業中，有些完全是造惡業，這當然沒有任何意義；有些雖然不是造惡業，但是它的價值不會存留很久；而學習佛法跟這些事業都不同——如果活著時學習淨土法門，了解極樂世界的功德，經常念佛、觀佛，對往生淨土有所準備，離開世間時就會有解脫的機會。所以各位應該生起歡喜心。

我們對於學習佛法還要有緊迫感。如果人活著時整天搞世間法，沒有和淨土法門結上善緣，臨死時才急急忙忙念幾句佛，或者別人在他耳邊念幾句佛、放一個念佛機，這能否起大作用呢？我覺得很困難。從世間也可以看出，不管做任何事情，越下工夫成果越顯著，如果一點工夫都不下，除非是稟賦超常者，否則想獲得成果有一定困難。學習佛法也是同樣。

人活著幸福快樂時，不能忘記恐怖的死亡會突然到來。現在令人羨慕不已的青春韶華，到一定時候肯定會變成白髮蒼蒼、醜陋不堪，這就是自然的規律。為了幾十年的生計，很多人每天絞盡腦汁、忙忙碌碌，其實這些人也要對漫長的來世有所準備。現在我們學習大乘經典就是對來世的最好準備，應該說是人生中有深遠意義的大事，所以每個人都要引起重視。

在學習《無量壽經》的過程中，大家要如理如法地聽受，課前課後的念誦也要認真念。外面的人剛開始這方面有點差，最近稍微好了一點。如果有些人實在沒時

間，中間只是聽一堂課也可以，但我希望諸位最好能圓滿課前課後的念誦。就我本人而言，這些念誦算是每天一半的功課，如果哪一天沒有上課，我完成念誦功課要花一個小時，而有課的那天就不用費心了，上課前後就能完成一半。有人曾經問我：「您每天念什麼經？」我說：「就是每天上課前後這些，加上以前在法王面前發願以及自己定的個別功課。」其實上課前後這段時間特別重要，即便不談念誦的功德，就拿課前七點半到八點鐘之間用半個小時轉經輪來說，這也是一個很大的功德。如果沒有上課，很多人不一定能做到這些功德。

　　由此也可看出，集體學習的力量確實不可思議。正因為如此，所以我一直強調大家要參加集體學習。在我們學院，除了個別發心特別忙的人以外，其他的人都要參加集體學習。集體學習有個好處，一兩天看不出有什麼明顯的效果，但只要你能夠長期堅持，每天花一定時間在善法上，不知不覺就能積累許多善根。如果我們沒有上課，不可能這麼多人在接近一個小時中念誦、用轉經輪，可能連50%的人都沒有。請大家想一想：沒有上課的那天，自己有沒有拿出這麼長時間念誦、用轉經輪？所以集體學習是一種重要的警策。一般來說，依靠個人的微弱能力，一輩子也做不出什麼大事，所以希望大家以後依靠集體的力量完成一些偉大的事業。

　　現在我們所作的講聞佛法具有極大意義。前輩很多

佛說無量壽經廣釋

高僧大德終生堅持講經說法。法王如意寶臨圓寂時，弟子們要求他去成都看病，法王說：「按我的意願，即使給我一百萬塊錢，我都不願意中斷傳法。」講經說法確實非常重要，如果有了講經說法，很多人就有聽經聞法的機會，有了聽經聞法，人們的惡念就會越來越少，善念就會越來越多，這樣講聞雙方就能造作大福德。所以大家不要把聽經聞法當作一般的事情。人的時間非常寶貴，世間的智者也說時間就是生命，因此，如果把時間用在學習佛法、積累善法方面，人生就非常有意義了。

學習淨土法門時，發願、信心和聞思同等重要，下面對此稍作分析。

一、常發大願。

前面講到，法處比丘來到世間自在王如來面前，偏袒右肩，向佛合掌，以偈讚佛。在他的讚文中，一方面表達了對佛陀的恭敬心，一方面說明了佛陀具有無量無邊的微妙功德，同時也發下了殊勝的大願——將來成佛利益眾生。正因為他當年發下如是大願，如今我們才有蒙受阿彌陀佛救度的機會，可見發願是非常重要的。在學習淨土法門的過程中，我們一方面要聞思教理，一方面也要發願，二者不能脫離。

二、樹立信心。

蕅益大師說：「得生與否，全由信願之有無；品位

高下，全由持名之深淺。」可見，一個人到底能不能往生淨土？就看平時的信願如何。所以各位一定要對阿彌陀佛和極樂世界有信心。當然，信心有清淨信、欲樂信和不退轉信，大家最好要有不退轉信。要得到真正的不退轉信，自己就要花時間、下工夫，認真聞思有關淨土的經論。雖然現在的人壽很短暫，不像初劫或者世間自在王如來時代那樣漫長，但只要自己在有生之年不斷下工夫，也會逐漸對佛法產生穩固的信心。人在哪方面串習的時間長，就會在那方面產生定解，這是一種必然的規律。如果對科學的某個領域長期研究，在該領域就會有所建樹；如果對禪宗下工夫多，在禪宗上就會有所成就；對淨土宗下工夫也是同樣。所以大家應該長期努力。

三、不斷聞思。

在此次聽法的人當中，有各宗各派的法師和居士，但所有人的歸宿都是往生西方極樂世界，這是沒有差別的。既然要往生淨土，就需要通過聞思遣除對淨土法門的疑惑。除了學習現在所講的《無量壽經》以外，我建議各位還應該看看麥彭仁波切著的《淨土教言》，此教言以教證理證遣除了凡夫人的各種懷疑和邪見。幾年前我曾用八天時間講過一遍這個教言，法王如意寶開極樂法會時也講過，老常住們對此應該比較熟悉。

有些剛接觸淨土法門的人懷疑特別多，其實這些人

佛說無量壽經廣釋

也提不出尖銳的理由，只不過是自己沒有學習過教理，所以產生了非理的疑惑。對這些人來說，應該趁疑惑還小時，通過教理的手術刀予以切除，否則疑惑越來越增長，處理起來就比較麻煩了。原來是良性的「疑惑腫瘤」，後來發展成惡性的「邪見腫瘤」，最終蔓延到全身，就會毀掉自己的法身慧命。

現在個別法師說：「淨土宗不需要聞思，只要念阿彌陀佛就可以了。」我覺得這些人的說法可能是有密意的：因為某些人智慧不夠，所以不需要廣聞博學；又因為沒有修行的力量，所以沒必要修得太雜了；如果他們專念阿彌陀佛，也許能依靠信心往生淨土，即便不能往生也會增上對淨土法門的信心。佛經中講過平等意趣、別義意趣、別時意趣與補特伽羅意樂意趣㉖，所以這些法師的說法也應該是有意趣的。

念佛當然非常好，但念佛的同時也要運用智慧對淨土經論進行思維。其實思維就是一種修行。《定解寶燈論》說修行有兩種，一是安住修，二是觀察修。有些人說：「我現在特別傷心。」我問：「為什麼？」「因為我沒有修行的時間，每天都要做法本和光盤。」其實這些人用不著傷心，做法本和光盤就是觀察修，如果沒有反覆觀察法義，怎麼能做出法本和光盤呢？有些人說：「我聽輔導很苦惱，一直沒有修行的時間。」還有些人

㉖詳見《大圓滿心性休息大車疏》。

80

說：「我講經說法很苦惱，因為沒有修行的時間。」其實，思維法義就是最重要的修行。無垢光尊者在《七寶藏》中說：「末法時代，只有聞思究竟的人才有機會證悟我的大圓滿法。」尊者之所以這樣說，就是因為思維也是一種修行。

我們不能把修行的範圍定得太小，認為所謂修行就是按毗盧七支坐勢，一直閉著兩個眼睛，什麼念頭都不生。如果閉著眼睛就是修行，那這個世界上修行的人就太多了；如果不生分別念就是修行，石頭從來沒有產生過一剎那分別念，那石頭已經成大修行人了。所以，這些並不是真正的修行。

什麼是真正的修行？最初要從觀察修入手，想方設法生起對佛法的定解，然後穩固相續中的定解，最終令定解不退轉，在此基礎上再安住修，這才是真正的修行。否則，一上來就閉著眼睛打坐，不但眼睛緊緊閉著，甚至鼻子都不出氣，用監測器檢查的時候也許心臟都不跳……表面上看修行似乎很好，實際上滿腹懷疑和邪見，一會兒生貪心，一會兒生嗔心，這樣修行能進步嗎？很難說。

下面開始講經文。昨天講到，法處比丘來到世間自在王如來面前，以歡喜心和信心讚歎如來。

以後我們也可用他的偈文讚歎如來。有善緣的歌手

佛說無量壽經廣釋

也應該演唱這首偈文，不要總是唱世間的歌曲，引發貪瞋癡的歌曲唱得再多也沒用，不但沒有功德，反而有過失。而這首偈文是阿彌陀佛因地宣說、大譯師菩提流志翻譯的，如果能夠演唱或者念誦，有相當大的功德。

佛陀對阿難宣說了法處比丘對世間自在王如來的讚歎，接著說：

復次阿難，法處比丘讚佛德已白言：世尊，我今發阿耨多羅三藐三菩提心，惟願如來為我演說如是等法，令於世間得無等等成大菩提，具攝清淨莊嚴佛土。

再者阿難，法處比丘讚歎如來功德後又說：世尊，今天我發了阿耨多羅三藐三菩提心，希望如來為我演說如是等法，令我在世間獲得無等等大菩提果位，能夠攝持清淨莊嚴的佛土。

第五課

「阿耨多羅三藐三菩提」是梵語，《佛說般若波羅蜜多心經贊》中說：「阿」是「無」，「耨多羅」是「上」，「三」是「正」，「藐」是「等」，「三菩提」是「正覺」，合起來就是「無上正等正覺」。

當時法處比丘發願：為了利益天邊無際的眾生，今天我發無上菩提心，願獲得圓滿正等覺果位！今後大家發菩提心時要想到：以前法處比丘怎樣發心，我也怎樣發心。很多人已經念了無數遍「如昔諸善逝，先發菩提心……如是為利生，我發菩提心」，可是心裡從來沒有

想過哪些佛陀發過菩提心，這樣不太好。今後發心時要想：以前世間自在王如來、阿彌陀佛、釋迦牟尼佛或者寶髻佛怎樣發心，我也如是發心。至少觀想一兩位如來，這樣功德也是很大的。

法處比丘發菩提心後，又向世間自在王如來表白了自己的心願：希望如來為我演說怎樣發菩提心、怎樣受持清淨剎土、怎樣利益眾生等法門，令我在世間得到無與倫比的大菩提果，令我攝受清淨莊嚴的剎土，國中具有無量所化眾生，悉皆具足不可言說的功德。

佛告比丘：汝應自攝清淨佛國。

佛陀告訴法處比丘：你應該自己攝受清淨國土。

世間自在王如來這樣說，是對法處比丘智慧、悲心和能力的讚歎、認可和信任。如今也有這種情況，有些弟子說：「請上師您給我傳一個法，將來我要建道場、當法師。」上師說：「你自己去做就可以了，不需要我傳法。」以前道安大師在世時國家出現戰亂，大師遣散弟眾躲避戰亂。每個弟子臨行前，大師都有所教誨，唯獨對慧遠沒有教誨。慧遠很傷心，對大師說：「為何唯獨對我沒有教言？」大師說：「像你這樣的人，難道還用我擔憂嗎？」後來的很多大德認為，這是道安大師對慧遠的一種認可。

當然，這種說法也有兩種理解方式：有些上師對弟子說「你怎麼樣都可以」，意思是我已經沒辦法調伏你

佛說無量壽經廣釋

了，你想怎麼就怎麼樣吧；有些上師這樣說，意思是弟子已經成就了，想怎麼做都可以，不僅自相續不會產生煩惱，而且能調伏其他眾生。

雖然佛陀對法處比丘予以認可，說他可以自己攝受清淨國土，但法處比丘覺得還是需要如來的開示。

法處白佛言：世尊，我無威力堪能攝受，唯願如來說餘佛土清淨莊嚴，我等聞已，誓當圓滿。

法處比丘對佛陀說：世尊，我沒有能力攝受清淨剎土，希望如來為我宣說其他佛土的清淨莊嚴，我等如實聽聞後，一定會圓滿自己的誓願。

我們這裡有些人也是這樣說的：「上師您至少說一句，我做什麼事情心裡也有個底，您要是一點都不說的話，我真的不知道該怎麼辦，哪怕您說個『嗯』也可以啊。」

法處比丘的這段話說明了一個道理——弟子再具足聰明睿智、大慈大悲、威德勢力等功德，還是需要善知識的開導。如果善知識能給予指點，弟子就能決定未來的方向，這樣以後的修行就容易了。

雖然佛陀說法處比丘可以受持清淨剎土，但是一方面善知識開導後，可以成為弟子圓滿發願的順緣，另一方面通過善知識的開導，弟子也能更全面深入地理解，所以法處比丘再次祈求佛陀宣說其他清淨佛土。

爾時世尊為其廣說二十一億清淨佛土具足莊嚴，說

第五課

是法時經于億歲。

於是世尊為他廣說二十一億清淨佛土的莊嚴以及主尊和眷屬的功德，宣說這些法時經歷了一億年。

對此處的佛剎數量，各個譯本的說法有所不同：康僧鎧、支婁迦讖、支謙的譯本中說是二百一十億，法賢的譯本中說是八十四百千俱胝那由他，藏文譯本和《極樂願文》中說是八百一十萬俱胝那由他。

佛陀宣說這些法的時間是一億年。對現在的人來講，一億年是非常漫長的。現在我們活在人間的時間太短了，連一百年都不到，如果有人活了一百歲，大家都覺得是個怪物，新聞記者都會採訪：「你為什麼能活一百歲？」所以我們這個剎土實在可憐。

此處說佛陀說法經歷了一億年，法賢譯本中說是一劫，夏蓮居的會集本說是千億年，總之時間是非常漫長的。有些法師說，這些數量表示時間長得不可思議，不是指具體的時間。但我認為並非如此，如果是這樣的話，那經中只要說「無數年月」就可以了，所以這應該是指具體的時間。當然，如果從時間很長的角度，理解為無數年月也未嘗不可。

佛陀為法處比丘宣說二十一億佛土，宣說的時間是一億年，可見法處比丘的精進力非常好。我們這裡個別人說：「我已經聽了十多年課，現在可以離開了。」菩提學會個別人說：「什麼時候聽完《入行論》啊？只要

佛說無量壽經廣釋

一聽完《入行論》，我就放鬆了。」「什麼時候《大圓滿前行》學完啊？《大圓滿前行》學完以後我就放鬆了。」和法處比丘相比，這些人的精進差遠了。我在想，今後菩提學會打算培養一批終生學員，而那些臨時學員既然實在待不住，乾脆給他們發一個「臨時工資」打發走算了。學佛應該是長期的，雖然我們沒有一億年聽法的時間和精力，但至少要在有生之年精進聽法。我出家時，根本沒想過學兩三年佛，以後就再不學了。所以現在有些人的心態特別可憐，別人聽起來也感覺特別可笑。

以前我上小學時，有些小孩說：「只要六年級一畢業，我就再也不讀書了。」學佛不能是這樣的心態。有些人世間習氣根深蒂固，遇到佛法後心態和言行總是格格不入。與歷史上那些一生精進聞思修行的人比起來，現在大城市的人實在是太差了。有時候聽到這些人的言行，不由得令人生起厭煩心和悲憫心。學習佛法是這麼重要的事情，可是他們的目光只有二三年，就像關在監獄裡的囚犯一樣，每天想的就是什麼時候可以釋放，一直為了從佛法中「釋放」而奮鬥。這樣學佛不可能有好的結果。

阿難，法處比丘於彼二十一億諸佛土中所有嚴淨之事悉皆攝受，既攝受已，滿足五劫思惟修習。

阿難，法處比丘對二十一億佛土的所有清淨莊嚴之

第五課

86

事悉皆攝受，攝受這些之後在五個大劫中思維修習。

　　要造一座建築物，首先要有一幅藍圖；同樣，為了建成一個清淨莊嚴的國土，法處比丘參考了二十一億佛土，然後詳詳細細進行思維，最後形成了自己的構想。

　　每位如來對利益眾生都有自己的看法，阿彌陀佛根據自己的看法發了四十八願，釋迦牟尼佛根據自己的看法發了五百大願。（甚至看到釋迦牟尼佛的五百大願，每個人也會產生不同的看法。）但不管怎麼樣，佛陀的發願都是經過認真考慮的。釋迦牟尼佛當年通過細緻入微的觀察，知道什麼對眾生有利，什麼對眾生的解脫有幫助，從而發下了五百大願。阿彌陀佛也是如此，他認真參考了二十一億佛土，攝取了最精華的、最核心之處，然後結成了四十八願。

　　即使建一座寺院，首先也要學習、參觀。我們學院建喇嘛經堂和覺姆經堂時，事先派了一批人到處考察。除了印度以外，藏地、漢地的各大道場基本上都去了，看到有特色的佛教建築就拍下來。照片洗出來後，我們首先反覆研究和討論，綜合許多建築的優點，定下大概的結構，然後請設計院進行設計。同樣，為了建成極樂世界，阿彌陀佛首先也參考了很多佛土，進行了周密的研究，最後才設計出清淨的極樂世界。當然，極樂世界並不只是好看而已，其中的每種器情莊嚴對於眾生遣除痛苦、獲得功德都有極大意義。

佛說無量壽經廣釋

此處說，攝受其他佛土的清淨莊嚴之事後，法處比丘在五劫中思維修習。劫是一個不可思議的時間單位。在《俱舍論》、《大毗婆沙論》和《瓔珞本業經》中，對於劫都有介紹㉗。由此可見，為了利益眾生，阿彌陀佛往昔花了多麼漫長的時間。《大寶積經》記載，釋迦牟尼佛講述宿世經歷時說：「我常長夜，為諸眾生，求諸好事，而以饒益。」阿彌陀佛也是如此，為了利益眾生，他用了五個劫的漫長時間觀察思維。

　　希望有些發心人員想想這些道理。為了利益眾生，僅僅發心一兩年絕對是不夠的。只不過我們壽命太短，不然也要有多劫發心的打算。

　　有人可能想：既然法處比丘在五劫中思維，是不是

㉗《俱舍論》云：「應知有四劫，謂壞成中大。壞從獄不生，至外器都盡。成劫從風起，至地獄劫生。中劫從無量，減至壽唯十。次增減十八，後增至八萬。如是成已住，名中二十劫。成壞壞已空，時皆等住劫。八十中大劫。」《大毗婆沙論》云：「劫有三種。一中間劫。二成壞劫。三大劫。中間劫復有三種。一減劫。二增劫。三增減劫。減者從人壽無量。歲減至十歲。增者從人壽十歲增至八萬歲。增減者從人壽十歲增至八萬歲。復從八萬歲減至十歲。此中一減一增十八增減。有二十中間劫經二十中劫世間成。二十中劫成已住。此合名成劫。經二十中劫世間壞。二十中劫壞已空。此合名壞劫。總八十中劫合名大劫。成已住中二十中劫初一唯減。後一唯增。中間十八亦增亦減。問此三誰最久。有說。減劫最久。增劫為中。增減最促。謂身有光時所經時久非身光減。乃至于今食地味時所經時久非地味減。乃至于今食地餅時所經時久非地餅盡。乃至于今食林藤時所經時久非從彼盡。乃至于今食自然稻時。所經時久非從彼盡。乃至于今。故此減劫時最為久。如是說者。初減後增中間十八。此二十劫其量皆等。唯於減時佛出于世。於唯增時輪王出世。於增減時獨覺出世。」《菩薩瓔珞本業經》云：「譬如一里二里乃至十里石。方廣亦然。以天衣重三銖。人中日月歲數。三年一拂此石乃盡。名一小劫。若一里二里乃至四十里。亦名小劫。又八十里石方廣亦然。以梵天衣重三銖。即梵天中百寶光明珠為日月歲數。三年一拂此石乃盡。名為中劫。又八百里石方廣亦然。以淨居天衣重三銖。即淨居天千寶光明鏡為日月歲數。三年一拂此石乃盡。故名一大阿僧祇劫。佛子。劫數者。所謂一里二里乃至十里石盡。名一里劫二里劫。五十里石盡。名五十里劫。百里石盡名百里劫。千里石盡名為千里劫。萬里石盡名為萬里劫。」

他這輩子思維一段時間，下一世又接著做，許多世合在一起有五劫呢？不是這樣的。因為當時人的壽命很長，所以他是一次性在五劫中思維。

阿難白佛言：世尊，彼世間自在王如來壽量幾何？

阿難問佛陀：世尊，世間自在王如來壽量多長？

剛才釋迦牟尼佛說，世間自在王如來宣講其他清淨剎土花了一億年，法處比丘思維這些剎土花了五個大劫。對於我們來講，這簡直是無法想像的。很多人可能會產生疑問：世間自在王如來壽命到底多長？如果他壽命不長，怎麼能這麼長時間講法？所以，阿難替眾生向佛陀提出了這個問題。

佛說無量壽經廣釋

世尊告曰：彼佛壽量滿四十劫。

世尊告訴阿難：世間自在王如來壽量滿四十劫[28]。

既然世間自在王如來壽命四十劫，那一億年連一劫都不到，可以說是滄海一滴，給法處比丘講一億年法是不成問題的。

阿難，彼二十一俱胝佛剎，法處比丘所攝佛國超過於彼。既攝受已，往詣世間自在王如來所，頂禮雙足，右繞七匝，卻住一面。

阿難，法處比丘所攝佛國的清淨莊嚴超過了二十一億佛剎。攝受自己的佛國後，他來到世間自在王

---

[28]康僧鎧譯本說是四十二劫。

如來面前，頂禮如來雙足，右繞如來七圈，退住一面。

我剛才說了，我們學院首先參考了很多佛教建築，最後設計出了自己的經堂。現在很多人也說，我們學院的覺姆經堂在藏地是規模最大、質量最好的經堂。法處比丘也是如此，他在五劫中反覆比較二十一億清淨剎土，俗話說「慢工出細活」，經過這麼長時間的觀察思維，他終於設計出了遠超其他剎土的極樂世界。

喬美仁波切在比較各個佛剎時說：「有些佛剎雖然非常莊嚴，但也有不清淨的凡夫，與現喜剎土、香巴拉剎土、鄔金剎土、寶生剎土等剎土比起來，極樂世界確實是最好的，在十方的無量佛剎中，它是最為莊嚴、最有大義的佛剎，其優越性是一目了然的。」

此處說法處比丘右繞如來七匝。現在有人說右繞和左繞是一樣的，這種說法是不合理的。《四分律》中記載，曾經有比丘從佛塔左邊過，護塔神生起瞋心，後來佛陀教誡比丘說：「不應左行過，應右繞塔而過。」所以大家要清楚：右繞有功德，左繞則有過失。

《菩薩本行經》中說，舍衛國有一個婆羅門，一天他入城時看見佛陀的莊嚴身相，由此生起極大的歡喜心，便右繞佛陀一圈。以此功德，他二十五劫不墮惡趣，一直轉生人間天界，最後獲得辟支佛果位。

《提謂經》中說，右繞佛塔有五種功德：一得端正好色；二得聲音好；三得生天上；四得生王侯家；五得

泥洹（即涅槃）道。

藏地有個很好的習慣：人們不管看到什麼功德所依，如經旗、寺院甚至高僧大德的法座，都會右繞而行。大家今後也應該這樣做。

不過現在的人有點奇怪，經典中本來有明確的教證，可是他們偏認為左繞右繞都一樣，還有些人說轉繞沒什麼用，這都是不懂佛法的表現。

當時法處比丘繞佛七圈，現在一般是繞三圈，昨天《前行》課上講世親論師繞彌勒菩薩一圈，所以繞一圈、三圈、七圈都可以。但要注意繞的時候不能太快了，否則身體不好的人會頭暈，也許繞著繞著就倒下去了。

白言：世尊，我已攝受具足功德嚴淨佛土。

法處比丘說：世尊，我已經攝受了具足功德、清淨莊嚴的佛土。

《現觀莊嚴論》中說，菩薩修行到一定境界時，要攝受自己的國土以及眷屬。現在我們是發願往生阿彌陀佛的國土，將來到一定時候也要建立自己的國土。

佛言：今正是時，汝應具說，令眾歡喜，亦令大眾皆當攝受圓滿佛土。

佛陀說：現在正是時候，你應該詳細宣說，讓大眾生起歡喜心，也讓他們攝受圓滿的佛土。

佛說無量壽經廣釋

法處白言：唯願世尊大慈留聽，我今將說殊勝之願。

法處比丘說：希望世尊慈悲諦聽，我今天將要宣說殊勝的大願。

下面講的是阿彌陀佛的四十八願，淨土宗信眾沒有不知道這四十八願的。雖然各個譯本說法有所不同，支婁迦讖、支謙的譯本說是二十四願，法賢的譯本說是三十六願，藏文譯本是四十七願，但這些沒有本質不同，只是開合不同而已。四十八願非常重要，漢地有些大德說：「《大藏經》的核心是淨土法，淨土法的核心是四十八願，所以務必要了解四十八願。」從學修淨土法的角度來說，的確可以這樣講。所以道友們一定要重視四十八願。

在學習四十八願時，大家首先要了解其意義，然後要依靠它修行。佛陀在這麼長時間中思維，才結成了四十八願，現在我們不需要考慮很多，可以直接使用它們。這好比一座經堂，首先設計師、工程隊和發心人員辛辛苦苦把它建起來，後人直接使用就可以了。當然，如果我們不會使用，經堂不但對自己沒有意義，反而會因它產生過失。同樣，如果我們對四十八願不生信心甚至蔑視毀謗，那不但得不到利益，反而對今生來世不利。

以前的諸佛菩薩怎樣發願，我們也可以如是發願。《普賢行願品》中說：「文殊師利勇猛智，普賢慧行亦復然，我今迴向諸善根，隨彼一切常修學。」《發心儀軌》中也說：「如昔諸善逝，先發菩提心……如是為利生，我發菩提心。」阿彌陀佛往昔發了四十八願，所以大家也可以按他的四十八願來發願。

佛教的願文和世間的文字完全不同。上個世紀六七十年代，全中國人民都在念「三大紀律八項注意」，可是一段時間以後，現在已經沒有人念了。而阿彌陀佛的四十八願雖然經過了無數劫，依然有無量眾生依靠它趨往極樂世界。雖然個別邪見深重的人不承認這些，但不承認也是事實，這就叫法爾理。（《解義慧劍》中說，火是熱的，這是法爾理。有一位大德接受採訪時說：「人死後有來世，就像火具有熱性一樣，這就是法爾理。因此，對於前世後世的存在，簡單地說，依靠法爾理就可以成立。」）

阿彌陀佛的願力廣大無邊。現在無論藏地還是漢地，學淨土法的人都特別多。去年學院開極樂法會時，我在居士林給信眾們講了一堂課，當時我看到法會現場人山人海，本來藏地條件這麼艱苦，又是天氣最冷的時候，可是那麼多人以虔誠渴望的目光望著西方，口中一直念誦阿彌陀佛心咒，我感到阿彌陀佛的願力確實不可思議。我和法王如意寶去新加坡時，也遇到非常多的淨土宗信徒。

佛說無量壽經廣釋

為什麼世界上有那麼多人信仰淨土宗呢？就是因為有一種不可思議的信仰之力在推動。這種信仰不像有些氣功一樣，暫時轟動一時然後永遠銷聲匿跡，只要眾生具足福德因緣，這種信仰就會永遠存在，一批又一批的眾生會依靠它前往極樂世界。大家不得不相信這些道理，否則就是對事實的誹謗，誹謗事實的人就稱為愚笨者。

今天我本來想講十個願，但前面展開了很多道理，所以一個願都沒有講，下一堂課再講吧。

第五課

第六課

前面講了佛陀宣說此經的緣起以及法處比丘發願前的經歷，今天開始講法處比丘在世間自在王如來面前發的四十八願。

每位佛陀的發願不盡相同，在《悲華經》中釋迦牟尼佛發了五百大願，在《藥師經》中藥師佛發了十二大願，而在《無量壽經》中阿彌陀佛則發了四十八大願㉙。阿彌陀佛的四十八願非常重要，每個學淨土法的人首先要了解他的發願，然後要跟隨他發願。哪怕生起一剎那這種意念，也有無量無邊的功德。

前面我們講了，法處比丘並非考慮一天兩天、一月兩月或者幾百年、幾千年，而是經過五個大劫的深入思維，才總結出這些大願。這些願中蘊含了他的智慧和悲心，對眾生的解脫有甚深因緣。在座諸位遇到此法很不容易，可以說是前世積累福報的結果㉚。所以大家應該認真思維這些大願，深入領會其意義。

有些道友以前可能學過四十八願，但每位法師的講解方式不完全相同，所以這次重新學習還是有必要的。在學習的過程中，大家也應該參考其他法師的講義或者

佛說無量壽經廣釋

㉙其他譯本有三十六願、二十四願的提法，這是由於分攝不同所致——有些譯本的一個願含攝了其他譯本的好幾個願，有些譯本的好幾個願在其他譯本中攝為一個願。但現在一般共稱的就是四十八願。
㉚在此經後文中，對這個道理也有說明，如云：「若於福德初未修，終不聞斯微妙法，勇猛能成諸善利，當聞如是甚深經。」

注釋。我有一個習慣，不管學習任何經論，提前都要找很多參考書。以前法王講中觀前，我會準備很多中觀方面的書；法王講因果經論前，我也會準備很多因果方面的書。不過現在個別人從來不看參考書，我並不是說當年自己學得如何好，但自己學法的態度跟個別人確實不同。不能說所有的人不好，大多數人學法的意樂很強烈，但個別人確實存在問題，他們不要說參考其他資料，甚至正在講的這部經都不看，聽完課就把法本扔得遠遠的，然後尋找另一條「解脫之路」。如果是這樣的話，那乾脆就別聽課了。

學習佛法是自願的，並不是用高壓政策逼著你——如果不聽法一天要罰三千塊錢。既然聽法是自願的，就應該有一定的主動性。佛教的經論不像有些人想像的那麼簡單。如果參加世間的會議，領導講話時你稍微了解一下，過後不一定需要學習文件，畢竟世間的有些簡單道理不學習也能掌握。而佛法不同，它是遍智佛陀以金剛語宣說的，有直接和間接、正面和側面以及外內密等不同的意義，一般人的分別念很難通達這些甚深意義，因此必須下一番工夫。

在聞思的過程中，大家不要虎頭蛇尾。有些人開始很認真，找幾本參考書，每天反覆研究，可是慢慢就懈怠了，最後連所講的書也不看，每天等著這部法結束，好像講完這部法後自己就能解脫一樣。我覺得這沒有任

第六課

何必要。

　　大家應該利用有生之年，努力將自己的分別念與佛法的智慧融為一體。雖然現在是五濁熾盛的末法時代，但只要經常服用佛法的妙藥，外面的很多違緣對自己也無機可乘。否則，大城市裡的人免疫力本來就弱，各種煩惱的疾病時時會出現，如果自己再沒有充分的應對，那在煩惱病魔面前肯定會失敗的。因此，就像手機用完了要及時充電一樣，我們每天也要用佛法的智慧「充電」，這樣長期精進下去，自己的心態和行為就會朝好的方向逐漸改變。

　　一天兩天的學習不一定有效果，今天你聽了一堂課，就像脫衣服一樣煩惱馬上都沒有了，這是不太可能的。所以大家應該像前輩高僧大德那樣，長期穩重地學習佛法。穩重真的很重要，個別人剛開始學佛特別熱情，就像患了「猩猩熱」一樣熱得不得了，一定要馬上成就，白天不休息，晚上不睡覺，甚至吃飯都覺得耽誤時間，一口飯含在嘴裡要考慮三次，一直捨不得吞下去，可是最後又徹底放棄正法，心態和言行特別離譜。我覺得這樣不是很好。學佛應該有長期的穩重，佛經中經常講三大阿僧祇劫，所以大家要堅固學佛的誓願。

　　下面開始講四十八願。一般我講法都要參考一些講義，但這次因為沒有合適的參考書，只能對照一下藏文

佛說無量壽經廣釋

譯本，所以只好憑自己的理解給大家講一講，在此過程中如果有不符經義的過失，我提前在僧眾和諸佛菩薩面前懺悔。本來，凡夫人講經不可能百分之百符合經義，但前輩的很多大德說，只要不是故意曲解法義，而是盡心盡力作解釋，在此過程中即使有點錯誤，也不會有很大罪過。

一、國無惡趣願：

若我證得無上菩提，國中有地獄餓鬼畜生趣者，我終不取無上正覺。

如果我將來證得無上菩提，我的國土中不要有地獄餓鬼旁生趣，如果有地獄餓鬼旁生趣，我就不取無上正覺果位。

為什麼法處比丘要發這個願呢？一方面地獄餓鬼旁生太痛苦了，另一方面要幫助它們也非常困難，因此他寧可不取圓滿正等覺果位，也不希望自己的國土中有惡趣眾生。

惡趣眾生的痛苦是不可思量的。《大乘理趣六波羅蜜多經》中說：「墮三塗者，受苦無量，不可稱說，不可思量。」意思是，如果墮入三惡趣，將會感受無量痛苦，其苦無法用語言形容，也無法以思維衡量。

惡趣眾生的數量也是不可思量的。《大般涅槃經》中記載，有一次佛陀從地上拈起一點塵土放在指甲上

第六課

問迦葉菩薩：「指甲上的塵土多還是十方世界的塵土多？」迦葉菩薩說：「十方世界的塵土多。」佛陀說：「墮入惡趣的眾生就像十方世界的塵土，而轉為人天的眾生就像指甲上的塵土。」《大圓滿前行》中也說：「地獄眾生猶如夜晚繁星，而餓鬼則如白晝之星；餓鬼眾生猶如夜晚繁星，而旁生則如白晝之星；旁生眾生如夜晚繁星，而善趣眾生則如白晝之星。」

因此，一方面惡趣眾生有難以忍受的痛苦，另一方面它們的數量無量無邊，要度化它們確實不容易，所以法處比丘設計剎土時不願意自己的國土有惡趣眾生。正因為當初他發了這樣的願，所以後來阿彌陀佛的國土中沒有惡趣眾生。如《阿彌陀經》云：「彼佛國土，無三惡道。」不要說惡趣眾生，甚至連惡趣的名稱也沒有，如《阿彌陀經》云：「其佛國土尚無惡道之名，何況有實？」

當然，《阿彌陀經》中也說得很清楚，雖然極樂世界有共命鳥、鸚鵡等飛禽，但牠們不是真正的旁生，而是阿彌陀佛欲令法音宣流變化所作。換句話說，那裡的動物都是佛陀幻化的，不可能有生老病死、愚癡呆笨、互相啖食、被人役使等痛苦。

看看極樂世界的功德，每個人也應該這樣發願：我將來獲得佛果時，願自己的所化眾生沒有任何痛苦，自己的剎土就像極樂世界那樣美好。

佛說無量壽經廣釋

除了極樂世界，其他很多佛剎都存在一些缺陷。拿蓮花生大士的剎土來說，很多伏藏大師的教言說，如果是心不清淨的人，到了那裡會見到蓮師顯為羅剎王，蓮師的眷屬顯為鬼神，蓮師的剎土顯為羅剎國。喬美仁波切在《選擇清淨剎土的竅訣》中說，凡夫人一定要選擇往生極樂世界，一方面它很容易往生，另一方面往生後非常保險，不會有生邪見、墮入惡趣的情況。所以，我們應該發願往生極樂世界。

二、不墮惡趣願：

　　若我成佛，國中眾生有墮三惡趣者，我終不取正覺。

　　如果我將來成佛，國中眾生命終後不墮三惡趣，如果有眾生墮三惡趣，我就不取正覺果位。

　　在娑婆世界，天界眾生雖然於八萬年或者四萬年裡享受天樂，但命終後依然有墮入惡趣感受痛苦的。就像《親友書》說的那樣：「欲天界中大樂者，梵天離貪得安樂，復成無間獄火薪，不斷感受痛苦也。」

　　而極樂世界不會有這種情況。法處比丘當年發下大願：如果極樂世界有眾生墮入惡趣感受痛苦，我就不證得無上佛果。如今法處比丘已經成佛了，所以他的發願已經實現了，往生極樂世界者絕對不會墮入惡趣，就像《大圓滿前行》裡講的那樣，永遠捨棄了天靈蓋，再不

用在輪迴苦海中流轉了。

按有些漢地淨土宗大德的說法，往生極樂世界後之所以不會墮入惡趣，原因是凡夫人剛帶業往生時雖然沒有真正獲得解脫，但依靠阿彌陀佛的願力，剩餘的惡業很快能得以清淨，既然惡業得以清淨，自然就再不會到三惡趣「上班」了。

而其他剎土則不好說了，在那裡暫時可能非常快樂，但最終還會在惡趣感受痛苦。拿我們這個娑婆世界來講，有些眾生暫時得到人間的福報，有些暫時得到天界的福報，可是最終還是會因為造惡業而墮落惡趣。誠如《中觀四百論》所云：「由於諸人類，多持不善品，以是諸異生，多墮於惡趣。」（由於大多數人類行持不善業，以造惡業的緣故，大多數凡夫人死後都墮入惡趣。）

對於這個道理，經論中有許多比喻。《大圓滿前行》中說：如同在一面光滑的牆壁上撒豆，所有的豆子都將掉下去一樣，獲得人身也是如此困難。《大乘理趣六波羅蜜多經》中說：「從人天沒，墮三惡趣如大海水，復生人天如弓弰水。」弰是弓的末端，意思是從人天善趣死後墮入三惡趣的眾生猶如大海水一樣多，再次轉生為人天的就像弓弰沾的水一樣少。在《親友書》中，也用盲龜值木比喻從惡趣獲得人身之難。從這些教證來看，輪迴中人天善趣的果報的確是不保險的。

只要在煩惱推動下不斷造業，以後就必定會墮入惡

佛說無量壽經廣釋

趣。按《瑜伽師地論》的講法，產生煩惱有六種因：一由所依故，二由所緣故，三由親近故，四由邪教故，五由數習故，六由作意故，由此六因起諸煩惱[31]。這六種因在極樂世界無法具足，特別是依靠對境而生起貪嗔癡慢疑等根本以及隨煩惱，這種情況在極樂世界絕對是沒有的。極樂世界的所緣境都是性格很好的菩薩，看到任何人都不會發脾氣。不像我們這裡一樣，個別人看這個是壞人，看那個也是壞人，上上下下的人都好像羅剎鬼一樣。

有時候看起來，娑婆世界的眾生被各種煩惱和痛苦所折磨，如果是明智者的話，為什麼不發願往生極樂世界呢？人們都如此希求快樂，怎樣才能得到究竟的快樂呢？就是往生極樂世界。可悲的是，在芸芸眾生當中，通過修持淨土法門徹底遠離痛苦、獲得恆常無變大安樂者可謂寥若晨星。

世界上有那麼多希求快樂的人，有時候我在微博上一說「願幸福快樂」，很多人都歡喜得不得了。不過，雖然人們希求快樂，但很多人卻不去積累快樂的因。真正觀察起來，常行善法、常發善願的人有多少呢？確實是寥寥無幾。這就是眾生的可憐之處。

既然我們害怕墮入三惡趣，那如今值遇殊勝的淨土

[31]所依故者，謂由隨眠起諸煩惱。所緣故者，謂順煩惱境界現前。親近故者，謂由隨學不善丈夫。邪教故者，謂由聞非正法。數習故者，謂由先殖數習力勢。作意故者，謂由發起不如理作意故諸煩惱生。

法門時，每個人都要想盡辦法往生極樂世界。一旦往生極樂世界，就意味著徹底遠離了惡趣的怖畏。藏族有種說法：「如果往生到極樂世界，即使把你捆起來扔下去，也不會下墮惡趣。」為什麼呢？因為極樂世界沒有墮入惡趣的因緣，既然沒有墮落的因緣，當然不可能墮入惡趣。所以，不想墮惡趣的人都要發願往生極樂世界。

三、皆得金身願：

若我成佛，國中有情若不皆同真金色者，不取正覺。

如果我將來成佛，國中有情都具足純金色的莊嚴身體㉜，如果有情身體不都是純金色，我就不取正覺果位。

在我們這個世間，眾生的膚色各不相同。正因為存在不同膚色，所以出現了很多不平等，比如過去白人把黑人當作奴隸役使，甚至像旁生一樣虐待。又因為膚色不同，很多人也產生了各種煩惱：有些人膚色太黑了，為了把皮膚弄白，他們每天敷很多白粉，但就像把一塊黑石頭扔在酸奶桶裡一樣，再怎麼敷也不好看；有些人白得就像紙一樣，為了把皮膚弄黑，他們在身上敷上油，然後在沙灘上曬太陽，但是效果也不好。總之，世間很多人無法擁有理想的膚色，由此產生了很多痛苦。

㉜身金色是佛陀的三十二種相好之一。

而在極樂世界，每個人的膚色都很莊嚴，內心也很快樂。

當然，一個人的心態跟他所處的環境有關，在娑婆世界，不一定每個人都喜歡金色，但在極樂世界，因為金色是那裡所有顏色中最高貴的，所以每個人都喜歡這種膚色。

極樂世界的膚色沒有任何差別，不存在有些好看、有些不好看的情況。《極樂願文》中說：「無有女人無胎生，皆由蓮花苞中生，諸身無別金黃色。」意思是，極樂世界沒有女人，也沒有胎生以及濕生、卵生，所有人都是從清淨的蓮花苞中化生，而且所有人的身體都一模一樣，都具足金黃色的身體。

我們學院的覺姆經堂裡有法王在極樂世界的壁畫，畫中的所有眷屬都是金黃色的。有些人可能想：會不會這樣啊？其實這沒什麼可懷疑的，當世間的有漏業現前時，一個地方的眾生膚色都可以一樣，在阿彌陀佛不可思議大願所形成的極樂世界，菩薩們的膚色為什麼不能一樣呢？

我們可以看到，非洲人除了牙齒以外身體其他部分都是黑的，其他大洲的人膚色也各不相同，這都是不同的業力形成的。如果某人孤陋寡聞，從來沒見過其他膚色的人，那很可能不相信有這樣的人。以前中國人很少接觸外國人，一次有些藏民在成都昭覺寺見到一個黑

人，他們覺得好像見到外星人一樣：「哇！你看那兒有一個黑色的人，到底他是什麼啊？」大家都追著看。但後來見得多了，也就司空見慣了。

在世間，許多以前無法想像的事後來也能實現，更何況在極樂世界呢？所以，對於極樂世界的不可思議境界，大家要憑藉正理和佛陀的金剛語產生信心。我們這裡大多數人應該沒有懷疑，如果個別人有一些懷疑，可以當面提出來。我自信能遣除這些人的懷疑。作為聞思大乘經論多年的人，如果連這個把握都沒有，那自己的學習也太不深入了。

有些人以前對大乘佛法一竅不通，剛接觸佛法會產生一些懷疑，這也是情有可原的。在世間，有些對科學一竅不通的人剛接觸量子力學時，也可能憑想像提出一些問題。這些問題在他自己看來是很難解開的疑團，但在專家面前卻是很幼稚的。佛教中也有同樣的情況。

總之，依靠阿彌陀佛的大願，極樂世界的所有有情膚色都是金色的。這一點是決定無疑的。我們應該發願往生到具足如此稀奇功德的極樂世界。

四、無有美醜願：

若我成佛，國中有情形貌差別有好醜者，不取正覺。

如果我將來成佛，國中有情形貌不要有美醜之別，

佛說無量壽經廣釋

如果他們形貌有美醜之別，我就不取正覺果位。

法處比丘發願，在他的國土中眾生不要有美醜之別——有些長得很難看，人人都特別討厭；有些長得太好看，人人都特別羨慕，所有的人應該平等莊嚴。這個發願體現了佛教的大平等觀，真正的平等就是這樣的。

在我們這個世界，人們雖然口中說男女平等、好壞平等，什麼都要平等，但實際上到處都是不平等，可以說是一目了然。單單拿形貌來說：這是好看的人，那是不好看的人，怎麼可能平等呢？正因為存在很多不平等，所以引發了很多煩惱：有些人特別胖，連走路都特別困難，摸自己的身體時，全身好像就是一團精肉，連一根骨頭都摸不到；有些人瘦得皮包骨頭，自己摸著身體都懷疑：我到底是死人還是活人，怎麼除了骨頭以外什麼都沒有？有些人特別高，彎下身體才能進門；有些人特別矮，走在路上只到別人的膝蓋。總之，這個世間存在種種不平等以及由此產生的諸多煩惱，這就是娑婆世界的缺陷。

娑婆世界的不平等最初是怎麼產生的呢？按照《長阿含經》的說法，娑婆世界剛形成時，人類的膚色、相貌、福報都是相同的，當時人們享用地味，身體也有光明。後來眾生的福報漸漸減少，出現了淫欲、偷盜等惡行，人類的形貌也就隨著福報和業力而變得各不相同了。

對世間人來講，相貌、權力、地位、財富等方面的

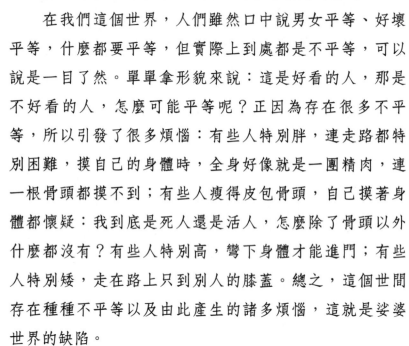

不平等會帶來很多煩惱。拿相貌上的不平等來說，相貌端嚴的人容易產生傲慢心，有些人長得稍微好看一點，不管走路、說話就帶著一股傲氣，甚至吃飯時嘴都不會動；相貌醜陋的人則容易產生自卑心，尤其兔唇、盲人等殘疾人經常被別人蔑視，內心特別脆弱，在人前連頭都不敢抬。

財富上的不平等也是如此。以前我讀書的時候，有些學生家境比較富裕，穿的衣服很好，不僅自己特別傲慢，其他人也羨慕他們，甚至老師也偏愛他們；有些學生家境比較貧寒，穿得破破爛爛，經常受別人欺負。正因為如此，這幾年我在家鄉辦學校時，讓所有的學生穿同一種服裝，家境富裕的人是這身衣服，家境貧窮的人也是這身衣服。我覺得這是一種平等的象徵。

此處的這個發願和康僧鎧譯文中的說法基本相同，但與藏文譯本有點不同，藏文譯本的說法是：「若我成佛，國中有情名言中有天人差別者，不取正覺。」大意為，如果我將來成佛，國中不要有天人美妙、人類醜陋的差別。雖然說法上略有差別，但實際意義差別不大，因為藏譯也是說不要有天人那樣好看和人那樣難看的區別，還是在強調眾生平等。

總之，大家要發願往生到一切平等的極樂世界。一旦往生到那裡，就將獲得真正的大平等，而且吃穿住用都通過神變來滿足，那種平等、自在的生活確實很快樂。

佛說無量壽經廣釋

五、得宿命通願：

若我成佛，國中有情不得宿念下至不知億那由他百千劫事者，不取正覺。

如果我將來成佛，國中有情都具足宿命通，如果有人不具足宿命通，乃至不知道百千億那由他劫之前的事，我就不取正覺果位。

《大智度論》中說：「大阿羅漢辟支佛知八萬大劫，諸大菩薩及佛知無量劫，是名識宿命通。」因此，宿命通就是了知過去的能力。對於多劫以前發生的事情、自己當時轉生的地方、自己的姓名、親友眷屬、生活狀況等，具宿命通者都能一一了知。

一個人如果有了宿命通，就會知道自己宿世流轉的過程，這樣肯定會精進斷惡行善。現在很多人因為沒有宿命通，不知道自己有前後世，所以無惡不作。他們認為，生命就像草地上的蘑菇一樣，一場雨之後突然冒出來了，一晃到秋天又沒有了。在他們的心目中，人類就是一堆堆忽生忽滅的蘑菇，除了短暫的今生以外，生命再沒有長遠的價值了。這就是很多人的愚癡之處。

雖然我們現在不能像諸佛菩薩和阿羅漢那樣擁有宿命通，但只要到了極樂世界就會具足宿命通，對無數劫以來所經歷的事情一目了然，那時肯定會小心謹慎地取捨因果、斷惡行善。所以我們應該發願：將來一定要往生極樂世界。

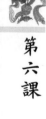

第六課

只要往生極樂世界，就必定會具足宿命通等功德，這一點是毋庸置疑的。現在有些人說：凡夫人往生淨土是帶業往生，所以往生後不可能具足超勝的功德。這種說法是不對的。如果極樂世界真的有人不具足宿命通，他們的身體很難看，而且也不是金色的，那說明阿彌陀佛的大願還沒有實現，但這是絕對不可能的。

現在個別人完全憑自己的想像胡亂解釋淨土宗的法義，說什麼：往生的眾生分為上中下品，上品眾生如何，中品眾生如何，下品眾生如何。這些講法其實是在否認阿彌陀佛的大願㉝。如果一個人已經往生到極樂世界，可是天天在那裡當「旁聽生」，天天「打苦工」，會不會有這種情況呢？希望大家在這方面詳細分析，要好好研究阿彌陀佛因地的發願。

佛說無量壽經廣釋

六、得天眼通願：

若我成佛，國中有情若無天眼，乃至不見億那由他百千佛國土者，不取正覺。

如果我將來成佛，國中有情都具足天眼通，如果他們不具足天眼通，乃至不能照見百千億那由他佛剎，我就不取正覺果位。

我們的眼睛不要說看到其他世界，只要在眼前放一

㉝此處並非否定佛經中的三輩九品之說，而是否定有些人沒有任何依據，依靠分別念胡亂描繪往生者的各種品位。

片布、一張紙，或者被一根柱子、一堵牆擋住，甚至用一個薄薄的披單蒙著頭，就什麼都看不見了。肉眼最多能看見人間幾百米、幾千米遠的距離。雖然在仰望夜空時，我們能見到三十八萬公里之外的月球，甚至能看見一萬光年以外的星球，但清晰度卻遠遠不夠。此外，肉眼辨別細微之物的能力也很有限：一隻小蚊子在幾十釐米內能看得見，再遠一點就不行了，如果沒有望遠鏡就根本看不見了。我們的肉眼就是這樣的。

而天眼則具足強大的功能。《楞嚴經》中說：「阿那律見閻浮提如觀掌中菴摩羅果，諸菩薩等見百千界，十方如來窮盡微塵清淨國土無所不矚。」往生到極樂世界的人都是菩薩，所以他們都具足照見十方無量世界的天眼通，既能照見清淨剎土的狀況，也能照見不清淨剎土的狀況。

七、得天耳通願：

若我成佛，國中有情不獲天耳，乃至不聞億那由他百千踰繕那外佛說法者，不取正覺。

如果我將來成佛，國中有情都獲得天耳通，如果不具足天耳通，乃至不能聽到百千億那由他踰繕那㉞以外的佛陀說法，我就不取正覺果位。

㉞踰繕那：即由旬，為印度計算里程之單位。指公牛掛軛行走一日之旅程。另據大唐西域記卷二載，指帝王一日行軍之路程。

如今法處比丘已經成佛，也現前了自己的淨土，所以他的發願已經實現了，凡是往生極樂世界的眾生都具足天耳通。

娑婆世界的耳朵能力非常有限。有些人接電話時，對方聲音再大也聽不清：「啊？啊？啊？你大聲一點嘛！」還有些人更過分，旁邊幾個人再怎麼喊，他也無動於衷。別人也很奇怪：表面上看兩隻耳朵特別大，為什麼聽力卻特別差呢？有時候看起來，好像外面這兩片肉越大，聽力反而越差。

《帝釋所問經》云：「諸佛如來具天耳通，無遠無近，皆悉能聞。」意思是諸佛都具有天耳通，他們聽聲音沒有遠近之別。相比之下，凡夫聽聲音則有遠近之別：在一千米以內，呼喚別人基本上能聽得見；如果超出一千米，再怎麼喊都聽不到了。

在這裡要提醒各位一點：有些人不需要大聲時聲音也特別大，甚至走在路上也「哇哇哇」喊個不停，其實沒必要這樣大聲喊，你旁邊的人也不是聾子。可能這些人在大城市裡習慣了，大城市裡到處是工廠、汽車、人流的聲音，說話不得不大聲，因為這個串習力，到寂靜處後說話還是大聲大氣。那天我看見兩個人一邊走路一邊說話，剛開始我在想：這兩個人到底在談什麼，為什麼他們之間連一米都不到，可是說話的聲音在一公里外都能聽到？於是我一直跟在後面聽，後來聽明白了他們

佛說無量壽經廣釋

在講什麼，自己不禁笑了笑。也許這兩個人認為，聽到他們談論世間法聲音的人都能往生極樂世界，出於這種度化眾生的密意，所以特意大聲說話，好讓整個學院的人都聽見。

八、得他心通願：

若我成佛，國中有情無他心智，乃至不知億那由他百千佛國土中有情心行者，不取正覺。

如果我將來成佛，國中有情都獲得他心通，如果沒有他心通，乃至不了知百千億那由他佛土中有情的心念，我就不取正覺果位。

如果不知道別人的心，做很多事情還是很困難的。即使我們盡心盡力幫助別人，也很難說對方到底怎麼想。俗話說，「畫虎畫皮難畫骨，知人知面不知心」，「隔山隔水隔肚皮，知人知面不知心」，知道別人的心確實很難，但如果沒有知道別人的心，自己的所作所為就很難達到目標，所以具足他心通是很重要的。

諸佛菩薩都具足他心通，如《大寶積經》云：「若諸眾生前際心相、後際心相、現在心相，菩薩於中皆能曉了。」意思是，菩薩能了知眾生過去、現在、未來的所有心念。依靠這樣的神通，菩薩做任何事都很方便。

第六課

原來有一個人問我：「既然極樂世界的菩薩相貌都一樣，那我們往生極樂世界後怎麼尋找法王如意寶呢？

可能會認不出他吧？」我說：「不用擔心。如果人間所有的人長得一模一樣，要找一個人的確非常困難。在百千萬億人當中，你一個一個去問，這樣確實很不容易。可是極樂世界不同，那裡所有的人都有他心通，他們知道百千萬億那由他國土所有有情的心，因此，雖然所有人相貌都一樣，但你一起念頭對方就知道了，所以尋找法王是很容易的。」

《極樂願文》中說，阿彌陀佛晝夜六時以慈悲的慧眼遙視一切有情，能夠了知我們心裡產生的任何分別念。和阿彌陀佛一樣，極樂世界的菩薩也知道眾生產生的任何心念。所以想獲得他心通的人應該發願往生極樂世界。

佛說無量壽經廣釋

第七課

在講課之前，我想提醒各位道友一點：不管你是藏族人還是漢族人㉟，如果沒有特別重要的事情，最好不要中斷每天的聽課。既然一件事情開了頭，就要有一個結尾。如果偶爾聽、偶爾不聽，這種學習態度是不好的。

外面通過網絡聽課的人剛開始比較多，這兩天好像少了一些。這一點我也理解：身為城市裡的人，有時候煩惱比較多，有時候瑣事比較多，對聞法不是很重視，所以人數減少很正常。而我們學院則不同，剛開始聽法的人不太多，但越往後可能人越多，這就是寂靜地方的加持吧。

大家應該把聽課放在最重要的位置。如果一兩部法都不能聽圓滿，那麼長遠地發菩提心就更無法實現了。因此，除了實在無法抗拒的情況以外，各位道友千萬不要隨便中斷聽課，不要認為聽也可以，不聽也可以。雖然我這個人很一般，但我講的是真正的佛法，所以大家不能輕視。現在我們共同學習佛法的機會很難得，每個人都應該珍惜，我盡自己的能力認認真真地講，你們也要認認真真地聽。

現在我們正在講阿彌陀佛因地的四十八願。很多佛教徒對四十八願都比較熟悉，也經常念誦這些願，對欲求往生極樂世界者來講，這是不可缺少的。但我想提醒

㉟佛學院有許多藏族僧人也在聽上師傳法。

有些人的是：作為學習大乘佛法的人，如果光是自己念佛求生淨土，對身邊發生的一切事情都置若罔聞，這也是不合理的。既然我們已經發了菩提心，就要對弘法利生有一種使命感和責任感，要盡自己的一切能力弘揚能賜予眾生暫時和究竟利益的甘露妙法，盡自己的一切能力幫助有緣的眾生。每個學淨土法的人都應該在這些方面努力。

我有時候有這種感覺，許多佛教徒有好的自私自利和不好的自私自利：好的自私自利是自己求生淨土，不好的自私自利是只管自己解脫，根本不管別人的解脫。如果所有人都是這種獨享佛法的心態，那佛法在世界上就很難弘揚開了。

昨天，我看了鳳凰網資訊台的一篇報道。這篇報道中說，這幾年以來基督教在內地發展非常迅速，據官方統計，目前中國大陸有五萬五千多所教堂。但很多專家認為這是一個非常保守的數字，僅僅是已經登記的公開教堂，如果加上沒有登記的不公開教堂，實際數量應該在八萬所以上。此外，還有百分之二十幾的人在家庭教堂（上述八萬所教堂以外）進行宗教活動。

這篇報道中提到了一件很有意思的事情：有個記者在某地調研時問一位官員當地有沒有教堂，對方說沒有。可是就在他們附近就有一座很大的教堂，而且門上掛著一張很大的牌子——基督教聚會區。記者指著那個牌子說：「你看那不是有一座教堂嗎？」官員說：「我

沒看見。」記者問：「我都看見了，你怎麼沒看見？」
對方答：「中央沒看見，我怎麼看得見？」

今年年初，我去南京大學、復旦大學演講，在與一些師生交流的過程中，我也了解到目前基督教正有組織、有計劃地在各個大學弘揚他們的宗教。

當然，我並不排斥基督教的弘揚。畢竟沒有宗教和有宗教相比，還是有宗教好。我只不過為佛教感到惋惜：作為佛教徒，很多人希求的僅僅是自己往生淨土，自己即生虹身成就，佛教所講的智慧和慈悲這麼好，可是大多數人都沒有弘揚佛法的理念。

請大家想一想：既然基督教可以在各地建立教堂，為什麼佛教不能建立中心、寺院和居士林？根據國家的宗教政策，各個地方是允許建立居士林的，可是很多佛教徒都沒有採取行動。我對此感到特別遺憾。在不久的將來，也許很多地方會被其他宗教占據，到了那個時候，佛教即使想插入也沒有市場了。在這些重要的問題上，我希望有能力、有智慧、有經驗的人要及早採取行動。如果一直對此漠不關心，這恐怕是對佛法和眾生不負責任的態度。

學淨土法的人也不要每天拿著一串大大的念珠，一直閉著眼睛念佛，其他什麼事情都不管。否則，等周圍的空間被其他宗教占完了，那個時候你就不一定能安心念佛了，說不定你也會融入其他宗教，剛開始你還默默

念幾句佛，到了最後連念佛的念頭都沒有了。

我擔心照這樣下去，再過二十年、五十年我們的社會會變成什麼樣子？其實人類社會變得特別快，不管物質領域還是精神領域，不需要很久就會發生天翻地覆的變化。從我的短暫人生經歷來看，二三十年前人們的生活方式、言談舉止、思想觀念跟現在都截然不同。在這些變化中，有些是人為的，有些是眾生的共業所致，還有些是自然的力量。希望大家重視我說的話，盡量拿出實際行動，讓世界朝著好的方向變化。

下面繼續講四十八願。

佛說無量壽經廣釋

九、得神足通願：

若我成佛，國中有情不獲神通自在波羅蜜多，於一念頃不能超過億那由他百千佛剎者，不取正覺。

如果我將來成佛，國中有情都要獲得神通自在波羅蜜多，如果沒有獲得神通自在波羅蜜多，乃至一念頃不能超過百千億那由他佛剎，我就不取正覺果位。

娑婆世界的人整天忙著賺錢，早上起來想的是錢，晚上睡覺想的也是錢，甚至走路想的也是錢，一會兒付錢，一會兒收錢，一直活在金錢的世界中。而極樂世界不是這樣，那裡的菩薩不喜歡人民幣，也不喜歡美元，即使給錢也用不上，他們每天的事情就是以神通到他方佛剎聽經聞法或者利益眾生。

當年法處比丘發願：願我國中的有情一念頃能越過無數世界，如果不能獲得這樣的神通，我就不取證佛果。如今法處比丘已經獲得佛果，所以他的發願已經實現了，凡是往生極樂世界的人都具有無礙的神通。

其實神通是很重要的。很多高僧大德說，如果沒有示現神通，眾生很難生起信心，這樣就很難度化他們。佛經中說，一般凡夫人特別耽著神通。平時我們也能發現，很多人對特異功能特別在乎。也許是因為眾生有這方面的習氣，所以當年法處比丘發願，轉生自己淨土的眾生都要具足神通。

《極樂願文》中說，極樂世界的眾生依靠神通上午到現喜剎土、楊柳宮、普陀山等剎土，在諸佛菩薩面前聽受大乘妙法，到了傍晚的時候再無有艱難地返回極樂世界。所以，對極樂世界的眾生來說，具足神通也是求法的一種順緣。

除了依靠阿彌陀佛的加持而獲得神通以外，一般來講，只有具足禪定才能獲得神通。按照《俱舍論》的觀點，禪定是神通的所依，尤其依靠第四禪才能擁有圓滿的神通。《經莊嚴論》中也說：「第四極淨禪，無分別智攝，如所立方便，依此淨諸通。」意思是，大乘菩薩神通的所依是清淨的第四禪㊱，其助伴是無分別智慧，其

㊱由於遠離了尋、伺、呼氣、吸氣、樂受、苦受、意樂受、意苦受這八種過患，故第四禪被稱為清淨的禪定，而一二三禪都沒有遠離這些過患。

方便是對各種神通之因如理作意。比如欲得天耳通，就要專注作意各種聲音，欲彼一切現前；欲得他心通，就要專注作意他人的心態，欲彼一切現前。

從古人的眼光來看，神通的確是不可思議的，但從現在人的眼光來看，好像神通也沒什麼稀奇的。拿天耳通來說，以前如果超越了肉耳所及的範圍，比如越過一座大山，就聽不到別人說話的聲音；但現在依靠電話、手機等工具，人們能和很遠地方的人通話，從某個角度講，這跟天耳通沒有很大差別。

佛說無量壽經廣釋

天眼通也是如此。比如我在經堂給大家講課，越過高山、江河、太平洋、印度洋，遠在美國、歐洲的人都能通過網絡收看。按照古人的分別念，這確實是不可思議的——中國和美國之間那麼遙遠，可是我七點零一分在這裡講課，他們七點零二分就能收看。所以，現代科技的方便如果用在好的方面，我們可以積累非常多的功德。

神足通也同樣。以前的很多大德都有神足通，西日桑哈、布瑪莫扎、貝若扎納的傳記中說，他們能夠身體離開地面自在飛行。依靠現代科技的方便，比如通過車輛或者飛機，人們也能夠擁有這種「神通」。人類最初使用的是人力車、馬車、牛車，隨著科學技術的進步，出現了汽車、火車、電車，將來也許會出現「意念車」，只要心裡一想，車子「嗚——」就開走了。自從

飛機問世以來，出現了固定翼飛機、直升飛機等各種飛機，還出現了載人宇宙飛船。雖然這些飛行器不能一念頃從中國飛到美國，但最多十幾個小時就能飛到。

這樣看來，既然依靠人們的分別念和眾生的共業，在娑婆世界都可以實現很多不可思議的事情，那麼依靠阿彌陀佛的廣大願力以及諸菩薩的共同善業，極樂世界的菩薩獲得種種神變當然是可以的。

在有些偏僻地方，人們以前對現代科技的成果根本無法想像，但後來他們也享受著文明的生活。同樣，有些人以前認為往生極樂世界、獲得諸多功德是一種神話，後來通過長期學修淨土法門，終於明白這些「神話」其實是現實。不過某些人心態不開放，智慧始終沒有打開，所以不能接受這些甚深的道理。一般來講，愚者很難接納佛法的不可思議境界，就像瓦器不能盛獅子乳一樣。這與自己的福分有一定關係。

正因為如此，所以傳密法首先要觀察眾生的根機。是不是密宗的上師不公平，他們對個別人重視、對另一些人不重視呢？不是這樣的。眾生的根機各不相同，對於密宗的甚深見解和行為，有些人不但不能接受，反而妄加誹謗。為了防止他們生邪見、造口業，所以傳密法前觀察根機很有必要。

顯宗也有類似的情況。對於極樂世界的甚深道理，沒有智慧的人總是無法理解，一會兒產生懷疑，一會兒

產生邪見。不管我們怎麼解釋，他們就是不相信。個別道友的父母就是這樣——「不管怎麼樣，反正我不信你這一套！」尤其有些老頭子是很難調化的。所以傳有些顯宗法前也需要觀察根機。

放眼望去，不管在大地上、海洋裡還是虛空中，到處可以見到不可思議的現象，對於有智慧的人來說，這些都是對佛法的不可思議境界產生信心的助緣。當然，如果是不講道理的人，那我們就沒什麼可說的了——佛教說往生極樂世界好，你沒有任何理由卻硬說不好，這就是你個人的問題，如果真要拿出有說服力的理由來否認佛教的真理，這是任何人也做不到的。

十、無有我執願：

若我成佛，國中有情起於少分我我所想者，不取菩提。

如果我將來成佛，國中有情都無有我和我所想，如果有人生起少許我和我所想，我就不取菩提果位。

如今法處比丘已經成佛，所以他的發願已經實現了，極樂世界的所有補特伽羅㊲都沒有我和我所的執著。

一個人如果有了我和我所的執著，他是不可能獲得

㊲補特伽羅：又作富特伽羅、弗伽羅、福伽羅。譯為人、眾生、數取趣、眾數者，指輪迴轉生之主體。意為數度往返五趣輪迴者，即『我』之異名。佛教主張無我說，故不承認有生死主體之真實補特伽羅，但為解說權便之故，而將人假名為補特伽羅。此外，補特伽羅與人同義，如法蘊足論卷二將修行果位四雙八輩稱為四雙八隻補特伽羅。

快樂的。《大乘本生心地觀經》中說:「世間所有諸恐怖,皆從我見我所生,若能斷除我我所,一切恐怖無所依。」世間所有的恐怖、煩惱、痛苦、不平的來源是什麼呢?歸根結底就是對我和我所的耽著。因此,如果通過智慧斷除了我和我所,所有的不幸都將蕩然無存。

作為欲求往生極樂世界的人,活著時破除我執也很重要。(到了極樂世界就不需要特別對治了,因為我執基本上都沒有了。)《入中論》云:「慧見煩惱諸過患,皆從薩迦耶見生,由了知我是彼境,故瑜伽師先破我。」意思是,以智慧見到一切煩惱和過患都是由薩迦耶見㊲而生,而「我」就是薩迦耶見的對境,所以瑜伽師首先應該破除「我」。《中觀寶鬘論》亦云:「何時有蘊執,爾時有我執,有我執有業,有業亦有生。」乃至有對五蘊的執著期間,依靠它產生的我與我所執也就存在,如果有我與我所執,就會積累流轉輪迴的業,有了業就會投生三有。

在極樂世界,對我和我所的耽著是沒有的,否則法處比丘就不取佛果。從這個角度看,極樂世界應該沒有凡夫。當然,這是就「老常住」而言的,不包括蓮花苞裡的「旁聽生」。這些「旁聽生」不算真正的眷屬,他們不能見到阿彌陀佛,只是在蓮花苞裡聽一聽課,不用守極樂世界的紀律,行為也比較放鬆,上課時可以用手機,開玩笑。

㊲也叫壞聚見,即於五蘊妄執有我的顛倒見解。

十一、決定成佛願：

若我成佛，國中有情若不決定成等正覺證大涅槃者，不取菩提。

如果我將來成佛，國中有情都決定成就無上正等正覺、獲得大涅槃果位，如果不能決定成就無上正等正覺、獲得大涅槃果位，我就不取菩提果位。

在娑婆世界修行經常容易退失。《俱舍論》中說，小乘的阿羅漢中有一種叫退法阿羅漢，這種人雖然證得了聖果，但還有退失的可能㉟。我在講《入行論》時也說過，有些大乘菩薩也會退失菩提心。但極樂世界不會有退失者，往生極樂世界者都將成就無上正等正覺，獲得究竟的涅槃果位㊵。在極樂世界不會入於暫時的寂滅而不取證大涅槃，也不會修到一定果位後又回到人間變成凡夫。在人間，有些人在學校待了一段時間，後來因為犯錯誤被開除，而極樂世界不可能有這種情況。

往生極樂世界以後，很快就能獲得一地菩薩果位。雖然天台宗的論典有凡聖同居土的提法，但我認為這並非指極樂世界有一般的凡夫，而是在說某些人生前造惡業、之後帶業往生的情況。何謂帶業往生？舉例而言，《樂邦文類》在講下品下生時說：「十惡五逆，臨終苦逼，教稱十念，華開金色。」意思是，有些人生前造十

佛說無量壽經廣釋

㉟此為個別小乘宗之觀點。
㊵真正的涅槃要滅除一切煩惱，如佛經云：「滅諸煩惱，名為涅槃」，否則就不算真正的涅槃，只能算暫時的寂滅境界。

惡五逆，臨終為劇苦所逼，由於遇到善知識開導，他們至心念十聲佛號，以念佛而見到金蓮花現於空中，之後於一念頃往生極樂世界。這類眾生往生後住於蓮花苞中[41]，只有等到往昔的罪業消盡時方能從花苞中出來，然後見到觀世音菩薩、大勢至菩薩，最後見到阿彌陀佛才能登歡喜地（一地）。

在這個問題上，我希望大家要有主見。不然諸方眾說紛紜，自己很可能不知所從。在藏傳佛教界，佐欽仁波切說極樂世界有凡夫，而喬美仁波切、麥彭仁波切和法王如意寶則認為：極樂世界都是一地以上的聖者。其實這兩種觀點不矛盾：凡夫人只要往生到極樂世界就不會退轉，剛往生到極樂世界時，某些人因為以前誹謗佛法、生邪見等惡業，暫時住在蓮花苞中（可以說就是凡聖同居土），見不到阿彌陀佛、觀世音菩薩和大勢至菩薩，那時可以說是凡夫，而最終面見阿彌陀佛時，在阿彌陀佛的加持下很快會獲得一地果位。

九品往生之說出自《觀無量壽佛經》，此經為劉宋時期畺良耶舍所譯，後來《樂邦文類》、《遊心安樂道》等論典都依之宣講了九品往生。我詳細看了這些經論，裡面講得很清楚，各種眾生都有往生淨土的機會，尤其下品下生者都是十惡五逆之輩，但這種業力深重者

---

[41] 關於在蓮花苞中待多長時間，經論中有不同的說法。《極樂願文》云：「於五百年中……聽聞佛語聲，然花不綻放。」《觀經》中說，下品下生者在蓮花苞中待十二個大劫，之後蓮花才開放。

也能往生淨土，只不過到淨土後不能馬上登地。

　　總之，雖然諸大智者的說法有所不同，但究竟密意應該是一致的：即不管什麼人，只要往生極樂世界，就不會從大菩提中退轉，能夠一生取證佛果㊷。所以大家應該承認，極樂世界沒有我們這個世間那樣的凡夫，往生者不會從大菩提中退轉，最終都能證得大涅槃。當然，在極樂世界證得大涅槃後就更不會退轉了。《大寶積經》云：「若至涅槃者，一往無復退。」講得很清楚，如果獲得了大涅槃，就再也不會退轉了。

　　一般來講，加行道、一地、八地都可以叫不退轉，其中一地以上就是真正的不退轉。在極樂世界，除了特殊情況者以外㊸，其他菩薩和聲聞都是一地以上的聖者，他們不可能從大菩提中退轉，決定會證得大涅槃。當然，蓮花苞裡的有情也不會退轉，不可能因犯錯誤而退回娑婆世界，他們遲早也會證得大涅槃。

　　以上是我綜合前輩高僧大德的金剛語進行分析後，對這個問題的一點個人看法。我覺得這樣解釋可能比較好。不然，現在有些人說極樂世界有凡夫，有些人說沒有凡夫，包括有些著名的法師也無法決定有還是沒有。總之，在這個問題上，我們要從不同側面來理解前輩大德的不同說法。

佛說無量壽經廣釋

㊷見圓瑛法師《阿彌陀經要解講義》。
㊸如住在蓮花苞中等情況。

十二、光明無量願：

若我成佛，光明有限，下至不照億那由他百千及算數佛剎者，不取菩提。

如果我將來成佛，身體的光明無量無邊，如果我的光明有限，下至不能照百千億那由他佛剎，我就不取菩提果位。

如今法處比丘的大願已經實現了，所以阿彌陀佛有無量無邊的光明。一般的光除了遣除黑暗以外，其他什麼能力都沒有。而佛陀的光不是這樣，佛陀有智慧光、慈悲光、威力光以及攝受眾生光等各種光，這些光具有各種作用。

在大乘經典中，對佛光的描述非常多。如《華嚴經》云：「佛身無等無有比，光明照耀遍十方。」意思是，佛陀的身相在世間無與倫比，佛陀的光芒是太陽、月亮、星星等世間的光芒無法相比的，它能夠照耀十方無量的世界。

有些人可能想：我祈禱阿彌陀佛、釋迦牟尼佛的時候，是不是佛陀發出一束光，就像太陽光從窗戶透進來一樣，照到我的頭上或者心口？不完全是這樣。佛光的範圍非常廣，不僅有肉眼能見到的光，還包括加持之光等無形的光。比如，上師的加持之光融入心間時，弟子能打開智慧、生起悲心、利益無量眾生，這就是一種無形的光。

在無量光佛的剎土中，當然也有類似日光那種肉眼可見的光芒。許多淨土經論中都說，極樂世界雖然沒有日月，但阿彌陀佛的光能照亮國土。（不要說阿彌陀佛的光，諸菩薩的光也能照亮極樂世界。如《大智度論》云：「阿彌陀佛世界中諸菩薩身出常光，照十萬由旬。」）從這些教證來看，阿彌陀佛能發出肉眼可見的光。但除了這種可見的光以外，阿彌陀佛也能發出各種無形的光。

十三、佛壽無量願：

若我成佛，壽量有限乃至俱胝那由他百千及算數劫者，不取菩提。

如果我將來成佛，我的壽命無有限量，如果我的壽量有限量，乃至以百千俱胝那由他劫數可以衡量，我就不取菩提果位。

此處的「乃至俱胝那由他百千」是指數量有限，並不是指一個具體的數量。關於這個道理，從《極樂願文》中便可以看出，如云：「彼剎阿彌陀佛尊，住無數劫不涅槃。」

阿彌陀佛又被稱為無量壽佛，原因就在於他的壽命長得不可思議。《觀世音菩薩授記經》中對此也說得很清楚：「阿彌陀佛壽命無量百千億劫。」當年法處比丘發願：如果將來自己壽命有限量，我就不成佛。如今他的大願已經實現了，所以，如果用人間的阿拉伯數字來

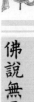

佛說無量壽經廣釋

計算，阿彌陀佛的壽量確實是不可思議的。

不僅阿彌陀佛自己，往生他國土者壽命也無有限量。《安樂集》中說：「若生阿彌陀淨國，壽命長遠不可思議。」長壽是人類最迫切的需求，人們都害怕沒活到百歲就死去，即使已經活到百歲也不滿足，但那時不滿足也沒辦法了——身體、精神都衰敗了，想再住世也不可能了，所以，想長壽的人一定要發願往生極樂世界。

有些人可能會想：既然娑婆世界的有情壽命短、煩惱多、見解惡，為什麼釋迦牟尼佛要攝受這些濁世的眾生呢？這就是釋迦牟尼佛的不共願力。有些大德說：「阿彌陀佛非常聰明，他的眷屬各方面素質都非常高，這些眾生很容易教化，不需要天天拿著鞭子管教；而釋迦牟尼佛的眷屬綜合素質特別差，所以很難調伏。」的確，諸佛發願攝受的眾生不盡相同：娑婆世界的眾生方方面面都很可憐；而極樂世界的眾生則方方面面都很優秀——長得好看，壽命也長，吃穿住用也不用發愁。

不僅諸佛攝受的眷屬不同，很多上師攝受的弟子也不同。藏地有些道場特別殊勝，不僅硬件環境、經濟實力非常不錯，講經說法的堪布一個個都很有辯才；而有些偏僻的道場則完全不同，到了那裡感覺好像到了另一個世界。從這些差別也可以感覺到，諸上師的發願和弟子們的福報確有不同。

當然，我們不能說釋迦牟尼佛沒有福報。事實上，正是因為他悲憫五濁惡世的可憐眾生，所以才以非凡的勇氣發下五百大願，特意攝受我們這些低劣的眾生。佛經中記載，在賢劫千佛中，其他佛陀都發願攝受清淨眾生，唯有釋迦牟尼佛發願攝受濁世眾生。這就是釋迦牟尼佛的偉大之處。

十四、聲聞無量願：

若我成佛，國中聲聞無有知其數者，假使三千大千世界滿中有情及諸緣覺於百千歲盡其智算，亦不能知，若有知者，不取正覺。

如果我將來成佛，國中有無量聲聞聖者，沒有人能知道他們的數量，假使三千大千世界的所有眾生都變成緣覺[44]，他們於百千萬歲中盡其智力計算，也不能知道這些聲聞的數量，如果能知道聲聞的數量，我就不取正覺果位。

極樂世界的聲聞都是不退轉者，而且他們的數量是無法衡量的。如《阿彌陀經》云：「極樂國土眾生生者，皆是阿鞞跋致。其中多有一生補處，其數甚多，非是算數所能知之，但可以無量無邊阿僧祇說。」

---

[44]在康僧鎧譯本中是「悉成緣覺」，藏文譯本中也是如此。可能「悉成緣覺」比「及諸緣覺」好一點。不過我們尊重原文，經文不做調整，在解釋時靈活一點。

佛說無量壽經廣釋

十五、有情壽命無量願：

若我成佛，國中有情壽量有限齊者，不取菩提，唯除願力而受生者。

如果我將來成佛，國中有情壽命無有限量，如果他們的壽命有限量，我就不取菩提果位，除了以特殊願力[45]在他方世界受生者。

在我們這個世界，有情壽命的長短是不定的。醫院的救護車天天去接病人，然後送到手術台上。很多人經常懇求上師：「我要開刀了，請加持加持我」，「這個人得癌症了，請加持加持他」，「那個人要死了，請加持加持他」。不僅病人非常痛苦，家人也為他們而痛苦。而極樂世界不會有這些情況，除非為度化其他剎土的眾生，有些菩薩在極樂世界示現圓寂，然後轉生到其他剎土。

《增壹阿含經》中說，娑婆世界人命危脆，最多不過百歲。而極樂世界不是這樣，往生者壽命無有限量，只要自己願意，住世一劫、百劫、千劫乃至億劫都可以。現在很多人重視長壽，希望自己長命百歲、健康無病。這些人應該發願往生極樂世界，只要到了那裡，就可以獲得究竟的長壽，能在無量的時日中住世。而且在此期間不會有任何煩惱和痛苦，就像天界一樣快樂無比。當然，極樂世界的快樂不是放逸，菩薩們在享受快

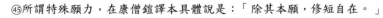

[45]所謂特殊願力，在康僧鎧譯本具體說是：「除其本願，修短自在。」

樂的同時也能自然成辦利益眾生的事業。

　　今天所講的這些道理非常深奧，凡夫的智慧就像螞蟻一樣有限，只有深入經藏、廣聞博學，將佛陀和前輩大德的教言結合起來分析，才能領悟其中的甚深意義，所以大家課後還要認真思維。在廣大無邊的法界中，雖然我們的生命極其渺小，非常可憐，但能遇到這樣殊勝的淨土法門，還是一件值得歡喜的事，大家一定要時時發大願，爭取早日前往清淨莊嚴、功德無量的極樂世界。

佛說無量壽經廣釋

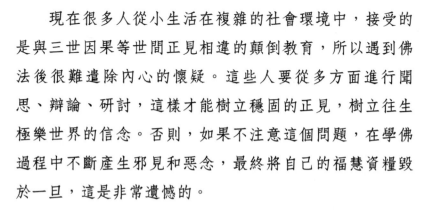

第八課

　　今天繼續講四十八願。希望所有學習《無量壽經》的人，不管這次在學院聽課、在外面通過網絡聽課的人還是以後通過光盤、法本學習的人，都要對阿彌陀佛因地的發願生起信心。

　　現在很多人從小生活在複雜的社會環境中，接受的是與三世因果等世間正見相違的顛倒教育，所以遇到佛法後很難遣除內心的懷疑。這些人要從多方面進行聞思、辯論、研討，這樣才能樹立穩固的正見，樹立往生極樂世界的信念。否則，如果不注意這個問題，在學佛過程中不斷產生邪見和惡念，最終將自己的福慧資糧毀於一旦，這是非常遺憾的。

　　一個人的學佛成功與否，一方面與自己前世的福分有關，同時也與周圍的環境以及接觸的人有關。《入行論》中說，傷口沒有癒合的病人處於混亂的人群時，他會小心謹慎地保護傷口，生怕被別人碰到而引發舊傷；同樣，當我們置身惡人的群體時，也要恆時以正知正念守護自己的見解，這一點非常重要。

　　在學習四十八願時，大家不僅要了解文字意義，還要從內心深處對其產生體會。阿彌陀佛在因地發了這麼殊勝的大願，現在他已經成佛了，極樂世界也形成了，所以這些大願都已經實現了。如果我們依靠這些大願修

行，一定會往生極樂世界。

如何成立往生極樂世界之理呢？首先，這是佛陀和前輩大德以無欺的金剛語宣說的，其次，從正理上這也是經得起觀察的。因此，我們可以通過教量和比量產生這樣的定解——只要自己好好學修淨土法，精進懺悔罪障，一定會有往生的機會。

有時候我有這樣的顧慮：自己業障這麼深重，不要說往生淨土，甚至下輩子連人身都得不到吧？但有時候又有這樣的想法：自己遇到了如此殊勝的淨土法門，而且也在精進學修這些法要，再加上得到了法王如意寶的慈悲攝受——前輩的高僧大德曾授記：凡是和法王結緣者都能往生極樂世界，因此，雖然自己是煩惱深重的凡夫人，但基本上也具足了往生的因緣，尤其是有了法王如意寶這條「綠色通道」，不往生淨土恐怕不可能吧。所以，一想到這一點，自己也會有一種歡喜心。

我並不是在這裡糊弄大家，道理確實就是這樣的——佛陀不會欺騙我們，傳承上師不會欺騙我們，只要自己實踐這些金剛語，有生之年不造作與往生淨土相違的因緣，就一定會有往生淨土的機會。

這次我們沒什麼可著急的，應該靜下心來慢慢學習四十八願。現在城市裡的人生活節奏特別快，當初人類發明了機器，以為依靠機器會使生活輕鬆，沒想到自從有了機器，人類反而要跟著機器跑，可是人的骨肉之軀

佛說無量壽經廣釋

畢竟能力有限，再怎麼樣也跟不上機器的節奏，所以生活更加不輕鬆了。其實，人需要有一種放鬆感，需要有一種隨緣感，這才是明智的生活態度。同樣，學習佛法也不能過於著急，需要有計劃、有次第地進行，現在各位遇到了這麼殊勝的佛法，這是前世的善業和今生的善緣聚會的結果，所以沒必要匆忙學完，應該慢慢地學習。

在學習的過程中，希望大家參考一些相關資料，對每天所講的內容至少閱讀、思維一兩遍。我曾在法王為主的很多善知識座下聞思過多年，我有這樣的習慣——不管聽任何一門課，課後都要反覆復習。而現在個別學佛的人不是這樣，聽完課從來不復習。甚至正在聽課時也馬馬虎虎，一會兒打瞌睡，一會兒產生分別念，雖然身體在聽法的行列中，可是心早已越過千山萬水，跟遠方的夥伴交流去了，這種學習態度不好。

下面我們看經文。

十六、無不善名願：

若我成佛，國中眾生若有不善名者，不取正覺。

如果我將來成佛，國中眾生不要有任何不善名稱，如果他們有不善名稱，我就不取正覺果位。

如今，阿彌陀佛已經成佛，極樂世界已經形成，所以法處比丘的發願已經實現了，他國土中的眾生沒有任

何不善名稱。不僅極樂世界的眾生自身沒有殘疾等惡名，他們也聽不到殺生、偷盜、邪淫、妄語、綺語、邪見、喝酒、抽煙等惡法的名字，既然連惡法的名字都聽不到，就更不用說真正有這些惡法了。

有時候一想起極樂世界的這些功德，我們不得不產生歡喜心，不得不產生嚮往之心。這個世界是什麼樣？各位都應該清楚：從大環境來說，打開電視、翻開報紙就會發現，各種災難層出不窮；從每個人自身來講，從早到晚不停地產生惡分別念，言行舉止也有許多不如法之處。此外，如今世界上有很多邪教和外道，他們散布各種邪知邪見，還有很多人通過電視、網絡等科學手段讓人們的心紛亂不息、煩惱此起彼伏。總之，這個世界跟極樂世界差別太大了。在地球上，有些落後國家的國民素質特別低，經濟條件非常差，社會治安也很不如意，跟發達國家相比有天壤之別。娑婆世界和極樂世界的差別就像落後國家和發達國家的差別一樣。所以娑婆世界的眾生應該對極樂世界有嚮往之心。

善導大師曾說：「歸去來，魔鄉不可停。曠劫來流轉，六道盡皆經。到處無餘樂，唯聞愁歎聲。」意思是，娑婆世界就是一個魔鄉，一點都不值得停留，曠劫以來眾生流轉其中，即使找遍六道輪迴的每一處，連針尖、芝麻許的安樂都找不到，只能聽到憂愁的歎息聲。的確如此，不管從內有情還是外環境來看，誰能不對這

佛說無量壽經廣釋

個娑婆世界生厭煩心呢？

不過有人不懂這些道理，從一些表面現象出發，認為輪迴中的生活很快樂。其實，如果真的問他們：生活為什麼快樂？恐怕這些人也說不出真實的理由。前一段時間，我在微博上發了一段話：「好花不常開，好景不常在，一切皆無常。」後來有人給我留言：「好花常常開，好景常常在，一切皆恆常。」我想，這個人只不過是在故意頂我，如果真要從道理上辯論，他絕對說不出可靠的理由。就像糞坑裡的蛆蟲認為不淨糞的味道非常美一樣，沉溺於輪迴中的人也一直貪執本該厭離的對境，此類執迷不悟者大有人在，這就是眾生的可憐之處。

我們應該明白：既然極樂世界連不善法的名稱都沒有，當然不會有不善法；既然沒有不善法，當然不可能有造惡業的現象；既然沒有造惡業的現象，當然不會有感受苦果的情況。所以，極樂世界的有情只會往上升進，絕對沒有往下墮落的。而娑婆世界則恰恰相反，就像《中觀四百論》講的那樣，大多數有情都是往下墮落，很少有往上升進的。

大家要通過各方面比較，對娑婆世界生起厭離心。其實，六道輪迴就是個大苦海，就像善導大師說的一樣，到處都沒有安樂，一點都不值得貪戀。所以我們應該發願出離娑婆世界、前往極樂世界。特別是臨終時要

放下一切，不要貪戀親人、家庭、世間，應該一心求生西方淨土，這才是最明智的選擇。

十七、諸佛讚歎願：

若我成佛，彼無量剎中無數諸佛不共諮嗟稱歎我國者，不取正覺。

如果我將來成佛，無量剎土中的無數諸佛都要一致交口稱讚我的國土，如果他們不讚歎我的國土，我就不取正覺果位。

不管一個剎土、道場還是修行人，都需要有好的口碑。從世間角度來講，這能得到大眾的認可，從出世間角度來講，這能令弘法利生事業圓滿。一個企業能否在社會上生存，在很大程度上取決於別人的看法，如果人們對這家企業很讚歎，它就會有廣闊的生存空間（當然，前提是自身各方面要過硬，如產品質量好、經營效益好）；同樣，極樂世界也需要十方的讚歎。正因為如此，

所以當年法處比丘發願，願十方無量剎土的無數如來都讚歎他的國土。

此處說是稱歎我國，康僧鎧譯本中說是稱歎我名，從本質上講，兩種說法沒有什麼差別，對極樂世界的讚歎實際上就是對阿彌陀佛的讚歎。

不僅釋迦牟尼佛在佛經中讚歎極樂世界，歷代高僧大德在論典中也讚歎極樂世界。如蕅益大師曾說：「信

佛說無量壽經廣釋

他者，信釋迦如來決無誑語，彌陀世尊決無虛願，六方諸佛廣長舌決無二言。隨順諸佛真實教誨，決志求生，更無疑惑。是名信他……如此信已，則娑婆即自心所感之穢，而自心穢，理應厭離；極樂即自心所感之淨，而自心淨，理應欣求。」

《阿彌陀經》中說，東南西北上下等六方如來一致讚歎阿彌陀佛的國土。事實上，不僅這六方如來，恆河沙數如來都在讚歎阿彌陀佛的國土。這就是阿彌陀佛不可思議願力的真實體現。

雖然每位佛陀的功德都很殊勝，但顯現上阿彌陀佛的影響卻超過其他佛陀。本來，我們這個世界是釋迦牟尼佛的所化，可是西方十萬億剎土外的極樂世界的功德卻在人們耳邊不斷迴響。不管在藏地還是漢地，持誦阿彌陀佛名號的人都遠遠超過持誦釋迦牟尼佛名號的人。漢地有「家家彌陀佛，戶戶觀世音」的說法，很多人平時口中經常說阿彌陀佛，甚至電影電視中也經常提到阿彌陀佛，民間尚且如此，佛教的道場就更不用說了。

不管在娑婆世界還是其他無量的世界，到處都流傳著對極樂世界的讚歎，其實極樂世界的確有這些功德。現在有些廠商花了很多錢，打了很多廣告，可是這些廣告都是虛假的，其產品並沒有真實價值。而阿彌陀佛的國土不同，十方如來都讚歎極樂剎土的功德，這種讚歎完全是名符其實的。

第八課

依靠因地的大願力，如今我們經常能聽到對阿彌陀佛及其剎土的讚歎。以後大家也要隨順阿彌陀佛的願力，盡量弘揚阿彌陀佛的淨土法門。哪怕你家裡來了不信佛的客人，也可以在他耳邊念幾句阿彌陀佛。在路上遇到乞丐時，也可以要求他先念幾句佛，然後再作布施。

大約二十年前，有個叫果智的出家人對我說：「哇！師父，眾生的業力真是不可思議！我在峨眉山看見一個乞丐，我給他一元錢，他不念阿彌陀佛，給五元錢也不念，給十元錢還是不念，後來我故意說給一百元錢，可他還是不念。」他說得很對，有些眾生的因緣確實比較特殊。

十八、十念往生願：

若我證得無上覺時，餘佛剎中諸有情類聞我名已，所有善根心心迴向，願生我國，乃至十念，若不生者，不取菩提。唯除造無間惡業、誹謗正法及諸聖人。

如果我證得無上正等覺時，其他剎土的任何有情聽聞我的名號以後，將所有善根心心迴向，願意往生我的國土，下至十念如果不能往生，我就不取菩提果位。除了造五無間罪、誹謗正法以及聖人的人以外。

「十念」有兩種解釋方法。一種是漢地的傳統講

佛說無量壽經廣釋

法，即善導大師提倡的念誦佛號，十念就是口裡念十遍「南無阿彌陀佛」⑭。另一種是藏地的講法，這在藏文譯本中可以看出，即心中思維憶念阿彌陀佛或者極樂世界，十念就是產生十次這樣的心念。

這裡說，除了造五無間罪、誹謗佛法和聖人，其他人都有往生極樂世界的機會。在康僧鎧和藏文譯本中，只講了造五無間罪和誹謗佛法，沒有提到誹謗聖人，可能這包括在誹謗正法中了。

大家應該清楚，往生極樂世界有兩個主要違緣：一是造五無間罪；二是誹謗正法，包括誹謗顯宗和密宗、小乘和大乘。如果造了這兩種罪又沒有好好懺悔，這是不可能往生淨土的。懺悔的方法當然很多，按照漢地有些大德的教言，如果能專心致志念佛，即使不做其他對治法，也可以滅盡罪障。如《佛祖統紀》⑰云：「十念阿彌陀佛，能滅八十億劫重罪。」

念佛包括口念和心念，在這二者中，我覺得內心的憶念很重要，因為口中念誦畢竟只是身口意中的一個，最好還要有內心的憶念。當然，我的意思並不是漢地佛友要改口念為觀想。每個傳承的修法都是有加持力的。以前藏地有個修行人，他念金剛橛心咒是「嗡班扎爾嘰

---

⑭有些法師將此解釋成十念法，即一口氣不停地念很多遍「南無阿彌陀佛」，並沒有一個指定的數目，只要一口氣就算一念，這樣念十口氣算十念，這樣念佛心比較容易專注。
⑰南宋志磐著，主要闡明天台宗教學之傳統。

里嘰里雅……」，正確的念法本來是「嗡班扎爾格樂格樂雅……」，雖然他的發音不太準，但依靠自己的信心和精進，每當他念咒時山川草木都跟著發出咒音。後來薩迦班智達向他指出正確的咒音，他按照正確的音念時，山川草木卻不發出咒音了。話說回來，其實漢地的口念佛號也沒有錯，在漢文中「念」本來有口念和心念兩個意思，在藏文譯本中也有這兩個意思。只不過我認為，身口的善法固然很重要，但更重要的是內心的作意。

善導大師在《法事讚》中說：「以佛願力，五逆十惡，罪滅得生；謗法闡提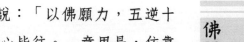，回心皆往。」意思是，依靠佛陀的願力，即使造了五逆十惡，只要真心發露懺悔，也能滅除罪業、往生淨土；即使是謗法者及一闡提，如果能回心向善，也有往生淨土的機會。據此教證可知，任何人只要能精進懺悔罪業，在此基礎上一心一意念佛觀佛，都會有往生極樂世界的機會。

下面對往生淨土的兩大障礙稍加分析。

什麼是謗法罪？《遍攝一切研磨經》云：「曼殊室利，毀謗正法，業障細微。曼殊室利，若於如來所說聖語，於其一類起善妙想，於其一類起惡劣想，是為謗法。若謗法者，由謗法故，是謗如來，是謗僧伽。若作

⑱一闡提，梵語音譯，意為斷善根、無種性。其實這種人並不是斷了佛性，而是因為惡業障礙深重，故暫時無有生信得度的機會，成佛當在久遠之後。

是云：『此則應理，此非應理』，是為謗法。若作是言：『此是為諸菩薩宣說，此是為諸聲聞宣說』，是為謗法。若作是言：『此是為諸獨覺宣說』，是為謗法。若作是言：『此者非諸菩薩所學』，是為謗法。」

如果不注意，一般人很容易造謗法罪。現在有些學淨土的人口口聲聲說密宗不好、禪宗不好，這種言論非常危險。以前我跟有些淨土宗法師交流時說過：往生極樂世界的最大障礙就是謗法，凡夫的肉眼很難辨別什麼是真正的佛法，所以為了避免造口業，應該對其他宗派觀清淨心。

法王如意寶晚年在顯現上對年輕時的某些語言特別後悔，他老人家說自己年輕時喜歡辯論，在辯論時曾經說過薩迦派、格魯派的某些觀點不究竟，也評價過某些法師的見解，詳細分析起來，很可能構成了謗法罪。所以法王在接近圓寂那幾年經常在課堂上懺悔。他老人家也要求弟子們每年念誦四十萬遍金剛薩埵心咒。法王說過，只要能如理念誦四十萬遍金剛薩埵心咒，包括五無間罪、謗法罪在內的一切罪業都能得以清淨。

什麼是五無間罪？即殺父親、殺母親、殺阿羅漢、出佛身血以及破和合僧。如今真正造五無間罪的人很少，在佛教徒中不一定找到殺父親、殺母親的人，但也有比較接近的惡行，如虐待父母，用眼睛瞪父母，對父母出口不遜：「你這個老太婆，閉嘴！」現在很多年輕

人不孝順，甚至把父母當作奴僕對待，這些人能不能往生淨土？很難說。如果有些人造過上述罪業，就一定要好好懺悔，每年要念四十萬遍金剛薩埵心咒。

要提醒各位的是，此處雖說十念即得往生淨土，但為了保險起見，大家最好多念。依靠前輩高僧大德的授記和自己的清淨境界所見，法王曾經非常肯定地說：「只要能念一百萬遍阿彌陀佛名號（此為藏音，漢音『南無阿彌陀佛』為六百萬遍），就一定能往生極樂世界。」大家應該盡量完成法王規定的念誦任務。

今年各地淨土班統計了念佛的數量，很多人都念完了六百萬遍阿彌陀佛聖號。我希望這些人以後還要不斷地念。從漢地大德的傳記看，有些大德每天念十萬遍佛號，一輩子從不間斷。所以，我們不能念完六百萬遍就再也不念了，還要不斷地念佛。尤其淨土班和其他班不同，沒有考試、辯論等任務，大家更應該精進念佛。

有些年輕人也不要把淨土法看作老年人的修法。我們這裡有個別學因明、中觀的人，他們一講起深的理論非常歡喜，一提到念佛、修加行則有點看不起。其實不應該這樣。人什麼時候死很難說，說不定自己明天就會變成屍體，那個時候表面上的有些理論恐怕用不上。現在你整天學因明，特別喜歡辯論，可是離開世間時嘴皮還是要留在人間，口才再好也不一定辯得過中陰法王。所以積累資糧非常重要。年輕人不要總認為還有時間，

佛說無量壽經廣釋

人生其實很短暫，幾十年一晃就沒了，如果平時沒有精進積累資糧，死的時候就麻煩了。

以前法王如意寶再三要求，學院的四眾弟子，包括法師和輔導員在內，每天必須用轉經輪，必須念咒語、佛號。法王在世時，學院用念珠和轉經輪的人特別多。法王圓寂後，情況則有所不同了。個別法師辯論起來很精彩，可是平時從來不用念珠和轉經輪，最多把念珠當作裝飾品，向別人炫耀自己的念珠好看。希望大家不要這樣，應該精進積累世俗的善根。

言歸正傳，既然十念就能往生淨土，那我們念幾百、幾千、幾萬遍為什麼不能往生？如果不能往生，那佛陀已經欺騙我們了。但這絕對是不可能的。即使水中燃火，佛陀也不可能欺騙眾生。所以大家要有堅定的信心，該念的、該修的都要精進去做。

十九、臨終接引願：

若我成佛，於他剎土有諸眾生發菩提心，及於我所起清淨念，復以善根迴向願生極樂，彼人臨命終時，我與諸比丘眾現其人前，若不爾者，不取正覺。

如果我將來成佛，其他剎土如果有眾生發起菩提心，對我和我剎土產生清淨意念，並將善根迴向願生極樂世界，當他們臨命終時，我與無量比丘現於其前，並

接引其往生極樂世界，如果不能這樣，我就不取正覺果位。

這條大願含攝了《極樂願文大疏》中所說的往生四因：發菩提心——有諸眾生發菩提心，明觀福田——及於我所起清淨念，積資淨障——復以善根，發清淨願——迴向願生極樂。

其實漢地的大德也講過往生四因。徹悟禪師曾說：「真為生死，發菩提心，以深信願，持佛名號。」前兩句是發菩提心，「以深信願」是明觀福田和發清淨願，「持佛名號」就是積資淨障。

麥彭仁波切在《淨土教言》中說，往生四因中最主要的是明觀福田和發清淨願，如果我們真實具足了這四種因，則不可能不往生極樂世界。

有些人說漢傳淨土宗不強調發菩提心，其實並非如此。在四十八願中，第十九願是非常關鍵的一條，此願廣為漢地大德所引用，這條願中明顯地說「有諸眾生發菩提心」，漢地諸大德不可能對此視而不見。所以往生極樂世界需要發菩提心。如果一個人沒有菩提心，整天都是自私自利心、貪執世間的心，這樣能不能往生淨土？非常困難。

有些人說：「某居士已經往生了，因為具足了往生的相。但是他不具足菩提心，所以沒有菩提心也可以往生。」但對於有沒有往生這種事情，我覺得恐怕不能用

佛說無量壽經廣釋

自己的「神通」來判定吧。

和菩提心一樣，欲求往生極樂世界，具足信心也非常重要。有些人雖然佛學水平不高，但有毫不動搖的信心，這種人也有往生的機會。以前我講過老婦人依靠狗牙成佛的故事㊾。續部中也說：「或是愚笨堅信者，彼修近得諸成就。」相反，如果什麼都不相信，完全以理論來推測，這種人叫尋思者，他們很難得到佛法的成就。

《列子》中記載：春秋時期有一個叫商丘開的人，他特別喜歡錢財。（現在人更喜歡發財，我聽說有人把塔爾寺的毗沙門天王改名為「發財神」。）為了求財，有一次商丘開去投靠一個富翁。商丘開雖然智慧不高，但是他的心很真誠，依靠他的信心力，出現了三次不可思議的現象。

這個富翁家有很多食客㊿，有一天這些食客登上一座高台，他們故意逗弄商丘開：「誰從這麼高的地方跳下去，就賞他一百金。」商丘開信以為真，縱身跳了下去。稀奇的是，他一點都沒有受傷。眾人以為他是偶然成功，並沒有覺得很奇怪。

有一天大家來到一條河邊，眾人指著湍急的河流騙商丘開：「水裡有一顆寶珠，游下去可以摸到。」商丘開毫不猶豫地跳到河裡，結果又得到了寶珠。這次大家

㊾詳見《大圓滿前行引導文》。
㊿食客：古代寄食於貴族官僚家裡，為主人出謀劃策、奔走效力的人。

覺得有點奇怪。

後來主人家起火，主人說：「誰能鑽進火中取出財物，就能得到獎賞。」商丘開一聽，馬上進入大火，搶出了很多財物，而且一點也沒被燒傷。這一次，大家都覺得很稀有。

於是眾人紛紛在商丘開面前懺悔，並問：「您真了不起，以前我們都是騙您的，為什麼您能做到這些事情？」商丘開說：「我只有一顆誠摯的心，認為你們的話都是真的，所以才做到這些事情。」

後來這件事傳到孔子耳中，有弟子問：「本來是根本沒有的事情，但商丘開全部實現了，這是什麼原因？」孔子解釋說：「如果一個人的信心到了極點，他就可以感動天地萬物，鬼神也會幫助他，這樣自然能做到出乎常人意料的事。」

雖然商丘開幾次被欺騙，可是依靠自己的信心，他卻做到了這些不可能做到的事情，更何況佛經中所說的都是真實不虛的呢？因此，每個人都要經常這樣想：只要自己好好發菩提心，對阿彌陀佛產生清淨心，將善根迴向往生極樂世界，當自己離開世間時阿彌陀佛及其眷屬必定會現於面前，這樣自己就一定能夠往生淨土。

要提醒諸位一點的是，對欲求往生淨土的人來說，臨終的意念很重要。靈芝大師說：「凡人臨終，識神無主，善惡業種，無不發現。」此時，如果能按照蓮花生

佛說無量壽經廣釋

大士的中陰竅訣，自己觀想或者別人提醒自己觀想諸佛菩薩，那麼就如同國王命令屬下捎口信一樣，必定會實現往生淨土的目標。

通過這次學習《無量壽經》，我希望在座各位對淨土法門樹立正見，遣除沒必要的邪見和疑惑，這樣自己的修行才會圓滿。

二十、大悲攝受願：

若我成佛，無量國中所有眾生聞說我名，以己善根迴向極樂，若不生者，不取菩提。[51]

如果我將來成佛，無量國土中的所有眾生聽到我的名號，將自己的善根迴向往生極樂世界，命終時一定能往生我的國土，如果他們不能往生，我就不取菩提果位。

發願和迴向很重要。今後大家在念《普賢行願品》、《極樂願文》等願文時，都要想到：願自己所作的善根迴向給一切眾生，但願我和一切眾生往生極樂世界。如果能這樣迴向，則一定能如願往生。大乘經論中對此做了保證，如《大乘起信論》云：「專念西方極樂世界阿彌陀佛，以諸善根迴向願生，決定得生。」

---

[51]藏文譯本無此願，康僧鎧譯本中有此願，但說法略有不同：「設我得佛，十方眾生，聞我名號，繫念我國，植眾德本，至心迴向，欲生我國，不果遂者，不取正覺。」

第八課

藏地的很多老人都有迴向的習慣。如果今天轉了一百零八圈佛塔，轉完以後他們隨口會編一個迴向文：「今天轉繞的善根迴向給天下一切眾生，願我和這些眾生往生極樂世界，面見阿彌陀佛，獲得無量甘露妙法。」我們也應該像這些老人一樣隨時迴向善根，或者按照《普賢行願品》、《極樂願文》等願文來發願，或者自己心裡觀想：今天自己所作的善根迴向給一切眾生，願這些眾生和我往生極樂世界。當然，在迴向的時候，具體是採用國王、舟子還是牧童般的發心⑤，就看自己的意樂了。

這樣的迴向只需短暫的時間，卻能保證善根不失壞而且不斷增上。就像把錢存在銀行裡，不僅能保證本錢不丟，而且有利息可賺。有些人很喜歡花錢，有了錢馬上買這買那，一會兒錢就不知道流到哪裡去了，就像沙子從指縫裡漏光了一樣，最後自己很傷心：「唉，我這個人，真是沒頭腦，錢這個壞東西……」善根和錢一樣，如果沒有保護好，也可能流失掉。因此，不管做任何善法，比如聽一堂課、修半個小時加行或者為眾生發心做事，做完以後都要及時迴向，這樣善根才會成為安樂的因，這一點非常重要。

這一條願講得很清楚：聽到阿彌陀佛的名號後，只要將善根迴向往生極樂世界，依靠迴向的力量，將來必

⑤詳見《大圓滿前行引導文》。

定會往生極樂世界。如果不能往生極樂世界，那佛陀就對我們說妄語了，但這是絕對不可能的。所以，以後我們每做一件善法，都要立即迴向往生極樂世界。今天各位也要將共同聞思修行的善根迴向給天邊無際的一切眾生，願自他一切眾生悉皆往生極樂世界、面見阿彌陀佛、獲得無量無邊的功德。

第八課

第九課

二十一、具足妙相願：

若我成佛，國中菩薩皆不成就三十二相[53]者，不取菩提。

如果我將來成佛，國中菩薩都要具足三十二相，如果有不具足三十二相者，我就不取菩提果位。

如今法處比丘已經成佛了，所以他的發願已經實現了，極樂世界的菩薩沒有不具足三十二相的。三十二種妙相不像一般人的容貌，所有的眾生看到這些妙相，自然而然就會生起歡喜心，如《寶性論》云：「見時喜足功德者，所謂妙相三十二。」

《中觀寶鬘論》中說：「一切轉輪王，雖有此等相，淨嚴及明顯，不及佛一分。」意思是，雖然一切轉輪王也具有三十二相，但是在清淨、莊嚴、明顯方面連佛陀的一分都不如。換句話說，轉輪王的三十二相與佛陀的三十二相存在很大差別。

佛說無量壽經廣釋

---

[53]《寶性論》云：「善住平滿輪輻相，足跟廣長趺不隆，手足諸指悉纖長，及如鵝王網縵相，肌膚柔軟且細嫩，身體七處極隆滿，伊尼延鹿王腨相，陰藏猶如大象王，上身猶如獅子王，雙膞隆滿極豐腋，臂肘渾圓豐腋相，手軟渾圓無高下，正立不俯手過膝，清淨之身具圓光，頸項無垢如海螺，兩頰平廣似獸王，齒具四十上下等，亦極清淨且密嚴，淨齒長短粗細勻，二牙極勝潔白性，難思無邊廣長舌，品嘗諸味得勝味，迦陵頻伽自然聲，梵音清澈深遠聞，眼如蓮花牛王睫，具淨白毫嚴飾面，頂有肉髻膚金色，清淨細薄眾生尊，一孔生一細柔毛，右旋無輪向上靡，淨髮嚴如琉璃寶，身量端似尼拘樹，普賢無譬大仙人，那羅延力堅固身，不思議相三十二，佛說此是人王相。」此外，《優婆塞戒經》等經論中對三十二相亦有宣說。經論中的各種說法皆大同小異。

現在很多人喜歡相貌端嚴，經常做美容、整容，用各種方法增加自己的美色，但娑婆世界的相貌畢竟是有限的，再怎麼努力作用也不大。有些人本來不好看，越做美容越難看，「美容」反而成了「醜容」。有些人依靠醫學技術和化妝品，雖然暫時顯得很漂亮，但到了晚年時，就再也無法掩蓋歲月在臉上留下的滄桑。

前一段時間，我看了一個人的自傳，他在書中附了自己年輕時的照片和晚年的照片，兩張照片一對比，自然就知道什麼叫衰老。世間再美麗、再富裕、再強盛的人，最終也逃脫不了無常的支配。《大圓滿前行》中說，即便高如天空、屬如霹靂、富如龍王、豔如彩虹的人，當無常到來之時，也只能留下一具令人見而生畏的臭皮囊。可悲的是，世間人不知此理，一直貪戀無常的色身。

其實世間的許多觀念都是顛倒的，很多人自己本來不明正理，再加上受教育和宣傳的影響，一直沉溺於惡見的瀑流中。拿化妝品來說，有些國外的化妝品本來對身體有害，因為它們是針對外國人的皮膚、血液、體質製造的，可是這些化妝品卻銷售到很遠的地方。有些人看到某些化妝品包裝很好，就認為裡面的產品對身體有好處，其實他們不知道包裝完全是騙人的。不過現在的人們就是這樣，經常把一些虛假的東西吹得特別大，最終令很多人上當受騙。

第九課

既然每個人都願意擁有端嚴的相貌，那就應該發願往生極樂世界。只要到了極樂世界，就再也不需要一大堆化妝品，自然而然會具足永不改變、永不衰老的莊嚴相貌。不像娑婆世界的人一樣，兩三天沒有洗臉、洗頭，就會像乞丐一樣蓬頭垢面，不要說別人，自己照鏡子時也很害怕。其實，通過發生在自己身上的這些現象，人們也應該知道輪迴如是恐怖、如是痛苦，對佛教的甚深道理也應該有所了解。

二十二、一生補處願：

若我成佛，於彼國中所有菩薩於大菩提咸悉位階一生補處，唯除大願諸菩薩等。為諸眾生被精進甲，勤行利益修大涅槃，遍諸佛國行菩薩行，供養一切諸佛如來，安立洹沙眾生住無上覺，所修諸行復勝於前，行普賢道而得出離。若不爾者，不取菩提。

如果我將來成佛，國中所有菩薩都於大菩提位階一生補處(54)，除了發大願不立即取證佛果的諸大菩薩。為了度化無邊無際的一切眾生，令沒有安慰者得安慰，沒有解脫者得解脫，沒有涅槃者得涅槃，這些菩薩披上精進的鎧甲，日日夜夜精勤利益眾生，精勤修持趨入大涅槃

(54)極樂世界的菩薩都是一生補處，就像彌勒菩薩一樣會成為佛陀的繼承者。在世間學生所學的專業決定了以後的職業，比如讀師範的人畢業之後註定要當老師；同樣，一生補處菩薩也註定要成佛。

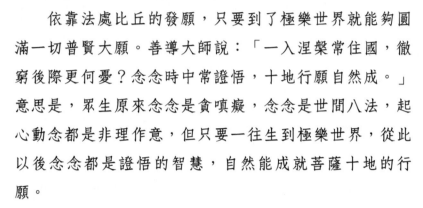

之法，遍於東南西北的各個佛剎行持如海菩薩行，供養十方一切諸佛如來，將恆河沙數眾生安置於無上圓滿正等覺果位，他們的修行遠超其他菩薩（其他剎土的菩薩或者加行道、資糧道等下位菩薩），最終通過行持普賢大願而得以出離㊽。如果不能這樣，我就不取菩提果位。

依靠法處比丘的發願，只要到了極樂世界就能夠圓滿一切普賢大願。善導大師說：「一入涅槃常住國，徹窮後際更何憂？念念時中常證悟，十地行願自然成。」意思是，眾生原來念念是貪嗔癡，念念是世間八法，起心動念都是非理作意，但只要一往生到極樂世界，從此以後念念都是證悟的智慧，自然能成就菩薩十地的行願。

我們應該常發普賢大願。前一段時間，我給菩提學會寫了一封公開信，談到了今後的學習安排：如果各方面的因緣具足，沒有出現什麼無常，以後將系統學習漢地的淨土五經一論和藏地大德的淨土教言，尤其要重點學習《普賢行願品》。在《普賢行願品》中，講到了普賢十大願王：一、禮敬諸佛；二、稱讚如來；三、廣修供養；四、懺悔業障；五、隨喜功德；六、請轉法輪；七、請佛住世；八、常隨佛學；九、恆順眾生；十、普皆迴向㊻。這些內容對我們的修行是不可缺少的。

㊽出離的對境有多種，如出離輪迴，出離二乘，出離下位（一地）趣往上位（二地），等等。
㊻除了稱讚如來、常隨佛學和恆順眾生以外，其他內容都含攝在七支供中。

大乘菩薩的十萬大願匯集起來就是普賢十大願王，而普賢十大願王又可歸納為利益眾生和弘揚佛法。法處比丘的這條大願也講到了利益眾生和弘揚佛法。其實大乘佛法歸根結底就是這兩點。供養恆沙如來，積累無邊資糧，修持大涅槃法，現前前所未有的證悟，這一切目的是什麼？就是弘揚佛法和利益眾生。

　　華智仁波切在《現觀莊嚴論總義.修行次第略說》中說，大乘的目的不是成佛，而是利益眾生。可是很多修行人不明白這個道理，他們認為成佛就是為了自己快樂，就像現在有些學生的想法一樣，讀書就是為了找一份好工作，有一個溫馨的家庭，過幸福美滿的生活。那天有一個人對我說：「為什麼現在很多知識分子不關心社會？」我說：「因為他們的『發心』就是將來有一個好工作、好家庭，所以『得果』時也不可能有其他想法了。」一個人既然有了錢，有了房子，有了車子，一切享受都有了，那他已經獲得『佛果』了，當然不會有其他想法了，即使身邊的人再苦，他也置若罔聞，根本不會去管的。

　　有時候看起來，這個時代確實很需要普賢大願，如果利益眾生的偉大精神能在世間傳播開，對個人和社會都會有極大利益。當然，要實現這個目標，與佛教徒自身的學習和整個佛法的弘揚是分不開的。世間很多人都強調團隊精神，都有自己的一套組織和計劃，弘揚佛法

佛說無量壽經廣釋

也是如此。

據有些評論家說：現在是21世紀，跟從前的任何時代相比，人類對物質的瘋狂希求達到了極點，可是跟21世紀相比，22、23世紀將是更為瘋狂的世紀。確實如此，跟古人相比，現在人的貪婪極其強烈，已經到了無法克制的地步。正因為如此，現在出現了各種社會問題。雖然各個國家都採取了一些行政和法律的強制措施，但這並不是解決問題的良方。只有以佛法的甘露妙藥治癒人們內心的疾病，這才是最好的辦法。

言歸正傳，要想往生極樂世界，就一定要經常發普賢大願。法王如意寶說：「《普賢行願品》包括了菩薩的一切大願，如果能每天堅持聽法，盡己所能地行持一些善法，之後以《普賢行願品》來迴向，就已經具足了往生極樂世界的四因。」我不管怎麼忙，每天至少念一遍《普賢行願品》，有時候能隨文觀想，有時候不能觀想，每次念完心裡都感覺很舒服。我希望大家每天也堅持念《普賢行願品》。當然，造善業應該具足身口意三門，所以大家最好是邊念誦邊觀想，念每一個偈頌都要憶念其意義，這樣功德是不可思議的。如果有些人實在不能觀想，只是念一遍也有無量功德，畢竟經文的加持是不可思議的。

要提醒諸位的是：如果想每天堅持這些善行，一定不能離開集體的學習。現在有些人在網上單獨學習，這

第九課

是無組織的個人行為。也許這些人兩三天還可以，可是過幾天他們的精進就會消於法界，到那時他們自己也不知道該尋找什麼樣的道路，所以大家要依靠集體的鞭策。

札嘎仁波切說：「修行人要經常與志同道合、希求解脫的人交往，這樣就會有慚愧的所依。」我覺得這個教言很重要，在精進的道友面前，如果自己特別懈怠，沒有好好行善、聽課，肯定會覺得不好意思，這種慚愧就是對自己的一種提醒。對初學者來說，這種提醒是不可缺少的。當然，到達一定境界時，就不需要外在的提醒了。但到達一定境界是很困難的。阿底峽尊者說：「在沒有證悟實相之前需要聞法，因此要諦聽上師的教授。」請大家想一想：我們離證悟實相差多少公里？需不需要依止善知識和道友？

二十三、供養諸佛願：

若我成佛，國中菩薩每於晨朝供養他方乃至無量億那由他百千諸佛，以佛威力即以食前還到本國，若不爾者，不取菩提。

如果我將來成佛，國中菩薩每天早晨以神通前往他方剎土供養無量百千億那由他諸佛，之後依靠佛的威神力在午飯前回到極樂世界，如果不能這樣，我就不取菩提果位。

《極樂願文》中說，極樂世界的菩薩每天早晨前往東方阿佛、南方寶生佛、北方不空成就佛、觀世音菩薩、度母、蓮花生大士的剎土，傍晚時再返回極樂世界。而此處說，極樂世界的菩薩每天早晨前往各個剎土，在午飯前返回極樂世界。兩種說法並無本質差別，都是講菩薩們能以神通很快回到極樂世界。

如果沒有神通，出行還是很困難的。有些道友到縣上辦事，回來時一直找不到車。那天有一個人在縣上擋著我的車：「哎，讓我搭個車好不好？」然後她認出了我，連忙道歉說：「嗡班雜爾薩埵吽！」

在極樂世界供養諸佛菩薩很容易，而且永遠不會生起疲厭心。《普賢行願品》中說：「願常面見諸如來，及諸佛子眾圍繞，於彼皆興廣大供，盡未來劫無疲厭。」因此，往生到極樂世界以後，能恆時見到諸如來在無量佛子眾會中，對這些佛菩薩行持廣大供養，盡未來劫身心也無有疲厭。而娑婆世界不是這樣，供養佛菩薩特別不容易。在漢地有些大城市，每逢觀世音菩薩、釋迦牟尼佛的聖誕或者初一、十五，去寺院的人和車特別多，在路上一直堵車，有些人去一次回來後累得不行，下次再也不想去了。

凡夫人有個毛病：做一些散亂或者引發貪嗔癡的事特別開心，而且特別有忍耐力，好像永遠不會疲厭，多少個小時也無所謂；而行持善法則相反，如果供養如來

或者聽受佛法，哪怕一個小時也覺得很累。那天有個剛來的居士在經堂聽法，我詳細觀察他：在短短一節課裡，他看了十次手錶，一會兒伸出這隻腳，一會兒伸出那隻腳，表情也特別痛苦。我想：如果讓他看電影，可能一直專注不動，也許連眼睛都不用眨。所以末法時代的眾生確實很可憐。

從這條發願也可以看出，如來的加持多麼不可思議。否則，如果沒有如來的加持，要前往無量世界供養無數如來，之後又要很快返回極樂世界，對境界不太高的菩薩來說這是很困難的。

《大寶積經》中有一則公案：釋迦牟尼佛在靈鷲山說法時，目犍連尊者想知道如來的聲音到底能傳多遠，於是他以神通向西方飛。世尊了知目犍連的想法，也暗中加持他。在世尊的幫助下，目犍連飛越了無數個世界，最後到達光明王如來的剎土，可是釋迦牟尼佛的聲音依然清晰可聞。這時，目犍連才明白如來的聲音是無法衡量的，於是他想飛回娑婆世界。光明王如來對他說：「你能飛到這裡其實是釋迦牟尼佛的加持，如果要依靠自力飛回娑婆世界，即使一個大劫也回不去。」目犍連問：「那我怎樣才能回去？」光明王如來說：「你好好祈禱釋迦牟尼佛吧。」目犍連祈禱釋迦牟尼佛後，一剎那就回到了娑婆世界。

和釋迦牟尼佛一樣，阿彌陀佛也具有不可思議的加

持力，雖然極樂世界遠在十萬億剎土之外，娑婆世界的眾生依靠自力前往那裡很困難，但仰仗阿彌陀佛的加持力，也能在很快的時間中往生到那裡。

二十四、供具如意願：

若我成佛，於彼剎中諸菩薩眾所須種種供具，於諸佛所殖諸善根，如是色類不圓滿者，不取菩提。

如果我將來成佛，我剎土中的諸菩薩眾自然具足所需的種種供品，從而能在諸佛面前廣行供養、種諸善根，如果他們不具足供品或者供品的顏色、種類不圓滿，我就不取菩提果位。

前面一條願講到，極樂世界的菩薩要到十方無量如來面前供養，既然要供養如來，那空手而去肯定是不行的，所以阿彌陀佛接著又發願讓菩薩們供品如意。

在我們這個世界往往不能供品如意，有些人見上師時很不好意思：「唉！我怎麼忘了，連一條哈達都沒有買。」極樂世界不可能有這種情況，他們的一切供品都能如意。《極樂願文》中也說：「以福力神變，手掌中放出，不可思供雲，願供佛眷屬。」意思是，以修持往生四因而出生的福德力、阿彌陀佛的加持而獲得的神變力，極樂世界的菩薩能從手掌中放出不可思議的普賢供雲，以之供養無數世界的諸佛菩薩。

供品如意對於修行是很重要的。有些人雖然想供養

三寶，可是因為缺少供品而無法供養，不僅心裡很難過，也給自己行善、發願帶來了困難。當然，如果是有智慧的人，在生活中隨時隨地都可以供養三寶。以前我在講七支供時介紹過真實供養、意幻供養和自成供養㊲，大家應該靈活運用這些方法。比如在路上遇到優美的風景、莊嚴的男女或者美好的事物時，就可以作意將其供養三寶，這樣隨時隨地都能積累不可思議的福德。

在供養的時候，我們應該供養真正的福田。在一切福田當中，以佛陀最為殊勝。《十誦律》中說：「一切照明中，日光為上最，十方天人中，佛福田為最。」因此，如果你的佛堂中有一尊佛像，哪怕是一尊殘缺的佛像，把它作為對境來供養都有無量功德。

小時候，我家隔壁有一位老出家人。他經常教我們玩耍時如何供佛——撿一塊像人的石頭當作佛陀，把它放在高一點的石頭上，然後撿一些土塊、花草擺在下面作供養。表面上看他在教小孩如何玩耍，實際上卻在我們心裡種下了殊勝的善根。

希望老師們也要這樣，不管在學校還是其他場合，都要以各種方便法讓孩子們種下善根。如果讓孩子們從小養成供佛、放生的習慣，他們一輩子都不容易忘記。據現代醫學的研究，人腦功能最佳的時期是二十歲以前，過了二十歲人的記憶力就逐漸退化了。因此，如果

㊲詳見《藏傳淨土法》第二冊。

在此期間多種善根，對人的一生會有重要的影響。

學佛不是非要在禪堂、道場中用功，只要隨時隨地將佛法的理念運用於生活，不管接觸任何有情與無情，都以佛教的無常觀、慈悲觀、清淨觀來對待，那麼任何地方都會成為增上修行的順緣。上等的瑜伽士不需要在山裡閉關。如果一點境界都沒有，每天強行閉關，說不定會變成自閉症。所以我們應該將生活轉為道用，這一點很重要。

二十五、善說佛法願：

若我當成佛時，國中菩薩說諸法要不善順入一切智者，不取菩提。

如果我將來成佛，國中菩薩所說的法要都隨順一切智智，如果他們說法不能隨順入於一切智智，我就不取菩提果位。

現在有些人雖然一直在說法，但所說的內容與解脫沒有什麼關係，每天都在講怎麼做生意、怎麼炒股票、怎麼經營企業。雖然佛教偶爾也需要一些方便的說法，但如果完全是講這些，那最多是人天乘而已，跟解脫就沒有關係了。

在座的很多法師將來肯定會成為非常了不起的高僧大德，那個時候你們應該著重宣講與解脫有關的法。雖然我們也讚歎人間佛教，這能讓很多世間人趨入佛教，

但如果因為害怕眾生不能接受，為了隨順眾生，而過分淡化佛教色彩，一點佛教的原汁原味都沒有，這樣講法也不是很好。

有一位美國的法師曾對我說：「我不給西方人講因果法，因為他們不願意接受。」後來我駁斥他：「正因為不願意接受因果法，所以我們要通過各種方式讓他們接受。不然的話，他們原來不願意接受，現在還不願意接受，那你講法有什麼用呢？」

當然，想讓眾生接受佛法，剛開始也需要一定的善巧方便。我們應該根據眾生的根機意樂，以不同的語言宣說佛法。《大智度論》中說：「剛強難化用粗言，心柔易度用軟言，雖有慈悲平等心，知時智慧用方便。」所以，在性格剛強的人面前應該說粗語，在性格溫柔的人面前應該說柔語，否則，如果不知道時機和方便，即使你具有平等的慈悲心，也不一定能成功地宣講如來的教法。

在所講的內容上，以後我們應該主要宣講無常、無我等與解脫有關的法。雖然個別人剛開始接受不了這些法，但如果我們始終不講，那他們永遠也接觸不到真正的佛法。人身非常難得，遇到佛法更為難得，好不容易得到人身、有了學佛的機會，如果我們不宣講真正的佛法，沒有讓眾生毀壞實執的種子，將來他們還會在輪迴中不斷漂泊，這樣轉法輪意義就不大了。

阿彌陀佛的這些發願特別殊勝，如果有些人不會發願，可以念四十八願來發願。我們應該像阿彌陀佛因地一樣發願，願生生世世具足智慧、方便，生生世世具足大慈大悲平等心，以佛法饒益無量無邊的眾生。

二十六、得金剛身願：

若我成佛，彼國所生諸菩薩等若無那羅延堅固力者，不取正覺。

如果我將來成佛，往生我國的菩薩都要具足那羅延堅固身力，如果不具足那羅延堅固身力，我就不取正覺果位。

只要到了極樂世界，所有的菩薩都將具足堅固的身體，不可能像娑婆世界的身體一樣，今天吃藥，明天輸液，一會兒這痛，一會兒那痛。娑婆世界的身體很脆弱，就像水泡一樣不堅實，只要遇到一點疾病，馬上就會喪失抵抗力。很多人雖然自認為身體很不錯，但實際上還是不離痛苦和無常的本性。

那羅延是一種大力天子，《集一切諸功德三昧經》中說：「如一切四天王中，一切天子力等一天王力。十天王力等三十三天中一天子力。一切三十三天中天子力等一帝釋力。十帝釋力等焰摩天中一天子力。一切焰摩天中天子力等一焰摩天王力。十焰摩天王力等一兜率陀天中一天子力。一切兜率陀天中天子力等一兜率陀天王

力。十兜率陀天王力等一化樂天中一天子力。一切化樂天中天子力等一化樂天王力。十化樂天王力等他化自在天中一天子力。一切他化自在天中天子力等一他化自在天王力。十他化自在天王力等一魔天中一天子力。一切魔天中天子力等一魔王力。十魔王力等半那羅延力。十半那羅延力等一那羅延力。」有些經論中說，因為這種天子的身體堅固如金剛，遠離了一切損害，所以名叫那羅延。如《華嚴經疏》中說：「那羅延者，此云堅固。」《涅槃經疏》中也說：「那羅延，此翻金剛。」

極樂世界的菩薩身體就像那羅延天子一樣堅固，不可能今天某菩薩生病了、明天某菩薩被送到醫院搶救。極樂世界不要說疾病，甚至連疾病的名字都沒有。《極樂願文》中說得很清楚：「無八無暇惡趣聲，病魔煩惱三五毒，怨敵貧乏戰爭等，彼剎未聞諸痛苦。」而娑婆世界則不同，經常聽到疾病流行等不好的消息，只要打開新聞，大多數都是天災人禍等不好的消息。

之所以極樂世界的菩薩沒有任何病苦，原因就是他們都具有金剛般堅固的身體。金剛身是遠離任何損害的，《大般涅槃經》中說：「如來身者是常住身，不可壞身，金剛之身。」當年法處比丘發願，凡是往生他的國土者都要具足金剛身，否則他就不取正覺。如今法處比丘已經成佛了，他的發願已經實現了，所以極樂世界

的菩薩都具足金剛身，不會有顯現無常或者身體不堅固的情況。法王如意寶曾說：「如今自己這個色身是膿血聚集的自性，每天都會出現各種毛病，但下一輩子再不會在輪迴中受折磨了，我應該往生極樂世界，獲得無有損害的金剛身。」所以身體不好的人一定要發願往生極樂世界。

學習了阿彌陀佛的四十八願以後，在座諸位要對輪迴的過患產生厭離心，對淨土的功德產生歡喜心。娑婆世界確實沒什麼可貪戀的，當你離開這個世間時，任何世間的對境都不可信賴，所以自己要像《極樂願文》所講的那樣：如同逃脫監獄的囚犯義無反顧地回到家鄉一樣，又如同逃離網罟的鷹鷲自由自在翔翔天際一樣，每個人在捨棄肉身之際，都要毫不猶豫地前往西方極樂世界，在那裡親見怙主阿彌陀佛，圓滿一切功德，之後再隨欲前往各個剎土利益無量眾生。

第十課

　　現在正在講法處比丘在世間自在王如來面前發的四十八願，前面的二十六願已經講完了，今天開始講第二十七願。在四十八願中，每一個願都有甚深的意義，我在課堂上只是大概做個解釋，希望大家課後要反覆思維，這在學習的過程中是不可缺少的。

　　諸佛菩薩在因地時跟我們一樣是凡夫，但不同於一般人的是他們為弘揚佛法、利益眾生發了大願。從法王如意寶的一生來看，除了自己精進修行，唯一的事情也是弘揚佛法、利益眾生，此外再沒有其他事情了。而我們是不是這樣？大家可以想一想。回憶過去的經歷，自己也應該明白：沒學佛時是怎樣混日子的？學佛以後相續中的菩提心怎麼樣？對於護持佛法、弘揚佛法有什麼樣的發心？

　　有時候一想到上師老人家的豐功偉績，我真的覺得很慚愧：上師一輩子想的就是佛法和眾生，此外根本沒有私人的目標；而作為上師的隨學者，雖然我有幸依止上師多年，就像陽光從雲間透出一樣偶爾也能想到佛法和眾生，但從總體上說，自己的發心連上師的千分之一、萬分之一都趕不上。

　　我們不能為自己的快樂活著，應該為利益眾生活著，這就是大乘佛子的基本要求。在座的每個人都在諸

佛說無量壽經廣釋

佛菩薩和傳承上師面前發過願，已經入於菩薩乘，不可能承認自己不是大乘行者。既然自己是大乘行者，那內心至少要有一顆利他的心，否則就成了表裡不一。

在聽聞大乘佛法的過程中，大家每天都應該有新的感受，而且感受要不斷增上，不要越聽法越沒信心，最終拋棄殊勝的大乘道，走入一條孤獨、寂寞的道路，甚至誤入與解脫毫無關係的歧途，這就是人生最大的遺憾了。

總之，每位大乘行者都應該恆時以正知正念觀察自己：我在想什麼？我在做什麼？我的身心有沒有趨入利他之道？如果發現自己的方向錯了，就要及時調整，如果沒有錯，還要不斷努力。

二十七、莊嚴無盡願：

若我成佛，周遍國中諸莊嚴具，無有眾生能總演說，乃至有天眼者不能了知所有雜類形色光相，若有能知及總宣說者，不取菩提。

如果我將來成佛，整個國土中具足一切莊嚴之事，沒有眾生能宣說這些莊嚴之事，甚至有天眼者也不能了知所有莊嚴之事的種類、形狀、顏色、光明，如果有人能了知或者能宣說，我就不取菩提果位。

參觀世間的任何地方後，我們都可以用語言描述，比如，「我去過夏威夷，那裡風景很優美」，「某地有

座紅色的山」，「某地有座青色的山」，等等。世間的風景也能用肉眼或者天眼了知。比如去一座七星級賓館，那根本不需要天眼，一般的肉眼就能了知。

在我們這個世間，首先用肉眼或者天眼看到某個事物，然後以分別念把自己的所見整合起來，這樣就可以用語言進行描述了。如果是嘴巴特別會說的人，去了一個地方後可以講上半天。有些人去了香港，一直說香港如何如何好。有些人去了印度，逢人就說印度是什麼樣，哪怕見到一個乞丐也要講自己的印度遊記。

總之，不管國外的印度、尼泊爾等地，還是國內的拉薩、內蒙古等地，世間的任何地方都可以用眼睛了知，都可以用語言描述。

有些從加拿大來的人說加拿大如何漂亮。有些住在美國的人說舊金山如何好。其實，跟極樂世界比起來，娑婆世界的山山水水沒有什麼了不起的。不管從廣大無邊還是從美麗莊嚴來說，極樂世界都遠遠超過娑婆世界，完全超越了我們的尋思分別。就像善導大師在《往生禮讚偈》中所說的那樣：「觀彼世界相，勝過三界道，究竟如虛空，廣大無邊際。」

在娑婆世界，再豪華的建築物也無非是鋼筋、水泥、石頭、沙子組成的，經過一段時間都將無法使用，根本無法與極樂世界的宮殿相比。而且娑婆世界的很多建築物是偽劣產品，住在裡面一點都不可靠。有些建築

佛說無量壽經廣釋

169

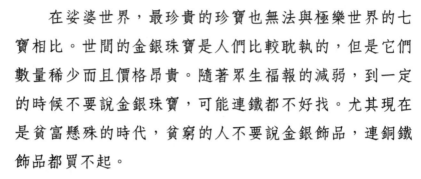

物雖然比較可靠，但也經不起大的自然災害。前一段時間，日本發生九級大地震，雖然日本的防震標準比其他國家高，很多人不是因建築物倒塌喪生，而是被地震引發的海嘯奪走生命，但震後所有的建築物基本上也不能使用了。

在娑婆世界，最珍貴的珍寶也無法與極樂世界的七寶相比。世間的金銀珠寶是人們比較耽執的，但是它們數量稀少而且價格昂貴。隨著眾生福報的減弱，到一定的時候不要說金銀珠寶，可能連鐵都不好找。尤其現在是貧富懸殊的時代，貧窮的人不要說金銀飾品，連銅鐵飾品都買不起。

總之，在如今這個濁世，外器世界的衰敗越來越嚴重，內情世界的愚暗也越來越濃厚，無論從外在環境的美妙莊嚴還是內心的平靜快樂來考慮，我們都沒有理由不求生極樂世界，否則就是愚癡深重的可憐之輩。

大家要知道，和淨土的莊嚴一樣，佛陀的功德也是無法衡量的。以前有位無邊身菩薩想衡量釋迦牟尼佛的頂，於是他用一根竹竿去量，結果量到梵天界也不見世尊的頂，最後他扔掉竹竿，合掌讚頌世尊：「虛空無有邊，佛功德亦然，若有能量者，窮劫不可盡。」（大意為：如同虛空沒有邊際一樣，佛陀的功德也是無有邊際的，如果有人想衡量佛陀的頂，那麼經多劫也不能到盡頭。）

二十八、無量色樹願：

若我成佛，國中具有無量色樹高百千由旬⑤，諸菩薩中有善根劣者若不能了知⑤，不取正覺。

如果我將來成佛，我的國土中有無量株百千由旬高的菩提樹，不僅國中的大菩薩了知這些樹，那些善根微劣的菩薩也能了知，如果他們不能了知，我就不取正覺果位。

樹對於成佛是不可缺少的。為什麼賢劫千佛都在樹下成佛？就是因為樹有很多功德。從世間來講，樹能帶來清涼、寂靜和快樂；從出世間來講，樹能幫助滅除相續中的煩惱，讓六根得以清淨，獲得不退法忍，開發本具的智慧。正因為如此，極樂世界有無量株菩提樹，無量菩薩都安住於菩提樹下。

從我們自身的體驗來看，樹對修行確實有不可思議的利益。有時候我到一些清淨的樹林中，背靠樹幹坐在樹下，自然而然會生起出世間的境界。所以，身處茫茫紅塵中的人們很需要到寂靜的山林中返觀心性，當坐在樹下返觀自心時，依靠寂靜環境的緣起力、諸佛菩薩的加持力、自心本淨的法爾力，很容易開發出自然本智。

相反，如果在忙碌的人群中或者紛繁複雜的環境中，那是很難認識心性的。雖然對個別有善緣的人來

佛說無量壽經廣釋

---

⑤康僧鎧譯本說樹高四百萬里。
⑤康僧鎧譯本裡說是「不能知見」，藏文譯本也有「知」和「見」兩方面的意思。

講，在人群和複雜環境中也有開悟的機會，但對一般人來講，只有在寂靜處才有機會頓然顯露赤裸裸的本來面目。從前輩大德的修行故事也可以看出，寂靜處和修行成就確實有密不可分的關係。

大家需要明白的是，此處雖然說「諸菩薩中有善根劣者」，但這些菩薩不可能像我們一樣善根微弱。在人間，有些人福報太大了，什麼受用都具足；有些人福報太小了，什麼都不具足——財富也沒有，智慧也沒有，信心也沒有，身體也不好，還要受別人欺負，每天產生各種煩惱。因為福報太小，心情經常低落得無法形容——在這個世界上好像誰都比不上，自己腳下只有地面的水，自己頭上是所有的人。這就是娑婆世界的可憐眾生。

極樂世界不可能有特別可憐的菩薩，只不過跟大菩薩比起來，有些菩薩善根比較微弱而已。但即便這些菩薩也是娑婆世界眾生無法相比的，他們也能隨時見到菩提樹，通過見到菩提樹，自然出生三十七道品的功德。當然，既然善根微弱的菩薩都能見到菩提樹，具有無量智慧、悲心、威力的大菩薩就更不用說了，他們肯定隨時能見到菩提樹。

佛經中說，見到菩提樹有許多功德。現在印度金剛座有一棵菩提樹。這棵菩提樹是從佛陀成道的那棵菩提樹分出來的，據說阿育王的女兒從原來的菩提樹上分了

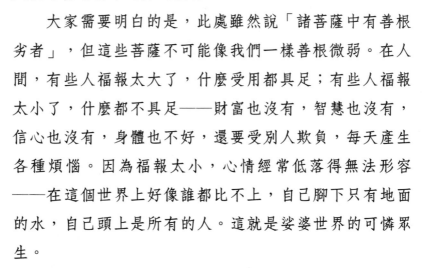

一支移植到斯里蘭卡，後來回教徒砍了原來的菩提樹，佛教徒又從斯里蘭卡的菩提樹上取了一支移植回金剛座。所以如今這棵菩提樹跟原來的菩提樹是同一個根，在這棵菩提樹前發願、祈禱有很大功德。現在有很多人在這棵樹下發願、磕頭、念經、修加行。（在這些人中，雖然有漢族人和其他國家的人，不過大多數都是藏族人，希望其他民族的佛友以後也去那裡朝拜。）

佛經中記載，如果朝拜釋迦牟尼佛的四大聖地——降生、成道、轉法輪和涅槃的地方，這和見到佛陀本人沒有差別。去這些聖地朝拜實際上是對佛陀的一種紀念。說到紀念佛陀，今天正好是四月初八，是漢地紀念佛陀誕生的日子。在泰國、新加坡等國家，佛陀誕生日叫衛賽節，日子和漢地的佛誕日有所不同。雖然時間上存在不同，但我認為這並不矛盾，因為佛陀在眾生面前的示現不一定相同。總之，每個佛教徒都應該經常憶念釋迦牟尼佛降生、成道、轉法輪、涅槃的過程，也應該經常念誦「南無本師釋迦牟尼佛」。

當然，我們也要經常念「南無阿彌陀佛」，釋迦牟尼佛在許多經典中一再讚歎阿彌陀佛，這些金剛語足以證明阿彌陀佛有不可思議的功德。不過，在這方面有些法師的說法也有點誇張，他們說釋迦牟尼佛所說的佛經裡有三分之一甚至一半都是宣揚、讚歎淨土法門的。我覺得這可能是有密意的說法。釋迦牟尼佛所說的經典都

佛說無量壽經廣釋

落在文字上，翻開漢文和藏文的佛經，有多少是講淨土法門的？這一點諸位應該很清楚。藏文中宣說淨土法門的是《阿彌陀經》和《無量壽經》，漢文中主要是淨土五經一論。當然，其他經典也有附帶宣說淨土法的，如《佛說山海慧菩薩經》等經中也講了阿彌陀佛以及極樂世界的功德莊嚴。但並非大多數佛經都宣說淨土法門。因此，如果有引導眾生的特殊密意，那當然另當別論，否則講經說法還是要符合實際。

二十九、得勝辯才願：

若我成佛，國中眾生讀誦經典教授敷演，若不獲得勝辯才者[60]，不取菩提。

如果我將來成佛，國中眾生通過讀誦經典、聽聞他人的教授、向別人宣講佛法等途徑，都能獲得殊勝辯才，如果不能獲得殊勝辯才，我就不取菩提果位。

娑婆世界的眾生大多缺乏辯才和智慧。有些人雖然讀了很多經典，也天天在別人面前聽法（有時候聽得很不錯，有時候邊聽邊打瞌睡——一會兒頭歪下去，一會兒「呼呼呼」，不管怎麼樣，也算馬馬虎虎聽過很多經），甚至也給父親母親爺爺奶奶轉過法輪，但內在的智慧和外在的辯才一直沒辦法開發。甚至越聽法越笨，越聽法越傻，什麼道理都不懂。有個人說：「我腦子一直是一片空白，一想

___

[60]藏文譯本和康僧鎧譯本中說獲得辯才和智慧。

起佛法好像什麼都沒有，有一種空空蕩蕩的感覺。」這可能與前世的業力有關，也可能與今生學法心不專注有關。而極樂世界的菩薩不是這樣，他們通過讀誦經典、聽經聞法、宣說佛法，很快就能開發深廣的智慧、流露無礙的辯才、獲得殊勝的無礙解。

什麼是無礙解？《大毗婆沙論》中說：「於所知境通達無滯，名無礙解。」無礙解有四種：一、法無礙解，對一切名詞無礙通達；二、義無礙解，對甚深法義能無礙通達；三、詞無礙解，能了知各種眾生的語言，比如在人面前用人的語言宣講，在天人面前用天人的語言宣講，在英國人面前用英語宣講，在藏族人面前用藏語宣講；四、辯無礙解，對所有提問均能無礙回答，對所有興辯者均能答辯。

娑婆世界的眾生非常愚笨，有些人已經來到藏地多年了，可是不要說轉法輪，甚至連「糌粑ra」⑥都不知道。而極樂世界的菩薩不是這樣，他們無所不通，非常有智慧，具有無礙的辯才。

麥彭仁波切的教言中說，如果認識了心的本性，就會自然流露出無盡的智慧；如果得到諸佛菩薩的攝受，也會獲得他人無法企及的智慧。諸佛菩薩的加持確實不可思議。以前漢地有位慧思禪師，他一心祈禱阿彌陀佛，後來在夢中見到阿彌陀佛，醒來以後智慧大開，對

⑥藏語，意為吃糌粑。

一切法義無所不通。我們這裡有些道友也是如此，他們剛來學院時笨笨的，不要說通達經論，甚至連基本生活都不懂。但因為他們一方面對正法有極大的歡喜心，一方面經常以信心祈禱文殊菩薩，所以到一定時候就和以前完全不同了，不僅對佛法的意義非常通達，而且就像《二規教言論》中說的那樣，超過了以前和自己一樣的人，趕上了以前超過自己的人，最終自己的智慧勝過一切人。

擁有智慧很重要。因為顛倒的非量和無倒的正量始終是相違的，所以如果一個人相續中現前了正知正見，不僅自己相續中的邪知邪見會自然消失，而且還能遣除他人相續中的邪知邪見。如《大寶積經》云：「成就正見者，化彼諸邪見，常修行正念，哀悲邪念者。」我去過一所學校，這所學校有一個持邪見的老師，很多學生就像得傳染病一樣染上了他的邪見；這所學校還有一個智慧、能力都很不錯的老師，後來他通過努力遣除了那個老師和學生的邪見。

總之，正見像陽光，邪見就像黑暗。當正見的陽光升起來時，邪見的黑暗自然會被驅散；如果沒有正見的陽光，邪見的黑暗就會一直籠罩心頭，讓眾生誤入歧途，感受無量的痛苦。所以每個人都應該努力遣除邪見、引發正見。

凡夫人很容易受他人的影響。在一個家庭或者團體

中，如果有一個人持邪見，與他接觸的人都會染上如毒般的邪見。所以，在如今這個邪見嚴重的末法時代，尋找具有正見的善知識極為重要。當然，如果到了極樂世界，依靠阿彌陀佛的發願，所有的人都具有深邃的智慧和無礙的辯才，不可能有產生邪見的機會，所以大家還是要發願往生極樂世界。

三十、無邊辯才願：

若我成佛，國中菩薩有不成就無邊辯才者，不取菩提。

如果我將來成佛，國中所有菩薩都要成就無邊辯才，如果有菩薩不成就無邊辯才，我就不取菩提果位。

前面是發願令諸菩薩獲得有限的智慧和辯才，但有限的智慧和辯才還是不夠的，所以阿彌陀佛又發願令諸菩薩獲得無邊的智慧和辯才。

智慧有很多層次。有些人的智慧只能衡量粗大的法，對於細微的法卻無法衡量，比如對瓶子裡沒有水這樣的空性能夠理解，可是對於心抉擇為無分剎那、物質抉擇為無分微塵，無分剎那和無分微塵進一步抉擇為無有，無有最終抉擇為離一切戲論，這樣細微的境界就很難理解。或者從遠近方面來講，對於前天、昨天、今天、明天、後天等比較近的事能了知，而對於一萬年、一個大劫、無數劫以前以後的事就不知道了。或者從深

淺方面來講，對於淺顯的道理一聽就明白，可是甚深的道理就聽不明白了。

在講考的時候，有些道友講起《大圓滿前行》、《無量壽經》沒有任何問題，可是講到《量理寶藏論》、《釋量論》或者《中觀根本慧論》就很困難了，最後用拳頭狠狠打自己的頭：我為什麼那麼笨，一直聽不懂呢？我應該打開智慧！但這樣「打」開智慧是有一定困難的。

對於現世生活中的一些簡單事情，很多人都知道，但是對於來世等長遠的事情，沒有深廣智慧的人就不知道了，這不僅會給積累資糧帶來困難，有時候行持佛法的事業也會比較困難。《維摩詰經》中記載：有一次佛陀讓舍利子、目犍連等弟子去探望維摩詰居士，但因為他們智慧有限，所以不堪能探望；後來佛陀讓具有無量智慧的文殊菩薩去探望，最終文殊菩薩順利地完成了任務。

《文殊師利寶藏陀羅尼經》云：「速悟七辯才，願如文殊等，演法無窮極，導引群生類。」所以我們應該發願：願我很快具足文殊菩薩那樣的七辯才，能夠演說無量法門，將無數眾生引入解脫道。其實每個人都應該擁有文殊菩薩的智慧、觀世音菩薩的悲心、大勢至菩薩的能力，如果有了這樣的智慧、悲心和能力，那不管遇到任何眾生，都能輕易度化對方。首先用智慧引導他，

如果不行就用悲心來感化他，實在不行就用力拽著他的頭髮進入佛門，如果對方沒有頭髮就拉耳朵，開玩笑。

智慧和辯才確實很重要。如果沒有智慧和辯才，在世間也會遇到許多麻煩，在出世間就更不用說了。學禪宗的人如果沒有智慧辯才，雖然你可以安住於如如不動的境界享受禪樂，可是要度化別人就很困難了。尤其現在是妄念紛飛的時代，在知識分子和分別念比較重的人面前，如果拿不出有說服力的理論，即使你的境界再超勝，也會在別人面前落敗。學淨土宗的人也是如此，雖然念阿彌陀佛功德無量，可是如果沒有智慧辯才，別人問起一些基本的問題：為什麼要念佛？念佛有什麼功德？極樂世界那麼遙遠，怎麼能往生到那裡？也許你就沒法回答了。總之，如果沒有智慧和辯才，雖然你可以像經典和續部裡講的那樣，具有須彌山一般的堅固信心，哪怕粉身碎骨也不動搖，依靠這樣的信心自己當然可以往生淨土、獲得成就，可是要度化別人還是有一定困難的。

印度的馬鳴菩薩⑫原來是外道，他就是被脅尊者的智慧和辯才引入佛門的。當時他和脅尊者請國王作證：誰辯論輸了就做對方的徒弟。脅尊者首先立宗：「當令天下太平、大王長壽、國土豐樂、無諸災患。」馬鳴菩

---

⑫據說馬鳴菩薩說法時，群馬都感動得流淚嘶鳴，因為馬能了解他的說法，人們便稱他馬鳴菩薩。

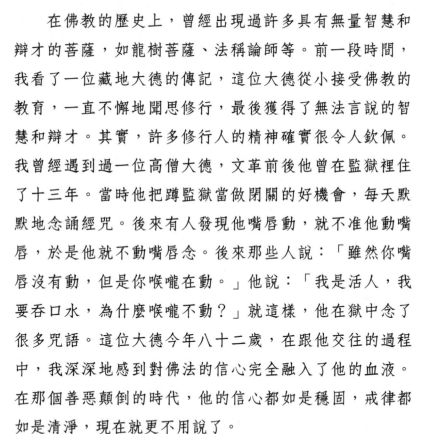

薩一聽，頓時無話可說，畢竟當著國王的面，所以自己不敢說國家不太平、國王不長壽、國土不豐樂、具諸災難，於是他不得不拜脅尊者為師。隨脅尊者入佛門後，馬鳴菩薩精進聞思修行，最終徹底通達佛教的真理。後來，他也以智慧和辯才折服了許多外道。

在佛教的歷史上，曾經出現過許多具有無量智慧和辯才的菩薩，如龍樹菩薩、法稱論師等。前一段時間，我看了一位藏地大德的傳記，這位大德從小接受佛教的教育，一直不懈地聞思修行，最後獲得了無法言說的智慧和辯才。其實，許多修行人的精神確實很令人欽佩。我曾經遇到過一位高僧大德，文革前後他曾在監獄裡住了十三年。當時他把蹲監獄當做閉關的好機會，每天默默地念誦經咒。後來有人發現他嘴唇動，就不准他動嘴唇，於是他就不動嘴唇念。後來那些人說：「雖然你嘴唇沒有動，但是你喉嚨在動。」他說：「我是活人，我要吞口水，為什麼喉嚨不動？」就這樣，他在獄中念了很多咒語。這位大德今年八十二歲，在跟他交往的過程中，我深深地感到對佛法的信心完全融入了他的血液。在那個善惡顛倒的時代，他的信心都如是穩固，戒律都如是清淨，現在就更不用說了。

三十一、徹照諸剎願：

若我成佛，國土光淨遍無與等，徹照無量無數不

可思議諸佛世界，如明鏡中現其面像，若不爾者，不取菩提。

如果我將來成佛，我的國土光明清淨無與倫比，能夠映現無量無數不可思議的諸佛世界，就像明鏡中顯現面像一樣，如果不能這樣，我就不取菩提果位。

在我們這個世界，只要一座山或者一堵牆就能遮住人們的視線，哪怕中間有一張薄薄的紙，也看不到後面的東西。但極樂世界完全不同，不僅大地能夠映現十方無量的世界，甚至一堵牆、一根柱子、一個瓶子、一花、一草、一葉、一塵，都能清清楚楚地映現十方無量的世界。

對娑婆世界的眾生來說，這種境界是很不可思議的。如果對一個從來沒去過城市的山區愚童說，城市的百貨商場裡有好多鏡子，在鏡子裡能看見自己的身體，他根本不會相信；同樣，聽到極樂世界的微妙境界，娑婆世界的凡愚眾生也不會相信。

諸佛菩薩的境界是不可思議的。《弘明集》中說：「須彌籠於一塵，天地迴於一車。」意思是，須彌山可以納入一塵，天地可以裝入一車。進一步講，一個微塵中可以容納無數世界，而且微塵沒有變大、世界沒有變小。這在我們的境界中也很難實現，但在諸佛菩薩的境界中完全可以實現。

依靠法處比丘當年的發願，現在極樂世界的國土能

夠映現無量的世界，哪怕一草一木、一山一水都能映現無量的世界。所以往生到極樂世界的菩薩尋找人間的眷屬很方便——不需要閉著眼睛入定半天，也不需要通過望遠鏡看，隨時隨地都能發現他們在幹什麼，是醒著還是睡著，是活著還是死了，一切情況都能呈現在眼前。

不僅極樂世界的外境能呈現無量世界，極樂世界的菩薩也能以天眼現見他方世界的一切景象。對智慧渺小的娑婆世界眾生來講，這確實是不可思議的。當然這也是情有可原的，畢竟很多人還沒有達到一定的境界，不要說諸佛菩薩的境界，連阿羅漢的境界都沒有，所以肯定很難想像這些現象。但無論如何，大家一定要相信佛陀的金剛語。如果能誠信佛陀的金剛語，總有一天我們也會往生極樂世界並獲得這些境界。

原來我在山區讀中學時，學校有一個易老師，每到冬天學生們都聚在他家，他在爐子裡生上火，然後就跟我們講漢地的事：南京、成都有很好的火車，還有很多三層、四層、五層的樓房……（也許他見到最高的樓就是五層，開玩笑。）當時我們這些山區的孩子都想：不可能吧？怎麼房子上面還有房子？後來到了漢地，才知道到處是高樓大廈。同樣，現在有些人很難理解佛法的甚深境界，只有以後因緣具足時才會一一現前這些境界。

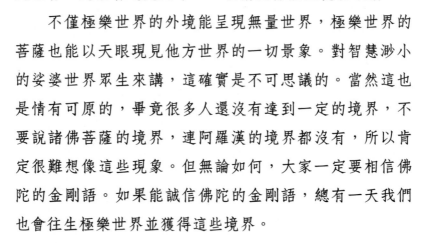

第十課

第十一課

三十二、妙香普熏願：

若我成佛，國界之內，地及虛空有無量種香，復有百千億那由他數眾寶香爐，香氣普熏遍虛空界，其香殊勝超過人天珍，奉如來及菩薩眾，若不爾者，不取菩提。

如果我將來成佛，在我的國界之內，大地和虛空中有無量種妙香，還有百千億那由他的七寶香爐，香氣普熏周遍虛空界，這種妙香極其殊勝，超過一切人天的珍寶，以此供養如來及菩薩眾，如果不能這樣，我就不取菩提果位。

從經中的這段文字可以看出，極樂世界具有娑婆世界無法比擬的種種功德莊嚴。在娑婆世界，有些地方雖然有撲鼻的香氣、富麗堂皇的建築物、美麗的花園、金銀琉璃瑪瑙等珍寶，但只是部分地方有這些，不可能到處如此。而依靠阿彌陀佛的發願力和往生者的福德力，極樂世界到處散發出香氣，到處都是無量宮、花園和珍寶。當然，娑婆世界的人很難想像這些道理。這就像在某些特別偏僻的地方，如果給從沒出過門的人講起美國、日本的現代化建築，他們根本沒辦法接受一樣。

佛說無量壽經廣釋

---

⑥極樂世界的萬物都是妙香和珍寶和合而成的，如康僧鎧譯本中說：「國土所有一切萬物皆以無量雜寶百千種香而共合成。」

娑婆世界雖然有栴檀等天然香以及藏香等人工合成香，但也許是眾生的福報衰減吧，很多香基本上沒有什麼香氣，燒起來好像和牛糞沒什麼差別，還不如自己採一些柏樹葉燒。我在商店買過一些香，雖然外面的介紹非常好，但不知道是原料太差還是其他問題，點燃以後一點香氣都沒有，甚至聞起來特別刺鼻。

人間有些香即使非常好，但香氣也不能維持很久。有些人天天在佛堂或者在家裡點香、灑香水，只要經過他的院子就能聞到屋裡的香味，但這些香氣很快就散發了，過幾分鐘就聞不到了。

修行人燒香供佛是很有必要的，因為娑婆世界眾生的身體非常臭穢，如果沒有燒香，天人和護法神會特別厭惡。道宣律師的《天人感通錄》中記載，人間臭氣上熏四十萬里，諸天人都厭惡來人間。因此，如果我們經常在佛堂裡燒香、灑香水，就可以壓住身上的臭氣，這樣白方的護法善神就願意來了。不過有些人的房間衛生狀況太差，一進屋子感覺特別難聞，為了驅散臭氣，主人馬上點燃一根香。可是臭氣和香氣混在一起，反而感覺到另一種怪怪的氣味。

世間有許多種妙香。《華嚴經》中說，天界有一種黑栴檀，只要燒一銖⑥這種香，它的香氣就能遍滿整個小千世界，假使三千大千世界遍滿珍寶，其價值也比不上

第十一課

---

⑥銖：古代重量單位，二十四銖等於舊制一兩，亦有其他說法，標準不一。

一銖這種黑栴檀。雖然我們不可能得到這種香，但也要盡量用好香供佛。

一支香看似很渺小，可是點燃後發出的香氣卻能彌漫整個虛空，這象徵著一念善心看似很微小，卻能感召整個世界的莊嚴。極樂世界的諸菩薩就是如此，他們在因地時都發過善心，所以才以善心感召了萬德莊嚴的極樂世界。

曇鸞法師⑥在《讚阿彌陀佛偈》中說：「和雅德香常流布，聞者塵勞習不起，此風觸身受快樂，如比丘得滅盡定。」意思是，極樂世界恆常隨著和風流布各種妙香，聞到這些香的人都不會產生貪嗔癡等塵勞習氣，身體接觸到這些香風後會感受無法言說的快樂，如同比丘入於滅盡定一樣⑥。滅盡定是聖者所證之出世間無漏禪定，如果有人生起出離心，遠離了紅塵苦海，安住於這種寂滅的禪定，其快樂是無法用語言形容的，而極樂世界香風觸身的快樂堪比入於滅盡定，可見淨土的功德多麼不可思議！

穢土和淨土的香有很大的差別：娑婆世界的香只能給鼻根帶來樂受；極樂世界的香不僅能給身心帶來樂

佛說無量壽經廣釋

---

⑥曇鸞：南北朝時代弘揚淨土高僧。雁門（山西代縣）人，一說并州汶水（山西太原）人，姓氏不詳。十餘歲即出家。苦節力學，精通諸經，後專修淨土，並弘闡淨土法門。著有《往生論注》二卷，乃世親淨土論之注釋。另著有《讚阿彌陀佛偈》、《禮淨土十二偈》、《略論安樂淨土義》等。
⑥《入中論》中也有類似的比較，如云：「且如佛子聞求施，思惟彼聲所生樂，聖者入滅無彼樂，何況菩薩施一切？」

受，而且能息滅相續中的貪嗔癡等煩惱，生起戒定慧等功德。

當年法處比丘發願，願自己的國土中到處都是撲鼻的香氣，不要像娑婆世界一樣到處都是髒亂差，哪裡都是臭哄哄的。其實這樣的發願非常有必要。不然在我們這裡，有些人連自己家裡都不願意進，甚至要摀著鼻子才敢進家；和自己家裡一樣，外面的環境也差不多，到哪裡都是骯髒不堪、臭氣熏天。即使人們通過勤作搞好衛生，也只是暫時有所改善，從長遠來講還是解決不了問題——自己的身體不斷發出臭氣、排出惡臭之物，外面的世界也不斷出現瘟疫疾病以及各種衛生問題。

雖然跟20世紀以前比起來，現在世界各國在環境衛生方面有所進步，但在很多方面還是做得不夠。有些城市雖然外面的美化比較不錯，可是人們內心的貪嗔癡等垢穢卻日益增盛，不斷散發出危害身心健康的穢氣。因此，每個人都應該發願離開這個骯髒不堪、令人生厭的娑婆世界，前往極其清淨、極其快樂、極其勝妙的極樂世界，在那裡接受阿彌陀佛及其眷屬的法雨滋潤，令自相續得以成熟。

阿彌陀佛的每個發願都有甚深的意義，它不是一個簡單的口號，大家不能像在世間的學校聽課一樣，大概聽一聽、學一學就可以了。佛法有一個特點：它的每一句教言、每一個道理都可以讓人們終生受用。如果你不

第十一課

懂其他很多佛法，最起碼也要掌握阿彌陀佛因地的一個發願，然後每天從早到晚、一輩子從小到老，你都可以這樣來發願。

世間的知識作用非常有限，很多人在數理化方面花了很多時間，可是除了少數從事這些專業的人以外，絕大多數人一輩子都用不上這些知識。可是佛法完全不同，如果掌握了它的意義，以後隨時隨地都可以運用，對今生來世都能帶來無比的利益，所以大家要多下工夫學習佛法。

三十三、觸光安樂願：

若我成佛，周遍十方無量無數不可思議無等界眾生之輩，蒙佛威光所照觸者，身心安樂超過人天，若不爾者，不取正覺。

如果我將來成佛，十方無量無數不可思議世界的眾生蒙受我的威光照觸後，所獲得的身心安樂超過一切人天的快樂，如果不能這樣，我就不取正覺果位。

如今法處比丘已經成佛了，也現前了自己的剎土，所以他的發願已經實現了，十方無量世界的有緣眾生都能得到阿彌陀佛的威光照觸，之後都能獲得無比的安樂。

一般來講，世間的光就是肉眼所能看見的亮光，如日光、月光、星光、燈光、珍寶光等，這些光只有驅除

佛說無量壽經廣釋

黑暗、賜予光明的作用。而佛陀的光則不同：從類型上講，有些是有形的光，人們的肉眼能看到，有些是無形的光，人們的肉眼看不到，如慈悲光、智慧光、威力光、功德光等；從作用上講，當佛光入於人們的身心時，當下就能斷除貪嗔癡等煩惱，身心自然而然會變得堪能自在，感受到無法言說的輕鬆、快樂、安寧。所以佛陀的光遠遠超越世間的光。

在康僧鎧譯本中，也提到了佛光的種種功德，其中有一段是：「其有眾生遇斯光者，三垢消滅，身意柔軟，歡喜踴躍，善心生焉。」意思是，如果有眾生遇到阿彌陀佛的光，貪嗔癡會全部消滅，身心會變得柔軟，內心法喜充滿，種種善心油然而生。

在這裡要提醒各位佛友一個問題：不管我們行持什麼善法，比如觀修某個法門、得到密法的灌頂、做種種善事，如果之後相續中的貪嗔癡逐漸滅盡，信心、悲心、智慧逐漸增上，這說明自己得到了上師三寶的加持；相反，不管我們以講經說法直接利益眾生還是自己讀誦經典、閉關禪修，如果信心、悲心、智慧一直生不起來，而煩惱卻日夜不斷增上，行為也逐漸變得不如法，這說明上師三寶的加持沒有入於自心。阿底峽尊者也曾說：「修行的驗相就看有沒有滅掉煩惱，如果相續中的煩惱日趨薄弱，說明修行有了成就相，否則修行就沒有成功。」

第十一課

要得到諸佛菩薩的加持，關鍵在於自己的信心。雖然諸佛菩薩的加持恆時存在，可是如果自己的相續不堪能，對功德田一點嚮往之心都沒有，那也不可能得到諸佛菩薩的加持。這就像陽光雖然普照大地，可是坐在朝北的山洞卻得不到陽光照射一樣。

從這條發願可知，凡是與阿彌陀佛有緣的眾生都能獲得他的佛光照觸，之後身心能變得安樂、堪能、柔軟。身心柔軟是修行好壞的重要標準。阿底峽尊者說過一個比喻：「如果是修行很好的人，身語意三門就像腳踩在羊毛上一樣柔軟，不會因為一點點小事而煩惱大作。」確實如此，有時候從一個修行人外在的威儀就能看出，他的內心有沒有獲得諸佛菩薩的加持。

凡是持誦阿彌陀佛的名號、觀修其形象、對其頂禮供養者，也就是說以阿彌陀佛為對境結上善緣、種下善根者，都能蒙受阿彌陀佛的光芒加被，都能逐漸步入解脫的正道，因此，欲求解脫者一定要努力學習淨土法。當然，由於無始以來的習氣極其深厚，很多人學了淨土法後不一定有立竿見影的效果——不可能今天學佛，馬上就沒有煩惱了，也不可能今天念佛，從此再不被世間八法染污了。但無論如何，緣阿彌陀佛種下的善根是永遠不會空耗的，為此付出的努力也是不會白費的。

有些不懂佛法的人遇到挫折時，經常說一些氣話：「我學了這麼多年佛，一點用都沒有，完全是在浪費時

佛說無量壽經廣釋

間。」其實這是不懂因果的愚蠢說法。懂因果的人明白：哪怕皈依三寶三天，哪怕念一句佛號，這種功德在百千萬劫中也不可能滅盡。這是以佛陀的金剛語和證成理可以成立的。

只要我們精進念佛，相應各人的根機利鈍，多多少少都會有所成就——或者生前直接得到阿彌陀佛攝受，或者臨終時西方三聖來接引，或者夢中得到佛陀的加持。晉朝有個叫竺僧顯的出家人⑥，竺僧顯本來是北方人，他因為躲避戰亂而前往江南。後來他在南方染上重病，於是放下萬緣，精進修持淨土法。一天晚上，竺僧顯見到阿彌陀佛降臨，佛陀放光賜予加持，當下他的病苦就消失了。於是竺僧顯告訴眾人自己見到了阿彌陀佛，之後就坐著遷化了。去世後十多天，他的房屋中一直香氣不散。

在漢地的《往生集》、《淨土聖賢錄》中，有許多往生極樂世界的精彩公案，許多高僧大德甚至一般的修行人都得到阿彌陀佛的佛光加持，最後安然往生極樂世界。我相信，在座很多人也應該有往生極樂世界的機會。只要自己具足清淨信、欲樂信或者不退轉信，經常以信心祈禱阿彌陀佛，經常發願往生極樂世界，每天所做的善根都迴向往生淨土，比如聽一堂課、念一百遍觀

⑥佛教剛傳入中國時，出家人的法名有各種姓，比如竺、僧，甚至還帶有俗姓，後來晉朝的道安大師提議，出家人應該跟隨釋迦牟尼佛而姓釋，從此以後漢地出家人便都姓釋了。

音心咒、放一條生命、點一支香、磕一個頭等，點點滴滴以上的善根都為了利益眾生而迴向往生極樂世界，那麼，依靠佛陀金剛語的攝持（即阿彌陀佛接引眾生往生淨土之大願）以及自心清淨意樂力、法性不可改變力、有法永不欺惑力，臨終時必定會往生西方極樂世界。

在春季，當天氣、水分、肥料等因緣具足時，種子自然而然會發芽；同樣，當佛陀的大願、眾生自己的善根發願等因緣具足時，每個眾生都能往生極樂世界。這就是一種自然的規律，大家應該對此深信不疑。

我經常這樣想：前輩高僧大德曾授記凡與法王結緣者都能往生極樂世界，再加上自己長期以來對極樂世界有強烈的歡喜心，這種歡喜心並不是一天兩天的短暫心態（一天兩天的歡喜心是很容易產生的，有些人偶爾看了一本小說，之後也對這本小說生起歡喜心，所以凡夫人偶爾生起的分別念沒什麼可信的），可以說自從知道極樂世界的功德以來，就一直對往生極樂世界有強烈的意樂，因此，通過各方面的因緣來觀察，只要自己今後如理如法地修行，臨死前不造謗法罪或者五無間罪等嚴重的惡業，往生極樂世界應該不會有很大問題。

在座諸位和我一樣，也應該具足往生淨土的因緣，所以要對自己有信心。不過問題的關鍵是死亡什麼時候到來，誰都不知道死主何時會到來，佛經中對此也說得很清楚：「明日死誰知」，所以大家應該抓住當下，哪

佛說無量壽經廣釋

怕做了一點一滴的善根，都要馬上迴向往生極樂世界。

三十四、得陀羅尼願：[68]

若我成佛，無量不可思議無等界諸佛剎中菩薩之輩聞我名已，若不證得離生獲陀羅尼者，不取正覺。[69]

如果我將來成佛，無量不可思議諸佛剎中的菩薩眾聽到我的名號，都要證得無生法忍、獲得陀羅尼，如果不能這樣，我就不取正覺果位。

陀羅尼有很多種。按照修道者的境界來分，佛經中說，一地到十地的菩薩都有專門修持的陀羅尼[70]。按照本身的種類來分，經論中也有很多種分類。比如按《瑜伽師地論》的說法，陀羅尼有四種：一、法陀羅尼，能夠牢記經論的詞句，一點都不會忘失；二、義陀羅尼，能夠理解經論的意義，不會忘記或者錯解；三、咒陀羅尼，依靠禪定力成就咒術，能夠消除眾生的災厄，比如通過念咒可以讓病人痊癒；四、忍陀羅尼，能夠通達諸

---

[68]在藏文譯本中，此前還有一個願：「若我成佛，國中時時降下花雨，空中常出妙音，若不爾者，不取正覺。」

[69]在康僧鎧譯本中，此願為：「設我得佛，十方無量不可思議諸佛世界眾生之類，聞我名字，不得菩薩無生法忍諸深總持者，不取正覺。」藏文譯本中只是說：「……聞我名已，得陀羅尼。」

[70]如以咒陀羅尼而言，《金光明最勝王經》云：菩薩摩訶薩於此初地得陀羅尼，名依功德力；於第二地得陀羅尼，名善安樂住；於第三地得陀羅尼，名難勝力；於第四地得陀羅尼，名大利益；於第五地得陀羅尼，名種種功德莊嚴；於第六地得陀羅尼，名圓滿智；於第七地得陀羅尼，名法勝行；於第八地得陀羅尼，名無盡藏；於第九地得陀羅尼，名無量門；於第十地得陀羅尼，名破金剛山。

法實相，即通達遠離四邊八戲的大空性。在其他經論中，也有三種或者五種陀羅尼的說法⑦。

通過什麼方法才能得到陀羅尼⑫呢？《大乘莊嚴經論》中說：「業報及聞習，亦以定為因，依止此三行，持類有三種。」意思是，獲得陀羅尼有三種方式：一是宿世業報得，即前世修過善法，今生自然而然便能獲得陀羅尼；二是聽聞串習得，不是依靠前世的善根，而是即生認真聽聞思維佛法，這樣也能獲得陀羅尼；三是修行禪定得，即通過修持禪定而獲得陀羅尼。

雖然阿彌陀佛發願凡是聽到他名號的菩薩都能獲得陀羅尼，但因為在座很多人還不是菩薩，所以聽聞佛號後馬上獲得陀羅尼有一定困難。但佛陀的加持畢竟不可思議，所以只要自己有信心，也會得到相應的利益。

我們這裡有些道友就是如此，他們俱生的智慧並不是特別超勝，以前學世間知識時並沒有很高的智慧，甚至連大學都考不上（其實從佛教的觀點來看，世間的大學也沒有什麼了不起的），但因為經常以清淨心祈禱佛陀，通過後天的不懈努力也打開了智慧，遠遠超過很多人，能夠受持很多法義，不管自己聞思修行還是為他人講經說法，都顯發出深廣的智慧。這從有些道友的親身

---

⑦天台宗據《法華經．普賢菩薩勸發品》之說，立有旋陀羅尼、百千萬億旋陀羅尼、法音方便陀羅尼等三陀羅尼，以之配於空、假、中三觀。而《大毗盧遮那經》等祕密藏中具說如來自受用五智，故宣說五種陀羅尼。
⑫主要是指法陀羅尼和義陀羅尼。

經歷也可以看出，這就是佛陀的加持。

佛陀的名號有一種特殊的加持力，如果我們經常聽聞佛號，自己的心就會逐漸變得清淨。將淨水如意寶投入渾水，渾水自然而然會澄清；同樣，聽聞佛陀的名號後，眾生污濁的心也自然而然會變得清淨。當內心清淨如水時，就能顯現出戒定慧等功德的月影，這就是一種自然的規律。

依靠阿彌陀佛的發願，無量菩薩聽聞他的名號後都能獲得陀羅尼，這對菩薩們增上功德具有極大意義。我們知道，極樂世界恆時傳出妙法的聲音，不僅阿彌陀佛不斷地講經說法，甚至宮殿、水聲、風聲、樹聲都不斷地發出佛法的妙音，依靠陀羅尼的威力，菩薩們能將所有聽到的佛法牢記於心。而我們這裡卻不是這樣：有些道友上課時拿著一個破筆記本辛辛苦苦地記，記完以後回去再翻看時，自己都不認識寫的什麼字、什麼內容，不知道是在夢中雲遊時還是在其他世界記錄的，最後特別失望地放棄了聞思，開始像豬八戒一樣睡懶覺。

三十五、聞名轉男願：

若我成佛，周遍無數不可思議無有等量諸佛國中所有女人，聞我名已，得清淨信，發菩提心[73]，厭患女身，若於來世不捨女人身者，不取菩提。

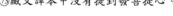

[73]藏文譯本中沒有提到發菩提心。

如果我將來成佛，無量無數不可思議佛國中的所有女人，聽到我的名號後生起清淨的信心，發起菩提心，對女身生起厭惡心，如果她們來世不能捨棄女身，我就不取菩提果位。

　　現在世間比較提倡男女平等。佛教也提倡眾生平等：在世俗中，不管大乘顯宗的發菩提心還是密宗的即生成佛⑭，都認為男身和女身是平等的；在勝義中，《金剛經》和《入行論.智慧品》都說無男相無女相，所以男女也是平等的。（有一個女眾道友說：「我沒有什麼紀律的約束，佛經中說無男相無女相，我把自己當作男人一樣。」但這是在勝義中講的，在世俗中還是有男相女相的。）既然如此，為什麼佛陀又在許多經典中呵斥女身呢？這是因為在世俗中女身確實有許多不共的過失。

　　據說有些西方的女士不願意聽對女身的批評，但不管她們願不願意聽，這就是無法否認的事實。我有這樣的體會：在同樣一個道場中，在同樣攝受眾生的過程中，女眾的煩惱確實比男眾多。有一位上師的侍者告訴我（她也是女眾）：「我的上師身邊有很多男眾和女眾，總的來看，男眾性格比較穩重，而女眾性格則不太穩重，而且女眾往往大事情不考慮，整天在小事上勾心鬥角。雖然上師很慈悲，對大家都平等對待，可是下面

----

⑭密宗認為，雖然男女的風脈明點有差異，但在以其作為修法所依進而獲得成就方面，男女完全是平等的。

的人確實有很大差別。」

不過現在很多人不知道女身的過患。有一位法師講過一件事情：有個男青年性格非常自卑，他讀大學時見到有些女生長得不錯，經常受到很多人的歡喜，他覺得這些女生活得很陽光，於是發願下輩子要轉為女人，不願意再當男人。這就是不知道真理的想法。實際上，他所羨慕的女生有許多不共的煩惱和痛苦。

並不是佛陀沒有平等心，他特別重男輕女，所以故意說女身不好，事實上女身的確有許多過失。在《大愛道比丘尼經》中，佛陀淋漓盡致地宣說了女眾的八十四種惡態，這些惡態在很多女人身上都能發現。在《大寶積經》中，佛陀也宣說了女眾的很多過失，並且說欲求遠離女身需要修八種法：一者不嫉妒，二者不慳吝，三者不諂誑，四者不瞋恨，五者說實語，六者不惡口，七者捨離貪欲，八者離諸邪見。而且佛陀總結說：「若厭女人身，應修如是（八種）法，便當速得轉，受善丈夫身。」

因此，女眾應該認識到自身的過失，聽到阿彌陀佛名號後要生起信心，發願將來一定要轉為男身，這樣以後生生世世就會轉為男身了⑦。

⑦在《藥師琉璃光如來本願功德經》中，藥師琉璃光如來也發願：「願我來世得菩提時，若有女人為女百惡之所逼惱，極生厭離願捨女身，聞我名已一切皆得轉女成男具丈夫相，乃至證得無上菩提。」因此，如果有女眾厭離女身，也可以祈禱藥師佛。

當然，我們也應該清楚，並不是所有的女眾都有過失，也有一些佛菩薩以女身的形象度化眾生，如妙音天女、度母等。不管在漢傳佛教還是藏傳佛教中，都有很多女性的佛菩薩應世。尤其在漢傳佛教的歷史上，有很多觀音菩薩以女身利益眾生的公案。這當然不是我們的分別念所能思議的。但一般來說，凡夫女人確實存在不共的煩惱和痛苦，所以有智慧的女眾還是應該發願轉為男身，要經常念誦《極樂願文》來發願：「聞佛阿彌陀名號，乃至未獲菩提間，不轉女身轉貴族，生生世世具淨戒，頂禮善逝無量光。」

三十六、修梵淨行願：

　　若我成佛，無量無數不可思議無等佛剎菩薩之眾聞我名已得離生法⑦⑥，若不修行殊勝梵行，乃至到於大菩提者，不取正覺。

　　如果我將來成佛，無量無數不可思議佛剎的菩薩聽到我的名號都獲得無生法忍，乃至菩提果之間受持清淨的梵淨行，如果他們不能這樣，我就不取正覺果位。

　　受持清淨的梵淨行對於修行人非常重要，《普賢行願品》中說：「常得出家修淨戒，無垢無破無穿漏。」我們應該經常這樣發願。

　　凡夫人經常產生貪欲，有了貪欲則身心不可能趨入

---

⑦⑥此處說是「離生法」，康僧鎧譯本和藏文譯本都說是「壽終之後」。

正道。《毗奈耶經》中說：「諸有耽欲人，不見於義利，亦不觀善法，常行黑暗中。」這個教證講得非常好：一個人如果有了貪欲心，那他既不可能見到大義利，也做不到任何有意義的事情，內心始終不會觀修善法，這種貪欲強烈的人沒有其他的念頭，白天想的是這些東西，晚上想的也是這些，從平時各方面的行為也看得出來，他們貪戀的一直是這些骯髒的事情，這種人的修行不會有進步，經常處於黑暗和痛苦中。

世間人常說欲火焚身，貪欲之火確實非常可怕。《大智度論》中有一則公案：以前印度有一個叫述婆伽的漁夫，一次他看見公主在高樓上，產生了極大的貪心。從此他患上相思病，日日夜夜想著公主，以致於瘦骨嶙峋。母親看到他這樣，經詢問才知是貪戀公主所致。雖然一個漁夫貪戀國王的公主，這本來就是不可能實現的事情，但母親畢竟疼愛兒子，便想了一個辦法。從那以後，她每天到王宮裡供養公主鮮魚。日子久了公主覺得有點奇怪，便問她為什麼天天給自己送魚。她據實告訴公主，並祈求公主能與兒子相會。不知道是什麼原因，公主居然答應了她的請求，並約定在某個神廟的神像背後相會。述婆伽得知後特別高興，約會那天他早早到神像後面等著。但是神廟的天神非常不高興，他覺得漁夫跟公主種姓不般配，再加上在神廟中做這種事不如法，於是加持述婆伽睡著了。公主來到神廟後，怎麼

第十一課

也搖不醒述婆伽，最後實在沒辦法，就卸下身上的瓔珞放在述婆伽身上，之後便離開了。公主離開以後，述婆伽醒了過來，他見到身邊擺著瓔珞，一打聽才知道公主來過了。他非常懊惱，當下欲火焚身而死。

欲望確實非常可怕，人一旦燃起欲望之火，任何善行都沒辦法行持。正因為如此，阿彌陀佛悲憫欲望強烈的眾生，發願凡是聽到他名號的人就像在烈焰上澆涼水一樣當下熄滅相續中的欲火。現在有些人經常說：「我煩惱深重，實在沒辦法對治。」其實沒必要這麼說，只要一心一意祈禱阿彌陀佛、持誦其名號，依靠阿彌陀佛的不可思議加持力，相續中的煩惱一定可以息滅。

在我們學院有成千上萬的修行人，他們都過著守持梵淨行的清淨生活，根本沒有任何煩惱和痛苦（當然也有極少數人煩惱深重，但這是個別業力現前者）。如果是一般的世間人，這麼多人過著遮止貪欲的生活恐怕是不現實的。雖然佛教徒不是禁欲主義者，但是一方面依靠自己的對治力，另一方面依靠諸佛菩薩的加持力，確實做到了許多世間人做不到的事情，這也是佛教殊勝性的一個真實體現吧。

佛說無量壽經廣釋

第十二課

　　不管學習《無量壽經》還是其他法門，大家都需要長期不斷地精進，要經常提醒自己不能懈怠。有些人年輕時很精進，到了晚年就不精進了；有些人兩三天比較精進，過了幾天就不精進了；還有人依靠暫時的因緣發起精進，比如遇到一些上師、發生車禍、罹患疾病後很精進，可是後來又忘記了精進。這樣虎頭蛇尾是不行的。

　　我們要有活到老學到老的精神。藏地有一部歷史著作叫《青史》，這本書的作者是廓譯師，廓譯師在八十多歲高齡時還不斷地學習，曾經有人問廓譯師：「您到底什麼時候才能學完？」他回答說：「成佛的時候。」不過現在的很多人不是這樣。有些人大學畢業後找到一份工作，從此以後就再也不學習了，不要說佛教的知識，甚至世間的知識都不學了。對他們來說，也許找到工作就意味著「成佛」了。其實這是不對的，雖然以前學習過很多年，但還要學習新知識。學習既是一種享受，也是一件有意義的事，所以每個人都應該不斷地學習。

　　在這方面，我希望有些人不要無常修得太好了。現在有些人經常說：「不要修加行，修什麼加行啊，明天死了都不知道。」這種說法看似很有道理，實際上完全

是錯誤的，可以說是思想不成熟的表現。聖雄甘地⑦有一句名言：「要像你明天會死去一樣活著，要像你永遠會活著一樣學習。」意思是，對生活要有無常的觀念（相當於噶當派的無常觀），既然明天有沒有都不知道，所以不要太耽著今天的生活；對學習則要有長期的打算，要像永遠存留在世間一樣長期學習。當然退一步講，哪怕我們明天死亡，今天也要努力學習，要像《薩迦格言》中講的那樣：「即使明早要死亡，亦應學習諸知識。」

總之，學習對每一個人都很重要，我們應該不斷地學習，要盡量保持向上的積極心態，不要總是自閉、悲觀，如果整天處於消極失望的心態，這樣活著沒有什麼意義。

佛陀在《十住經》中說：「日夜常精進，聽受無厭倦，讀誦愛樂法，唯法以為貴。」意思是說，人應該日日夜夜恆常精進，要無有厭倦地聽受佛法、讀誦修行，對善法要有歡喜心，心中唯以正法為貴。

可是現在很多人不是這樣：有些人認為名聲最珍貴，一直為了名聲而奔波；有些人覺得財富最珍貴，一直在努力希求財富；還有些人什麼都不想，每天就像老豬一樣，吃飽喝足後就「呼呼」睡大覺。老豬每天能吃點東西就滿足了，然後就搖搖尾巴，靠在牆下曬太陽；

佛說無量壽經廣釋

---

⑦聖雄甘地（1869-1948），印度民族運動領袖莫罕達斯.卡拉姆昌德.甘地的尊稱，他提倡「非暴力不合作運動」，以和平方式實現了印度的獨立。

而人是萬物之靈，思想應該和旁生有所不同，所以諸位還是要有一種精進。

　　當然，所謂的精進應該是在有意義的善法方面，不是在對今生來世都沒有意義的惡業方面。現在有些人通宵看小說，有些人熬夜看電視連續劇，還有些人白天晚上打麻將，以做非法之事將生活完全搞顛倒了。這些邪精進者本來非常可憐，但他們還認為過得很快樂。現在有些人覺得，逢年過節大家在一起聚會，做一些喝酒、打牌等非法行為，這才是人生最大的快樂。這就是顛倒的教育理念和價值觀的體現。有時候我看到社會上的各種現象，感覺人們真是把瘋狂當做正常、把痛苦當做快樂。薩迦班智達曾批評此類惡相說：「愚者貪欲以為樂，實則行貪即苦因，如同飲酒以為樂，實則瘋狂當安樂。」

　　在世界上，每個人都在尋找快樂，既然想得到快樂，人們就應該打開慧眼，盡量多做有意義的事情。當然，在此過程中要長期處於如理如法的狀態，作為凡夫人的確有點困難。凡夫人產生煩惱很容易，一會兒生貪心，一會兒生嗔心，一會兒生嫉妒心，一會兒生驕傲心，一會兒生吝嗇心，各種煩惱此起彼伏地湧現；而產生善心則很困難，好不容易生起一點信心、出離心、大悲心、菩提心，很快又被煩惱和邪見蒙蔽了。這是凡夫人的普遍狀況，並非個別特殊業力者才如此。有些人經

第十二課

常輕毀自己：「我好痛苦啊，不像你們一樣，你們所有的人都很好，只有我煩惱深重、業障現前。」其實這種說法是不對的，凡夫人的狀況基本上都差不多。但無論如何，我們要清楚生活的方向，身心盡量處於如理如法的狀態。

其實一個人能否過如理如法的修行生活，與前世的福報有一定的關係。我經常想：有福報的人有長期聞思、修行、發心的機會，各方面的善緣自然會出現；而沒福報的人很難有長期聞思、修行、發心的機會，各種違緣會接踵而至。當然，雖說跟前世的福報有關，但也與自己今生的努力分不開，因此大家還是要盡量努力。（所謂「長期」，其實我在此處並沒有很高的要求。如今是末法時代，一個人很難說能不能活到七八十歲，只要拿出十年、二十年或者人生二分之一、三分之一用於學修正法，這已經算是很不錯了。）

講到這裡，我想順帶說一個問題：不管學習任何佛法，大家都應該有所創新，不能一點創新能力都沒有。怎樣創新呢？我們不需要在出離心、菩提心或者無二慧等佛法的根本內容上創新，但是要在具體的方式上有所創新。否則，隨著時代和社會的發展，以前沒有想到的很多情況會不斷出現，如果始終沒有創新，應對起來也許有一定困難。

當然，在這個過程中，我們追求解脫的心始終不能

佛說無量壽經廣釋

變。跟古人相比，現在人的生活方式、思維方式、人生目標和談論話題都有很大不同。拿我們牧區來說，以前人們談論最多的是：某人穿的衣服是什麼樣？某人戴的珊瑚是什麼樣？但現在人們基本上不談這些了，談論的話題變成：某人的手機是什麼樣？某人開的摩托車是什麼樣？某人的房子有多少層？如果我們的心也跟隨這些話題不斷地轉，今天他們談摩托車，我們也跟著談摩托車，過一段時間他們談小轎車，我們又跟著談小轎車，那自己的修行就徹底失敗了。在這方面，我們需要有正知正念，要清楚什麼是最重要的目標，不要忘記生生世世的解脫大計。

佛教徒並不是悲觀的厭世主義者，也不是不懂得享受生活的愚癡者。通過長期學習佛法，我們對世俗生活的本質非常了解——生活就像一顆露珠，表面上看起來很美麗，但在無常陽光的照射下，很快就會消失得一乾二淨，什麼價值都不會留下。所以，大家應該看穿世俗生活的虛妄本質，尋找有真實意義的修行生活。

下面開始講《無量壽經》。其實在很多年前，我就想跟大家共同學習《無量壽經》，但這個因緣很奇妙，直到今年才有共同學習的機會。每次翻開法本，我內心都很歡喜，我並不是在這裡說假話，相信在座大多數人和我一樣，看到法本也會有一種歡喜心。不過也可能有

個別人一打開法本心裡就很煩，而一看到那些亂七八糟的畫面卻興趣十足——眼睛睜得大大的，好像根本不需要眨眼，嘴也張得大大的，好像含著一塊水果，整個人都定型了，就像一個機器人一樣，這說明他們對某些對境有不可退轉的信心。

三十七、人天禮敬願：

若我成佛，周遍十方無有等量諸佛剎中所有菩薩[78]聞我名已五體投地，以清淨心修菩薩行，若諸天人不禮敬者，不取正覺。

如果我將來成佛，十方無量佛剎的所有菩薩聽聞我的名字，都要向我和我的世界五體投地頂禮，以清淨心修學菩薩的六度萬行，人天大眾對這些菩薩都要恭敬頂禮，如果他們不恭敬頂禮這些菩薩，我就不取正覺果位。

這條發願講到，無量菩薩聽聞阿彌陀佛的名號後，都向阿彌陀佛及其剎土頂禮，並且以清淨心修菩薩行。這裡面蘊含著一個重要的道理——聽聞任何佛法以後，不能只是得個傳承，也不能僅把道理放在書本上，應該在實際行動中有所體現。學習這條發願後，大家也要定期或者不定期地頂禮阿彌陀佛和極樂世界，如果沒有佛

---

[78]藏文譯本中說是眾生，實際上和此處的說法一樣，因為發了大心的眾生就叫菩薩。

像、唐卡等所依，可以內心觀想並向西方頂禮。

　　小時候我家隔壁有一個老太太，每天下午她都一邊念《極樂願文》一邊向西方頂禮，一直堅持了好幾十年。漢地有些出家人和居士不斷地拜佛，有些人甚至把木質地板都拜破了好幾次。在拉薩大昭寺門口，每天有許多人頂禮覺沃佛。在印度金剛座，每天也有許多人在頂禮世尊。我們應該學習這些人的信心和毅力。

　　現在能自由地頂禮三寶，大家應該珍惜這樣的機會。在文化大革命期間，連一尊小小的佛像都很難找到，要在佛像前頂禮就更困難了。當時我家隔壁有一位老喇嘛，每年大年三十他都把珍藏的度母、阿彌陀佛等唐卡擺出來，讓村裡的小孩子頂禮。每次快過年時，我們都急切地數日子：什麼時候可以頂禮唐卡呀？因為平時根本見不到那麼精美的唐卡，所以一看到唐卡上美麗的花朵、供品、佛像，就感覺非常莊嚴。（以前的修行人和現在的人確實不一樣，以前的人不管處境再怎麼危險，他們還是願意頂禮佛陀。）

　　根據這條發願，如果我們虔誠頂禮阿彌陀佛，無數的人和天人也會向我們頂禮。這一點在現實中也能看出：在漢地的有些寺院，出家人不算太多，文化也不是很高，但因為他們穿著佛陀傳下來的法衣，口中念著阿彌陀佛的聖號，就能感召無數信眾的恭敬供養。肉眼能看到的人都如是恭敬他們，肉眼看不到的天人、夜叉、

羅剎等非人就更不用說了。

　　大家不要把這些說法當作神話故事。有些學佛的人有個毛病：剛從紅塵裡出來時信心特別大，每天不吃不喝地求學，聽課時就像阿羅漢入定那樣快樂，那種虔誠的眼神和開心的表情真是無法形容；但是他們的信心很不可靠，日子久了就慢慢變了，最後什麼佛法的境界都不信了。大家要注意這個問題，千萬不要變成這個樣子。

　　看一個人要從長遠看。有的人剛開始聽法時一直熱淚盈眶，從上課到下課一直雙手合掌，兩個眼睛一直盯著法師，但十年後還能這樣嗎？不一定。也許他對聽法沒什麼感覺了，覺得聽也可以、不聽也可以，即使勉強去法師面前聽法，內心也沒有真正的動力。這種退化、變質的現象很不好。其實，剛學佛時沒有很大熱情也是可以的，但最重要的是要有長期的信心。

　　對於聞思教理的人來說，應該把經論中學到的佛法用於生活中。藏地有一個很好的習慣，佛法不完全是一種宗教信仰，人們已經很自然地把它融入生活。這個習慣對於解脫非常重要，其他地方的佛友也應該有這種習慣。當然，如果從前沒有這個習慣，一下子變成這樣也有一定困難。但我希望大家今後往這方面努力，盡量將佛法融入日常的生活，乃至臨死之前都不改變。

　　不管做念佛、出家等任何善法，有時候也需要大眾

佛說無量壽經廣釋

的認可，如果誰都不認可這些善行，都以奇怪的眼光看待這些善行，那佛法就很難在世間弘揚開了。雖然念佛、出家的人是非常偉大的，善導大師在《觀無量壽佛經疏》中也說：「若念佛者即是人中好人，人中妙好人，人中上上人，人中希有人，人中最勝人也」，可是由於受政治環境、文化習俗的影響，很多人卻把念佛、出家的人看作最迷茫、最可憐的人。在漢地的很多地方，有些家庭出了一個出家人，全家人都覺得特別不幸。當這些出家人回到家中時，家人都反覆叮囑：「你千萬不要出門，否則祖宗的臉都丟完了，以後我們就沒法在人前抬頭了。」有些出家人探望父母時，甚至不得不戴假髮、穿在家衣服。所以世間人確實很可憐，他們根本不知道什麼是金子、什麼是廢鐵。當然，隨著佛法的逐漸弘揚，現在社會大眾對佛教也稍微有所認識，很多人對出家人的態度也不像以前那樣過分了。

言歸正傳，今後大家一方面自己要好好念佛、禮佛，另一方面見到別人念佛、禮佛，不管對方是什麼水平，我們也應該對他們恭敬供養、頂禮承事、讚歎隨喜。

三十八、妙衣在體願：

若我成佛，國中眾生所須衣服隨念即至，如佛命善來比丘，法服自然在體，若不爾者，不取菩提。

如果我將來成佛，國中眾生所需的衣服只要憶念就

能立即現前，就像佛陀說「善來比丘」後，依靠佛陀的福德和加持，不需要染色、裁剪等勤作，比丘自然法衣在體一樣，如果不能這樣，我就不取菩提果位。

在娑婆世界，做一件衣服非常麻煩。我們學院有些道友首先沒錢買法衣，不得不借錢或者化緣：「我要買一件法衣，你可不可以給我卡上匯三百二十五元？」好不容易弄到一點錢，可是又買不到法衣。即使買到也不稱心，或者長了，或者短了，或者顏色不行，或者不結實。有了一件法衣不行，還要有第二件，於是又要去折騰。法衣穿一段時間髒了，又要去洗，在藏地冬天洗衣服很麻煩，考慮半天到底洗還是不洗：洗衣服那麼冷，而且也沒有水，如果不洗，法衣又越來越臭，唉，老天爺，到底該怎麼辦？為了穿衣服，有些人產生了各種各樣的煩惱。

但極樂世界不是這樣。不管需要什麼顏色、什麼尺寸的衣服，只要一想就會自然現前。如果衣服穿舊了或者不需要了，只要一想就會馬上消失，就像在電腦上把廢軟件刪除到「回收站」一樣，「嘩」的一聲就沒有了。依靠現代電子技術，能在電腦上實現很多奇妙的事情；同樣，依靠阿彌陀佛的願力，在極樂世界也能實現妙衣自然在體等奇妙的事情。只不過娑婆世界的眾生福德淺薄，所以不能擁有這些幻化的資具。

當然，娑婆世界也不是完全沒有福德所感的稀奇現

佛說無量壽經廣釋

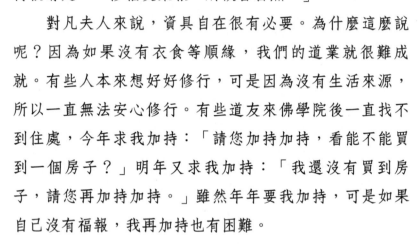

象。《華嚴經》中說，善財童子出生的時候，家中自然出現各種珍寶和伏藏，因為這個緣故家人給他取名善財。《福力太子因緣經》中說，往昔有個名叫福力的太子，他出生時大地六種震動，空中降下七寶雨。這些稀奇的現象都是福報現前的果報。《護身命經》中對此講得很清楚：「修福受樂報，所欲皆自然。」

對凡夫人來說，資具自在很有必要。為什麼這麼說呢？因為如果沒有衣食等順緣，我們的道業就很難成就。有些人本來想好好修行，可是因為沒有生活來源，所以一直無法安心修行。有些道友來佛學院後一直找不到住處，今年求我加持：「請您加持加持，看能不能買到一個房子？」明年又求我加持：「我還沒有買到房子，請您再加持加持。」雖然年年要我加持，可是如果自己沒有福報，我再加持也有困難。

《折疑論》中說：「衣食可以資身命，身命可以資道業。」因此，對修行人來講，基本的生活條件確實是需要的。然而在現實生活中，人們經常遇到種種生活的壓力。單單拿穿衣服來說，有些貧困學生沒錢買衣服，即使有一點錢買衣服，也不能像有錢的學生那樣買名牌衣服。有些有錢的學生雖然買得起名牌衣服，也要經常換衣服洗衣服。總之，這個世間有很多實實在在的痛苦。如果想徹底擺脫這些痛苦，就應該往生極樂世界。對關心自身長遠安樂的智者來說，這是必不可少的選擇。

第十二課

三十九、樂如漏盡願：

若我成佛，諸眾生類才生我國中，若不皆獲資具心淨安樂如得漏盡諸比丘者，不取菩提。

如果我將來成佛，其他世界的眾生才生到我的國中就具足一切資具，而且內心非常清淨快樂，就像獲得漏盡通的比丘一樣，如果他們不能這樣，我就不取菩提果位。

極樂世界的菩薩一切資具都能圓滿，而娑婆世界的眾生資具則很難圓滿。這一點只要觀察世間人的生活就會知道：一會兒高壓鍋壞了，一會兒又一個東西壞了，今天需要這個，明天需要那個，每天因為各種情況而痛苦不堪。那天我遇到一個人，她說：「我天天在家裡忙個不停：早上起來就要做飯，吃完早飯要洗碗，休息一會兒又要做午飯，吃完午飯大家說一會兒話，然後又開始洗衣服，洗完衣服稍微坐一會兒，念一百遍觀音心咒，然後又開始做晚飯。每天都是這樣周而復始地忙碌，沒有一點意義。還是你們出家人好。」我安慰她說：「其實我們出家人也要做飯洗碗……」

雖然世間的眾生都希求快樂的生活，可是只有做到內心無有貪執、知足少欲，才能真正擁有快樂的生活。《大般涅槃經》中講過有漏和無漏的因果，有漏的因果是集諦和苦諦，無漏的因果是道諦和滅諦。往生極樂世界者都滅盡諸漏，現前了無漏的智慧，雖然他們具足一切資具，可是一點貪著都沒有，所以能恆時處於快樂之中。

《佛本行集經》中說：「世間罕見知足人，少欲無求不受苦，所有哭泣恩愛者，多是貪著聚資財。」的確如此，在哭泣恩愛等世間的一切痛苦中，大多數都來源於對資財的貪著。雖然有些人的痛苦跟身體、感情有關，但從總體上看，大多數痛苦還是跟資財有密切的關係。但到了極樂世界以後，這些痛苦都沒有了，一方面所需的資具能夠自然現前，另一方面不需要的貪嗔癡等煩惱一點都沒有。所以，想想生活中種種令人生厭的事情，我們真的應該羨慕極樂世界，應該發願往生極樂世界。現在有些人在生活中遇到了痛苦，如果他們以痛苦作為鞭策，在發菩提心的基礎上發願往生極樂世界，應該很容易往生。

確實就像剛才這個教證所說的那樣，如今真的是「世間罕見知足人」，尤其到了大城市這種感覺更為強烈。其實一個人並不需要很多東西，可是因為內心始終不滿足，所以即便擁有世界上所有的財富還是覺得不夠。因此，希望大家徹底放下對有漏財富的貪執，盡量過一種回歸自然的簡單生活，同時要發願往生極樂世界。

四十、樹現諸剎願：

若我成佛，國中群生隨心欲見諸佛淨國殊勝莊嚴，於寶樹間悉皆出現，猶如明鏡見其面像，若不爾者，不取菩提。

如果我將來成佛，國中眾生只要想見到其他清淨佛國的殊勝莊嚴景象，在寶樹間就能出現這些景象，猶如在明鏡中見到自己的面像一樣，如果不能這樣，我就不取菩提果位。

極樂世界的眾生只要動一個念頭，當下就能在寶樹間見到其他佛國的莊嚴景象。他們不需要通過望遠鏡往東方看半天，最後才模模糊糊地看到一點：噢，是不是現喜剎土？對對對。剛看到一點又馬上看不見了：什麼問題，是不是我的機器有問題？擺弄了半天，最後還是什麼都看不見。開玩笑，極樂世界不可能是這樣的。

極樂世界到處都是金、銀、頗梨⑲、琉璃、赤珠、瑪瑙、玉⑳等七寶樹。不像我們這裡到處都是光禿禿的，連一棵樹都找不到，即使偶爾有一棵樹，很快也被山羊啃光了。更為稀奇的是，這些寶樹間能現出其他各個剎土的景象，就像在明鏡中看自己的面容一樣清晰。當然，不僅極樂世界的寶樹，那裡的無量殿、水池中也能現出其他剎土的景象，不管你想看哪個剎土，當下就能現前。

如果詳細地描述了極樂世界的功德，大家一定會生起強烈的歡喜心。其實在面對知識分子時，我們很需要

⑲頗梨：為七寶之一。意譯水玉、白珠、水精。又作玻璃、頗胝、頗置迦、破置迦、薩頗胝迦、娑婆致迦、塞頗致迦、窣坡致迦。其質瑩淨通明，有紫、白、紅、碧等多種顏色。
⑳關於七寶樹，其他經中也有硨磲、琥珀等其他說法。

從道理上詳細講解，否則，如果什麼道理都不講，光是說「極樂世界很殊勝，你要好好念阿彌陀佛」，有些人不一定會念。如果讓這些人長期學習，詳細了解淨土的道理，他們就會明白極樂世界的超勝之處，那時自然就會念佛了。

在極樂世界，不管想見到什麼，都能當下如願以償。如果你想見到其他清淨剎土，在寶樹間就能現前淨土的景象，如果想見到在娑婆世界的眷屬親友，只要一憶念也能在寶樹間見到。有些人可能想：見到這些景象有什麼意義呢？當然是有意義的，極樂世界的菩薩並不是喜歡偷窺別人，他們的一切所見實際上都是增上道行的方便。

在世間，素質高的人所見、所聞、所關心的事情跟素質低的人完全不同。在修行人之中也有這樣的差別：修行差的人心中惦記的都是貪嗔癡的對境，不管說話還是做事，要麼與貪心有關，要麼與嗔心有關，要麼與癡心有關；而修行好的人覺得這些對境非常骯髒，沒有什麼意義，他們希求的都是對自他有意義的法。極樂世界的菩薩便是如此：要麼觀察眾生的痛苦，對眾生生起悲心並放光、說法救度他們；要麼觀察其他淨土的諸佛菩薩，之後前往那裡供養三寶、聽受妙法，從而圓滿福慧資糧。

大家應該清楚，極樂世界的一切境界都是凡夫人無

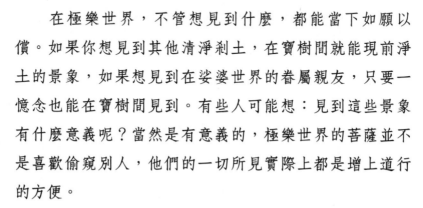
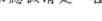

第十二課

法想像的，雖然我們狹隘的心無法容納這些現象，但這些不可思議的現象都是真實存在的。善導大師在《般舟讚》中說：「一到彌陀安養國，畢竟逍遙即涅槃。」因此，只要到了極樂世界，就會過上與世間完全不同的生活。以前有一個人從偏僻的山區考到城市的高等學校，畢業後留在當地上班，他在自傳中說：我從鄉下骯髒破爛的小房子來到了繁華的城市，我的生活發生了天大的變化。同樣，娑婆世界的生活和極樂世界的生活也存在天大的差別。如果我們依靠阿彌陀佛的願力和自己的精進力往生到極樂世界，那個時候一定會深深地感到：自己在娑婆世界的生活方式以及當時產生的貪嗔癡等分別念，這一切真是太可笑了。這種感覺就像一個老人回想童年的生活一樣。有時候回憶童年的經歷，我也感到很可笑：唉，那個時候自己太不成熟了，怎麼會為了一個玩具把別人打傷了？真是太不合理了！

　　這裡說極樂世界的寶樹間能現前其他剎土的景象，其實娑婆世界也有相似的情況，比如通過網絡、電視等現代科技的方便，也能看到遠方的景象。不過娑婆世界的這些方便像雙刃劍一樣有利有害：有些品行高尚的人用這些方便利益眾生、學習佛法；有些德行不高的人依靠這些方便不僅讓自己永沉苦海，也害了許多人。而極樂世界的方便對自他都是有利無害的。所以穢土和淨土在某些方面看似相同，實際上卻有很大的差別。

佛說無量壽經廣釋

四十一、諸根無缺願：

若我成佛，餘佛剎中所有眾生聞我名已，乃至菩提，諸根有關德用非廣者，不取菩提。

如果我將來成佛，其他佛剎中的所有眾生聽聞我的名號後，從初發心乃至獲得菩提果之間，諸根無有缺陷且能力作用廣大，如果不能這樣，我就不取菩提果位。

可見，阿彌陀佛的名號確實是真正的如意寶，任何人只要聽到他的名號，生生世世都不會成為諸根缺陷者。所以大家以後應該經常在眾生面前念誦佛號，這對自他非常有必要。

諸根缺陷其實是很痛苦的。現在世界上有許多諸根缺陷的人。據統計，2006年中國有八千多萬殘疾人，現在是2011年，也許殘疾人的數量接近一億了。你們想一想：在全國十三億人中，有接近一億人是殘疾人，換句話說，十三分之一的人諸根不具足，這是多麼驚人的數字！在這些人當中，有些是眼根不具足，有些是耳根不具足，有些是舌根不具足，有些是鼻根不具足，有些是身根不具足，這些人還是很可憐的。

《發菩提心經論》中說：「若人形殘，顏色醜惡，諸根不具，乏於財物，當知皆是瞋因緣得。」所以，諸根不具的原因主要是前世生瞋心。如果經常以瞋心示現醜陋的形象（人在生瞋心時，表情一般都會很難看，不可能一邊微笑一邊罵人打人），不僅來世會諸根殘缺，

還會感得相貌醜陋。相反，如果能修持安忍，則會感得相貌莊嚴。誠如《入中論》所云：「忍感妙色善士喜」。有一位法師常說：「你們不要發脾氣，你們不是喜歡漂亮嘛，那一定要好好修安忍。」因此，如果大家想生生世世諸根具足、相貌端嚴，就一定要好好修持安忍。

當然，除了依靠自力修安忍，依靠此處阿彌陀佛的發願，也能生生世世諸根具足。弘一大師講過一個公案：民國時期有一個人雙目失明，後來友人勸他念佛，他念了一年佛就雙目復明了。所以阿彌陀佛的加持確實不可思議，只要精進念佛，不僅來世諸根具足，甚至今生殘缺的諸根也能恢復。所以在座各位如果罹患疾病或者身體有殘疾，一定要誠心誠意地念佛，只要不是無法逆轉的異熟果，都應該有好轉的機會。[81]

佛說無量壽經廣釋

四十二、得淨禪定願：

若我成佛，餘佛剎中所有菩薩聞我名已，若不皆善分別勝三摩地名字語言，菩薩住彼三摩地中於一剎那言說之頃不能供養無量無數不可思議無等諸佛，又不現證六三摩地者[82]，不取正覺。

---

[81]前世的定業是很難轉的，如《極樂願文》云：「除非異熟業果外。」
[82]其他譯本中沒有「六」三摩地的說法，康僧鎧譯本中此願為：「設我得佛，他方國土諸菩薩眾，聞我名字，皆悉逮得清淨解脫三昧。住是三昧，一發意頃，供養無量不可思議諸佛世尊，而不失定意。若不爾者，不取正覺。」

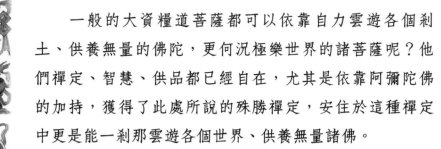

　　如果我將來成佛，其他剎土中的所有菩薩聽聞我的名號，都善能分別殊勝三摩地的名字、理論，並且能安住於此三摩地中，依靠三摩地的威力一剎那供養無量無數不可思議的如來，如果不能這樣，我就不取正覺果位。

　　一般的大資糧道菩薩都可以依靠自力雲遊各個剎土、供養無量的佛陀，更何況極樂世界的諸菩薩呢？他們禪定、智慧、供品都已經自在，尤其是依靠阿彌陀佛的加持，獲得了此處所說的殊勝禪定，安住於這種禪定中更是能一剎那雲遊各個世界、供養無量諸佛。

　　《十住經》中說：「勤行於精進，得百千三昧，悉得見諸佛，相好莊嚴身。」其他大乘經典中也說，修行精進的菩薩能得到無量無邊的三摩地，安住三摩地的同時能前往十方世界面見無量諸佛菩薩，為了圓滿資糧而供養這些佛菩薩，之後生起前所未有的功德。和這些大菩薩相比，我們現在則很矛盾：安住的時候不能供養，供養的時候不能安住；發心的時候不能入定，入定的時候不能發心……凡夫位的修行就像黑色和白色的繩子搓在一起一樣，要實現現空雙運有一定困難，但是到了諸佛菩薩的境界，就沒有任何問題了。

　　諸佛菩薩的境界是不可思議的。《華嚴經》中說，一剎那可以含攝無數大劫，一個微塵中可以顯示無數佛剎。《維摩詰經》中記載：有一次維摩詰居士示現生

218

病，佛陀派諸大弟子去維摩詰家問病，可是這些弟子都說自己不堪能問病，最後佛陀派文殊菩薩去問病。於是文殊菩薩帶著很多菩薩、聲聞眾去到居士家。當時維摩詰居士住在一間丈室裡，舍利子見室中沒有床座，心想：文殊菩薩和大眾怎麼坐呢？維摩詰居士知道他的心念，便以神通力從他方佛剎搬來三萬二千個獅子寶座，維摩詰的屋子沒有變大，寶座也沒有變小，可是這麼多寶座都能擺在屋子裡，文殊菩薩和諸眷屬各自坐在寶座上，然後文殊菩薩和維摩詰居士交流佛法。

對世間人來說，這種境界恐怕是很難理解的。不過在如今這個網絡時代，很多古人覺得不可思議的現象都可以呈現在眼前，世間尚且如此，依靠出世間諸佛菩薩的禪定力、智慧力，當然也可以實現很多不可思議的現象。因此，如果能多聯繫網絡、衛星等現代科技成果進行思考，我覺得會比較容易對諸佛菩薩的境界生起信心。

佛說無量壽經廣釋

第十三課

四十三、聞名富貴願：

若我成佛，餘佛土中有諸菩薩聞我名已，壽終之後若不得生豪貴家者，不取正覺。

如果我將來成佛，其他佛剎中有菩薩聽聞我的名號，壽終後將轉生於富貴之家，如果不能生於富貴之家，我就不取正覺果位。

根據這條發願，如果有人聽聞阿彌陀佛的名號，命終之後都將轉生於富貴之家。其實不僅阿彌陀佛的名號，其他佛號也有同樣的作用。《佛說十二佛名神咒校量功德除障滅罪經》中說：「若人持佛名，世世所生處，常生富貴家，丈夫相具足。」意思是，如果有人受持此經中所說的十二位如來的名號[83]，生生世世將生於富貴之家，並且具足大丈夫相。

需要指出的是，除了聽聞佛陀的名號以外，我覺得

[83]此經云：東方去此佛剎有十不可說諸佛剎億百千微塵等，過諸佛剎有一佛土，名曰解脫主世界。彼世界內有一佛，名曰虛空功德清淨微塵等目端正功德相光明華波頭摩琉璃光寶體香最上香供養訖種種莊嚴頂髻無量無邊日月光明願力莊嚴變化莊嚴法界出生無障礙王如來阿羅訶三藐三佛陀。現在隨心欲行逍遙在處說法。若善男子善女人犯四重五逆誹謗三寶，及犯四波羅夷，是人罪重假使如閻浮履地變為微塵，一一微塵成於一劫，是人有若干劫罪。稱是一佛名號禮一拜者，悉得滅除。況復晝夜受持讀誦憶念不忘者，是人功德不可思議。而彼佛世界中有菩薩名無比，無障礙王如來授彼菩薩記當得成佛，號豪相日月光明華寶蓮華堅如金剛身毘盧遮那無障礙眼圓滿十方放光照一切佛剎相王如來阿羅訶三藐三佛陀善逝世間解無上士調御丈夫天人師佛世尊。彼東方復有佛名曰一切莊嚴無垢光如來阿羅訶三藐三佛陀。南方有佛名曰辯才瓔珞思念如來阿羅訶三藐三佛陀。西方有佛名曰無垢月相王名稱如來阿羅訶三藐三佛陀。北方有佛名曰華莊嚴作光明如來阿羅訶三藐三佛陀。

對佛陀具有虔誠的信心也是很重要的，如果一點信心都沒有，雖然聽聞佛號功德非常大，但到底能不能生生世世轉於富貴之家還需要分析。

其實人的出身還是很重要的。如果一個人是富貴子弟，那他說話、做事的分量和其他人完全不同。相反，如果一個人出身於下劣之家，那他不管做什麼事都比較困難，他的所作所為很難得到別人認可，即使出家或者做有意義的善事，人們也會對他持鄙視的看法。

佛經中記載：優波離尊者出身於卑劣種姓，有一次五百個釋迦族子弟出家，佛陀讓他們一一頂禮僧眾。當頂禮到優波離時，五百釋迦族人覺得：我們出身於高貴的剎帝利種姓，而優波離出身於低劣的首陀羅種姓，為什麼我們要向他頂禮呢？於是他們不肯頂禮優波離。佛陀說：「在我的教法中，種姓和地位不重要，唯有戒律最重要，優波離先於你們出家，相續中有出家的戒體，所以你們必須向他頂禮。」佛陀這樣說了後，他們才不情願地向優波離頂禮。

佛說無量壽經廣釋

東南方有佛名曰作燈明如來阿羅訶三藐三佛陀。西南方有佛名曰寶上相名稱如來阿羅訶三藐三佛陀。西北方有佛名曰無畏觀如來阿羅訶三藐三佛陀。東北方有佛名曰無畏無怯毛孔不豎名稱如來阿羅訶三藐三佛陀。下方有佛名曰師子奮迅根如來阿羅訶三藐三佛陀。上方有佛名曰金光威王相似如來阿羅訶三藐三佛陀。佛告彌勒：若有正信善男子正信善女人，稱此十二諸佛名號之時，經於十日當修懺悔一切諸罪，一切眾生所有功德皆隨喜勸請，一切諸佛久住於世，以諸善根迴向法界，是時即得滅一切諸罪，得淨一切業障，即得具足成就莊嚴一切佛土，成就具足無畏，復得具足莊嚴身相，復得具足菩薩眷屬圍繞，復得具足無量陀羅尼，復得具足無量三昧，復得具足如意佛剎莊嚴，亦得具足無量善知識，速得成就如上所說不增不減，在於煩惱中行阿耨多羅三藐三菩提，而得端正可喜果報，亦得財寶充足，常生大姓豪族種姓之家身相具足，亦得善和眷屬圍繞。

所以，在世間高貴者和低賤者的確有很大差別。如果我是一個國王，那只要說一兩句話，全國上下的人都會接受；如果我的種姓特別下劣，除非我有非常超勝的功德，一般人們都不會認可我說的話。

　　對修行人來說，如果是為了自己的利益，擁有地位、名聲當然不重要，但如果是為了眾生的利益，人還是需要地位、名聲的。有了地位和名聲，饒益眾生會非常方便，只要自己說一句話，許多人都會把它當作如意寶；如果沒有地位和名聲，即使自己講的教言再殊勝，別人也不一定認可。

　　阿彌陀佛的這條發願也隱含地說明了一個道理——修行人應該同時具足福德和智慧。福慧二資圓滿非常重要。佛經中說，沒有福德僅僅希求智慧，沒有智慧僅僅希求福德，這二者都是不合理的。所以大家既要學習中觀、因明、大圓滿等甚深的智慧法門，也要積累廣大的福德資糧。

　　今年我們以修五加行為主，所以我沒有傳講比較深的法，但以後還是準備傳講一些深法，否則，每天給有些年輕人講一些基本的佛理，他們不一定會滿足。當然，在學習這些深法的同時，各位也不要忘了積累福德資糧。不要像有些知識分子那樣只重視學習知識，輕視積累福德資糧。

　　《蓮宗寶鑒》中說：「修福不修慧，象身掛瓔珞。

修慧不修福，羅漢應供薄。福慧二莊嚴，乃能成正覺。」這個教言很有道理。如果光修福德不修智慧，每天只是做一些布施、供養，將來有可能成為掛滿瓔珞的大象，雖然滿身瓔珞很莊嚴，可是大象本身卻很愚笨。（個別沒有聞思能力的道友就是這樣，他們一聽到做世俗善法就特別熱心，天天熱衷於供花、供香等善法。）如果光修智慧不修福德，縱然獲得阿羅漢果位，得到的供養也很微薄。按說阿羅漢是很有智慧的，他們已經斷除了我執，遠離了一切煩惱，可是如果以前沒有修福報，生活也會很貧窮。只有福慧二資同時圓滿，才能成就無上正等覺的果位。

佛說無量壽經廣釋

在世間，福慧不均的現象非常多。平時我們也可以看出，有些法師雖然智慧很不錯，但是天天沒有錢用，甚至出門連路費都沒有。有些居士雖然很有錢，如果要他們做功德，隨時可以拿出很多錢來，可是一點智慧都沒有，甚至連自己的名字都不會寫。所以福慧平等圓滿很重要。

如果聽到阿彌陀佛的名號，不僅未來生生世世不會轉於貧窮之家，甚至今生就能很快脫離貧窮。現在我們聽到了阿彌陀佛的名號，因此有些貧窮的佛友已經有了轉變命運的機會。

《根本說一切有部毗奈耶雜事》中有一則公案：波斯匿王的王妃勝鬘夫人（也叫末利夫人）以前是一個貧

窮的婢女，有一次她看到佛陀托缽化緣，內心生起極大的信心，於是將自己的飲食供養佛陀，並發願：願我捨棄奴婢之身，永離貧苦，獲大富貴！後來她在一個花園裡採花時，正值波斯匿王打獵歸來，勝鬘非常善巧地承事波斯匿王，波斯匿王對她產生了歡喜心，便把她帶回王宮並封為第一夫人。

依靠佛陀的加持，在短暫的時間裡勝鬘的命運就完全改變了。所以，當我們遇到殊勝的福田時，如果能夠好好供養、祈禱，即生的一切痛苦都能遣除，而且以後不管轉生到什麼地方都會成為具足福報之人，再不需要仰求別人。

佛陀的金剛語永遠不會欺騙我們，因此，如果有人想生生世世擁有財富圓滿、相貌端嚴、地位高貴等世間的圓滿，就應該虔誠祈禱阿彌陀佛。這就是解決問題的最好方法。否則，單單依靠自己的努力，想擁有這些圓滿是很困難的。在短暫的人生裡，有些人即使拼命賺到了一些錢，可是最後錢財還是會留在人間，一分一厘也帶不走，也許後世還會成為一貧如洗的窮光蛋。

現在政府非常關心民生問題，一直提倡建設小康社會，其實我覺得要永遠解決貧困問題，就要對阿彌陀佛有信心，要持誦阿彌陀佛的名號。所以，今後大家要盡量在別人耳邊念誦佛號，這樣他們生生世世都能財富圓滿，無勤具足世間的榮華富貴。

第十三課

我們要認識到：一方面佛陀有不可思議的加持力，一方面自己有一顆清淨的心，當內外兩方面的因緣具足之後，就能積累廣大的資糧，有了足夠的資糧，福報就會現前。凡事有因必有果，這就是自然的規律。

對於阿彌陀佛的大願，大家首先要有虔誠的信心和正確的見解，之後要以這樣的信心和見解持誦佛號。在持誦佛號的同時，還要觀想阿彌陀佛因地發願的經歷，並思維這些發願的內容。這樣的話，以不可思議的緣起力，很多人的生活應該有好轉的機會。

現在有些老闆買一塊地皮搞房地產，結果一夜之間暴富，完全脫離了原來的窘況，從此以後得意洋洋地過著奢侈的生活。既然依靠一個偶然的機會，有些人都能現前世間的福報，那麼依靠佛陀的願力和自己的信心，轉變自己的命運肯定沒有問題。

要得到阿彌陀佛的加持，關鍵是要對佛陀的發願有清淨的信心。如果偶爾產生一些懷疑和邪念，一方面要馬上懺悔，一方面要通過跟有智慧的人辯論來遣除懷疑和邪念。如果你道理上辯不過對方，再不跟隨對方就是愚者了。因明中講得很清楚，如果無法從道理上辯過對方，那只有跟隨對方的觀點，這才是智者的選擇，否則就是愚蠢之人。

佛說無量壽經廣釋

四十四、增上善根願：

若我成佛，餘佛剎中所有菩薩聞我名已，若不應時修菩薩行清淨歡喜得平等住具諸善根，不取正覺。

如果我將來成佛，其他佛剎中的所有菩薩聽聞我的名號後，當時就能行持廣大的菩薩行，生起清淨心歡喜心，獲得平等住（即安住諸法實相），具足一切善根，如果不能這樣，我就不取正覺果位。

這條發願的內容很重要。雖然每個眾生都有如來藏，也多多少少有一些善根，但是如果沒有甦醒種性和善根，還是會長久漂泊於輪迴中。就像種子雖然埋在地下，但是如果沒有通過灌溉使之發芽，就不可能開花、結果一樣。所以，眾生很需要依靠聽聞佛號來甦醒種性和善根。

有些人雖然也在修持善法，可是一直沒有突破性的進展，時間一長善根就慢慢退失了，連保持都做不到，更不用說迅速增上了。其實，學佛的人應該迅速增上自己的善根。學生在讀書時，如果成績一直沒有進步，反而不斷下降，老師肯定會批評他；同樣，如果學佛的人善根一直沒有增上，反而不斷退失，也會遭到諸佛菩薩的呵斥。

很多學佛的人剛開始都有一種熱心，可是時間久了就分出差別了：有些人的善根逐漸沒有了；有些人的善根則不斷增長；還有些人以菩提心、無我智慧攝持，令

自己的善根高速增長。大家應該成為後兩種人，想方設法令相續中的善根日益增上。

《淨土論》中說：若常念佛聞法，則能不生惡念、善根增上，此人常見佛陀，臨終能得佛接引。我們確實需要增長善根，也需要諸佛菩薩的加持。所以諸位一定要以虔誠的信心祈禱上師三寶，這樣上師三寶的加持才能融入自心，才能增上自己的善根。（在得到上師三寶的加持時，一個人的表情也會有所改變。我在講《金剛七句祈禱文釋》時說過，如果猛厲祈禱蓮師後有強烈的感受，這說明蓮師的加持融入了自身。）

從表面上看，世間的歌曲和出世間的佛號都是一種聲音，好像沒什麼太大差別。如果要在二者中做一個選擇，有些人不一定選擇聽佛號，他們可能願意聽亂七八糟的世間歌曲。但實際上，歌曲和佛號的差別太大了，它們能在人的相續中熏入不同的種子，就像莊稼的種子跟雜草的種子一樣，以後所產生的價值是完全不同的。在這方面，大家要有辨別的智慧。

《聖大解脫經》中說：「若人無善根，不得聞是音，曾供無量佛，今得聞佛名。」意思是說，如果一個人沒有深厚的善根，那他根本聽不到佛號，只有往昔曾經供養無量恆河沙數佛陀，如今才有機會聽到佛陀的名號。大家應該記住這個教證，以後聽到佛號時應該有歡喜心。

這個世間有佛號的聲音，可以說是整個人類的一種

佛說無量壽經廣釋

福分。如果在十字路口放一個念佛機,讓很多人聽到念佛的聲音,表面上看好像沒什麼了不起的,但實際上卻有很大的意義。在漢地某些寺院或者旅遊景點,個別有心人經常放佛號和佛樂,很多遊客雖然沒有信心,但聽到後也在阿賴耶中播下了解脫的種子。

作為學佛的人,大家應該以各種方法令善根不斷增上,這樣自己的解脫才有希望。否則,今年是一年級水平,明年還是一年級水平,永遠這樣肯定是不行的。增上善根的具體方法很多,有時候可以念佛,有時候可以誦經,有時候可以修加行,有時候可以觀想。法王如意寶說過,眾生的根機不盡相同:有人喜歡念經,每天拿著厚厚的經書念;有人對辯論有興趣;有人對發心有興趣。總之,我們要根據自己的情況(包括意樂、福報及能力)多做有意義的事情,令相續中的善根不斷增上,這對自己未來的命運才是有利的。如果我們什麼善法都不願意做,前途肯定是漆黑一片。這個道理就像世間的學生一樣,如果一個學生好好學習,將來肯定會有出息;如果一個學生不愛學習,天天幹壞事,以後很可能變成囚犯,甚至連生活都成問題。(從有些學生的心態和行為,基本上也看得出他們將來是快樂還是痛苦。)當然在座很多人都不錯,對行持善法特別有意樂,如果大家能以各種方便讓善根不斷增上,將來往生極樂世界肯定沒有困難。

四十五、得三摩地願：

若我成佛，他方菩薩聞我名已，皆得平等三摩地門，住是定中常供無量無等諸佛，乃至菩提終不退轉，若不爾者，不取正覺。

如果我將來成佛，他方世界的菩薩聽聞我的名號後，都能獲得平等三摩地，安住於這種禪定中經常供養無量無數如來，乃至菩提終不退轉，如果不能這樣，我就不取正覺果位。

此處說「乃至菩提終不退轉」，我希望道友們行持善法時也要有長遠心。現在有些人在一個上師那裡得一點法，然後信心退了，到另一個上師那裡住幾天，然後信心又退了，這就是凡夫人的可憐之處。當然，每個人的因緣不同，米拉日巴剛開始在絨敦拉嘎上師那裡聽大圓滿沒有證悟，後來在瑪爾巴上師那裡依靠大手印證悟了，現在也許有這種人。可是有些人捨棄的絨敦拉嘎那樣的上師也太多了，今天到這個道場聽聽課，明天到那個地方修修法。我經常稱這種人為「新聞記者」，他們所有的道場都採訪過，在所有的法師面前都得過法。（不過有些人在某法師面前聽了法，還不承認對方是自己的上師，這也是不懂佛法的表現。）其實這樣換來換去很不好。我們不敢說生生世世，也不敢說多少萬年、多少萬劫，但在短短的二三十年裡，一心一意學修一個法門，這應該是可

佛說無量壽經廣釋

以做到的。實際上，每個法門都能讓人獲得解脫，但如果自己不好好修持，那不管換多少個法門都不會得到利益。

《悲華經》中說，往生極樂世界者會獲得遍至三昧，以三昧力常見十方無量諸佛，乃至菩提終不退轉。不退轉確實非常重要。個別佛教徒現在是這樣，十年前是這樣，十五年前是這樣，二十年前還是這樣，好像性格和修法一直沒變過，其實很多人都需要這樣的穩重。不過，可能是因為諸行無常吧，很多人的信心和精進經常變化。

第十三課

這條發願中講到，聽聞阿彌陀佛的名號後，菩薩會獲得平等三摩地，在這種禪定中可以供養十方諸佛，並且供養永遠不會退轉。現在個別施主不是這樣，他們的供養經常退轉。以前我遇到過一個施主，他說：「我打算永遠供養你們學院，今年先供養一百萬，如果我的生意好，明年供養二百萬，後年供養三百萬，大後年供養四百萬，十年後供養一千萬。」我當時想：這種話以前也聽過，明年他的心肯定會變，不管怎麼樣，今年供養一百萬就可以了。結果我的「授記」比較準，第二年他果然沒有消息了。所以有時候看起來，眾生確實需要聽聞佛陀的名號，不然承諾過的事情一直變。不過我們也不怪眾生，凡夫的特性就是如此，只要他們多少能種一點善根就很不錯了。

在阿彌陀佛的四十八願中，講了很多聽聞佛號的功德。到目前為止，在座諸位不止一次聽聞佛號，已經聽聞很多次佛號了，等這部經講完，聽聞的次數就更多了，所以大家確實很有福報。其實不要說人類，能聽聞佛號的惡趣眾生也是很有福報的。《華嚴經》中說：「寧在諸惡趣，恆得聞佛名，不願生善道，暫時不聞佛。」就生命的真實意義而言，是成為經常聽聞佛號的氂牛，還是成為從來不聞佛號的有錢有勢之人？我們寧可選擇成為前者。

如今我們有幸遇到佛法、聽聞佛號，這個時候也不要忘了與自己有緣的眾生。有些道友的家人親戚由於善根不足、為罪業所障，今生不一定能真正信佛，但我們可以通過在他們耳邊念誦佛號令其種下善根。這樣，他們來世善根萌發時就能獲得平等三摩地，安住於此禪定供養諸佛菩薩，最終自然具足一切福報。

四十六、隨願聞法願：

若我成佛，國中菩薩隨其志願，所欲聞法自然得聞，若不爾者，不取正覺。

如果我將來成佛，國中菩薩隨他們的志願，想聽什麼法都能自然聽聞，如果不能這樣，我就不取正覺果位。

極樂世界的菩薩聽法非常方便，不論小乘、大乘，

不論顯宗、密宗，不論事部、行部、瑜伽部、無上瑜伽部㉟，也不論瑪哈約嘎、阿努約嘎、阿底約嘎㊱，任何法門都能自在聽聞。不僅如此，他們也可以在任何佛菩薩面前聽法。不管想在東南西北的哪位如來面前聽法，甚至想在恆河沙世界以外的某位如來面前聽法，都能當下聽到。

聽聞佛法非常重要，因為解脫的關鍵是通過聞法懂得佛法的意義，然後以佛法調伏自己的心，斷除一切實執。可惜的是，在娑婆世界經常聽聞不到佛法。現在大城市裡人多得不得了，有些城市動輒有幾百萬、上千萬人，市場上到處是密密麻麻的人，就像一個大螞蟻窩一樣。有時候我站在城市的十字路口都很害怕：怎麼這裡有這麼多眾生？可是，在這麼多人當中真正聽聞佛法的有多少？幾乎沒有。

在娑婆世界，首先有聞法意樂的人很少，其次很難找到與自己相應的法，最後尋找具足法相的善知識也很不容易。從漢地的歷史看，古代有法顯、玄奘等人去印度求法，近代有能海、法尊等人去西藏求法，雖然外出求法的人不少，但真正求得正法的人卻不多。當然，不一定所有求到法的人都有歷史記載，有些默默無聞的人確實求得了正法，不僅自己獲得了解脫，還度化了無量

㉟密宗從總體上可分為四部：事部、行部、瑜伽部、無上瑜伽部。
㊱按寧瑪派自宗觀點，無上瑜伽部可分為三類：瑪哈約嘎、阿努約嘎、阿底約嘎。

眾生。但從總體上看，這樣的人為數不多。所以在娑婆世界聞法確實很難，正如《妙法蓮華經》所說的那樣：「無量無數劫，聞是法亦難，能聽是法者，斯人亦復難。」也正因為如此，我們更應該精進求法，不要得少為足。以前的高僧大德看了成百上千的經論，現在有些人看了一兩本書就認為通達一切法門了，這是非常可笑的。

身為末法時代的眾生，能夠值遇佛法是很不容易的。《佛祖統紀》中說，末法時代人類壽命先減至十歲，然後又增至四十九歲，此時《首楞嚴經》、《般舟三昧經》這兩部經典先滅，隨後其他經典依次滅，最後《無量壽經》再住世一百年後滅。雖然從了義的觀點講，佛陀無有涅槃，佛法也無有滅盡，但是在迷亂眾生面前，佛法還是會隱沒的。比如在藏傳佛教前弘期和後弘期之間，藏地的戒律傳承基本上斷了。在文革期間，在藏地連一句佛號都聽不到，一尊佛像都見不到，一個拿念珠和轉經輪的人都沒有。當眾生的共業成熟時，佛教如意寶也會變成這樣。所以大家應該珍惜學佛的因緣。

尤其邊地眾生很難有學佛的因緣。有些生活在海邊的人造惡業特別嚴重，每天早上吃的是螺螄魚蝦，中午吃的又是這些，晚上吃的還是這些，三頓飯都離不開殺生；而造善法一點都沒有，一輩子連一句佛號都沒念

過。在座有些道友的親人也是如此，我們在這裡聽經聞法，過著行持佛法的生活，而他們日日夜夜造惡業。這些眾生確實很可憐，他們既不懂前生後世存在之理，也不懂善惡因果的利害關係，生活處於盲目的狀態，跟旁生沒有什麼差別。在《格言寶藏論》中，對這些世間眾生有很多形象的描述。

我們既然有幸遇到了佛法，就不能像這些世間凡愚一樣，每個人都應該發願：依靠阿彌陀佛的名號，願我生生世世具足世間正見，生生世世不離佛法的光明！如果平時經常這樣發願，解脫就有希望了。

四十七、聞名不退願：

若我證得無上菩提，餘佛剎中所有菩薩聞我名已，於阿耨多羅三藐三菩提有退轉者，不取正覺。

如果我將來證得無上菩提，其他佛剎中的所有菩薩聽聞我的名號後，於阿耨多羅三藐三菩提道皆不退轉，如果有退轉者，我就不取正覺果位[87]。

不僅聽聞阿彌陀佛的名號，如果發願往生他的極樂世界，也能於無上菩提道不退轉。如《阿彌陀經》云：「舍利弗，若有人已發願今發願當發願，欲生阿彌陀佛國者，是諸人等皆得不退轉於阿耨多羅三藐三菩提，於

---

[87]釋迦牟尼佛的五百大願中說，聽聞釋迦牟尼佛的名號也能於菩提道不退轉。

彼國土若已生若今生若當生。」

聽聞佛號有極大意義，善根深厚者即生就能獲得不退轉果位，業力深重者也能在相續中播下不退轉的種子。《十住毗婆沙論》云：「若人疾欲至，不退轉地者，應以恭敬心，執持稱名號。」意思是，如果有人想很快獲得不退轉地，就一定要以恭敬心持誦如來的名號。全知麥彭仁波切在《淨土教言》中也引用許多教證說明，只要聽到阿彌陀佛的名號，就不會從大菩提道中退轉。

不退轉對於修行人很重要。現在有些人修行進進退退：身體心情好時很有進步，各方面都特別精進，很早就起床用功，甚至自己都覺得：我是不是太精進了，解脫應該沒問題了吧？可是過了一兩天，身體心情不好時又退步了。其實身體不好還不要緊，心情不好才是最麻煩的。如果心情不好，不管吃藥、吃飯、吃水果都不管用，修行狀況一直會不妙。

如果有些人修行始終不能進步，我建議他們多祈禱阿彌陀佛、釋迦牟尼佛、文殊菩薩等佛菩薩。密宗裡有金剛橛、馬頭明王等忿怒本尊，也可以祈禱這些忿怒本尊。只要自己能誠心祈禱，一定會有奇妙的效果——心中的煩惱馬上會消失，身上的痛苦也會馬上消失，自己會成為聞思修行精進、對弘法利生有用的人才。

---

⑧即暫時先成熟往昔的罪業，等到感受往昔的異熟果報後，才能獲得不退轉果位。

祈禱是很重要的，如果沒有經常祈禱三寶，依靠自己的能力要成為好修行人是很困難的。以前法王如意寶去一所寺院傳法，寺院方面迎接的人說路很近，可是我們晚上走了好幾個小時還沒到。法王當時是騎著馬去的，剛開始我們扶著法王，後來我們實在太累了，於是那所寺院的兩個人就一個在前面牽馬、一個在後面扶著法王。那天晚上只有一點月光，後面的人不時提醒前面的人「你要注意啊」，前面的人雖然口中一直說「沒問題」，但實際上問題還是挺嚴重的，他一會兒絆一跤，一會兒摔在地上。凡夫人也是這樣，雖然口中說「我一定要精進」、「我一定要努力」，但自己的能力畢竟很微弱，要真正做到精進、努力還是很困難的。因此，只有經常祈禱三寶，自己的修行才會順利圓滿。也許有些前世的定業在今生一定會成熟，自己再怎麼祈禱也無法逆轉，但依靠三寶的加持也會重報輕受。

四十八、聞名得忍願：

若我成佛，餘佛國中所有菩薩若聞我名，應時不獲一二三忍，於諸佛法不能現證不退轉者，不取菩提。

如果我將來成佛，其他佛國中的所有菩薩如果聽聞我的名號，當下就能獲得第一二三忍，並在諸佛法中現證不退轉，如果不能這樣，我就不取菩提果位。

如今阿彌陀佛的發願已經實現了，所以聽到其名號的菩薩就能獲得三忍。什麼是三忍？一是音響忍，《華嚴經》中說：「云何為菩薩摩訶薩音聲忍？謂聞諸佛所說之法，不驚不怖不畏，深信悟解，愛樂趣向，專心憶念，修習安住。」這是一地到三地的境界；二是柔順忍，《華嚴經》中說：「云何為菩薩摩訶薩順忍？謂於諸法思惟觀察，平等無違，隨順了知，令心清淨，正住修習，趣入成就。」這是四地到七地的境界；三是無生法忍，《華嚴經》中說：「云何為菩薩摩訶薩無生法忍？不見有少法生，亦不見有少法滅。」也就是說完全通達萬法遠離四邊八戲⑧之理，這是八地到十地的境界。

聽到阿彌陀佛的名號後，能夠於佛法現證不退轉。我們現在根本做不到於佛法不退轉：今天境界很不錯，可是明天就退了，一點痕跡都不剩；過了兩天好不容易恢復了一點境界，不久又以各種因緣退失了。實際上，所有的退轉都是凡夫的分別念導致的。淨土法門就是一種令人不退轉的法門，古來的很多大德都依靠這個法門現前了不退轉的果位，所以想不退轉的人應該好好修持淨土法門。

《法事讚》中說：「五濁修行多退轉，不如念佛往西方。」很多凡夫人因為心不穩定，所以在五濁惡世修

---

⑧四邊：有、無、亦有亦無、非有非無；八戲：生、滅、常、斷、一、異、來、去。

行很容易退轉，如果這些人能一心念佛、祈禱佛，依靠自己的信心力和阿彌陀佛的發願力，將來就能夠往生極樂世界，那時自己的信心、悲心、正見就再也不會退轉了。

　　雖然很多人都害怕退轉，可是在現實中卻有很多人退轉，從此以後就在人群中過著世俗的生活。一般來講，如果一個人的修行退了，他再也不會跟自己的法師、道友聯繫，因為他已經沒有勇氣了，就像花謝了就再沒辦法開一樣。在一些居士團體中，個別人原來修行很不錯，後來信心有所退失，從此他們再也不參與居士的團體；在一些出家團體中，個別人原來戒律和見解很清淨，後來修行出了一些問題，從此他們遠離出家的團體，跟在家人一起生活。總之，在娑婆世界退轉的人太多了，而不退轉的人則太少了。

　　一兩年的學佛好像誰都可以，但長期的學佛則很少有人能做到。菩提學會的學員經常有一些變動，每當看到新的負責人和學員，我就有這樣的感慨：唉，又是一個新面孔，眾生的心真的是不穩！當然，有些退出去的人不需要再學習了，他們已經有了阿羅漢和大菩薩的境界，所以可以自由自在地遠走高飛了，我們只有在地上看著空中遠去的身影隨喜了，不過，真有這種境界的人可能不多吧。

　　希望大家不要離開學佛的團體，也希望大家修行不

要退轉，這不是什麼好事。為什麼阿彌陀佛和釋迦牟尼佛一直發願令眾生不退轉？就是因為眾生很容易退轉。所以每個人在這方面都應該小心謹慎。

以上講完了四十八願，這些金剛語有極大的加持，道友們今後要經常念誦這些大願。這樣的念誦就是一種殊勝的善法。作為凡夫人，一天二十四小時身語意完全專注於善法很困難，但最起碼每天要拿出一定時間行持一些善法。比如，現在我們每天上課時念一遍《普賢行願品》，這就是一個很好的善法。（這也是集體學習的力量，如果我們每天沒有上課，不可能這麼多的人一起念《普賢行願品》。）凡夫人有個毛病：一提到做善事，就認為是一種壓力；而不做善事時，在床上靠一靠，說一些無聊話，吃一點東西，十幾、二十幾分鐘甚至一兩個小時很快就過去了，每天都在無意義中度過。因此，希望大家振作起來，在精進行持善法中度過每一天。

佛說無量壽經廣釋

第十四課

以上講完了阿彌陀佛的四十八願。在各個譯本中，對於阿彌陀佛發願的數目有不同的說法，但因為唐譯本和康僧鎧譯本等主要譯本都說是四十八願，所以人們一般共稱阿彌陀佛因地的四十八大願。

以後如果大家要念誦《無量壽經》，我建議最好採用唐譯本。今後在漢地的各個寺院、道場，《無量壽經》的這個譯本也許會像鳩摩羅什翻譯的《阿彌陀經》一樣得到廣弘。前一段時間，我在課上也講了採用唐譯本的原因。從譯者的身分、翻譯的水平、譯文的完整等方面綜合衡量，我覺得唐譯本應該是最好的譯本，所以大家一定要學習、念誦這個譯本。這次我們學習唐譯本，在歷史上可以說是開創了一個新的緣起。

在漢傳佛教界，淨土法門的影響非常大，自從慧遠大師開創淨土宗以來，有無數出家人和在家人往生極樂世界，這是有可靠歷史記載的。既然很多人對淨土法門有信心，也想學修這個法門，就要選擇一個最可靠、最完善的版本。我不知道在座諸位對唐譯本有什麼想法？也許有些人認為，學習經論是很容易的，哪個譯本都沒有差別；也許有些人以智慧從各方面觀察後，會明白我採用這個譯本的重要意義。

這次大家共同學習《無量壽經》，應該說是一個往

生極樂世界的良好因緣。這個因緣不是我一個人創造的，也不是你們中的個別人創造的，而是大家共同努力的結果，所以諸位應該珍惜這個因緣。當水分、肥料等因緣具足時，種子就會發芽開花結果，這就是必然的規律。同樣，依靠阿彌陀佛的發願力，法王如意寶等傳承上師的加持力，自己多生累劫供養諸佛菩薩的善根福德力，如今大家有機會學習這部《無量壽經》，以此因緣，我相信很多人捨棄這個不淨的肉身後必定會往生極樂世界，之後以清淨的身體享用無量無邊的佛法大海。

爾時佛告阿難：彼法處比丘於世間自在王如來前發此願已，承佛威神，而說頌曰。

這時佛陀告訴阿難：法處比丘在世間自在王如來面前發下大願以後，又承蒙佛的威神力而宣說偈頌。

在下面這些偈頌中，有一部分跟四十八願相同，也有一部分是四十八願沒有提及的。這些偈頌的內容非常重要。在《無量壽經》的其他譯本中，有些譯本中這些偈頌不完整，有些譯本中這些偈頌完全沒有，而在藏文譯本中，除了個別字詞略有差別以外，所有的偈頌基本上與唐譯吻合。下面簡單地解釋一下這些偈頌。

今對如來發弘誓，當證無上菩提日，
若不滿足諸上願，不取十力無等尊。

如今我對如來發了四十八大願，將來證得無上菩提

的日輪時，如果不能圓滿實現如上諸願，我就不取證具有十力⑨功德的無等佛果！

阿彌陀佛在因地用了五個大劫進行思維，最後結成了四十八願，如果這些大願最後成了空願，一個都沒有實現，那這些大願再好也沒有意義。所以法處比丘再次請如來作證：將來我成佛的時候，這些大願要一個不漏地圓滿現前，哪怕其中一個沒有實現，我就不取證具足十力功德的正覺果位！

我們也要像法處比丘一樣請諸佛菩薩為自己作證。現在大家每天都在念《普賢行願品》、《極樂願文》等願文，在念誦的過程中，一方面我們要專注於願文的內容（作為凡夫人，自始至終專注確實有困難，但應該盡量專注）；另一方面也要想到：請諸佛菩薩為我作證，希望我能實現這些殊勝的大願！

不僅阿彌陀佛和釋迦牟尼佛，在法界中有無數的佛菩薩，他們都是在因地發了殊勝的大願，如今才現前了這些大願，大家應該像他們一樣常發大願。在修行菩薩道的過程中，發願和精進是不可缺少的兩個要點。《大乘理趣六波羅蜜多經》中說：「求菩提時，擐精進甲，以大誓願，而為器仗。」如果修行人具足精進的鎧甲和誓願的武器，就可以輕易戰勝煩惱魔軍，順利抵達解脫的寶洲。所以發願確實很重要，每個人都要經常從內心

⑨十力：指如來的十種智力，詳見《佛說十力經》、《入中論》。

中發大願，哪怕聽一堂課、念一遍經文、做一點善根，之後都要以大乘的發願來印持。

可惜的是，現在大多數人不會發願。在漢地一些寺院，很多人經常跪在佛菩薩面前說：願我平平安安、願我快快樂樂、願家人和睦相處、願我早日發財、願我事業成功、願我買個好車、願我找到一個女朋友……那天有一個男孩子寫了四條願給我看，我看後感覺沒有一條有意義。他雖然沒有用五個大劫思維，可能也用了好幾天時間反覆思維，最後才總結出這四條「大願」。千里迢迢來到佛學院，最後發了這四條願，實在是不值得。

心或不堪常行施，廣濟貧窮免諸苦，

利益世間使安樂，不成救世之法王。

如果我因為心不堪能而不恆常發放布施、廣濟貧窮者；如果我不利益世間眾生，免除他們的痛苦，使之獲得快樂，我就不成為救世之法王。

這個偈頌講了兩點：一是用布施來解除眾生的貧困，二是遣除眾生的痛苦並使之獲得快樂。當然，貧困歸根結底也是痛苦的一類。

和阿彌陀佛一樣，釋迦牟尼佛因地也曾經廣行布施、解除眾生的痛苦。佛經中記載，往昔世尊轉為慈力王時，曾將自己的頭目腦髓作布施，並通過講經說法解除眾生的痛苦，使他們獲得暫時和究竟的安樂。

如今阿彌陀佛已經成佛，所以往昔的發願已經實現

了，他成了世間的大施主、大醫王，能夠解除眾生的一切身心疾苦。誠如《雜阿含經》中所云：「正覺大醫王，善投眾生藥，究竟除眾苦，不復受諸有。」意思是，正等覺佛陀是無上大醫王，他善於給眾生投藥，能究竟解除眾生的痛苦，讓眾生再不受生三有。

佛陀之所以能讓無量眾生離苦得樂，完全來自於因地的發願，所以發願的力量確實很大。不要說佛陀，哪怕是世間的一個老師，如果他有良好的發心，也能讓幾百個學生蒙受利益。所以大家要常發利益眾生的大願。

我證菩提坐道場，名聞不遍十方界，

無量無邊異佛剎，不取十力世中尊。

我證得無上菩提、安坐道場（即攝無量佛剎功德於一體的極樂世界）時，如果名聲不能遍於十方無量無邊的不同佛剎，我就不取證具足十力、堪為世間最尊的佛果。

如果單單從表面上看，有些人可能有這樣的想法：是不是法處比丘特別希求名聞利養，希望自己的名聲在各個世界得以傳揚，所以他發願成佛時名聲傳遍十方世界，否則就不取正覺果位呢？並非如此。法處比丘並不是為了自己，他完全是為了利益眾生，才發願獲得名聲的。我以前也講過，如果一個人默默無聞地在深山裡修行，那他不需要名聲，不需要勢力，也不需要外界的認可，只要認識自己的心性，自己斷除煩惱就可以了；但

如果是為了弘法利生，讓無數人知道自己也是有必要的。

曇鸞法師在《讚阿彌陀佛偈》中說：「神力無極阿彌陀，十方無量佛所歎。」《阿彌陀經》中也說，東南西北上下無數恆沙世界的佛陀都讚歎阿彌陀佛和極樂世界的功德。為什麼阿彌陀佛有這樣的大名聞呢？這就是阿彌陀佛的不共願力。

雖然一切諸佛的功德無有差別，但在顯現上還是有出名和不出名的差別。本來，東南西北上下方有無數佛剎，如東方有金剛薩埵和不動佛的剎土，南方有寶生佛的剎土，北方有不空成就佛的剎土，中央有毗盧遮那佛的剎土，但這些剎土以及其中安住的佛陀很少為眾生所了知，唯有阿彌陀佛和他的極樂世界廣為眾生所了知。在藏地，一說起阿彌陀佛，大大小小的人都知道；漢地也是如此，不要說信佛的人，即使不信佛的人也知道阿彌陀佛。而說起寶生佛，可能很多人都不知道。

和佛陀一樣，世間的領導也有出名和不出名的差別。現在世界上有這麼多國家，但只有美國等個別國家的領導人才為全世界的人所知。有些國家雖然也很大，但是卻沒有多少人知道這些國家的領導人，甚至這些領導人從執政到退休、去世，其他國家的新聞都沒有報道過。

名聲在世間有很大的作用。如果一個壞人非常出

佛說無量壽經廣釋

名，他會吸引很多人，最終把這些人引入邪道；如果一個善知識非常出名，凡與他結緣者都會有種下善根、離苦得樂的機會。《經莊嚴論》裡面說，有些人是依靠善知識和道友的引導而發菩提心，有些人是依靠聽聞大乘佛法、閱讀法本而發菩提心，有些人是依靠前世的善根成熟而發菩提心。在座諸位都對淨土法門有信心，每個人信心的來源也各不相同。有些人說：某上師對我恩德很大，我在他那裡聽受了很多淨土的教言，所以生起了信心。有些人說：我看了某個法本，感覺收穫特別大，所以對淨土法門生起了信心。還有些人既沒有上師也沒有法本，就像獨覺一樣靠自力甦醒了前世的善根，自然而然對淨土法門生起了信心。因此，如果一個法師很有名氣，他就有機會度化無量的眾生。

需要提醒諸位的是，在產生信心、生起菩提心的人當中，真正屬於靠自力甦醒善根的人是很少的。現在有些人學佛往往偏了，表面上看起來修行很不錯，實際上自己的想法根本不符合經論和善知識的教言，可是他們還認為自己的想法是對的。

眾生的差別確實很大，不僅外面的臉型不相同，內心的想法也不盡相同。有些人的思維方式非常怪，總是喜歡自己搞一套，有時候我也感到很奇怪：這個人是不是正常人啊？看他吃飯走路說話辦事好像很正常，可是他的思維方式怎麼怪怪的？當然，我們也不能完全怪別

人，畢竟每個人的因緣不相同，在我們所接觸的人當中，有些是從夜叉轉生來的，有些是從地獄來的，有些是從天界來的，既然來處不同，想法也肯定會不同。就像來自不同民族的人聚在一起時，他們的習慣愛好也不同一樣。

現在有些男女沒結婚時互相印象很好，結婚以後才感覺格格不入，然後開始打仗：「你為什麼不隨順我？」「我為什麼要隨順你？」其實，這些痛苦都是不知道前世因緣所致，如果他們知道了前世的因緣，肯定會體諒對方——噢，既然前世的因緣不同，那今生的思想肯定不同，不一定你想什麼我也想什麼，不一定你喜歡吃泡菜我也喜歡吃泡菜。如果所有的眾生前世都一樣，那當然好辦了：所有人穿一種衣服，要麼全是白色的，要麼全是黑色的，不需要各式各樣的衣服；所有人吃一種菜，不需要各式各樣的菜。但這是不可能的。

總之，如果以深入細緻的智慧觀察，就會明白世間有許多種不同的因緣，正是這些不同的因緣才導致了千差萬別的現象。如果講得深一點，這就是中觀所講的緣起因的另一種解釋方法。

> 方趣無上大菩提，出家為求於欲境[91]，
> 於彼念慧行無有，不作調御天人師。

---

[91]藏文譯本中此句為：「若我為求於欲境」。

247

我趣向無上大菩提時恆常奉持清淨的出家相，如果在此期間我希求色聲香味觸等欲妙，面對這些欲境退失了禪定和智慧的修行，我就不成為調御人天的導師。

這個偈頌的內容很重要。從初發心乃至獲得菩提果之間，我們也應該像法處比丘一樣不要被虛幻不實的欲妙欺惑，不要退失禪定和智慧，否則想修行成功是很困難的。

欲界眾生的貪欲比較強烈。很多人最初的想法很好，都想當一個好修行人，可是因為相續中的貪欲增長，實在無法調伏，最終誤入歧途。包括有些出家人也是如此，本來很想守持清淨的梵淨行，可是遇到對境時無法將煩惱轉為道用，結果損害了解脫的善緣。

《親友書》中說：「當知無慧無禪定，無有禪定亦無慧，何者定慧兼有之，輪迴海成蹄跡水。」對於解脫來說，禪定和智慧是不可缺少的，如果缺少了一個，就很難從輪迴中獲得解脫。在我們學院，有些人剛開始非常希求解脫，可是因為自己的福報不夠，禪定和智慧一直沒法增上；有些人雖然暫時禪定和智慧不錯，可是遇到外境時無法對治，結果葬送了今生來世的解脫機會。

如果想具足禪定和智慧，就不能被世間的欲妙誘惑。凡夫人的心就像孩童一樣沒有自主，孩童只要看見一個玩具，馬上就會跑過去玩，凡夫人也是如此，雖然外境和欲妙沒有任何實義，自己從道理上也知道它們毫

無實義，可是因為前世的習氣和今生的障礙現前，很多人還是很難控制自己的心。所以，大家應該運用各種方法努力調伏自心。

這個偈頌是阿彌陀佛因地的發願，作為凡夫修行人，也應該像他一樣發這種願。由於種種原因，有些人今生戒律不清淨，有些人禪定不穩固，有些人智慧不敏銳，為了將來成為優秀的修行人，這些人應該發下堅定的誓願：依靠阿彌陀佛和上師三寶的威力，願我生生世世不受欲妙和魔障的干擾，生生世世具足清淨的戒律、穩固的禪定、敏銳的智慧，修行善始善終，獲得圓滿的解脫。

> 願獲如來無量光，普照十方諸佛土，
>
> 能滅一切貪恚癡，亦斷世間諸惡趣。

願我獲得如來的果位，身體放出無量光芒，普照十方諸佛的國土，能破除世間一切貪嗔癡的黑暗，同時也能斷除世間的一切惡趣。

佛經中有許多宣說佛光功德的教證。如《大方等大集經》云：「佛光能破無明闇，能誨放逸諸菩薩，能焦三有諸愛種，能示真實道非道。」《大寶積經》亦云：「諸佛無邊光，光網不思議，遍滿十方界，無邊佛土海。」

《大般涅槃經》中說：「眾生無明闇中行，具受無

---

⑨藏文譯本中說是地獄。

邊百種苦，世尊能令遠離之，是故世稱為大悲。」眾生由於被無明黑暗所覆蓋而感受無邊的痛苦，而佛陀能遣除眾生的一切痛苦，因此，具有無明痛苦的眾生應該經常祈禱大悲佛陀。

不過，一聽到佛光的加持不可思議、祈禱佛陀的力量不可思議，有些沒有福報、具有邪見的人往往說：「好像有點玄」，「好像有點神秘」，「好像有點神話的味道」。我遇到很多這樣的人，他們並沒有什麼理由，可就是覺得佛教太神秘了。當然，從某個角度來講，他們的不接受也是可以理解的。世間有些藥具有不可思議的力量，只要吃幾個小丸子就能治癒疾病，懂醫藥的人知道這個藥的威力，不懂醫藥的人根本不知道。同樣的道理，佛陀的光芒具有不可思議的加持力，懂佛法的人知道這些道理，不懂佛法的人根本不知道。

佛教徒並非沒有任何依據，僅僅出於宗派的偏執而口口聲聲讚歎佛陀。如今佛陀宣說的經典都擺在我們面前，只要自己的智慧跟得上，一部一部學習這些經典，最終一定會對佛陀的智慧心服口服，一定會從佛陀的教言中得到無窮的利益。在座不少道友就有這樣的經歷：有些人讀大學時對佛陀有各種想法，有些人覺得念佛的人特別迷信……很多人剛開始都有一些邪念，但他們真正進入佛法後，才認識到佛陀的智慧是最偉大的。

如今佛陀的教言都記載在漢文和藏文的佛經中。藏

文的《大藏經》有厚厚的一百零八函，不要說學完一百零八函，如果學習其中的二十函，看看有什麼感覺？可能有些人學了幾部，就再也無法深入了。所以，佛教徒對佛陀的讚歎完全是有依據的，並不是因為自己是佛教徒，所以即便沒道理也要讚歎佛陀。對於這個道理，《勝出天神讚》裡面講得很清楚：「我不執佛方，不瞋淡黃等，誰具正理語，認彼為本師。深慧眼尋覓，依誰具遍知，利生大教義，智者何需餘？孰若無諸過，普具眾功德，梵遍入自在，彼是我本師。孰若無過失，且有無量德，具悲一切智，我即皈依彼。」

　　　　願得光開淨慧眼，於諸有中破冥暗，
　　　　除滅諸難使無餘，安處天人大威者。

　　願我以光明打開眾生的清淨慧眼（有些人對我說：「你給我這裡敲一敲，給我開個慧眼。」但即使敲開額頭，也不一定能找到慧眼），破除三有的一切無明黑暗，無餘滅除世間的八難㊟，願我最終安處人天之中具大威德的佛陀果位。

　　在這個世界上，誰堪為人中最勝人、天中最勝天？就是佛陀。《僧伽羅剎所集經》中說：「佛能滅眾惡，解脫最為妙，除闇現照曜，如月星中明。」所以，就像日月的光芒能遣除黑暗一樣，佛陀的智慧也能遣除眾生

㊟八難：即八無暇，沒有學修佛法機會的八種障礙：一地獄，二餓鬼，三旁生，四長壽天，五邊地，六邪見，七佛不出世，八聾盲喑啞。

佛說無量壽經廣釋

的一切無明癡暗，如同月亮在星星中最為明亮一樣，具大智慧的佛陀在無明眾生中也最為尊貴。

　　世間的眾生有很多顛倒作意，歸納起來就是常樂我淨四種顛倒：本來萬法不是常有的，可是眾生卻認為是常有的；本來有漏的感受是痛苦的，可是眾生卻認為是快樂的；本來身體是不清淨的，可是眾生卻認為是清淨的；本來「我」是不存在的，可是眾生卻認為是存在的。甚至有些人學了《入菩薩行論．智慧品》等論典，道理上明明知道這些執著是顛倒的，可是由於內心的無明黑暗過於濃厚，還是時時刻刻深陷顛倒之網，一直無法自拔。而諸佛菩薩已經從顛倒之網中解脫出來，所以他們在人天中堪為最尊貴者。為什麼人們非常欽佩佛教的大成就者？並不是因為他們身體高大、長相端莊（這些世間的圓滿並不是真正的功德），就是因為他們打開了智慧，遣除了內心的黑暗。

　　學習這個偈頌以後，我們也要像法處比丘一樣發願：願我將來獲得佛陀的果位，遣除一切眾生的無明癡暗！

　　　　修習本行已清淨，獲得無量勝威光，
　　　　日月諸天摩尼火，所有光暉皆映蔽。

　　願我修習菩薩行得以清淨圓滿後，獲得無量無邊的殊勝威光，太陽月亮天人摩尼珠以及火焰等所有的光芒都被我的光芒映蔽。

《大乘本生心地觀經》中說：「世間所有諸光明，不及一佛毛孔光，無量無礙大神光，遍照十方諸佛剎。」意思是，世間所有的光明加在一起都不如佛陀一個毛孔的光明，佛陀的神光無有限量無有障礙，能夠遍照十方一切諸佛的剎土。和佛陀的光芒相比，世間的光芒有限量有障礙，而且沒有威神力，電燈只要開關一壞就不亮了，油燈只要風一吹就滅了，所以世間的光芒跟佛陀的光芒完全不同。

在《大寶積經》等經典中，對佛光的功德和威力描述得非常清楚，大家課後可以自行了解，此處不再贅述。

最勝丈夫修行已，於彼貧窮為伏藏，
圓滿善法無等倫，於大眾中師子吼。

當最殊勝的大丈夫修行已經圓滿時，願我於貧窮者面前成為伏藏（意謂無量無盡的大寶藏），願我圓滿六度萬行等一切善法，任何人都無法與我相提並論，願我能在一切人天大眾中作獅子吼。

與釋迦牟尼佛和阿彌陀佛因地相比，凡夫人的善根真的非常微弱。今天我們想好好修行，心裡計劃得好好的：上師在課上不是說要精進嘛，從明天開始我要精進，應該把鬧鐘定在五點，鬧鐘一響就起床。到了第二天，鬧鐘已經「嘟嘟嘟」響半天了，自己還是賴在床上不起來：睡覺好香啊，乾脆再睡五分鐘吧。結果一睡又

佛說無量壽經廣釋

是一個多小時，那時才慌慌張張起來，一邊責自己一邊打自己，不洗臉就跑去上課了。

如今阿彌陀佛已經成就了因地的發願，所以他能在一切大眾中作獅子吼，任何眾生都無法反駁他宣說的法語。《大智度論》中說，獅子吼要具足兩個條件：一是自己無有憍慢，一是面對他眾無有畏懼。獅子吼是對佛陀說法能力的一種讚歎，《維摩詰經》中說：「演法無畏，猶師子吼。」意思是，佛陀能無有畏懼地宣說佛法，就像獅子無有畏懼地在野獸群中吼叫一樣。

在這個世界上，不管與任何思想家、科學家相比，佛陀的智慧都可以說是最偉大的。曾經有一位法師在大眾中讚歎佛陀的智慧，後來有些人對他說了一些不恭敬的語言。其實，只不過是這些人自己不知道佛陀的智慧，所以無法理解該法師的話。如果他們能客觀公正地比較佛陀與世間的智者，就會認識到佛陀的偉大。很多人都認為科學家是最有智慧的人，其實並非如此。科學家的思想最多只能立足幾百年，之後就會被新的思想取代；而佛陀的教法自從問世以來，從來沒有被人推翻過。科學家的思想至多涉及世間的某個領域；而佛陀的思想可以涵蓋世出世間一切領域，佛陀不一定在某個小問題上說得特別細，但是他的思想可以涵蓋一切，就像一斤可以包括三兩一樣。

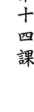

往昔供養自然智，多劫勤修諸苦行，

為求最勝諸慧蘊，滿足本願天人尊。

為了求得最勝的智慧蘊，滿足自己的本願，最終成為一切天人之尊，而在因地供養無量佛陀（自然智就是佛陀），於多生累劫中勤修各種苦行。

《華嚴經》云：「應發菩提心，覺悟諸群生，無量劫修行，不起疲倦想。」阿彌陀佛在因地就是這樣，為了利益無量群生發了無上菩提心，之後於多生累劫修行布施、持戒等六度萬行，在此期間從來沒有生起疲倦之心。而我們有些人不是這樣，不要說多生累劫不起疲倦心，甚至聽一堂課也覺得很疲倦，連短短幾十分鐘都坐不住，一會兒伸出腳，一會兒收回去，一會兒閉上眼，一會兒睜開眼……從表情看簡直是在受罪。還有些人聽著聽著頭慢慢靠在法本上睡著了，直到講完課才醒過來，然後就快樂地念《普賢行願品》，人家是把聞思的功德迴向給眾生，他把睡覺的功德迴向給眾生。這就是我們有些人的「苦行」。

如來知見無所礙，一切有為皆能了，

願我當成無與等，最勝智者真導師。

如來的知見無所障礙，能夠了知一切有為法（即對有為法的體相、分類、因果全部一目了然、無礙了知，就像看手中的庵摩羅果一樣），願我成為這樣無與倫比的最勝智者、真正導師。

世間有很多所謂的導師，比如老師、博士生導師等，但這些所謂的導師大多有自私自利心和實執心，所以不能無條件地利益眾生，即使暫時在幫助學生，最終還是為了自己。比如我是一個世間的老師，由於內心沒有菩提心，所以即便我天天在教學生，可是心裡想的都是自己的工資、待遇、名聲等。所以世間的這些導師並不是真正的導師。如果真正肯為眾生付出自己，在此過程中一點自我的耽著都沒有，這樣的人才是真正的導師。

法處比丘當年發願：就像通達萬法的世間自在王如來一樣，願我有朝一日也成為真正的導師。在座的各位也應該這樣發願，雖然現在自己有實執、有煩惱、有自私自利心，但是既然自己有福報遇到大乘佛法，就應該按照大乘佛法的理念來發願，將來一定要成為像阿彌陀佛、釋迦牟尼佛、文殊菩薩那樣的真正導師，日日夜夜饒益一切眾生。

只要有這樣的發願，我們也可以饒益無量的眾生。其實每個人都是一樣的，但有些人因為經常發利他的大願，以這種心力的感召，最終做出了許多不可思議的奇蹟。甚至別人也感到很奇怪：怎麼他一個人就有這麼大的能力？有些道友可能會想：我肯定當不了導師，你看我智慧這麼差，考試才得了四十五分，怎麼會變成導師？恐怕不行吧？其實不能這麼想。從許多佛菩薩的傳

記看，他們在因地也當過低劣、愚癡的眾生，但依靠發願最終有了現在的成就。所以，我們也應該跟隨這些佛菩薩發願，一定要成為無與倫比的導師。

我若當證大菩提，如斯弘誓實圓滿，

願動三千大千界，天眾空中皆雨花。

如果我將來能證得大菩提，以上所發的這些大願能圓滿實現，但願三千大千世界震動，諸天人在空中都降下花雨。

是時大地咸震動，天花鼓樂滿虛空，

并雨栴檀細末香，唱言未來當作佛。

這時整個大地震動(94)，空中降下天人的花雨，天人的鼓樂聲遍滿虛空，並且降下栴檀和末香雨，空中發出「法處比丘將來必定成佛」的讚歎聲。

從內容上看，這個偈頌不是法處比丘說的，而是釋迦牟尼佛宣說法處比丘發願後的瑞相。

以上簡單地解釋了這些偈頌，我覺得這些偈頌非常有加持力，今後如果大家去一些寺院或者聖地朝拜，應該念誦這些偈頌來發願。只要自己以虔誠心念誦、發願，諸佛菩薩的加持一定會融入自己的心，那時肯定會有不同的感受。

(94)佛經中經常提到大地六種震動，普遍的說法是東湧西沒、西湧東沒、南湧北沒、北湧南沒、邊湧中沒、中湧邊沒。但也有其他說法，如《佛說山海慧菩薩經》中所說的天動、地動、大海動、諸山動、草木眾生動、一切地獄動。

如果大家經常念誦這些偈頌，福德善根就會逐漸增長。有些人如果覺得自己福報淺薄，當遇到釋迦牟尼佛、觀世音菩薩、蓮花生大士等佛像時，只要能念誦這些偈頌來發願，依靠自己的發願力和殊勝對境的加持力，就可以增上福報，以前減損的福報也能得到彌補。就像一個人本來既貧窮又沒有勢力，可是他遇到了一個領導，他在領導面前苦苦哀求：「我經濟有點困難，工作也有點不順，您可不可以幫幫我？」最後領導被感動了，給他安排了一個很好的工作，從此以後他坐在舒適的辦公室裡，自己也變成了一個領導。所以大家要好好運用這些偈頌來發願。

第十四課

第十五課

前面講到，法處比丘在世間自在王如來面前發了四十八大願，之後依靠如來的威神力又宣說了一些偈頌。這些偈頌的內容相當殊勝，上堂課已經對此作了介紹。下面繼續看經文。

佛告阿難：彼法處比丘於世間自在王如來及諸天人魔梵沙門婆羅門等前，廣發如是大弘誓願，皆已成就世間希有。

佛陀告訴阿難：法處比丘在世間自在王如來以及天人、魔類、梵天、沙門、婆羅門等大眾前發了如是廣大誓願，這些都成為世間最稀有的發願。

阿彌陀佛在因地發下如此具有遠見、能利益無量眾生的殊勝大願，確實是非常稀有難得。人們一般認為，天人、仙人、沙門、婆羅門在世間是很高貴的，他們堪為世間的應供處、恭敬處，可是他們也不能發這樣的宏願。因此，如果大家也能發願：「願我往生西方極樂世界，將來能救護無量無邊的眾生」，那麼自己也會成為世間極其稀有者。

《入行論》中說：「是父抑或母，誰具此心耶？是仙或欲天，梵天有此耶？彼等為自利，尚且未夢及，況為他有情，生此饒益心？」大乘的菩提心確實很難生

---

⑨⑤藏文譯本中為：成為世間希有。

起，父親、母親、仙人、天人、梵天都沒有這樣的善心，他們甚至在夢中都沒想過利益眾生，更何況在真實生活中有這樣的想法了。

　　一般來說，世間的父母師長對兒女晚輩非常關心，可是他們的關心僅限於即生：小時候怎樣學知識，長大後怎樣成家立業，等等。換句話說，他們關心的僅僅是短暫的幾十年，至於讓自他一切眾生獲得無量的功德、擁有恆常的快樂、現前究竟的果位，他們從來都沒有想過。

　　總之，世界上的人雖然很多，可是能發利他大願者卻極其罕見。甚至在學佛的人當中也是如此，皈依三寶、念佛行善的人雖然相當多，可是內心真正發願利益眾生的人卻不多。

　　我們要向法處比丘學習，要學習他為利益眾生而發願，更要學習他發願後永不捨棄的精神。發願後不能隨意捨棄，這一點非常重要。麥彭仁波切曾說：「直士自己所述語，雖無大義亦不捨，若具大義或發誓，永不違越何須說？」因此，在座諸位要切記：自己所發的誓願千萬不能改變！

　　跟古代的高僧大德相比，現在的很多修行人非常差勁，他們的心態特別容易隨著生活環境和所交的朋友而改變。有些人今天在上師面前激動無比，淚流滿面地發誓：「我永遠都不會捨棄三寶！」甚至邊發誓邊用兩個

膝蓋用勁「挖地」，但是過了一年、兩年、十年，這些人的誓言會不會變呢？很難說。

我特別佩服那些幾十年出家為僧、幾十年信心不退的修行人，這種人非常值得大家學習。世間人也常說：「這個人說話算數，他很值得信任」，「那個人說話不算數，今天承諾得好好的，明天就完全變了，沒什麼可信任的。」所以，短暫的人生中，大家千萬不要失壞學佛的誓言，否則自己就不值得信任了。

一個人的誓願是否堅固，從外在的行為就可以體現出來。有些人發心了三年、五年或者十年，在此過程中從來沒有動搖過；而有些人不是這樣，只要遇到一點點事情就馬上改變主意，原來的承諾全部推翻。這種行為是一種很不好的緣起，對自己的菩提之路有一定障礙。希望各位道友以後要注意這個問題。

發是願已，如實安住⑯種種功德，具足莊嚴威德廣大清淨佛土。

（法處比丘）發了這些願後，如實安住種種功德，具足莊嚴威德廣大清淨的佛土。

發了願還不行，還要拿出實際行動，一方面要安住於種種功德法，一方面還要建設清淨莊嚴的道場，這樣才能真實利益眾生。就像辦教育一樣，一方面要有優秀的老師，另一方面要有很好的學校，否則老師雖然特別

---

⑯藏文譯本中是：「如實安住修持」。

好，但是如果沒有學校，也開展不了工作。

從這段經文也可以看出，娑婆世界和極樂世界在方方面面都有很大差別。

從莊嚴來說，極樂世界是娑婆世界無法相比的。以前我講《阿彌陀經》時對極樂世界的莊嚴做過介紹。以後如果能講《觀經》，我會更加詳細地介紹極樂世界的莊嚴。娑婆世界雖然有一些莊嚴，但很多都是人工假造的，比如擺一些花、抹一些漆，看起來不是很自然；而極樂世界的莊嚴都是以阿彌陀佛的願力形成的，所以非常自然。此外，娑婆世界的莊嚴不徹底，比如有的相框看起來金燦燦的，但只是外面塗了一層金，實際上裡面都是塑料；而極樂世界的莊嚴內外都是七寶，可以說是徹底的莊嚴。再者，娑婆世界的莊嚴也不清淨，存在各種化學、生活等污染；而極樂世界的莊嚴非常清淨，不會有任何副作用，對眾生的身心完全是有利的。

從面積來說，娑婆世界狹小不堪，而極樂世界則廣大無邊。我們學院因為地方不夠廣大，來的人多了就沒辦法住。剛才我看到一個道友在炒菜，因為他的房子不大，所以只能在牛糞棚裡炒菜。（他右手拿著勺子炒菜，左手不停地從鍋裡撿菜吃，等菜炒完可能也吃完了。）現在漢地住房也特別緊張，在上海北京等大城市，一個小小的房子都要賣上百萬，很多人因為買不起房子而特別痛苦。據有些科學家的觀點，最近幾十年以來世界人口不正常

262

地增長，如果照這樣發展下去，再過一百年地球上的資源就會被耗盡，甚至連人類居住的地方都沒有了，要移民到別的星球恐怕也有一定的困難。而極樂世界則不存在這些問題，那裡整個大地廣大無邊，想住在哪裡都可以，想要怎樣的環境都能馬上現前。

從清淨來說，娑婆世界和極樂世界也是無法相比的。娑婆世界有些地方表面上比較乾淨，但真正觀察就會發現並不是很乾淨。比如日本等國家的衛生狀況雖然很不錯，但還是有一些不清淨的地方。前一段時間，我去漢地某城市參加一個國際會議，會議現場美化得像天堂一樣，可是僅僅離開一公里左右就到處是垃圾，特別骯髒。有些道友的家也是如此，他們買了很多花放在家裡，屋子裡面這裡是花，那裡也是花，好像自己也成了賣花的老太太，可是屋子外面什麼花都沒有，全都是垃圾。所以，娑婆世界實在是太不清淨了，不管內有情的身體還是外世間的環境，都存在許多不清淨的東西，不管再怎麼裝飾也掩蓋不了骯髒的本質。

總之，輪迴中的一切都是痛苦、不淨的，這些道理在佛經中講得很清楚。不管我們從哪個方面入手觀察，最終都會明白佛教的觀點絕對是正確的，不可能有確鑿的根據破斥它。我遇到過很多知識分子，他們剛開始對佛法不太理解，對佛教也有一些看法，當他們理解佛教的道理後才知道：在這個世界上，沒有任何人能舉出可

靠的理由破斥佛教的觀點，以前沒有這樣的人，現在也沒有，以後依然不會有。

修習如是菩薩行時，經於無量無數不可思議無有等等億那由他百千劫內，初未曾起貪瞋及癡欲害恚想，不起色聲香味觸想。

（法處比丘）修習這些菩薩行時，經歷了無量無數不可思議百千億那由他劫⑨，在此期間從來沒有產生過貪嗔癡欲害恚等想法，也沒有起過分別色聲香味觸的念頭。

《華嚴經》中說：「無數無量劫，廣修習大悲，逮成等正覺，度脫群生類。」因此，不管是哪一位佛陀，包括我等大師釋迦牟尼佛在內，都在無數劫中廣修大悲心，行持六度萬行，積累了無數資糧，最後才成為無上正等覺，利益了無量眾生。

只要有一位菩薩在世間示現成佛，依靠他的甘露法語就能令無量眾生走上解脫之路、解除一切痛苦。眾生的痛苦有身苦和心苦，身體的痛苦可以通過醫生護士的治療護理得以減輕，而心靈的痛苦則要依靠佛法的妙藥才能遣除。依靠佛法的妙藥，千千萬萬內心絕望痛苦的人獲得了新生。在座的有些人便是如此：以前他們在生活中遇到種種不順，自己實在走投無路，覺得活著沒什

⑨這是從一個方面講的，有些了義經典中說，依靠大乘的方便，不需要經歷漫長的苦修，在短暫的時間中也可以獲得佛果。

264

第十五課

麼意義了，好幾次準備以跳樓、跳河等方式了結自己的生命；後來，他們以某種因緣遇到了佛陀的教言，從此又看到了光明和希望，重新有了人生的目標。這就是佛法妙藥的作用！

其實跟治療身病的藥物比起來，治療心病的妙藥更重要。心是萬法的根本，如果人的心得以調伏，哪怕住在一間小小的木屋中，只有最基本的生活資具，也會過得非常快樂；相反，如果沒有調伏內心的貪嗔癡，即使這個人住在七星級、八星級的賓館中（現在可能沒有八星級的賓館，這是我假設的），一切資具都是黃金做的，也不會過得快樂。在有些電影裡，很多有錢人表面上過著天堂般的生活，內心卻感受著地獄般的痛苦。這是為什麼呢？就是因為內心沒有佛法的滋潤。所以，現在的社會很需要佛法的心靈教育。

人跟人確實不同：法處比丘自從發願以後，在無數劫中不起貪嗔癡欲害恚等想法[98]，對色聲香味觸也不起分別執著，這一點確實非常難得；可是我們不同，剛學佛或者聽到一些教言時，覺得炫目的美色、動聽的聲音、芳香的氣味、可口的美味、柔軟的所觸都是虛假的，對這些外境沒有什麼貪執，但因為沒有實地修行，所以日子久了就不行了。就像有些人說的那樣：「大師，我道

---

[98]此處為總說，如果細分則有許多種。《俱舍論》中說，三界的煩惱各不同，即使同大類煩惱，以所緣不同也有很多分類，比如貪分為欲貪與有貪兩種，其中欲貪是緣欲界的色香等欲妙而產生，而上兩界中生起的貪為有貪。

理上是明白，但就是煩惱深重，不可救也。」

凡夫的習氣比較嚴重，如果沒有長期修行，遇到對境時很難息滅內心的煩惱。法處比丘因為調伏了內心的煩惱，所以外境再誘人也不會耽著，這樣就避免了散亂，又因為沒有散亂，所以功德越來越增上。雖然我們現在不能像他那樣，但作為佛陀的後學者，也要盡心盡力對治煩惱，避免散亂，不要越學佛越貪，越學佛越嗔，越學佛越癡，否則就和佛法背道而馳了。

於諸眾生，常樂愛敬，猶如親屬，其性溫和，易可同處。

（法處比丘）對所有眾生恆常慈愛恭敬，就像對待自己的親屬一樣，他的性情非常溫和，容易與別人相處。

從發願到成佛這麼漫長的時間中，法處比丘能隨順一切眾生，這就是大乘修行人的風範。而世間人卻不是這樣，有些人很難和別人相處，不管說話還是做事情都不隨順別人，甚至跟他吃一頓飯都非常困難。人們也經常說：某人很難相處，做什麼事都是憑自己的性情和想法，從來都是要求別人隨順自己，自己卻從來不隨順別人。

更為難得的是，法處比丘隨順的是一切眾生，並不是有限的眾生。世間有些宗教雖然也提倡愛，可是他們的愛僅限於人類，對於人類以外的眾生卻肆意摧殘殺

害，並沒有將所有的眾生納入愛的範圍。由此也可以看出，佛教所提倡的愛非常廣大，在其他任何宗教和學說中都沒有這種大愛。

有大愛好還是沒有大愛好呢？當然是有大愛好。為什麼呢？因為在這個世界上不僅生活著人類，還生活著其他許多眾生，如果人類能以大愛來維護一切生命，就能給整個地球帶來和諧的氣氛。只要好好思維，每個人都應該認同這個道理。

佛教不是天花亂墜般地空談理論，也不是形式上的死板教條，它有非常甚深的思想內涵。作為佛教徒，每個人都應該掌握佛教的思想。如果沒有掌握佛教的思想，也許今天你守持比丘戒，剃著光頭，穿著三衣，威儀非常寂靜，別人看起來都懷疑：是不是馬勝比丘來了？可是過一段時間遇到外道後，你的頭髮又長了出來，法衣也換了下來，最終趨入對方的宗教，有這種可能性。為什麼會這樣呢？就是因為內心沒有懂得佛教的道理，只是形象上到僧團裡「短期出家」。所以，不管居士還是出家人都要具足佛法的正見，這一點非常重要。

佛教就像一座寶山，裡面蘊藏著無盡的佛法珍寶，如果你沒有深入挖掘，只是在山的外面轉一轉，那不會得到佛法的珍寶，如果你依靠信心和智慧的工具去挖掘，肯定會有一份收穫。所以，希望大家在佛法上好好

佛說無量壽經廣釋

下工夫，一定要樹立佛法的正見。

這裡說法處比丘與他人很容易相處，其實這是一種非常優秀的品質。法王如意寶的教言中也說，作為修行人應該盡量隨順他人。當然，所謂的隨順他人不是一點主見都沒有，今天有人說往上去，自己馬上跟上去，明天有人說往下去，自己馬上跟下去，這並不是真正的隨順。隨順要有原則，如果別人真正有道理，自己才能跟隨對方。

人當中有兩種類型：一種人非常調柔，不管到哪裡都受歡迎；另一種人特別不調柔，不管做什麼事都不隨順別人，所有的人看到他都害怕。我們這裡有些人報名去發心，稍微了解他的人都搖頭：「不要，不要，這個人千萬不能要！」為什麼大家都拒絕他呢？就是因為他從來不隨順別人。這一方面也許是前世的習氣所致，另一方面也和接受的教育有關。現在的教育很成問題，從小就是抓分數，除了分數什麼都不管，連基本的為人處事、接人待物都不教，這種教育確實非常令人遺憾。

有來求者，不逆其意，善言勸諭，無不從心。

不管有什麼人來求任何所需，法處比丘都不違越他們的意願，並且善言規勸其他眾生，對方沒有不聽從的。

我們有些人不是這樣，別人哪怕求一件小小的事情，他馬上就一口拒絕：「不行！不行！不行！」這也

268

許跟自己的性格有關，本來幫別人完全沒有問題，也不是特別困難，但自己就是不願意幫，即使幫也要講很多條件。而有些人在這方面則很不錯，平時都是盡量幫助別人，即使不能完全滿足對方，但口頭上盡量滿足：「好好好，好好好……」別人聽到說好，心裡也很舒服。過了一會兒，他才委婉地解釋說：「不過，確實有點困難……」這樣說至少讓對方有接受的餘地。否則，一上來就聽到「不不不」，別人心裡肯定會很難受。

在我們當中還有些人性格很剛強，別人只要說一句，他就頂兩三句，不管別人說的有沒有道理，自己一律拒絕別人的規勸。這樣也很不好。其實人很需要他人的規勸。現在很多團體都有顧問，我覺得不僅團體需要顧問，個人也需要顧問，應該讓有智慧有悲心的人做自己的顧問，這對自己是非常有幫助的。有些人可能想：我這麼小的人，還需要安排顧問嗎？當然需要。只不過你不需要和別人正式簽訂協議。如果你經常向某人請教：「我這樣做合不合理？」「我的行為如不如法？」經常讓他監督自己，那他就是你的顧問了。俗話說「旁觀者清，當局者迷」，別人的規勸確實很有必要，對自己會起到很大作用。

在學習此經的過程中，大家要注意兩點：一是自己的解釋要符合原文，二是要能解釋經文的密義。在講考時，我發現有些道友講得很不錯，字面上解釋得可以，

意義上發揮得也可以。可能他們一方面深入思考過經文，另一方面也參考了我的講解。雖然我講得不是特別好，但也不是特別不好，所以我的有些語言也可以供你們參考。而有些道友則講得不太好，表面上講了一大通，實際上跟經義有一定差距。以後大家在講考時，遇到不懂之處不要講一些其他的話來應付。懂就是懂，不懂就是不懂，不要不懂裝懂，隨便糊弄別人，這是不合理的。總之，希望大家以嚴肅認真的態度學習，每一字、每一句都不要放過。

資養所須，趣支身命，少欲知足，常樂虛閑。

（法處比丘）所需要的資具和供養非常簡單，僅僅能夠維持身命就可以了，生活少欲知足，常樂清虛閑靜。

第十五課

人類非常需要簡單的生活、清閑的環境和輕鬆的心態。現在很多城市人患上了現代病，為什麼會患上這種病呢？原因就是隨著科學技術和社會經濟的發展，生活和工作的壓力越來越大、節奏越來越快，有些人實在承受不了壓力、跟不上節奏，所以內心經常產生恐慌和焦慮。現在很多人每天都在考慮：我怎麼工作，我怎麼生活，我的房屋，我的轎車……白天一直思維這些，晚上連覺都睡不著，即使睡著也夢到這些事情，最後搞得身心都不正常了。相比之下，古人的生活則很輕鬆：白天到田裡幹幹活，晚上回到家舒舒服服地睡覺，睡眠質

量也很不錯。和古人一樣，出家人的生活也很輕鬆，他們從來不會想：我會不會餓死？我會不會交不起房租？……

當然，我這樣一說，你們也沒必要馬上都出家。出家是一件大事，要經過深思熟慮才能決定。有些人遇到一位慈悲的上師，上師一直對著自己微笑，自己也覺得無法承受生活的壓力，於是馬上央求上師：「上師，您回寺院的時候，我一定要跟著您出家。」以這麼一個簡單的因緣就出家，我覺得也不一定合理。從很多高僧大德的傳記來看，他們都是經過長期觀察才選擇出家的。實際上，有些人即便暫時沒有出家的因緣，同樣也可以過安閒的生活，關鍵是自己要明白生活的意義，不要盲目跟著社會「進步」，這樣就能避免許多無謂的苦惱。

稟識[99]聰明，而無矯妄，其性調順，無有暴惡。

（法處比丘）智慧敏銳，無有矯揉虛妄，性情調柔隨順，無有粗暴凶惡。

在世間，稍微有點知識的人往往很傲慢。我遇到過一些大學老師，其實他們對自己的專業並不是很精通，可是他們卻特別傲慢，好像已經獲得三地菩薩果位一樣。而法處比丘不是這樣，雖然他的智慧極其敏銳，但是從來不自高自大、狂妄傲慢，而且性情非常調柔，沒

---

[99]稟識，指天賦的見識。同類詞如：稟質，指天資；稟才，指天賦的才華；稟分，指天賦的資質；稟形，指天賦的形貌。

有任何粗暴的言行。這一點非常值得我們學習。

為什麼佛教經常說要摧毀傲慢心？就是因為如果有了傲慢心，什麼功德都不可能得到。不管在修行、人格、財富、技術等任何方面，如果你自認為很了不起，其他人都不放在眼裡，這種傲慢就是增上功德的最大障礙。

在世間，還有些人性格特別粗暴，他們的語言、表情、行為讓別人膽戰心驚，始終給別人帶來恐懼感，這也是一種缺點。其實，作為大乘佛教徒，我們已經讓諸佛菩薩作證將身語意奉獻給眾生了，所以我們是眾生的僕人，是為眾生服務的，既然如此，為什麼要對眾生粗暴呢？

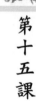

當然，如果沒有學習佛法，要想身心調柔是有一定困難的。只有長期學習佛法，人的身心才會逐漸變得調柔，而一兩天的學習不一定馬上見效。今天你剛進經堂時特別粗暴，下課後就徹底調柔了，神情非常柔和，走路也非常輕柔，這是不太可能的。但只要堅持聽法，性格和行為慢慢就會發生大的變化。其實，從一個人外在的言行舉止，也能看出他有沒有受過佛法的教育。如果受過佛法的教育，那不需要假裝和造作，言行舉止自然會和其他人有所不同。

現在我們有學習佛法的良好機緣，各地有很多佛友在學習佛法，希望大家抓住機緣一直學下去。否則，如

果一旦失去了這個機緣，肯定會有所損失。經濟上、名譽上的損失容易發現，心靈上的損失卻不容易發現，很多人甚至將這種損失視為收穫。有些人對聽法生起厭煩心，於是耍小聰明不去聽法，這個時候他們認為自己成功了、解放了，這種把損失當作收穫、把失敗當作勝利的想法非常愚癡。

於諸有情，常懷慈忍，心不詐諂，亦無懈怠。

（法處比丘）於諸有情恆常懷有大慈大悲心，能夠忍耐眾生的種種邪行，無有狡詐諂曲心，也沒有懈怠心。

這幾句經文可以反襯出凡夫的各種惡相。

首先，法處比丘是「常懷慈忍」，而我們最大的毛病就是對眾生沒有慈悲心，很多人都缺乏發自內心的慈悲心，也缺乏對眾生邪行的忍耐心。

其次，法處比丘是「心不詐諂」，而現在社會卻有許多狡詐諂曲的現象。如今人們把善人當作愚人，把好人當作不成功的人，社會風氣已經成了這樣，所以很多人不得不見人說人話、見鬼說鬼話，否則就沒辦法生存下去。出家人的團體還算可以，在很多世間的團體中，如果你比較老實，人們都認為你是傻瓜，用各種方法欺騙你，最後你連生存都成問題。本來，「人之初，性本善」，可是環境卻把很多好人變成了壞人。很多罪犯在自白中都說：我本來不是壞人，但是環境把我變成了壞

273

人，朋友把我變成了壞人，我不得不面對現實……當然，作為修行人，我們應該出淤泥而不染，即便整個大地遍滿惡人，我們也要秉持善良的心行。

最後，法處比丘是「亦無懈怠」，而很多人卻精進不夠，一直懈怠度日。有些人是「三天打魚，兩天曬網」，兩三天很精進，之後又不精進了。其實學佛需要長期的精進，兩三年、三四年的精進是遠遠不夠的。大家想一想：大菩薩們多生累劫精進，我起碼要一生一世精進吧。當然，凡夫人有時候身體不好，有時候心情不好，不得不面對許多困難，但無論如何還是要精進。

善言策進，求諸白法，普為群生，勇猛無退。

（法處比丘）以善言策勉眾生求諸白法⑩，普為一切眾生而勇猛不退。

這幾句經文也可以作為菩薩和凡夫的對比。

法處比丘是「善言策進，求諸白法」，而現在很多人卻常說惡語。其實人的語言和自身的水平是有關的：如果一個人的素質比較高，那他根本說不出低賤的語言；如果一個人的素質比較低，那他好的語言始終說不出口，而不好的語言尤其罵人的語言會不斷地說出來，就像智者口中不斷地流出教證一樣。

法處比丘是「普為群生，勇猛無退」，為了利益一切眾生，他的勇猛心始終不會退轉，而我們的勇猛心卻

⑩藏文譯本中說以愛語度化眾生。

容易退轉。有時候我們也想幫助眾生，也發願要度化眾生，可是兩三天以後就退心了，這就是凡夫人的毛病。

總的來講，阿彌陀佛的發願和《無量壽經》的意義最終都落在利益眾生上，大家一定要清楚這一點。現在很多人認為佛教是一種自我的精神安慰，其實這是一種片面的想法。佛教的真正宗旨是利益一切眾生。這種宗旨在其他任何宗教和思想中都找不到。世間有許多文學家、科學家、明星等名人，他們擁有相當多的追隨者，他們的某些言行也能感動很多人，雖然他們在世人心目中非常了不起，但他們有沒有利益一切眾生的心呢？沒有。他們只不過以偶爾的因緣出了名。從究竟上講，人類真的需要這種人嗎？不一定。我們需要的是善良、慈悲、能利益一切眾生的人。

世間有很多名人，但他們都是轟動一時，很快又銷聲匿跡，就像海潮一樣「嘩」漲起來，然後馬上又退了。而釋迦牟尼佛出世兩千五百多年以來，他的名聲一直在世界各國廣為流傳。為什麼會這樣？就在於佛陀的利他理念得到了人們的認可。為什麼很多世間人推崇孔子孟子？也是因為他們的思想中利他成分比較濃。因此，在座諸位都要記住：不管你將來成為大人物還是小人物，都要有一顆利益眾生的心！利益眾生的這顆心非常珍貴，在佛法中如此，在世間法中也是如此。

利益世間，大願圓滿，奉事師長，敬佛法僧。

（法處比丘）利益世間的無量眾生，圓滿實踐所發的大願，供奉承事師長，恭敬佛法僧三寶。

阿彌陀佛在因地最主要的修行就是圓滿實踐了利益眾生的宏願。現在我們每天念《普賢行願品》，在念的過程中也要思維利益眾生。雖然我們現在是薄地凡夫，沒辦法利益很多眾生，但只要不斷地發願，就有了很好的緣起，也許今生就能實現這種發願，即使今生沒有實現，未來生生世世也能利益眾生。

法處比丘奉事師長、敬佛法僧，其實這就是所謂的四皈依。有些人說：「藏傳佛教講四皈依，這有什麼教證依據呢？」《無量壽經》此處就講得很清楚，而且是先講奉事師長，然後講敬佛法僧。為什麼把上師放在三寶之前呢？因為上師是一切三寶的總集。不僅密宗這樣認為，顯宗也這樣認為，在《華嚴經》中就有很多讚歎善知識的教證。

對於這一點，我們只需稍加思維便會知道：雖然佛法那麼好，但是如果沒有善知識的引導，我們也沒辦法接觸到佛法，不可能懂得佛法的真正意義。我自己經常有這種感覺：來到這個世間，能遇到精通教理、有修有證的上師，確實是不幸當中的萬幸！因此，末法時代很多眾生雖然煩惱深重、違緣重重，但是能夠值遇具相的善知識，並且善知識的教言深入自己心田，令本有的智

第十五課

慧種子發芽，這應該是非常歡喜的事。

對上師生起信心很重要。許多上師瑜伽儀軌的前面都是「喇嘛欽，喇嘛欽」，在《開顯解脫道》中，前面也是「喇嘛欽，喇嘛欽」。現在很多人也經常說「喇嘛欽」。其實，「喇嘛欽」就是「上師知」的意思，即上師您知道我的一切，請上師始終垂念、加持我。我在廈門翻譯完《釋迦牟尼佛廣傳.白蓮花論》後，有一天在植物園放生了很多鳥，放完以後有幾個人朗誦了自己寫的詩，有一個男居士用閩南口音普通話念了一篇長長的詩，我大概聽懂幾句：「上師知，上師知，上師，您是三世諸佛之幻化身……洶湧澎湃，滾滾而至……」這樣的語言也是對上師有信心的體現。

於菩薩行，常被甲冑，志樂寂靜，離諸染著。

（法處比丘）於菩薩六度萬行恆常披上精進的鎧甲，喜歡安住寂靜之處，內心遠離一切染著。

前一段時間我去了上海某座寺院，那座寺院的遊人特別多，有一間房屋的門上寫著幾個字——閉門即深山。我覺得這句話很好，關著門確實就像在深山中一樣，什麼染污都沒有了。現在大城市裡的很多人沒有到寂靜處閉關的機會，但如果能關上房門，這也可以算是深山了。所以，想閉關的人也可以在門上寫「閉門即深山」。

佛說無量壽經廣釋

為令眾生，常修白法，於善法中，而為上首。

（法處比丘）為了令眾生恆常修習白法，自己率先精進行持一切善法。

這是在講以帶動眾生行善來利益眾生，這種以菩提心攝持的善行在所有善法中是功德最大的。淨土宗這樣認為，禪宗和密宗也是這樣認為。所以大家今後也要這樣做。

第十五課

第十六課

現在正在講法處比丘發了四十八願後於無數時日中行持六度萬行的過程。昨天講了，「（法處比丘）為令眾生，常修白法，於善法中，而為上首」。我們也應該像他這樣，因為大家都是大乘佛教徒，既然是大乘佛教徒，就應該有以佛法利益眾生的善心。

學佛的根本就是產生善心，每個人都應該經常產生善心，要對三寶產生恭敬心，對六道輪迴產生厭離心，對因果產生畏懼心，對諸佛菩薩的事蹟產生羨慕心，對眾生的痛苦產生悲憫心。如果一個人沒有善心，即使剃掉頭髮、披上袈裟，表面上已經出了家，實際上也不算入於佛教。所以，學佛不在於形象，而在於內心。積累資糧也主要是從內心安立的，雖然身體和語言也能積累功德，頂禮、念咒有沒有功德呢？當然有。全知麥彭仁波切在《大幻化網總說光明藏論》中說，佛說的任何密咒都具足四種成立[101]，這些咒語與本尊無二無別，比如「嗡嘛呢叭美吽」實際上就是觀世音菩薩，所以僅僅口中念咒也有極大功德。但和身語的善法相比，最關鍵的還是內心的修持。

---

[101]四種成立：一、法性本性而成立，一切文字，本來成立大空等性之本性。二、有法自性而成立，一切諸法之各自本體，無欺而成立其不共顯現之性。三、由以加持而成立，圓融一切萬法之諸如來，從一文字至眾多文字之諸密咒，皆示現為智慧幻化故，以如來加持而成立。四、由從能力加持而成立，如同妙藥、寶珠之力，如是彼等密咒已具無欺無礙而能成就悉地之力。

佛說無量壽經廣釋

現在大家正在學習淨土法門，各位一定要對阿彌陀佛和極樂世界的功德莊嚴生起信心。如果有些新來的人因為聞思基礎比較薄弱，暫時實在生不起信心，也沒必要誹謗這些道理。如果聽課後有一些懷疑，可以向法師們提問，法師們應該能解答這些疑問。

學佛不能停留在文字理解或者口頭念佛的膚淺層面，一定要從內心中對佛法生起信心，而且這種信心應該是牢不可破的。在解放和文革期間，面對種種違緣，漢地、藏地的很多佛教徒從內心深處發誓：寧可捨棄生命，也不捨棄三寶。這些人就是大家的榜樣。當然，信心來自平時的培養，如果平時沒有好好學習，只是表面上聽經聞法、念佛參禪，看起來熱情似乎很高，可是到關鍵時刻原來的熱情就會退失，這樣就不太好了。下面開始講經文。

第十六課

住空無相無願、無作無生、不起不滅，無有憍慢。

（法處比丘）安住於空無相無願、無作無生、不起不滅的境界，內心無有任何憍慢。

「空無相無願」，即三解脫門：因無相門、體空性門、果無願門；「無作無生」，即無有因緣造作，故而無有生；「不起不滅」，即最初無有生起，最後無有滅盡，就像石女的兒子沒有出生，也就不會有死亡一樣。

這些都是遠離四邊八戲的空性境界。因為法處比丘經常安住於這樣的境界，所以沒有傲慢等世間的心態。

而彼正士行菩薩道時常護語言，不以語言害他及己，常以語業利己及人。

這位正士行持菩薩道時恆常守護自己的語言，不以語言傷害自他，常以語言利益自他。

如果用箭射別人，射箭的人自身不會有什麼傷害，只會傷到別人的身體；而語言則不同，它就像雙刃劍一樣，既能傷害他人，又能傷害說者。一般我們跟別人吵架後，一方面別人心裡不舒服，一方面自己心裡也不舒服。有時候我在課堂上批評別人，回家後自己睡不著：剛才我是不是說得太過了？我不是發了菩提心嗎？為什麼這樣說呢？既然我心裡都不舒服，對方就更不用說了，他肯定也在思維：剛才他為什麼這樣說我？

在漫長的時間裡，法處比丘從來不用語言傷害別人，經常用語言饒益眾生，這就是大乘菩薩的行為。菩薩從來不造口業，他的語言只會讓眾生產生歡喜心，就像《華嚴經》中說的那樣：「所行甚深妙，未曾有口過，悅樂心無量，令眾悉歡喜。」

若入王城及諸村落，雖見諸色心無所染，以清淨心不愛不恚。

如果進入王宮、城市以及諸村落，雖然見到種種色境，但內心無有所染，以清淨心不貪不嗔。

佛說無量壽經廣釋

《華嚴經》中說：「其心無所染，無上調伏行。」所以，菩薩不會被外境所染，他的心極其調柔，不會產生貪嗔等煩惱。而世間人則不同，由於心無法堪能，只要稍微接觸美妙或者不悅意的外境，貪心、嗔心等各種煩惱就會紛至沓來。

貪愛和嗔恨是密不可分的，只要有貪愛的地方就有嗔恨，只要有嗔恨的地方就有貪愛。而菩薩的心非常清淨，既不會有貪愛，也不會有嗔恨。當然，菩薩具有菩提心的大愛，這種大愛是恆時不間斷的，但這種大愛遠離了自私自利，跟世間的貪愛有天壤之別。

菩薩爾時於檀波羅蜜起自行已，又能令他行於惠施，於尸波羅蜜乃至般若波羅蜜起前二行皆悉圓滿。

在行菩薩道的過程中，法處菩薩自己行持布施波羅蜜多，又能令其他眾生行持布施波羅蜜多，持戒波羅蜜多乃至般若波羅蜜多也是如此，都能令自他圓滿行持。

法處菩薩六度的修行非常圓滿，以布施而言，在不可思議無量劫裡，他能布施財物、身體、善根等一切，內心從來不會有厭倦，就像《華嚴經》所說的一樣：「不可思議無量劫，種種布施心無厭。」

法處菩薩不僅自己行持六度，也能令其他眾生行持，這種做法非常符合菩薩的四攝法。《十住毗婆沙論》云：「自於佛法中，如佛所教住，悲心不吝法，亦

令他得住。」意思是，自己首先依佛所說在佛法中如實行持，然後以大悲心不吝惜正法，讓眾生也安住於善法。我們也應該像法處菩薩一樣，不管布施、持戒等任何善法，自己首先行持，然後再讓別人行持。如果自己一點不行持，光是讓別人行持，這是不合理的。現在很多人對善法沒有興趣，從來沒想過自己去行持，卻口口聲聲勸別人行持，這樣空口言說無有實義。

由成如是諸善根故，所生之處有無量億那由他百千伏藏自然湧出。

由於法處菩薩成就如是諸善根的緣故，所生之處自然湧現無量百千億那由他的伏藏。

對真正的菩薩來說，如果有了充裕的財富，行持善法、度化眾生都會比較方便。

復令無量無數不可思議無等無邊諸眾生類安住阿耨多羅三藐三菩提，如是無邊諸菩薩眾起諸妙行供養奉事於諸世尊乃至成佛，皆不可以語言分別之所能知。

法處菩薩又令無量無數不可思議的眾生安住於阿耨多羅三藐三菩提道，讓這些眾生乃至成佛之前行持善妙的菩薩行，供養承事一切諸佛。這些善行的數量和種類無法用語言表達，無法用分別念了知。

在《佛說濟諸方等學經》中，釋迦牟尼佛宣說了一則公案：久遠劫以前有一個叫淨命的比丘，他在一億年

中宣講千經萬論，令八十億家眾生與他結上法緣，其中七十九億家眾生得到聲聞果位，一億家眾生發菩薩心。當時有一個叫為法的比丘，他對淨命產生了嫉妒心，於是誹謗淨命行為不如法、所講的法不正確。為法又宣稱一切都是空性的，善惡沒什麼可執著的。

這就像現在個別狂禪者一樣。有時候我們在講因果法門，有些人故意在旁邊說：「不要執著」、「佛教不要執著」……其實他們執著可大了，比一般人執著得更厲害，可是卻讓別人不要執著。誰說佛教不要執著？雖然佛教的最高境界是不執著，但在沒有到達這些境界時還是要有善惡的執著。這個道理就像億萬富翁對小錢不執著，可是窮人還是要執著小錢一樣。所以，如果自己一點境界都沒有，就想什麼都不執著，這絕對是不合理的。

由於宣揚這種惡見，為法死後墮入惡趣，於無量劫中感受劇苦，即便生到人間也成為貧窮聾啞之人。釋迦牟尼佛說，當時的為法就是他的前世，淨命就是阿彌陀佛的前世。

諸佛的顯現確實不可思議。阿彌陀佛和釋迦牟尼佛在因地時，一個如理地說法，度化了無量眾生，結果積累了無量功德；另一個不如理地說法，並且誹謗其他比丘，結果墮入惡趣感受無量痛苦。

話說回來，阿彌陀佛因地行持的善法無量無邊，根

本沒辦法用語言宣說。其實不要說阿彌陀佛因地，現在的有些大德也是如此。在我的記憶中，法王如意寶的弘法利生事業也無法宣說，只能象徵性地略說一點。

或作輪王、帝釋、蘇焰摩天、兜率陀天、善化天、他化自在天、大梵天王，皆能奉事供養諸佛，及能請佛轉於法輪。

（上師問：「我讀得好嗎？」下面答：「好。」上師遂開示：「現在社會上有這樣的現象：有些領導對下屬說：『我們要為人民服務，有什麼樣的好建議，請大家提出來。』有些下屬說：『我們沒有其他的建議，只是覺得您太辛苦了，希望您好好保護自己的身體！』這實際上是在阿諛奉承領導。這是世間的一種不良風氣。佛教徒是有智慧的，以後說話應該動腦筋，不要任何時候都說我好，以免有些剛學佛的人生邪見。」）

法處菩薩又示現做轉輪王、帝釋天王、蘇焰摩天（離諍天）王、兜率天王、善化天（化樂天）王、他化自在天王、大梵天王，在此期間都能供養承事諸佛，而且能請佛轉法輪。

當年釋迦牟尼佛成道後，覺得自己所證之真理甚深難解，即使為人宣說也徒勞無益，故不欲說法，在林中默然安住四十九日。[102]後來帝釋天和大梵天供養世尊千輻金輪和右旋海螺，再三祈求佛陀轉法輪，釋迦牟尼佛遂

---

[102]如世尊自云：「深寂離戲光明無為法，證悟猶如甘露法性義，縱於誰說亦不能了知，故當無言安住於林間。」

佛說無量壽經廣釋

應允為眾生說法。阿彌陀佛在因地時也是如此，他也經常供養諸佛並請佛轉法輪。

若作閻浮提王及諸長者、宰官、婆羅門、剎帝利等諸種姓中，皆能尊重供養諸佛，又能演說無量法門，從此永棄世間成無上覺。

如果做南瞻部洲的國王以及轉生於長者、宰官、婆羅門、剎帝利等種姓時，都能尊重供養諸佛，又能為眾生演說無量法門，讓眾生從此永離世間的雜染，最終成就無上正等覺果位。

然彼菩薩能以上妙衣服、臥具、飲食、醫藥盡形供養一切如來得安樂住，如是種種圓滿善根非以語言能盡邊際。口中常出栴檀妙香，其香普熏無量無數乃至億那由他百千世界，復從一切毛孔出過人天優缽羅花上妙香氣。

法處菩薩能盡其壽命以上妙衣服、臥具、飲食、醫藥供養一切如來，令如來得安樂住，如是種種圓滿善根無法用語言宣說其邊際。他的口中常出栴檀妙香，香氣普熏無量無數乃至百千億那由他世界，又從一切毛孔中發出超過人間天界優缽羅花的上妙香氣。

《法苑珠林》中記載：在迦葉佛時代，有一個比丘曾在大眾中讚揚佛陀，以此功德他生生世世口中常出妙香。到了阿育王時代，他成為一位大阿羅漢，當他在王宮中說法時，口中散發的妙香遍於整個王宮。一開始國

王以為他在口中含了香，經過詢問才知道這是前世善根的果報。

《百緣經》中也有類似的公案：佛陀在世時有一個人，他生來就身出旃檀香，口出優缽華香，父母因此為他取名旃檀香。為什麼他具有這樣的功德呢？原來，毗婆尸佛圓寂後，這個人曾用旃檀供養如來的遺塔，以此善根他生生世世身口常出妙香。

人和人的確有很大差別：有些人因為前世的善業，今生即使沒有塗抹香水，身上也經常散發香氣；而有些人因為前世的惡業，比如在三寶所依前做不如法行為或者排放難聞的氣體，結果今生身體經常散發臭氣。這就是因果不虛的體現。

隨所生處相好端嚴殊勝圓滿。又得諸資具自在波羅蜜多，一切服用周遍無乏，所謂諸寶、香花、幢幡、繒蓋、上妙衣服、飲食、湯藥及諸伏藏珍玩所須，皆從菩薩掌中自然流出，身諸毛孔流出一切人天音樂，由是因緣能令無量無數不可思議諸眾生等安住阿耨多羅三藐三菩提。

不管轉生何處，法處菩薩都具足相好端嚴，他的身相殊勝圓滿。他又得到資具自在波羅蜜多，一切服飾、受用周遍圓滿，無有乏少，各種珍寶、妙香、鮮花、幢幡、傘蓋以及上妙衣服、飲食、湯藥、伏藏、珍玩等所需之物都能從手掌中自然流出，他的毛孔中流出一切人

間和天界的音樂⑩，依靠這些因緣能讓無量無數不可思議的眾生安住於阿耨多羅三藐三菩提。

和大菩薩相比，世間人因為沒有獲得資具自在，所以今天缺這個、明天缺那個，尤其大城市裡的人欲望特別大，這個也需要、那個也需要，內心很難得到滿足，結果始終處於痛苦中。

阿彌陀佛的功德不可思議，不管他因地的發心、修行還是果地的事業，這一切都是凡夫人無法想像的。《華嚴經》中說：「若能須臾念如來，乃至一念功德力，永得遠離眾惡趣，智慧日光滅癡闇。」意思是，如果在極短的時間裡憶念佛陀，以一念的功德力就可以生生世世遠離三惡趣，最終能以智慧的日光滅盡愚癡的黑暗。所以，大家應該經常憶念具足無邊功德的佛陀。如果有些道友覺得自己特別笨，一點智慧都沒有，就更應該經常憶念佛陀了。只要你經常憶念佛陀，經常思維經論的意義，自然而然就會遣除愚癡的黑暗。相反，如果你天天憶念貪嗔癡的對境，天天想著亂七八糟的世間事，心裡肯定都是愚癡的黑暗，那不可能擁有智慧的光明。

我認識的一位高僧大德就是如此，他一輩子每天要念十三遍《文殊真實名經》，即便在文革那麼困難的時

⑩在藏文譯本中，「一切人天音樂」和前面的「諸伏藏珍玩所須」是連在一起說的，即：及諸伏藏珍玩所須一切人天音樂。

第十六課

期，每天也至少念三遍。現在他已經接近八十歲了，可是智慧依然非常敏銳，不僅通達佛教的經論，對世間的哲理也有深刻的理解。

所以，佛教徒應該將自己的分別念融入佛法的智慧中，只要不斷地努力，即便有些老年人或者智慧不太高的人也會有所提高。相反，如果我們從來不串習佛法，每天考慮的都是吃穿住用：今天咋分大米？聽說今晚沒電……這樣智慧永遠不會有提高的機會。

不過有些人可能是前世的習氣太重，平時除了吃喝玩樂以外，很少去思維佛法的意義，即使思維也是表面上划過去。他們搞世間法時很有精神，從來不打瞌睡，說話做事都很有智慧；而一做出世間法，要麼瞌睡來了，要麼散亂來了，要麼痛苦來了，這樣非常不好。

學佛不應該停留在形象上。有些人學佛完全是表面形式，手中拿一朵花，在佛菩薩前搖一搖。而對於怎樣供養花，供養時怎樣發心，則從來沒有思維過，這樣的表面行為意義不大。這次我為大家講淨土法，並不是沒有其他深奧的經論可講。佛教中有很多深奧的經論，我們可以學習因明，也可以學習中觀。但不管學習任何經論，目的都是要讓自心趨入善法。原來自己的貪心、嗔心、癡心非常嚴重，學習經論以後即使不能完全改變，至少也要跟以前有所不同。以前我們學院有一個道友，有一次他跟另一個道友吵架，最後他說：「我現在學了

佛說無量壽經廣釋

大乘佛法，不然按以前的性格，我肯定會揍你的！」雖然他當時很生氣，但學習佛法的確起到了作用，否則，對方可能早就在他手下喪命了。這也算是學佛後的一種進步吧。

很多高僧大德都說，依靠阿彌陀佛的智慧、悲心和願心，無量眾生都能蒙受利益、往生淨土。有些人可能會想：為什麼阿彌陀佛有這麼大的力量呢？其實這沒什麼不好理解的。舉個例子來說：有些藥丸具有特殊功效，只要吃一粒就會讓人迷醉或者興奮，既然世間的藥丸都有這麼奇妙的作用，更何況出世間的佛陀呢？在佛經中，對於佛陀、咒語、藥物的不可思議力量有詳細說明，有時間大家可以看看。

善導大師在《往生禮讚偈》中說：「彌陀智願海，深廣無涯底，聞名欲往生，皆悉到彼國。」意思是，阿彌陀佛的智慧和願力不可思議，猶如大海一樣深廣無涯，如果聽到他的名號後願意往生其國土，那麼必定會到達彼國。（此處有兩個關鍵，一個是聽聞佛號，一個是願意往生。）這就是祖師大德的金剛語，大家應該牢記在心。

有些人對世間的事情記性特別好，別人對自己說了一句難聽話，從此以後一直耿耿於懷：君子報仇，十年不晚！其實我們沒必要記這些惡法，應該多記一些善法，如聽聞佛號有何功德等教證，這對自己才是有意義的。

大家要抓緊時間修持淨土法門。尤其要早日完成一百萬遍藏文的阿彌陀佛聖號：「炯丹迪得因夏巴　札炯巴央達巴　作波桑吉　滾波奧華德美巴拉香擦洛　巧多嘉森且奧」（頂禮供養皈依世尊善逝出有壞應供真實圓滿正等覺怙主無量光佛），或者完成六百萬遍漢文的「南無阿彌陀佛」。如果有些人沒有念完這些，一定要儘早完成。這是往生極樂世界的殊勝緣起，法王如意寶曾在公開場合再三說，凡是完成這些任務的人，必定能往生極樂世界。

　　當然，要真正往生極樂世界，大家還應該避免各種罪業。人生非常短暫，有些人可能很快會離開世間，有些人可能還要再活幾十年，但不管怎麼樣，在本世紀內在座諸位都會離開人間。我經常想：現在是21世紀，到了22世紀我們都會作古，什麼都不會剩下。（古人死後還有一座墳墓作紀念，有些道友的爺爺奶奶的墳墓還在，而現在的人死後連墳墓都沒有。）既然人生如此短暫，死後財產、名聲等一切都帶不走，唯有生前造的業會跟隨自己前往後世，那我們就要盡量避免造惡業，盡量過清淨如法的生活。

　　當然，要完全過清淨如法的生活也很困難。以前藏地有一位大德叫夏嘎措智讓珠，他說過這樣的教言：由於輪迴的本性是痛苦之故，所以人們的衣食住行不可能完全避免罪業。他說得很有道理。拿我們吃的大米來說，農民種地時要殺很多蟲類，所以這些大米的來源跟

佛說無量壽經廣釋

殺生有一定關係。再比如我們吃的水果，從表面上看吃水果沒有什麼罪過，但這些水果在運輸、買賣的過程中還是有狡詐不如法的行為，所以這些水果也跟惡業有關係。因此，在這個世間，完全清淨無罪的衣食是沒有的，誰都做不到徹底清淨的生活。有些人可能會想：既然無法完全避免罪過，那是不是不能吃糌粑、大米，也不能穿衣服了？不是這樣的，只要在生活中盡量避免罪業就可以了，比如有些食物（肉食）跟眾生的生命直接有關，這種有罪業的食物就要斷除。總之，在娑婆世界要過完全清淨的生活，這對凡夫人來講是很困難的，但只要經常懺悔，問題也不會很大。電腦染上病毒以後，只要及時殺毒就不會出問題；同樣，相續中一旦染上罪業，只要馬上念金剛薩埵心咒、百字明懺悔，不僅當下的罪業可以清淨，以前所造的罪業也可以清淨。

　　回到剛才的話題，大家應該早日完成上面的念誦任務。不管釋迦牟尼佛還是阿彌陀佛的名號都有不可思議的功德，大家應該懂得這個道理。在世間，沒智慧的人不懂得如意寶的價值，有智慧的人才懂得如意寶的價值。出世間也是如此，沒智慧的人不懂得善法的功德，有智慧的人才懂得善法的功德。所以，知道了佛號的功德後，各位道友一定要精進念佛。

　　現在漢地的人那麼多，可是大多數人思想極度空虛，經常處於痛苦和憂慮之中，去醫院檢查時身體各項

指標很正常，實際上內心從來沒有快樂過。這些人痛苦的原因是什麼呢？就是因為內心的壓力太大。其實，人要有一種隨緣、放鬆的心態，凡事要多從前世的因果上想，這樣即使不是很順利，也不會覺得太痛苦。

在生活中遇到違緣時，比如身體不好、家庭不和、工作不順，不學佛的人因為始終想快樂、平安、順利（這種人我們經常遇到，很多人的心願就是如此，此外就再沒有其他想法了），結果反而覺得特別痛苦；而學過佛法的人，尤其是會運用修心竅訣的人就不同了，由於他們不是很希求現世的快樂，所以遇到違緣時不會覺得很痛苦。

實際上，快樂的生活往往對修行不利，而痛苦則有可能成為修法的順緣。如果一個人每天過得很快樂，就像天人一樣在放逸散漫中虛度時日，那他根本不會對輪迴生起出離心。相反，如果一個人經常感受痛苦，這個人就有機會生起出離心。藏傳佛教的修心法門認為，如果一個人能將痛苦轉為道用，那麼遇到任何痛苦都會成為修行的助緣，有一次痛苦就有一次修行的機會。博朵瓦尊者說：「有的商人下雪時說：『下雪很好，這對馬蹄有利⑩。』晚上下雨時也自我安慰：『這樣敵人就不會來侵擾了』。同樣，我們遇到痛苦時也要將其轉為道用，如果能這樣的話，違緣就成了修行的最佳良伴。」

大家應該掌握這些竅訣，今後遇到痛苦時，可以觀

⑩如果天氣太乾燥，對馬蹄會有損害。

想以此代受眾生的痛苦，或者觀想這是遣除前世業障的機會，或者通過感受痛苦認識到輪迴的真相。有些人就是這樣，當他們極其痛苦時才明白：原來輪迴就像火坑那樣痛苦，現在自己只有祈禱三寶了。有些人痛苦時才明白：在這個世界上唯有佛陀最偉大，唯有佛陀才是開啟智慧的明燈。還有些人痛苦時才明白：輪迴中處處都是欺惑，即使最信任的人也不可靠，最耽著的欲妙也會欺騙自己。

大家應該明白，在輪迴之中沒有任何可依靠的東西，包括自己最執著的身體也是如此。其實人的身體和破車差不多。我們知道，破車再怎麼維修也不行，一會兒螺絲不行了，一會兒輪胎爆了；同樣，身體也是血肉筋骨組成的「破車」，不僅非常不清淨，而且質量也很差，這樣的臭皮囊肯定會給自己帶來許多麻煩。可惜很多人不知道這個道理，平時總覺得自己的身體像不銹鋼一樣堅固，一旦生病時就接受不了，尤其接到病危通知書時特別傷心。當然，我不敢肯定自己接到病危通知書時能不能接受？但我覺得應該沒什麼問題吧，畢竟自己多年來學習佛法，也很清楚這個身體是什麼樣的，它的最終結局是什麼。因此，如果我們懂得了佛法，遇到痛苦時就會有面對的方法，這樣不光能對治暫時的痛苦，還能讓自己獲得究竟的解脫。

阿難，我今已說法處菩薩本所修行。

阿難，如今我已經宣說了法處菩薩因地的修行狀況。

修行對我們來說很重要。現在很多學術界的人只是空談佛教的理論，可是從來不去實踐這些道理，內心沒有觀修，身體也沒有行持，結果法是法、人是人，就像噶當派的教言所說的那樣，法和人之間有一匹馬的距離，這是沒有意義的。其實我們聽聞的每個正法都可以用於實修。最近學院的道友在學習《入行論》，《入行論》裡的每一句話都是實修菩提心的竅訣。《無量壽經》也是如此，經中的每一句話也可以用來實修，在學習的過程中大家要思維：阿彌陀佛因地是怎麼做的？我現在應該怎麼做？當然，像阿彌陀佛那樣在無量劫中一剎那不生貪嗔癡，凡夫人確實很難做到，但我們畢竟是阿彌陀佛的追隨者，也要盡量往這個方向努力。總之，只要我們持之以恆地聽聞佛法，努力將所聞之法用於實修，就一定會減少煩惱、增長福慧。

與佛法相比，世間的知識即使學得再多，跟解脫也掛不上鉤。現在漢地和藏地有些法師講經時經常講一些世間的話題，比如怎樣發展經濟、怎樣維護社會穩定、怎樣提升自己的價值……其實講這些沒有大必要。輪迴中的眾生最需要的是什麼法？就是空性和大悲，以空性可以斬斷輪迴的根本，以大悲可以饒益無量的眾生，這

佛說無量壽經廣釋

兩者才是佛法的精髓。如果不強調這些，天天講世間的道理，講得再多又有什麼意義呢？

　　當然，我們有時候也贊同人間佛教，在某些場合也需要隨順眾生。但如果什麼時候都隨順世間：你炒股票也可以，你說妄語也可以，你偷盜也可以，你邪淫也可以……這樣大方向就偏了。有些人說：「佛教一定要隨順世間。佛陀不是說過嘛，世間人怎麼做我也怎麼做。」其實佛陀的本意並非如此。在這個問題上，大家要有正確的認識。雖然佛陀確實這樣說過，但他的真實意思是：世間人有生老病死，我也示現有生老病死，世間人認為「我」存在，我也暫時說「我」存在。也就是說，佛陀在究竟上是無有生老病死的，佛陀的究竟觀點是無我的。所以，在學習佛法的時候，大家一定要懂得佛陀的密意和意趣，要會辨別了義和不了義的觀點。

　　總之，通過每天學習佛法，大家應該對三寶生起信心，對輪迴生起厭煩心，這兩點非常重要，否則修行是不會成功的。當然，一個人對輪迴生起厭煩心以後，可能會對家人看得比較淡，對自己的事業也會有一些影響，但這就是學佛的必然規律。在這個過程中，如果暫時不具備因緣，那麼世出世間法兩方面都要抓，在學佛的同時也要適當地隨順世間；如果到了一定的時候，真能看破放下世間了，就要選擇另一種較高層次的修行生活。

第十七課

前面世尊宣說了阿彌陀佛無量劫以前發願、修行的狀況，聽到這些說法後，阿難產生了一個疑問，於是向世尊提問。

爾時阿難白佛言：世尊，彼法處菩薩成菩提者，為過去耶，為未來耶，為今現在他方世界耶。

這時阿難對佛陀說：世尊，這位法處菩薩成就菩提者，是過去成佛已示現涅槃？是未來成佛？還是如今在他方世界成佛並住世？

其實這個問題很重要。聽到佛陀宣說法處比丘發願、修行的經過後，當時在場的很多人也有這樣的疑惑：如果法處菩薩已經成佛、轉法輪並示現涅槃，他的教期已經結束，與他結緣的眾生已經得到度化，那我們就無法得到他的度化了；如果法處菩薩還沒有成佛，尚未擁有圓滿的度化眾生能力，那我們也不一定能得到度化。到底是什麼情況呢？

在藏文譯本中，阿難問佛陀後，有這樣一段經文：佛告阿難：「彼法處菩薩非過去佛，非未來佛，乃現在佛。」意思是，法處菩薩既不是過去已經出世轉法輪並示現涅槃的佛，也不是像彌勒佛、勝解佛那樣未來出世轉法輪的佛，而是正在住世的佛。

佛告阿難：西方去此十萬億佛剎，彼有世界名曰極樂，法處比丘在彼成佛號無量壽，今現在說法，無量菩薩及聲聞眾恭敬圍繞。

佛陀告訴阿難：從這個娑婆世界往西方經過十萬億個佛剎，那裡有一個世界名叫極樂[105]，法處比丘已經在那裡成佛，他的名號叫無量壽，如今正在住世說法，有無量菩薩聲聞眾恭敬圍繞在他座下。

密宗的續部和論典中經常講到五種圓滿——處圓滿、本師圓滿、眷屬圓滿、法圓滿、時圓滿。這段經文也講了極樂世界的五種圓滿：處圓滿是「西方去此十萬億佛剎，彼有世界名曰極樂」，本師圓滿是「法處比丘在彼成佛，號無量壽」，眷屬圓滿是「無量菩薩聲聞眾恭敬圍繞」，時圓滿是「今現在」，法圓滿是「說法」。

喬美仁波切的《極樂願文》中說：「自此日落之方向，越過無數眾世界，稍許上方聖境處，即是清淨極樂剎。我等肉眼雖未見，自心卻應明然觀。」因此，雖然我們的肉眼看不見，但極樂世界絕對是存在的，大家對此要有堅定的信心。

聽聞淨土法門是需要很大福報的。在《淨土教言》中，麥彭仁波切引用大量教證說明，如果沒有宿世的善

---

[105]《阿彌陀經》中說，因為那裡的器情世界莊嚴無比，凡是往生彼國的眾生身心都極其安樂，所以名為極樂世界。

根和因緣，則今生不可能聽聞阿彌陀佛的名號。善導大師在《往生禮讚偈》中說：「若人無善本，不得聞佛名，憍慢弊懈怠，難以信此法[106]。」《無量壽經》後文中說：「懈怠邪見下劣人，不信如來斯正法，若曾於佛殖眾善，救世之行彼能修。」確實如此，如果沒有宿世的善根，不可能聽聞阿彌陀佛的名號，如果是傲慢、懈怠、邪見等下劣之輩，即便聽到淨土法門也不會生起信心。從這些教證來推斷，在座各位肯定有前世的善根，否則今生不可能遇到這麼殊勝的法門，所以大家理應生起歡喜心，同時也要對淨土法門深信不疑，經常祈禱、頂禮阿彌陀佛，並發願迴向往生極樂世界。

曇鸞法師在《讚阿彌陀佛偈》中說：「現在西方去此界，十萬億剎安樂土，佛世尊號阿彌陀，我願往生歸命禮。」意思是，從我們現在這個世界往西經過十萬億佛剎，有一個世界名叫極樂世界，那裡有一位佛陀名叫阿彌陀，我願意往生他的剎土，為此歸命頂禮阿彌陀佛。大家應該經常按此修行。

諸佛菩薩和歷代傳承上師一再強調，只要以信願行修持淨土法門，就一定能往生極樂世界，所以大家要抓住這三個要點來修行。在信願行中，最關鍵的是信心。我們到底要信什麼呢？

---

[106]這個偈頌應該是從《無量壽經》的康僧鎧譯本提煉出的，如云：「若人無善本，不得聞此經……憍慢弊懈怠，難以信此法。」

首先，要相信極樂世界是存在的。雖然人們無法以肉眼見到極樂世界，天文學家用再先進的儀器也無法發現極樂世界，甚至連小小的銀河系和太陽系都無法完全測知，但依靠佛經的教量，我們可以確信極樂世界是存在的。

其次，要相信雖然極樂世界遠在十萬億世界之外，不可能通過飛機、飛船前往那裡，但依靠心的力量卻可以往生到那裡。心的力量非常大，即便在短暫的時間中憶念阿彌陀佛，也必定能依靠佛陀的願力往生極樂世界。

最後，要相信自己一旦往生極樂世界就再也不會有世間的各種苦惱，能夠與無量菩薩永遠享受大乘妙法的美味。

因此，大家首先要對淨土法門有信心，在此基礎上發願往生極樂世界，然後要恆時憶念阿彌陀佛。

下面講阿彌陀佛的不可思議光明。

阿難，彼佛光明普照佛剎無量無數不可思議。我今略說。光照東方如恆河沙等國土，南西北方四維上下亦復如是。唯除諸佛本願。威神所加悉皆照燭。是諸佛光或有加一尋者，或有加一由旬，乃至億那由他百千由旬光者，或普照佛剎者。

阿難，彼佛光明普照無量無數不可思議佛剎。我今

第十七課

對此略說少分。其光明普照東方如恆河沙數國土，南、西、北、東南、西南、東北、西北、上、下方也是如此。除了有些佛往昔發過願，自己能放光照耀國土以外。在阿彌陀佛威神加持下，其他世界都能被照耀。諸佛的光明各不相同，有的能照射一尋[107]，有的能照射一由旬乃至百千億那由他由旬，有的能普照整個佛剎。

有些佛往昔發過願，因此依靠他們自身的光明就能普照國土，就像房間裡有了燈就再不需要其他燈一樣，在這種情況下就不需要阿彌陀佛放光照射了。阿彌陀佛的光也要節約，他要把節約下來的光照射沒有光明的世界，開玩笑。

佛光不僅是肉眼能看到的光，還包括威神之光和加持之光等無形的光，佛的這些光明是世間任何光明無法比擬的。《雜阿含經》中說：「有三種光明，能照耀世間，晝以日為照，月以照其夜，燈火晝夜照，照彼彼色像，上下及諸方，眾生悉蒙照，人天光明中，佛光明為上。」《大寶積經》中也說：「諸佛不思議，佛光不思議，信者及獲福，亦爾難思議。」

一聽說佛陀的加持不可思議、佛陀的功德不可思議，個別沒緣分的人就嗤之以鼻、不屑一顧，甚至以很不高興的態度說：「你們這些人呀，又開始講神話了。」那天我就遇到一個這樣的人，他那種表情讓人覺

---

[107]古代的一種長度單位，八尺為一尋。

得很可憐，我很想找個機會跟他聊一聊，看他有什麼理由破斥佛教。如果自己不明白的道理都是神話，那可能很多真理都成神話了，這種看問題的方式肯定是不合理的。

聽到佛光的功德後，我擔心有些沒福報的人也會說：「哇，太玄了！太妙了！不要提這些！」其實這些人非常愚癡，為什麼不能提這些？世界上有那麼多不可思議的境界，如果因為自己的智慧跟不上，連提都不讓別人提，那未免也太過分了。現在是21世紀，人們應該有言論自由，任何人都無權控制別人的言論。如果這些人說：「那我也有言論自由，我也可以批評佛教。」請注意：胡說八道不叫言論自由，這叫做言論瘋狂，所謂言論自由，應該是有權利說有道理的語言。

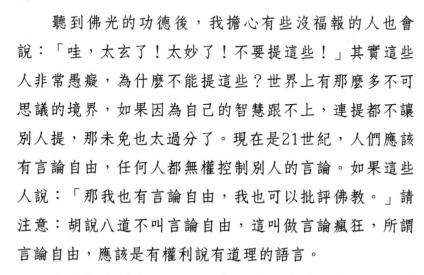

在這個世界上，不承認真理的人就是愚癡者。不管佛教的真理還是世間的真理，我們都應該承認。不僅世間人應該承認佛教的真理，佛教徒也應該承認世間的真理。不過有些佛教徒對很多不得不面對的事情都一概否認：不要做這些，這些沒有意義……可能是他們見識不廣，閱歷不豐富，所以說話特別簡單，根本不加考慮。這樣其實是不合理的，長此以往，不僅對他們個人，對佛教也會產生不良影響。（反過來說，現在有些人看到個別佛教徒的言行不當，就認為所有的佛教徒都是如此，這當然也是不對的。個別人和所有的人應該區分開，不能混為一談。）

阿難，以是義故無量壽佛復有異名，謂無量光、無邊光、無著光、無礙光、光照王端嚴光、愛光、喜光、可觀光、不思議光、無等光、不可稱量光、映蔽日光、映蔽月光、掩奪日月光。[108]

阿難，因為這個原因，無量壽佛又有不同的名稱，所謂無量光、無邊光、無著光、無礙光、光照王端嚴光、愛光、喜光、可觀光、不思議光、無等光、不可稱量光、映蔽日光、映蔽月光、掩奪日月光。

彼之光明清淨廣大，普令眾生身心悅樂，復令一切餘佛剎中天、龍、夜叉、阿修羅等皆得歡悅。

他的光明清淨廣大，能令一切眾生身心愉悅，又能令其他一切佛剎中的天、龍、夜叉、阿修羅等眾生都得到歡悅。

《華嚴經》中說：「眾生遇佛光，離苦永寂滅，悉安隱快樂，歡喜遍充滿。」意思是，眾生遇到佛光後，就會遠離身心的痛苦，獲得永恆的寂滅，一切時處都安隱快樂，歡喜充滿整個身心。為什麼許多佛教徒心情很快樂，沒有什麼煩惱和痛苦？就是因為有佛陀的加持。有些佛教徒即使身體有疾病，生活中有各種壓力，工作中遇到種種不順，但依靠佛陀的加持，他們都有面對的勇氣。我遇到過的很多人都說，如果不是學佛，他們早

---

[108]此處提到了十四個名稱，康僧鎧譯本中有十二個名稱，藏文譯本中有十九個名稱。

就自殺了，自從學佛之後才重新有了生路，才重新有了光明的前途。我想，這就是所謂的佛光普照吧。如果佛法僅僅是一種文字或者理論，佛法的加持不能融入人心，那它不可能吸引這麼多人，不可能有那麼多人從中得到快樂。

　　無論在家信眾還是出家僧人，只要佛法學得比較好，就能將痛苦轉為道用，與不學佛的人相比，他們的內心經常充滿歡喜。我自己也有這樣的體驗：作為一個凡夫人，在生活中經常遇到痛苦（娑婆世界本來就是一個大苦海，泡在苦海裡不可能沒有痛苦），但是和其他人相比，不管是再有錢、有地位、有名聲的人，我這個普通修行人的心態還算是比較快樂的。

　　佛陀的加持的確很不可思議。在沒有任何政策或者規定的情況下，為什麼這麼多人自覺地聚集在一起學習佛法？原因也在於此。前一段時間，我參加了廣東省放生協會組織的放生活動。這個協會的某些人是有一定世間職位的人，他們對我說：「我們主持過許多世間團體的活動，在主持的過程中都感覺特別麻煩，唯獨主持佛教的放生活動感覺很容易，大家都很自覺——或者買生命，或者包車，或者出錢，或者出力，不需要刻意去組織，自然而然就能形成一股合力，做起事情來非常有凝聚力，每次放生以後都感覺特別開心。」我想：這一方面應該是善法的加持，另一方面也是佛陀不可思議的加

第十七課

持所致。

修行人應該善於借助三寶的加持。如果是修行比較好的人，當遇到煩惱痛苦時，通過祈禱上師本尊，所有的煩惱痛苦都會蕩然無存，甚至在面對最可怕的生老病死時，也會有跟其他人截然不同的力量。所以大家不要忘記經常祈禱上師三寶。

《佛本行經》中說：「佛光晝夜三千世，及至一切眾生心。」所以，世間的光只能驅除黑暗，而佛光可以深入一切眾生的心。很多人認為，所謂的光就是肉眼能看到的光。有人說：「太陽和手電筒都有刺眼的光，既然阿彌陀佛的光明無有限量，那我為什麼看不到佛光呢？」其實，光有很多不同的類型，不一定所有的光都能被肉眼看見。雖然肉眼看不到佛光，但它的確是存在的，當它入於眾生的心時，就像陽光照射在雪山上一樣，貪嗔癡等一切煩惱都會徹底消融。

為什麼很多佛教徒經常勸別人皈依三寶、學修佛法？並不是這些人想占有其他眾生，而是因為他們通過學佛深深地體會到：世間是非常痛苦的，想通過其他方式得到快樂非常困難，唯有學佛才能擁有快樂；暫且不談來世的快樂，即便今生的快樂，也只有具足一定佛法境界者才能享受到；而且佛法帶來的快樂遠遠超過金錢、地位等世間的快樂。正因為如此，他們才努力向眾生傳播佛法。

佛說無量壽經廣釋

阿難，我今開示彼佛光明，滿足一劫說不能盡。

阿難，如今我開示阿彌陀佛的光明，如果要詳細宣說，即便滿一個大劫也說之不盡。

既然釋迦牟尼佛在一個大劫中也說不完阿彌陀佛的光明，只能象徵性地略說一些，何況我這樣的凡夫要在短短一個小時中說完，這更是不可能的，所以我也不多說了。

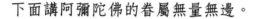

下面講阿彌陀佛的眷屬無量無邊。

復次阿難，彼無量壽如來諸聲聞眾不可稱量知其邊際。

再者阿難，無量壽如來有許多聲聞眷屬，其數量多得不可衡量，誰都無法知道其邊際。

為了讓阿難對這些聲聞的數量有個大概了解，世尊宣說了一個比喻。

假使比丘滿億那由他百千數量，皆如大目揵連神通自在，於晨朝時周歷大千世界，須臾之頃還至本處。

假使有百千億那由他個比丘，這些比丘都像目揵連尊者一樣具足神通自在，能夠於清晨時周遊三千大千世界，須臾之間又回到本處。

目揵連尊者的神通非常不可思議。佛經中記載，佛陀在世時曾出現飢荒，目揵連尊者問佛陀：「世尊，大

地之下有地味，我能以神通將三千大千世界的眾生移到我左手，以右手取出地味遣除飢荒，我可不可以這樣做？」佛陀說：「雖然你有這個能力，但因為眾生沒有福報，取出的地味很快會消失，所以沒必要這樣做。」

在藏文譯本中，這段經文的說法略有差別，藏文中的說法是：假使比丘滿億那由他百千數量，皆如大目犍連神通自在，於一日中能知三千大千世界所有星辰數。

彼經億那由他百千歲數，欲共計算無量壽佛初會之中諸聲聞眾，盡其神力乃至滅度，於百分中不知其一，於千分百千分乃至鄔波尼殺曇分中亦不知其一。

如果這些比丘經過百千萬億那由他年，想共同計算無量壽佛初轉法輪時聲聞眷屬的數量，他們直至滅度之間用盡各自的神通進行計算，對這些聲聞眷屬數量的百分之一都不能了知，甚至連千分之一、十萬分之一乃至鄔波尼殺曇⑩分之一也不能了知。

這麼多神通如目犍連的比丘都無法計算出阿彌陀佛首會聲聞眷屬的數量，所以，一想到極樂世界的狀況，沒有一定信心的凡夫人恐怕難以接受，尤其對大乘佛教一無所知的人更是覺得不可思議。1990年，我去

⑩又作優波尼沙陀分、憂波尼奢分，略稱尼殺曇、尼薩曇。古印度形容極少之數量名稱。《希麟音義》卷一云：「尼殺曇分，梵語，數法之極也，或云優波尼灑陀。《慧苑音義》引《瑜伽大論》譯為微細分。如析一毛以為百分，又析彼一分為百千萬分，又於析分中加前析之，乃至鄰虛，至不可析處，名為鄔波尼殺曇分也。」

佛說無量壽經廣釋

了一趟漢地，回來後跟鄰家的一個老太太聊天。她問我：「聽說你去了漢地，漢地是不是有很多人啊？」我說：「是，有上百萬人口的城市，還有上千萬人口的城市。」她一聽根本不相信：「不可能吧，比我們開會的人還多啊？」這個老太太一輩子連縣城都沒去過，我們那邊開鄉村大會最多幾百個人，所以她怎麼也不相信我說的話。就像這個老太太一樣，聽到佛法的種種境界，有些智慧有限的人也很難相信。

很多人剛學佛時問題特別多，為什麼問題這麼多呢？就是因為他們的心是空空的，佛法對他們來講是一個全新的領域，所以聽到什麼道理都會產生懷疑。如果他們學佛有了一定境界，基本上就能找到所有問題的答案，那時就不會有很多疑問了。有些老闆剛開始沒有很多錢，覺得這也需要那也需要，後來他們做生意發了大財，有了很強的經濟實力，那時就覺得什麼都無所謂，好像沒什麼可希求的；有些不發達國家或者經濟正起步國家的人對錢財特別希求，而發達國家的人對錢財反而沒什麼感覺了。學佛者的心態也有這種變化的過程。

剛接觸到淨土法門時，一聽說無量壽佛有無量無邊的聲聞眷屬，很多人會產生疑惑：會不會有這麼多眷屬啊？無量個像目犍連尊者那樣的比丘在無數時日中都計算不出他們的數量，這怎麼可能呢？凡夫人的心非常小，只能容納有限的所知，無法容納無量無邊的所知，

接受不了這些道理也是很正常的。

為了讓阿難易於了解，世尊又宣說了一個比喻。

阿難，譬如大海深八萬四千由旬，以目極觀不知邊際，若有丈夫析一毛端為五十分，以其一分於大海中沾取一滴，阿難，彼之水滴比於大海何者為多。

阿難，比如有一個既深且廣的大海，大海深八萬四千由旬，以目極眺也無法見到邊際，如果有人將一根毛頭分成五十份，以其中一份在大海中沾一滴水，阿難，這個毛頭上沾的水滴與大海中的水相比哪個多？

阿難白言：假使取千由旬水猶以為少，況以毛端一分而可方之。

阿難回答說：假使從大海中取千由旬深的水，這些水都比整個大海的水少，何況以一毛頭的五十分之一所沾之水所能比擬？

剛才說大海深八萬四千由旬，和八萬四千由旬比起來，千由旬都算少之又少，一根毛的五十分之一所沾取的水就不用說了。這個問題很容易回答，不要說阿難這麼有智慧的人，如果佛陀問我們，我們也會這樣回答。

佛告阿難：假使比丘滿億那由他百千數量皆如大目捷連，經百千億那由他歲皆共算數彼無量壽如來初會聲聞，所知數量如彼毛端一滴之水，餘不測者猶如大海。

⑩藏文譯本中是：「析一毛端為一百分」。

佛說無量壽經廣釋

佛陀告訴阿難：假使有百千億那由他個比丘，他們都像大目犍連一樣具足神通，這些比丘經過百千億那由他年共同計算無量壽如來初會聲聞的數量，他們所知道的數量就像剛才毛端上的一滴水，不知道的數量就像大海中的水。

有些人可能會想：將來我往生極樂世界後，一定要看看阿彌陀佛周圍有多少人。這種想法真的是無法實現的。將來這些人往生極樂世界以後，千萬不要在阿彌陀佛說法的現場站起來一個一個地數：1、2、3、4、5、6、7……這些人應該想想《無量壽經》是怎麼講的，無量個目犍連那樣神通自在的比丘都無法算清楚，自己想得出一個準確的結論，這恐怕是不可能的。有時候看起來，作為一般的凡夫人，確實很難對極樂世界的不可思議產生信心。當然，如果是前世善根深厚的人，也會對這些道理深信不疑。

諸菩薩摩訶薩眾亦復如是，非以算計之所能知。

諸菩薩摩訶薩眾也是如此，他們的數量也不可能以計算所能了知。

和聲聞眷屬一樣，阿彌陀佛的菩薩眷屬也是無量無邊的，無數個目犍連那樣的比丘在無數年裡共同計算，所了知的數量與不了知的數量相比，也像毛端五十分之一所沾之水和大海水的差別一樣。

在《阿彌陀經》中也有類似的說法，如云：「彼佛

有無量無邊聲聞弟子，皆阿羅漢，非是算數之所能知，諸菩薩眾亦復如是。」

通過上面的經文可以看出，極樂世界的團體非常優秀——主尊是阿彌陀佛，眷屬是無量無邊的阿羅漢和菩薩，沒有一個是世間的凡夫。而我們這個世界則不同，很多團體都是由凡夫人組成的——負責人今天頭痛，明天生煩惱；下面的眷屬也是如此，一會兒身體不舒服，一會兒心情不舒服，一會兒跟別人吵架。所以娑婆世界的很多團體是非常麻煩的。而極樂世界的團體不是這樣，那裡的聖者沒有任何痛苦，也從來不會和別人發生衝突。

下面講阿彌陀佛及其眷屬壽命無量無邊。

阿難，彼佛壽命無量無邊，不可知其劫數多少。聲聞菩薩及諸天人壽量亦爾。

阿難，阿彌陀佛的壽命無量無邊，不可能知道其壽命有多少個劫。聲聞菩薩以及諸天人的壽量也是如此。

阿難白佛言：世尊，彼佛出世于今幾時，能得如是無量壽命。

阿難對佛陀說：世尊，阿彌陀佛出世到現在以來有多長時間了？為什麼他能獲得這麼無量的壽命？

佛告阿難：彼佛受生經今十劫。

佛陀告訴阿難：阿彌陀佛誕生到現在以來已經有十

佛說無量壽經廣釋

個大劫了。

　　此處的十個大劫是按照娑婆世界的時間計算的，如果按照極樂世界的時間來計算，那就像《極樂願文》中講的那樣，阿彌陀佛降生以來剛剛經過十天。

　　在今天這堂課中，我們介紹了極樂世界的情世界功德莊嚴，下堂課開始介紹極樂世界的器世界功德莊嚴。

第十七課

第十八課

在講《無量壽經》前，我想跟大家講一個苦樂轉為道用的修心法。這個竅訣是克什米爾班智達釋迦西日傳下來的，它的具體內容過兩天翻譯出來，之前我先憑記憶簡單地講一下。

在生活當中，有時候我們會感受快樂，這種快樂實際上是一種修心的因緣，我們不能放過這個因緣，應該將它用於修心；有時候我們會感受痛苦，這種痛苦也是一種修心的因緣，我們也不能放過這個因緣，應該將它用於修心。那麼具體怎樣修呢？

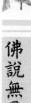

首先要發菩提心。之後，如果你今天很快樂，你就觀察這個快樂者到底是身體還是心：如果說快樂者是身體，可是沒有心的身體不可能感受快樂，否則屍體也可以感受快樂，所以要放棄快樂者是身體的觀點，應該認識到快樂者是心。

既然快樂者是心，接著觀察這顆快樂的心是什麼顏色、什麼形狀、本體為何。當觀察的時候就會發現，這顆心就像虛空一樣無來、無住、無去，無有任何本體。當自己完全明白　心不存在時，就在心無所有的狀態中悠然安住，此時無有任何執著。這是獲得清淨法身果位的方便。

從安住中出定以後，依然不離開心無所有的境界，

並將這顆快樂的心與自己的本尊觀為一體。比如你的本尊是文殊菩薩，就要將心與文殊菩薩觀為無二無別⑪。這是獲得度化清淨所化眾生之報身果位的方便。

之後在不離開這種佛慢⑫的狀態下，念誦三遍「遇樂迴向諸善根，利樂周遍虛空界」，將自己的快樂迴向給一切眾生。這是獲得度化不清淨所化眾生之化身果位的方便。以上是快樂轉為道用的修心法。

如果在生活中遇到痛苦，觀修的方法也一樣。首先發菩提心，接著觀察痛苦者是身體還是心：痛苦者不可能是身體，因為沒有心的身體無法感受痛苦，就像屍體不可能感受痛苦一樣，所以要放棄痛苦者是身體的觀點，應該認識到痛苦者是心。

既然痛苦者是心，接著就觀察這顆痛苦的心是什麼顏色、什麼形狀、體性為何。當觀察的時候就會發現，這顆心就像虛空一樣無來、無住、無去，無有任何本體，隨後在心無所有的狀態中悠然安住。這是獲得清淨法身果位的方便。

出定以後不離開心無所有的境界，並將這顆痛苦的心與自己的本尊觀為無二無別。這是獲得度化清淨所化眾生之報身果位的方便。

最後在不離這種佛慢的狀態下，念誦三遍「遇苦代

第十八課

---

⑪了義的文殊菩薩實際上就是明空無二的心性。
⑫佛慢：密乘行人認知自己本來就是本尊的見解，此雖以「慢」名之，實為清淨的智慧，不同於凡夫煩惱體性之我慢。

受一切苦，但願苦海皆乾涸」，觀想以自己的痛苦取代所有眾生的痛苦。這是獲得度化不清淨所化眾生之化身果位的方便。

這個修心法非常深奧，我在這裡只是簡單地提一下，希望今後在修行過程中大家能運用這個竅訣，將一切苦樂轉為菩提的道用。

下面進入今天的正題。學習淨土法門以後，大家一定要抓緊時間修行。現在我們獲得了這麼好的人身，如果這個時候沒有好好修行，一旦死亡來臨就很難解脫了。我們不要指望死亡來臨或者身患絕症時才念修阿彌陀佛，臨時抱佛腳是來不及的。

有時候看到身邊的很多因緣，我總覺得人生就這麼幾十年，無常很快就會到來。明朝有位一元法師，他在《西方詠》中說：「西方急急早修持，生死無常不可期，窗外日光彈指過，為人能有幾多時？」意思是，我們應該趁早修持往生西方淨土之法，否則生死無常何時到來是不可預期的，窗外的日光彈指間就過去了，人生在世能有多少時間呢？既然無常如此迅速，誰都無法肯定自己能在世上活多少年，所以每個人都應該儘早修行淨土法，不要「明日復明日，明日何其多」。如果一直把修行往後拖延，等死亡到來時才醒悟：原來生前忙碌的一切都將一無所有，什麼樣的欲妙都帶不走。那時後

悔就來不及了。

《佛名經》中說：「死苦一至，無問老少，貧富貴賤，皆悉摩滅。」確實如此，當死亡的魔軍到來之時，他們不會問你是年老或者年輕、貧窮或者富裕、高貴或者低賤、脆弱或者堅強，所有的眾生都只有死路一條。所以，死亡對每個人都是無法迴避的。但我們光是恐怖死亡也沒有用。很多人在臨死時大聲呼救：「我要死了，該怎麼辦哪？」但誰都沒有辦法救他們——醫生沒有辦法，父母沒有辦法，親友沒有辦法，甚至上師也沒有辦法。唯一的辦法是什麼？就是平時多行持善法。

佛陀在《起世經》中說：「人間壽命，極成短促。少時在世，宜修諸善。轉至後世，便得安樂。」因此，想以其他方法獲得快樂很困難，只有今生精進行持善法，來世才會獲得快樂。但修行不能等死亡到來那一天，應該趁年輕時就開始修行。世間很多人整天為了家庭、工作而忙碌，一直把修行往後推，等到他們白髮蒼蒼時，即使想修行也來不及了，結果臨終時特別遺憾：「唉，如果我早一點修行多好啊！可是現在已經來不及了，自己成了即將落山的夕陽了，沒有時間修行了！」因此，我們遇到佛法後一定要早日修行，一輩子盡心盡力修持善法，從各方面結上解脫的善緣，這樣臨終才有解脫的把握。

當然，一個人遇到佛法後能否得到真實利益，這與

第十八課

自己的信心也有很大關係。如果人沒有信心，即使遇到佛法也無濟於事；如果有信心，縱然不一定很快成佛，也有了入於佛法大海的機會。《大智度論》中說：「人有信者，雖未作佛，以信力故，能入佛法。」在座諸位應該就是這樣吧，即身成佛、明心見性對自己來講可能比較遙遠，但即生中遇到這麼好的佛法，只要自己有堅固的信心，也會有深入佛法、得受利益的機會。

我在北京一所大學演講時，有一個對外經濟貿易大學的學生問我：「您如何平衡弘法利生和個人修行之間的關係？」我回答說：「我不敢說什麼弘法利生，但自己平時總覺得：能遇到大乘佛法和上師，這是一輩子最有價值的事。所以我對自己有個要求：我要盡己所能地傳播佛教的思想，就算把佛法傳給十個、五個甚至一個人，也要去努力。我總覺得即生中能遇到佛法的確非常難得，自己還是很有福氣的。這不是口頭上說說，可以說是發自內心的想法。」

此次聽聞《無量壽經》的諸位也是如此，不管通過網絡、光盤還是在現場聽法的人，應該說都是很有福報的。雖然我這個傳法者是地地道道的凡夫，可是我傳講的卻是非常純淨、極為珍貴的佛法，聽聞這樣的佛法特別難得，所以諸位應該有珍惜之心。

《往生禮讚偈》中說：「佛世甚難值，人有信慧難，遇聞希有法，此復最為難。」意思是，值遇佛陀出

317

世難得，具足信心和智慧也難得，但最為難得的就是聽聞佛法。對於這個道理，大家要有深刻的認識。

我認識很多佛教徒，他們多年來一直不斷地學習佛法，對他們來講學習佛法已經成了生命中的重要部分。我本人也是如此，雖然這輩子自己有很多事情可以做，但我覺得學習佛法是最有意義的事情，不僅對今生有意義，乃至對生生世世都有意義，不僅對自己有意義，乃至對無量眾生都有意義，所以我放棄了其他很多事情，唯一學習佛法、弘揚佛法。

我在課堂上講了這些後，大家可能都想認真學習佛法，但一個人能否長期遨遊於佛法的大海中，還要看自己的信心和智慧，尤其要看自己的福報。如果一個人福報比較不錯，他就會有長期聞思修行的機會；如果一個人福報不大，剛開始他的信心、智慧也許很不錯，可是遇到違緣時就會將聞思修行拋之腦後。在如今這個末法時代，此類現象可謂司空見慣、比比皆是。因此，大家應該經常祈禱上師三寶：願我生生世世具足聞思修行佛法的福報！

當然，學佛要想成功，一方面前世的福報很重要，另一方面即生的因緣也很重要。當好的因緣具足的時候，即便很一般的凡夫人，也會在聞思修行上有所建樹。比如我是一個有福報的人，再加上遇到的都是好上師、好道友，也就是說引導我的都是好人，我的聞思修

行自然會一直往上走；如果我沒有福報，各方面的因緣又不好，遇到的都是邪知邪見者，那我的聞思修行肯定會遇到挫折，最終只有趨向黑暗。因此，大家也要經常祈禱上師三寶：願我自然而然集聚善法方面的因緣，自然而然遠離惡法方面的因緣！下面繼續講《無量壽經》。

復次阿難，彼極樂界無量功德具足莊嚴，國土豐稔天人熾盛，志意和適常得安隱，無有地獄畜生及琰魔王界。

再者阿難，極樂世界具足無量的功德莊嚴，國土極其富饒，人天眾生熾盛，那裡的眾生志意和適，恆常安隱快樂[113]，沒有地獄、畜生、餓鬼界眾生。

這段經文講了兩方面的內容：一是極樂世界器世界的功德莊嚴，即整個國土豐稔，一切財富圓滿具足；二是極樂世界情世界的功德莊嚴，即人天眾生眾多，而且他們思想相合，恆時感受快樂，不像娑婆世界的眾生一樣，一會兒痛苦，一會兒煩惱。而且那裡沒有任何惡趣眾生，沒有寒地獄、熱地獄等地獄眾生，沒有旁生眾生（除了阿彌陀佛化現的鸚鵡、白鶴等鳥類以外），沒有空遊餓鬼、特障餓鬼、內障餓鬼等餓鬼眾生，也沒有阿修羅等無暇眾生。

---

[113]安隱：即安穩。

有種種香周遍芬馥，種種妙花亦皆充滿。

極樂世界有栴檀香、花香等種種妙香，處處洋溢著芬芳的氣息，蓮花、睡蓮、優曇花等種種妙花也充滿整個國土。

有七寶幢周布行列，其寶幢上懸諸幡蓋及眾寶鈴，具足百千諸妙雜色。

極樂世界有許多七寶幢，這些寶幢到處縱橫排列，上面懸掛著眾多幡蓋以及寶鈴，這些飾品具足百千種顏色。

有些來學院參觀的人說：「你們學院的經堂和佛堂裡面白、紅、藍什麼顏色都有，感覺太雜了，太豔了。」這種想法純屬世間的分別念。佛教的建築和用品上之所以有五顏六色的色彩，這一方面是一種莊嚴，另一方面對於將來現前淨土的莊嚴也有密切關係。

下面介紹極樂世界的七寶樹。

阿難，彼如來國多諸寶樹。或純黃金、白銀、琉璃、頗梨、赤珠、馬瑙、玉樹，唯一寶成不雜餘寶。

阿難，阿彌陀佛的國土中有許多珍寶樹。或有純黃金、白銀、琉璃、頗梨⑭、赤珠⑮、瑪瑙⑯、玉所成之樹，唯以一種珍寶而成，不夾雜其餘的珍寶。

---

⑭不是世間的玻璃，而是水晶。
⑮紅珍珠。
⑯有些論典中說，因為這種珍寶顏色像馬瑙，所以又名馬瑙。

在往生極樂世界的四種因裡，第一個就是明觀福田，即觀想極樂世界、阿彌陀佛及其眷屬的功德莊嚴。以明觀器世界來說，一定要觀想極樂世界的各種莊嚴：一會兒觀想八功德水，一會兒觀想無量殿，一會兒觀想七寶樹……因此，在觀想之前了解這方面的道理非常重要。除了本經中所說的以外，在《觀經》中對極樂世界的莊嚴也有詳細描述，大家課後可以參閱。

關於極樂世界的七寶，我以前在講《阿彌陀經》時也說過，各個經典中的說法有所不同。僅就這部《無量壽經》而言，各個譯本的說法也不盡相同。如康僧鎧譯本中說是黃金、白銀、琉璃、玻璃（即頗梨）、珊瑚、瑪瑙、硨磲（無赤珠、玉）。我們這次學習的是唐譯本，所以要以這個譯本的說法為準。

經文中說：「唯一寶成，不雜餘寶」，意思是，極樂世界的有些寶樹是用一種寶做成的。比如金樹，它的樹根、樹莖、樹枝、樹葉、樹花、樹果都是金子的，不夾雜其他的珍寶。現在有些公司開業時在門口擺幾棵金燦燦的大樹，但這些樹只是表面上包了一層金，雖然看起來是金樹，實際上是假的。如果真要全用金子做，恐怕他們不一定有這個財力。除了金子的樹以外，還有銀子樹、瑪瑙樹、水晶樹、紅珍珠樹等，總之，在極樂世界，有非常多的由一種珍寶所成的樹。

佛說無量壽經廣釋

或以二寶乃至七寶莊嚴。

（有些寶樹）以二種珍寶乃至七種珍寶所成。

除了一種珍寶所成的樹以外，極樂世界還有二種、三種乃至七種珍寶所成的樹。剛才介紹了一寶所成的樹，下面介紹多種珍寶所成的樹，首先是兩種珍寶所成的樹。

阿難，彼金為樹者，以金為根莖，白銀為葉及以花果。

阿難，所謂黃金為樹者，以黃金為樹根、樹莖，以白銀為樹葉以及樹花、樹果。

白銀之樹，銀為根莖，黃金為葉及以花果。

所謂白銀之樹，以白銀為樹根、樹莖，以黃金為樹葉以及樹花、樹果。

馬瑙之樹，馬瑙根莖，美玉為葉及以花果。

所謂瑪瑙之樹，以瑪瑙為樹根、樹莖，以美玉為樹葉以及樹花、樹果。

美玉樹者，玉為根莖，七寶為葉及諸花果。

所謂美玉之樹，以美玉為樹根、樹莖，以七寶中的其他一種為樹葉以及樹花、樹果。

以上略舉了幾類兩種珍寶所成的樹，實際上二寶所成的樹還有很多。

此處說「七寶為葉及諸花果」，其實不說「七」，用「他寶為葉及諸花果」表述可能更好。因為根據前面

的經文，這裡不是在講由七種珍寶所成的樹，應該是在講二種珍寶所成的樹。在藏文譯本中，此處的表述方式就略有不同。

上面介紹了一種、兩種珍寶所成的樹，而對於三種、四種、五種、六種珍寶所成的樹，經中並沒有具體說明，只是用「（二寶）乃至（七寶莊嚴）」省略而過。下面是七種珍寶所成的樹。

或有金樹，黃金為根，白銀為莖，琉璃為枝，頗梨為條，赤珠為葉，馬瑙為花，美玉為果。

或有金樹，以黃金為樹根，白銀為樹莖，琉璃為樹枝，頗梨為樹條，赤珠為樹葉，瑪瑙為樹花，美玉為樹果。

極樂世界的一棵樹上都具足了七寶，所以有時候看起來，我們這個世界跟極樂世界真的沒法相比。在我們這個世界，有些人的脖子上或者手上戴了一點點黃金、白銀等飾品，人們都覺得這個人福報特別大：「哇！你看她脖子上有金項鏈，她肯定是很有福報的人！」有些人稍微有一點裝飾品，自己也認為很了不起，神態表情跟別人都不同。不過現在也有相反的現象——越有錢的人看起來穿戴越平凡，所以一般也看不出到底誰是有錢人。而在上世紀七八十年代，一個人只要稍微有一點錢，馬上就要在身上露出來。總之，娑婆世界雖然有七寶，可是七寶非常稀少，如果某人家有一塊金子，這家

佛說無量壽經廣釋

人會特別執著，一直藏在保險櫃裡。而極樂世界則不同，依靠阿彌陀佛的願力和往生者的福德力，那裡到處都是七寶，甚至樹都是七寶的，所有那裡的眾生不會覺得七寶非常稀有。

或有銀樹，以銀為根，黃金為莖，餘枝果等飾同金樹。

或有銀樹，以白銀為樹根，黃金為樹莖，其餘樹枝、樹花、樹果的裝飾和金樹相同。（即以琉璃為樹枝，頗梨為樹條，赤珠為樹葉，瑪瑙為樹花，美玉為樹果。）

琉璃樹者，琉璃為根，黃金為莖，白銀為枝，頗梨為條，赤珠為葉，馬瑙為花，美玉為果。

所謂琉璃樹者，以琉璃為樹根，黃金為樹莖，白銀為樹枝，頗梨為樹條，赤珠為樹葉，瑪瑙為樹花，美玉為樹果。

頗梨、真珠、馬瑙等樹，諸寶裝飾皆若琉璃。復有玉樹，玉為其根，黃金為莖，白銀為枝，琉璃為條，頗梨為葉，赤珠為花，馬瑙為果。

又有頗梨、珍珠（即赤珠）、瑪瑙等樹，所裝飾的珍寶都與琉璃樹相同。此外還有玉樹，以美玉為樹根，黃金為樹莖，白銀為樹枝，琉璃為樹條，頗梨為樹葉，赤珠為樹花，瑪瑙為樹果。

從這些經文可以看出，極樂世界的每種珍寶都可用於不同的方面：有時候做樹花，有時候做樹根，有時候

做樹莖……現在有些搞設計的人思路很狹隘，布置會場永遠是一種方式，其實這些人如果真要搞好設計，就應該將極樂世界的莊嚴作為參考的藍本。當然，一聽說樹根是白銀的，樹莖、樹枝又是其他不同的材料所成，有些沒福報的人可能又會覺得太雜了、太豔了、不好看。所以沒福報的人總是什麼都看不慣。但不管這些人怎麼認為，在極樂世界等具足福報的剎土，確實有七寶所成的樹。

復有無量摩尼珠等寶莊嚴樹周遍其國，是諸寶樹光輝赫奕世無能比，以七寶羅網而覆其上，其網柔軟如兜羅綿⑪。

又有無量摩尼寶等珍寶莊嚴之樹周遍於整個極樂國土，這些寶樹光輝燦爛，世上任何樹都無法與之相比，以七寶羅網覆蓋其上，這些寶網就像兜羅綿一樣非常柔軟。

極樂世界的寶網非常稀有，它們不像世間有些網一樣粗糙不可愛，而是像兜羅綿一樣極其柔軟，只要接觸、見到甚至憶念這些寶網，都會感受無比的快樂。

與極樂世界相比，娑婆世界的很多外緣都是讓人們產生煩惱之因。比如你去了一個地方，這個地方也許會給你帶來傷感；又比如你接觸了一個人，這個人的言行舉止也許會讓你痛苦半天；或者你遇到了什麼事情，這

⑪兜羅為樹名，兜羅綿即兜羅樹所生之綿，此棉極其輕柔。

也可能讓你心灰意冷。尤其現在大城市的生活壓力越來越大，也給人們帶來了很多痛苦。前一段時間，我在某城市去一個素菜館，那個餐館的地下停車場有三層，每一層面積都特別大，可是我們在下面轉了半天一直找不到停車的地方。我們先在最上面一層轉了半天，結果發現所有的車位都滿了；然後我們到第二層，轉了半天還是沒有找到車位；最後到了第三層，也許是三寶的加持吧，好不容易有一輛車開了出來，就這樣才停好車。然後我們上電梯去餐館，可是乘電梯的人也特別多，等了半天才擠上電梯。最後進了餐廳，吃飯的人也特別多，又等了半天才吃上飯。在大城市裡，吃一頓飯壓力都這麼大。所以有時候看起來，還是深山裡的修行人好，生活自由自在，沒有任何壓力。

　　娑婆世界有很多生存的壓力，而且現在壓力越來越大。拿買車來說，沒有車的人心裡很痛苦：現在人人都有車，甚至比我窮的人都買車了，我為什麼不買車？我一定要買車！於是一狠心買了車。可是隨之又有了新的痛苦：首先要養車；然後停車的地方又很難找；最後開車時又經常遇到堵車，路上所有的車一動不動，自己一直在車上乾等……這就是娑婆世界的苦態。

　　復次阿難，無量壽佛有菩提樹[118]**，高十六億由旬，枝葉垂布八億由旬，樹本隆起高五千由旬，周**

⑱《極樂願文》中說，阿彌陀佛背靠菩提樹而坐。

326

圓亦爾，其條葉花果常有無量百千種種妙色。

再者阿難，無量壽佛有菩提樹，樹高十六億由旬，枝葉垂布八億由旬，樹根在地面隆起高五千由旬，樹根方圓也達到五千由旬，這棵菩提樹的條、葉、花、果有無量百千種妙色。

及諸珍寶殊勝莊嚴，謂月光摩尼寶、釋迦毗楞伽寶、心王摩尼寶、海乘流注摩尼寶，光輝遍照超過人天。[119]

這棵菩提樹以各種殊勝的珍寶莊嚴，所謂月光摩尼寶、釋迦毗楞伽寶、心王摩尼寶、海乘流注摩尼寶等，這些摩尼寶光輝遍照，超過人天一切光明。

於其樹上有諸金鎖垂寶瓔珞周遍莊嚴，謂盧遮迦寶、末瑳寶及赤白青色真珠等寶以為瓔珞。有師子雲聚寶等以為其鎖飾諸寶柱。又以純金真珠雜寶鈴鐸以為其網，莊嚴寶鎖彌覆其上，以頗梨萬字半月寶等互相映飾。

這棵樹上有諸多掛著珍寶瓔珞的金鎖周遍莊嚴，這些瓔珞以盧遮迦寶、末瑳寶以及紅、白、青色的珍珠做成。又有獅子雲聚寶等做成的鎖所裝飾的寶柱[120]，柱子上方有以純金、珍珠以及雜寶所成的鈴鐸之網，網上又以莊嚴的寶鎖覆蓋，並以頗梨萬字、半月寶等互相映飾。

---

[119]這段經文在藏文譯本中沒有，在漢文其他有些譯本中也沒有。
[120]有些經中說，阿彌陀佛的四周有寶柱，柱頂覆蓋著寶網。

佛說無量壽經廣釋

所謂的「萬」字，就是佛陀心口的「卍」。對於「卍」的譯法，古來有數種不同：玄奘和鳩摩羅什譯為「德」字，菩提流志則譯為「萬」字，表示功德圓滿之意。

除了佛教以外，印度教中也有這個標誌，根據某些人考據，這個標誌來源於印度教，已經有五千年以上的歷史，在印度教中這個記號象徵著幸運、梵天或者輪迴。不僅佛教和印度教使用這個標誌，甚至希特勒的納粹黨也用這個標誌[121]。前一段時間，英國王子哈里戴著納粹標誌參加化妝舞會，結果在歐洲引起很多人不滿，他們說這是恐怖的象徵。後來這些人的話又引起印度教徒的不滿，他們抗議說：「這是我們宗教的象徵，並不是恐怖的象徵。」

實際上，「萬」這個標誌來源於佛教，《阿含經》中說，佛陀的胸間具有「卍」，《般若經》中說，佛陀的手、足上具有「卍」，還有些經典中說佛陀的頂上有「卍」。

自古以來，「萬」就有右旋（卍）和左旋（卍）等不同說法，許多人也眾說紛紜，現在右旋和左旋都在使用。我以前看過這方面的一些書。藏地有一種說法，說佛教的「萬」字是右旋的，苯波教的「萬」字是左旋的，不過雖然有這樣的說法，但好像沒有真實的依據。

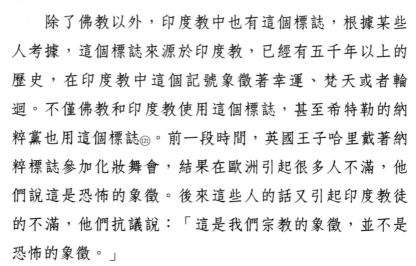

第十八課

---

[121]但佛教用的是正方形的卍，而納粹黨用的是斜45度的卍。

微風吹動出種種聲，令千世界諸眾生等隨樂差別於甚深法證無生忍。阿難，彼千世界諸有情等聞此音已住不退轉無上菩提，及無量無數有情得無生法忍。

在微風吹動下，這些珍寶飾品發出種種妙音，令千世界的眾生隨各自根機、意樂差別於甚深法門證得無生忍。阿難，那些千世界的有情聽到這些妙音後於無上菩提住於不退轉，又有無量有情聽到這些聲音後證得無生法忍。

在佛法中，有許多具有非常甚深緣起的聲音。比如佛塔上的鈴聲、鐘鼓等法器的聲音，表面上看來這是一般的聲音，但實際上它們能在聞者相續中播下解脫的種子，一旦因緣成熟時就可以獲得解脫。不僅聲音，氣味也是如此，比如有些供養佛菩薩的薰香、布施餓鬼眾生的焦煙，眾生聞到後能得到利益和滿足。

佛陀在許多經典裡開示了許多利用聲音、氣味來積累資糧的方便法，如今諸位獲得了人身，要依靠這些方便來行持善法、積累資糧，也要依靠這些方便法來利益自己身邊有形和無形的眾生。比如佛教有一些施食儀軌，通過這種佛事能讓無量的鬼神得到利益，有時候作這些佛事是很有必要的。

其實鬼神確實是存在的。今天我看到一所學校的保安拍攝到的非人照片，我看了以後都很害怕。那個保安說，剛看到非人時他感覺身體有點麻木，但他堅持著用

佛說無量壽經廣釋

手機將非人拍了下來，事後他馬上就病倒了。按無神論的觀點，鬼神是沒有的，但事實並非如此。有些人今天做了惡夢，第二天感覺不舒服，這很可能就是鬼神在作祟。如果這些人作一些佛事，為鬼神念經迴向，令它們滿足，也許違緣馬上就會消失。雖然佛教並不是世間的鬼神教，我們也不能神神道道的，天天忙於搞佛事，一點不聞思修行，但偶爾也需要通過佛法的方便來利益鬼神，這也是保護自己的方法。佛經中說，有時候要布施自己的身體，有時候要保護自己的身體，這些都是針對不同的場合宣說的。為什麼我們要經常學習佛法，就是因為如果不學習佛法，很多取捨的道理都不會明白。總之，該保護身體的時候要保護，該捨棄身體的時候（即有了能夠捨棄的境界時）要捨棄。大家應該清楚這些道理。

第十八課

第十九課

在《大寶積經‧無量壽如來會》中，佛陀詳細宣講了阿彌陀佛的四十八願以及極樂世界的功德莊嚴。明白這些道理之後，大家要生起信心和歡喜心，進而認真修持淨土法門。

佛法非常難得，大家每時每刻都要有這種難得之心。我經常這樣想：佛法不僅是自己得到就可以了，現在已經是21世紀了，在這個特殊的時代，每個佛教徒都要有弘揚佛法、利益眾生的發心，這種發心是不可缺少的。大家應該清楚：所謂的弘法利生，這並非個別高僧大德的責任，無論你是什麼樣的身分，每個人對此都有一份責任！

在有生之年裡，大家一方面要盡心盡力地學修佛法，另一方面要盡心盡力地弘法利生。我覺得這兩點對大乘佛子非常重要。首先，如果我們沒有好好學修佛法，那人的生命不可能長存，到頭來就會虛度寶貴的生命。《大莊嚴論經》中說：「人身如電光，暫發不久停，雖復得人身，危脆不可保。」意思是，人身就像閃電一樣短暫，即使得到人身也極其脆弱，不可能保持很長時間。所以，從我們自身解脫的角度來講，精進學修佛法很重要。

其次，如果光是自己學修佛法，天天都是想著自己

佛說無量壽經廣釋

的成就，從來沒有想過讓其他眾生分享這麼好的佛法，這也是不負責任的態度。大家不要有這種觀念：只有某上師或者法師才能弘揚佛法，我們這些人不可能弘揚佛法。如果每個人都是這種想法，恐怕佛法在很多地方就沒辦法弘揚開了，因為現在不可能有法師二三十年一直待在某個地方弘法。

以前我有這樣的想法：今後我應該到漢地各個城市，今天在這裡講課，明天在那裡講課，把自己的一生奉獻給弘揚佛法。但後來我認識到，一個人的力量畢竟很微弱，單靠自己弘揚佛法是遠遠不夠的。所以現在我的想法是：我應該發動各個地方的人，讓每個人都產生弘法的自覺性，讓每個地方都有一團智慧的火焰，這樣的話，火光所及之處的無明黑暗就都能得以遣除了。

如果僅僅靠出家人弘法，那不要說我一個人，即使將我們學院的出家人都分散到各地，這也沒辦法廣弘佛法。現在出家人本來就越來越少，而且老一輩的法師紛紛示現圓寂，年輕一輩的法師又沒有成長起來，所以完全指望出家人弘法是很困難的。很多剛出家的人連佛教的基礎都沒有，加上現在網絡、電視、手機等令人眼花繚亂的外境特別多，這些年輕僧人內在的修證不夠，心很容易被外境所轉，再加上又沒有前世的因緣，所以很難真正在各地弘揚佛法。即使出去講經說法，最多也只能「紅」一兩年，然後就沒有力量了。

在這種情況下，我們應該採用另一種辦法來弘揚佛法——各地的居士要組織起來，採用團體方式學習佛法。這就是當前最好的弘法方式。所以我希望各地的居士多建立學佛小組，也希望有人能提供學習的道場。如果在某個城市裡，有人能把自己的住宅作為大眾聞思修行的場所，實際上他的家就成了一所寺院。修建寺院的目的是什麼？就是傳播佛陀的精神。既然你的家能起到傳播佛法的作用，那不管有多少人在裡面學習，二十個、十個乃至兩三個人都行，你的家就成了真正的寺院。從這個角度來說，給大家提供聞思修行的場所和修建一座寺院，二者的功德是一模一樣的。總而言之，每個人都要為弘揚佛法做出應有的貢獻，有財富的人應該出財富，有能力的人應該出能力，有智慧的人應該出智慧。

佛說無量壽經廣釋

現在人們常說，當前社會的主導力量是官、商、學，這三者相當於一個三腳架，對社會產生著最主要的影響。換句話說，官員、商人、學者的思想就是社會的主流思想。在這種情況下，弘揚佛法就要重點針對這三種人，既要對官員傳授佛法，也要對商人傳授佛法，尤其要對知識分子傳授佛法。如果這三個階層的人對佛法有所了解，那麼佛法就有希望在社會上弘揚開了。

現在我們弘揚佛法的方法不能像古代那樣。古人基本上過著分散的生活，以前的農民自己種莊稼，吃自產

的糧食，和其他人沒有很密切的聯繫。但現在的社會已經完全變了，拿吃的食品來說，首先要從地裡種出來，其次在食品廠裡加工，然後拿到市場上銷售，在這些過程中都要牽涉到集體的合作，只有最後吃的時候才是純個人的行為。穿的衣服、用的物品也是如此，都牽涉到集體的合作。因此，在這樣的時代，弘揚佛法也要結合實際，否則就會被時代淘汰。

　　佛法怎樣才能繼續生存在人類的思想中？每個對佛教有責任心的人都應該在這方面思索。經過一番思索，我們便不難發現，只有在各地採取學佛小組的形式，有組織、有管理地進行聞思修行，這才是延續佛法的最好方式。在這樣的弘法方式下，我們就需要多方面的發心人員。在此過程中，每個發心人員都是弘揚佛法的一員。比如一個人在弘法部門打字，表面上他只是打打字，他可能也會懷疑：我這樣算不算弘揚佛法？實際上，這完全是在弘揚佛法。再比如我今天講一堂課，如果沒有很多發心人員的共同努力，學院內外不可能有那麼多人聽到，正是依靠很多發心人員的努力，才能讓很多人聽受。所以，這些發心人員都可以說是弘法利生者，他們發心的功德跟我講經說法的功德沒有兩樣。

　　不過，雖然發心如此重要，可是個別佛教徒卻缺乏發心的熱情。有些人雖然不完全拒絕發心，但只願意在有出頭露面機會、能得到別人認可的情況下發心，對於

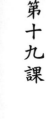

第十九課

334

默默無聞地做事情則沒有興趣。我覺得這樣不是很好。對於大乘佛教徒來說，以清淨的意樂從事弘揚佛法和利益眾生是不可缺少的。不管你年輕還是年老，有財富還是沒財富，有學問還是沒有學問，既然已經受過菩薩戒、學過大乘佛法，就應該在力所能及的範圍內無條件地為佛法發心，而且，應該長期發心，不能一天兩天短暫發心。

從總體上看，我覺得現在我們弘法的效果是很好的：很多地方的佛友都在有組織地學習佛法，課前課後的念誦也很如法，通過學習佛法，大家也明白了很多佛理，不像以前那樣對佛教是一種迷信的狀態。其實，如果佛教徒都是迷信的狀態，那佛教就不可能在世間長存了。為什麼呢？因為你所說的語言、所做的事情既不符合真理，也不符合人們的正常思維，剛開始也許人們覺得你這樣的神神道道有點稀有，但最終人們會看不慣的。所以，我們說話做事應該依循佛陀的慈悲和智慧，這樣一方面世間人沒辦法破斥我們，另一方面原來誤解佛教的人也會理解甚至通達佛法，原來不信佛的人也會被逐漸引入佛教。從世間角度來講，這對世界的和諧是一個大貢獻；從出世間角度來講，很多深陷輪迴的可憐眾生也有了解脫的機會，哪怕在一個人的相續中播下一點善根，最終善根成熟時也一定會解脫，這個功德也是無法用語言描述的。

佛說無量壽經廣釋

回到前面的話題：依靠誰才能讓佛法如意寶長期存留於世間呢？要依靠大家的共同努力。在家佛友們不能想：你是堪布，你是活佛，你是出家人，只有你們才能弘揚佛法。我剛才也說了，要完全靠出家人弘揚佛法，在現在這個時代確實有點困難，所以居士們也應該承擔起弘揚佛法的責任。其實居士完全可以弘揚佛法，在藏傳佛教中，阿底峽尊者最得力的弟子仲敦巴是居士，薩迦五祖中前三祖也是居士；在漢傳佛教中，有黃念祖、李炳南、郭元興等居士大德，他們對佛教也作出了非常大的貢獻。所以在家佛友們要有弘揚佛法的發心。

現在各個地方都有一些居士團體，這些團體的佛友們應該在無有自私自利心的前提下承擔起弘揚佛法的重擔。只要不是利用佛教來養活自己，不是利用佛教搞自己的世間法，居士弘揚佛法沒什麼不可以的。如果是把佛教作為謀取私利的工具，不論在家人還是出家人都是不合理的；如果沒有這樣的不良心態，誰都有資格弘揚佛法。

如今各地都建立了菩提學會，這就有了弘揚佛法的良好因緣。我希望各地的佛友們不要總是依靠管理人員天天督促，要自覺地參與到弘法工作中。其實到了一定時候，各地的學會應該自行運轉，這樣才比較好。就像世間的一個企業，剛開始需要老闆開創，但是到一定時候這個企業就可以自行運轉了，企業自身就可以盈利養

活員工，那時老闆就不需要事事操心了，他就可以到處遊玩了。我們的學會也是如此，剛建立時主要依靠管理人員，但到一定時候就不能依賴管理人員了，每個學員都應該發一份心。這樣的話，佛教的事業就能遍地開花。這不僅對眾生有利益，對自身也有極大的意義。

下面開始講《無量壽經》。昨天講到了極樂世界的菩提樹，今天繼續介紹菩提樹的功德。

復次阿難，若有眾生見菩提樹，聞聲嗅香，嘗其果味，觸其光影，念樹功德，由此因緣乃至涅槃五根[122]無患心無散亂，皆於阿耨多羅三藐三菩提得不退轉。

再者阿難，如果有眾生見到菩提樹，聽到樹上鈴鐺、瓔珞、金鎖的聲音，嗅到樹花的香氣，嘗到樹果的美味，觸到樹的光影，憶念樹的功德，以這些因緣，乃至獲得涅槃期間，他們的五根無有過患，內心無有散亂，都於阿耨多羅三藐三菩提獲得不退轉。

在我們這個世間，眼耳鼻舌身意緣色聲香味觸法後，只會產生煩惱和痛苦。不管看到的色法、聽到的聲音、嗅到的香味、嘗到的味道還是觸到的東西，始終會給人們帶來不快樂。現在很多人整天悶悶不樂，原因是什麼呢？一方面是內在修行的力量薄弱，另一方面就是

[122]康僧鎧譯本中說是六根。

外境太惡濁了，以這兩個原因他們始終處於憂愁苦惱中。而極樂世界不是這樣，接觸菩提樹等外境時，人們的心不會散亂，可以說一直處於禪定中，而且相續中的功德蒸蒸日上，都能於阿耨多羅三藐三菩提獲得不退轉。因此，一想到娑婆世界的過患和極樂世界的功德，我們為什麼不羨慕極樂世界？為什麼不發願往生極樂世界呢？

在輪迴中，不管是多麼有錢財、有勢力、有才華、有相貌的人，內心真正快樂者其實很少。雖然有些人自認為是樂觀主義者，經常說自己很開心，但說歸說，實際上只要身處這個娑婆世界，真正的樂觀主義者恐怕不多。這一點，我們通過自身的感受也會明白。比如早上我心情還可以，可是剛過了一會兒，聽到不悅耳的聲音，看見不悅意的東西，或者身體突然生病，馬上就變成另一種心情了。就像早上起來時天空萬里無雲，可是過一會兒就烏雲密布、電閃雷鳴，天氣完全變了一樣。所以，只要是在娑婆世界，就不可能有真正恆常的快樂，到處都是煩惱和痛苦，欲離苦得樂者確實不得不發願往生極樂世界。

復由見彼菩提樹故獲三種忍。何等為三。一者隨聲忍，二者隨順忍，三者無生法忍。

依靠見到菩提樹又能獲得三種安忍。哪三種安忍呢？一是隨聲忍，二是隨順忍，三是無生法忍。

這三種安忍在講四十八願時已經介紹過了，下面對此再略加解釋。

一、隨聲忍。即聽聞真實之法後，不驚不怖不畏，能夠信解受持。

在我們這個世間，聽到般若空性法門、因果不虛之理或者極樂世界的功德後，很多人心裡無法忍受，產生懷疑、恐懼的心態，總是覺得不是很好受。而在極樂世界，看到菩提樹就能獲得隨聲忍，再也不會有接受不了的心態，不管聽到什麼佛法都很容易接受。

對聽聞佛法的人來講，能夠安忍所聞之聲很重要。有些人福報比較大，不管善知識講任何善法，聽到以後馬上就能信受；而有些人福報比較小，聽到善知識講善法很難接受，要麼對這個地方起邪見，要麼對那個地方生懷疑，總是有一種不滿的態度，而聽到惡知識講惡法則馬上能接受。這就是經論中所謂的善法器和惡法器：前者是善法器，可以接受一切善法；後者是惡法器，惡法全部能接受，而善法馬上就漏掉了。

二、隨順忍。即以智慧思維觀察諸法，從而隨順了知、平等趣入。

世間的真理有深有淺，有複雜有簡單，只要我們獲得了隨順忍，不管對什麼樣的真理，都能通過思維觀察進而隨順趣入。

三、無生法忍。即真實證悟諸法無生之實相。

佛說無量壽經廣釋

一切諸法的實相是不生不滅、不來不去、不常不斷、不一不異的，遠離了有、無、二俱、雙非四邊。如果我們具足了無生法忍，對於這種實相就完全可以接受。如果沒有獲得無生法忍，則很難接受諸法實相之理，尤其有些初學佛的人，遇到甚深的空性或者密法時往往接受不了。⑫

為什麼極樂世界的眾生見到菩提樹後都能獲得三種安忍呢？世尊緊接著解釋道：

此皆無量壽佛本願威神見所加及往修靜慮，無比喻故，無缺減故，善修習故，善攝受故，善成就故。

這都是無量壽佛的本願力、威神力而現前加被以及往昔修持靜慮之故。由於他的發願無可比喻，無有缺減，善巧修習，善巧攝受，善巧成就，故而才能如此。

為什麼往生者見到菩提樹後馬上能獲得三種安忍呢？這有幾方面的原因：一是阿彌陀佛往昔的發願力，二是阿彌陀佛的威神力，三是阿彌陀佛往昔修行靜慮的功德力。尤其阿彌陀佛的發願非常不可思議，他的發願在世間無可比喻、無有缺陷、極其圓滿。法處比丘經過五個大劫的深入思維才發下四十八願，所以，他對利益眾生之事考慮得非常圓滿，可以說沒有任何缺陷（凡夫人考慮問題則不是很圓滿，很多人事後都覺得自己的考慮有不周之處），他發的願善巧攝受無邊剎土的無量眾生，而且他發

---

⑫據有些論典的觀點，這三種忍可以依次對應聞慧、思慧、修慧。

願後長期善巧修習，最終善巧成就了一切所發之願，由於具足了這些因緣，所以見到極樂世界菩提樹的眾生都能獲得三種安忍。

對於娑婆世界的不清淨眾生來說，要像極樂世界的清淨眾生一樣獲得三忍確實有困難，但我們學習大乘佛法後，無論如何也要得到相似的三忍。如果聽聞上師宣講佛法後，內心不願意接受，甚至口出誹謗之辭，這說明沒有得到第一忍。如果某個道理本來符合真理，可是因為自己的分別妄念作怪，一直不能隨順了知、平等趣入，這說明沒有得到第二忍。如果遇到宣說勝義實相的顯密法要時，自己一直產生分別心，以惡心進行揣度，甚至將其捨棄，這說明沒有獲得第三忍。大家要避免這些過失，在接受佛法時要盡量信受佛陀和高僧大德的金剛語，盡量隨順勝義中萬法皆空和世俗中業果不虛、前後世無欺存在等道理，盡量了悟諸法實相。

復次阿難，彼極樂界無諸黑山、鐵圍山、大鐵圍山、妙高山等。

再者阿難，極樂世界沒有黑山、鐵圍山、大鐵圍山⑫、妙高山⑫等山。

佛說無量壽經廣釋

---

⑫即圍繞三千大千世界之大鐵山。據《彰所知論．器世界品》記載，以閻浮提等四大洲為一小世界，集一千小世界為一小千世界，其外有一鐵山圍之，稱為小鐵圍山；集一千小千世界為一中千世界，其外亦有一鐵山圍之，稱為中鐵圍山；集一千中千世界為一大千世界，其外復有鐵山圍之，稱為大鐵圍山。
⑫即須彌山。

娑婆世界的環境有很多高低不平。《俱舍論》中說，在四大部洲的中央有須彌山，從須彌山至持邊山的七個間隔處有七海，七海之外是四大部洲，其中南瞻部洲的中央是印度金剛座，自此向北越過九座黑山有大雪山。四大部洲的外圍是鐵圍山，在鐵圍山的外圍有大鐵圍山。而極樂世界則不同，那裡沒有任何凹凸不平，既沒有高山也沒有大海，整個大地就像手掌一樣平坦。

為什麼我們這個世界的環境存在高低不平呢？這是眾生的心高低不平造成的。娑婆世界的眾生有驕傲、自卑、嫉妒、脆弱等各種心態，有些人特別傲慢，心態像須彌山那樣高，走路的時候趾高氣昂；有些人特別自卑，好像在這個世界上除了自己以外再沒有更可憐的人了，走路時也垂頭喪氣。以這些高下不同的心態，所以感召了高低不平的外境——高的山太高了，低的平原太低了，整個世界凹凸不平，非常不悅意。

佛經中說，心淨則國土淨，心穢則國土穢。娑婆世界的眾生心很粗暴，所以感召了沙石荊棘等粗糙的外境；極樂世界的眾生心很調柔，所以感召了七寶所成的細柔外境。所以，人的心和外境確實有密切關係。在娑婆世界內部也存在這樣的差別：在一些發達國家，眾生的心態比較平靜，自然環境也很優美；而在個別落後國家，眾生的心態比較暴惡，自然環境也和發達國家大不相同。

聽說極樂世界沒有高山，阿難尊者在顯現上產生了

第十九課

懷疑，於是對佛陀提出一個疑問。

阿難白佛言：世尊，其四天王天三十三天既無諸山依何而住。

阿難對佛陀說：世尊，既然極樂世界沒有這些山，那四天王天和三十三天依何而住呢？

在我們這個世界，須彌山的山腰住著四天王天，須彌山的山頂住著三十三天。既然極樂世界沒有山，以娑婆世界的世界觀來看，就會出現一個問題：極樂世界的天人依靠什麼而住？

佛告阿難：於汝意云何，妙高已上有夜摩天乃至他化自在天及色界諸天等，依何而住。

佛陀告訴阿難：你是怎麼想的？從妙高山往上，依次有夜摩天乃至他化自在天等欲界諸天以及色界諸天，這些天人依何而住呢？

佛陀在此是以同等理破斥阿難：既然你懷疑極樂世界因為沒有須彌山，所以天人沒有住處，那娑婆世界只有三十三天以下的天人才依須彌山而住，三十三天以上的天人怎麼住呢？

佛陀這樣一反問，阿難尊者有點明白了。

阿難白佛言：世尊，不可思議業力所致。

阿難對佛陀說：世尊，這是不可思議的業力所致。

---

⑫⑥色界共有四禪十七天，其中初禪、二禪、三禪各有三天，第四禪有八天，在色界十七天中最高的是色究竟天。

⑫⑦同等理：因明中的一種破斥方法，即用對方的理路反過來破斥對方。

343

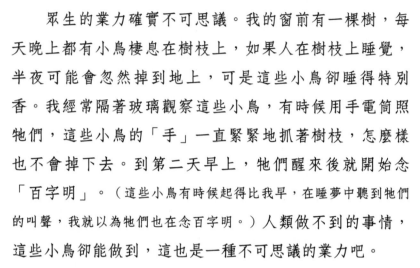

我們學院原來有一個法師，他每次辯論輸的時候也說：「哇，真是不可思議，這就是不可思議的業力！」不管別人怎麼問，他都不正面回答：「這些我都不回答，反正眾生的業力不可思議……」

眾生的業力確實不可思議。我的窗前有一棵樹，每天晚上都有小鳥棲息在樹枝上，如果人在樹枝上睡覺，半夜可能會忽然掉到地上，可是這些小鳥卻睡得特別香。我經常隔著玻璃觀察這些小鳥，有時候用手電筒照牠們，這些小鳥的「手」一直緊緊地抓著樹枝，怎麼樣也不會掉下去。到第二天早上，牠們醒來後就開始念「百字明」。（這些小鳥有時候起得比我早，在睡夢中聽到牠們的叫聲，我就以為牠們也在念百字明。）人類做不到的事情，這些小鳥卻能做到，這也是一種不可思議的業力吧。

雖然沒有依靠須彌山，可是上界的天人卻能安住於虛空中，這是為什麼呢？阿難在這裡回答得很對，這就是不可思議的業力所致。

佛語阿難：不思議業汝可知耶。答言：不也。佛告阿難：諸佛及眾生善根業力汝可知耶。答言：不也。

佛陀問阿難：不思議業的道理，你能知道嗎？阿難回答說：不知道。佛陀又問阿難：諸佛以及眾生的善根業力，你能知道嗎？阿難回答說：不知道。

在康僧鎧譯本中，這段內容的說法比較簡單，沒有

第十九課

往返很多次問答，阿難最初詢問佛陀後，佛陀就直接告訴阿難：「行業果報不可思議，諸佛世界亦不可思議，其諸眾生功德善力住行業之地，故能爾耳。」

方便的時候，希望你們也參考一下康僧鎧的譯本。這次發給你們的《大寶積經.無量壽如來會》後面附有康僧鎧的譯本。我感覺個別道友好像一直沒有翻閱這個譯本，其實我們在學習的過程中應該看看這個譯本。這兩個譯本雖然有些說法略有不同，個別經文的位置也有所不同，但意義沒有太大差別，可以互為參考。

極樂世界是阿彌陀佛不可思議的發願力現前的，而且極樂世界的眾生有不可思議的善根力，以這兩種不可思議的力量，所以那裡有很多在我們看來不可思議的現象。在某些特別偏僻的地方，如果對當地人講起上海的高樓大廈是什麼樣、美國的現代建築是什麼樣，因為那裡的人只能看到自己的小天地，所以不管怎麼講他們也搞不清楚。和這個道理一樣，娑婆世界的眾生由於心胸特別狹窄，一聽到極樂世界的不可思議功德，很多人也會覺得難以接受。

對於如來或者清淨剎土的功德，一般的世間人確實很難接受，佛經中對這個道理說得很清楚。如《菩薩念佛三昧經》中讚歎如來說：「如來不思議，神通亦復然，智定諸功德，皆不可稱量。」意思是，如來的智慧、禪定、神通等功德都是不可思議的，都是凡夫人不

佛說無量壽經廣釋

可揣度的。《往生禮讚偈》中讚歎極樂世界說：「觀彼世界相，勝過三界道，究竟如虛空，廣大無邊際。」意思是，極樂世界的莊嚴之相勝過娑婆世界，它就像虛空一樣廣大無邊。

不僅佛教徒承認世界上有很多不可思議的道理，其實很多科學家也是這樣承認的。不管在物質領域還是非物質領域，古今中外的很多科學家都感覺越探索越模糊，包括現在很多研究量子力學的人，他們研究到最後都只能說一句「深不可測」。

世尊，我今於此法中實無所惑，為破未來疑網故發斯問。

阿難說：世尊，如今我對此法其實沒有懷疑，我是為了破除未來眾生的疑惑才提出這個問題的。

實際上，不僅在此處，包括前面向佛陀提問：阿彌陀佛是過去佛、現在佛還是未來佛？阿彌陀佛成佛以來有多少時間？這些問題的答案阿難都是知道的，他也是為了眾生而提問的。

當年佛陀在世時，很多弟子向佛陀提問，現在很多知識分子也經常在各種場合向善知識提問，其實這種提問是很重要的。我們也歡迎這種提問，既然佛法是真理，就不怕被人問倒。《菩提資糧論》中說：「佛及諸佛法，不應分別疑。」因此，既然佛法是不應該產生懷疑的對境，如果對佛法有懷疑時，就要通過提問、辯論

來遣除懷疑，最終要對佛法生起堅定的信心。

佛法是極其深奧的，在探索這種真理的過程中，很多人最初都會遇到困惑，這是一個必然的規律，但只要人們不斷地努力，遲早會遣除一切困惑。很多佛教徒都是如此，剛開始問題特別多，到最後基本上就沒什麼問題了。

藏傳佛教特別強調聞思修行的次第：學佛者首先要廣泛地聽聞；然後要深入地思維，如果自己一個人很難思維進去，就要通過和別人辯論來樹立正見；當對佛法遣除一切疑惑後，就不需要再依賴上師和道友了，那時獨自在寂靜處修行就可以了。

不過現在有些人的次第有點顛倒——最初沒有聽聞思維，一上來就到寂靜處實修，在修的過程中出現問題了，這個時候才開始思維，可是又不知道如何思維，於是再去尋找上師：「我閉關了三四年，可是出的問題太多了，實在不行了，我現在還是在您身邊好好聽幾年法……」本來是聞、思、修，可是他們卻是修、思、聞，我感覺現在很多人都是這樣的。

佛告阿難：彼極樂界其地無海而有諸河，河之狹者滿十由旬，水之淺者十二由旬，如是諸河深廣之量或二十三十乃至百數，或有極深廣者至千由旬。

佛陀告訴阿難：極樂世界的大地上沒有大海，卻有很多河流，這些河流最狹窄者十由旬，最淺者十二由旬，如是諸河深廣之量漸增至二十、三十乃至一百由

旬，最深廣的達到千由旬。

世間的大海非常恐怖，經常會發生海嘯等災難，捲走很多人的生命。日本人以前很喜歡大海，聽說他們現在不太喜歡大海了[128]。大海中還有很多凶猛的動物，而且海水也非常鹹澀。極樂世界沒有世間的大海，那裡有很多深廣的大河，在我們這個世間看來，這些大河可以稱得上大海了，可是它們沒有大海的過患。

其水清冷具八功德，浚流恆激出微妙音，譬若諸天百千伎樂，安樂世界其聲普聞。

河中的水很清冷，具有八種功德，河水恆時激盪，發出微妙的聲音，就像天人的百千種樂器聲一樣，在極樂世界到處能聽到這些水聲。

其實河水的「嘩嘩」聲聽起來很舒服，有些人可能不喜歡流水聲，但我特別喜歡這種聲音。有時候我在河邊睡覺，河水流淌的聲音一直在耳邊迴響，心中有一種很舒服的感覺。

有諸名花沿流而下，和風微動出種種香，居兩岸邊多栴檀樹，修條密葉交覆於河，結實開花芳輝可玩。群生遊樂隨意往來，或有涉河濯流嬉戲，感諸天水善順物宜，深淺寒溫曲從人好。

河邊有很多名花，這些名花順流而下，微風吹動河面，散發出種種香氣。河的兩岸邊有很多栴檀樹，這些

第十九課

---

[128] 不久前日本發生了海嘯。

旃檀樹枝條修長、樹葉密布，枝葉交相覆蓋在河面上，樹上開著花、結著果，花果芳香撲鼻、光輝映人，足以令人賞玩。眾生經常到河邊遊樂，有些人在河中隨意往來，有些人下到河裡，在河中沐浴、游泳、嬉戲。以極樂世界眾生的福德所感，這些河水如同天界的河水一樣善順人心，深淺冷暖都隨從人的喜好。

極樂世界的水非常人性化，想要水多深多淺都可以。康僧鎧譯本中說：「意欲令水沒足，水即沒足。欲令至膝，即至於膝。欲令至腰，水即至腰。欲令至頸，水即至頸。」而娑婆世界的水則不是這樣，有時候人們願意水淺，可是水卻特別深，一跳下去差點淹死。

極樂世界的水溫也隨順人的心，如果你想要熱水，當下就可以熱，如果你想要涼水，當下也可以涼。如《極樂願文》云：「彼等甘露池溪流，冷暖適度隨所欲。」其實這個道理應該不難接受：在一些偏僻的地方，以前誰都無法想像依靠電器來調適水溫，而現在人類已經做到了這一點，既然在娑婆世界都能實現這種人性化，在極樂世界一切都能隨心所欲也是很正常的。

阿難，大河之下地布金砂，有諸天香世無能喻，隨風散馥雜水流，天曼陀羅花、優缽羅花、波頭摩花、拘物頭華、芬陀利花彌覆其上。

阿難，這些大河下面布滿金沙，有世間無法比喻的天香隨風散發香氣，香風熏入水中使得河中也流淌著香

水，天界的曼陀羅花、優缽羅花、波頭摩花、拘物頭花、芬陀利花覆蓋於河面上。

極樂世界的河底非常柔軟，不像我們這個世界一樣，河底都是堅硬的礫石和玻璃片，光腳下河會把腳弄傷。不過有些地方的海邊是金黃色的沙灘，雖然不是真正的金沙，但是這種沙子很細，比較適合人們遊玩，類似於極樂世界的河底。

從某些方面來看，娑婆世界的有些花園和公園的設計跟極樂世界還是很像的。兩千五百多年以前，釋迦牟尼佛在經中就宣說了極樂世界的種種功德莊嚴，有時候我看到有些花園和公園，不管樹、水、沙灘、怪石還是七寶所成的裝飾，都特別適合人們的喜好，感覺它們好像是按照佛經的描述設計的。

此處說，極樂世界的河面上遍布曼陀羅花、優缽羅花、波頭摩花、拘物頭花、芬陀利花等名花。曼陀羅花是天界的一種花，優缽羅花是青蓮花，波頭摩花是紅蓮花，拘物頭花是黃蓮花，芬陀利花是白蓮花。在極樂世界的河上，到處都是美麗的鮮花，這確實是一道悅目的風景。在人間也有類似的美景，有時候我們看到一些江湖，上面也覆蓋著悅目的蓮花。當然，人間的景色和極樂世界的美景是沒法相比的，所以大家還是應該發願往生到無比莊嚴的極樂世界。

第十九課

第二十課

前面我們講了極樂世界的種種功德莊嚴，道友們對此要有清楚的認識，進而產生往生淨土的強烈意樂，這一點非常重要。請大家觀察自己的心態：如果覺得往生不往生淨土都可以，這種人不一定能往生；如果往生淨土的心特別迫切，這種人就有很大把握往生。這就像一個大學生，如果他讀書時經常想到：將來我一定要去美國留學！那麼，只要家庭狀況和自身智慧等因緣具足，最終他就能實現自己的夢想。因此，在學修淨土法門的過程中，大家一定要有求生淨土的意樂，要時刻憶念極樂世界的功德莊嚴。

作為欲求往生淨土之人，必須具足強烈的無常觀。噶當派的大德說，如果想生起修持佛法的意樂，首先一定要具足無常觀。如果沒有無常觀，很多人恐怕都會想：修行以後再慢慢來吧，這樣明日復明日，修行是不會成功的。《往生禮讚偈》云：「時光遷流轉，忽至五更初，無常念念至，恆與死王居。」這個偈頌講得很好，時光確實是在不斷地遷流，所以我們要有強烈的無常觀，總覺得自己跟死主住在一起，有了這種心念就會具足精進，這樣修行才會成功。《往生禮讚偈》中又說：「人生不精進，喻若樹無根，採華置日中，能得幾時鮮？人命亦如是，無常須臾間。」意思是，人活著如

佛說無量壽經廣釋

果不精進，就像樹沒有根一樣，採一朵鮮花放在正午的陽光下，花能保持幾時鮮活呢？人的生命也是如此，青春韶華很快就會消失，無常在須臾間就會到來。

無常觀特別重要，如果一個人有了無常觀，就會覺得：人命是無常的，自己不可能在世上待很久，死亡很快就會到來。這樣就能鞭策自己精進修行。帕單巴尊者說：「如果相續中生起了無常觀，最開始可作為步入正法的因，中間可作為精進的鞭子，最終能獲得光明法身。」我們以前學過《山法寶鬘論》、《開啟修心門扉》、《大圓滿前行引導文》、《大圓滿心性休息大車疏》，這些論典中有很多無常方面的殊勝教言，大家應該多看這些教言。

第二十課

修淨土法的人一定要有無常觀，不要認為自己會在世上待很長時間。現在很多城市裡的人都在想：再過十年、二十年，我要放下一切前往寂靜處修行。為什麼他們抱著這種幻想，把修行一拖再拖呢？就是因為沒學過無常。有些長期學佛的出家人和居士也有這種毛病——剛學佛時特別精進，可是由於沒有無常觀，十年八年後就沒感覺了，變得麻木不仁了，這也是修行中的一種障礙。當然，我有時候也很慚愧，自己明明沒有修行的感覺，可是在你們面前滔滔不絕，好像自己修行多好一樣。不過，如果因為我自己修行不好，在講課時就一字不提，這對大家也起不到作用，所以我就裝作無常修得

特別好，裝作修行特別精進，好像白天不休息、晚上不睡覺一樣。在昨天的《前行》課上，華智仁波切說：「如今五濁之惡世，非為裝模作樣時，乃為策勵精進時。」這個教言就是針對我說的，但不管怎麼樣，我還是不得不裝一裝，不然給別人說法是很困難的。

　　相續中有無常觀的人一定會精進修行的，修行對我們每個人確實很重要，如果我們現在一直不修行，死死執著財富、地位、名聲等世間的圓滿，每天絞盡腦汁想著這些，每天為它們而競爭、奮鬥，然而死亡到來時這些世間法都靠不住，唯有生前造的惡業會跟隨自己前往後世，但那時後悔也來不及了。所以大家千萬不要忘記修行。

　　這些道理我已經提過很多次了，有些人也許會生起厭煩心，甚至不願意再聽了，但對有些人來說，這樣反覆提是有必要的，因為我第一次講時他們也許沒記住，而第二次、第三次講時他們就記住了。以前法王講課也有這種情況，有時候一個公案重複好幾次，今天講一遍，過兩天又講一遍，過幾天再講一遍。當時我也產生過分別念：這個公案我已經懂了，不應該天天都講吧？但現在我才明白老人家的用心：因為當時上師對某個關鍵問題提了好多次，所以自己印象特別深，即使過了這麼多年，這些道理還能在腦海中浮現。有些格言中說，重要的事情再三重複是有必要

佛說無量壽經廣釋

的。我看過卡耐基的一本書，書中說，如果是重要的問題，一方面要慢慢說，一方面要再三說。所以，既然無常這麼重要，那我今天講一遍，過兩天再講一遍，這也是應該的。雖然有些人覺得有點煩，甚至不想再聽了，但過一段時間他們也許就會明白這個問題的重要性。

下面我從字面上對經文作簡單介紹，在聽的過程中大家要好好考慮，看自己的理解跟我的解釋相不相同。

前面講到極樂世界有很多河流，這些河流發出悅耳動聽的水聲，河岸邊有許多珍寶瓔珞所莊嚴的妙樹。下面繼續講這方面的道理。

復次阿難，彼國人眾或時遊覽同萃河濱，有不願聞激流之響，雖獲天耳終竟不聞，或有願聞即時領悟百千萬種喜愛之聲。

再者阿難，極樂世界的眾生有時候聚集在河邊遊覽，如果有人不願意聽到激流之聲，雖然他們獲得了天耳，也聽不到一點水聲，如果有人願意聽聲，應時就能聽到百千萬種喜愛的聲音。

極樂世界有許多種妙音。《往生論》[129]云：「無量寶交絡，羅網遍虛空，種種鈴發響，宣吐妙法音。」意思

---

[129]《往生論》：世親論師依《無量壽經》而造，此論分五門（即往生淨土的五種因），其中觀察門詳細宣說了極樂世界的器情功德。該論傳入中國後，曇鸞法師造有《往生論注》，結合馬鳴、龍樹之教言解釋此論。此論在漢地影響極大，淨土宗有「五經一論」或「三經一論」的說法，其中「一論」就是《往生論》。

是，極樂世界的虛空中有許多寶網，寶網上懸掛著種種寶鈴，這些寶鈴發出種種妙音，這些聲音都是佛法的妙音。

這段經文中說，在極樂世界聽不聽聲音完全隨自己的意樂。其實這是很重要的。在我們這個世界，聽不聽聲音無法完全隨自己的心。有些人休息時本來不願意聽佛號，可是念佛機卻一直發出聲音，結果心裡一直起煩惱。其實這樣大可不必，如果你不想聽佛號，那關掉念佛機就可以，沒必要因此而生煩惱。以前我們學院開法會時，程控室的人用高音喇叭通宵放念經聲，當時法王也批評他們：「在極樂世界都是不願意聽聲音時就沒有聲音，所以你們也不要老是在我耳邊放高音喇叭。」有些人在這方面也要注意：自己背書、念經時，要看看別人的反應，如果別人不願意聽，就不要在他們耳邊一直大聲念，吵得別人睡都睡不著。不過有些懶惰的人從來不願意聽念經，一聽到別人念經就不高興。

所謂佛法僧聲、止息之聲、無性聲、波羅蜜聲、十力四無所畏聲、神通聲、無作聲、無生無滅聲、寂靜聲、邊寂靜聲、極寂靜聲、大慈大悲聲、無生法忍聲、灌頂受位聲。得聞如是種種聲已，獲得廣大愛樂歡悅。

所謂佛法僧聲、止息之聲、無性聲、波羅蜜聲、十

---

⑬藏文譯本中還有三解脫門聲。

力四無所畏聲、神通聲、無作聲、無生無滅聲、寂靜聲、邊寂靜聲、極寂靜聲、大慈大悲聲、無生法忍聲、灌頂受位聲。聽到這些聲音後，那裡的眾生獲得廣大的歡喜心。

止息聲是息滅煩惱的聲音；無性聲是無我的聲音；波羅蜜聲是布施、持戒、安忍等波羅蜜的聲音；十力四無畏聲是佛陀的十力、四無畏的聲音；神通聲是六神通的聲音；無作聲是遠離有為法造作的聲音；寂靜聲、邊寂靜聲、極寂靜聲都是息滅煩惱戲論的聲音，只不過它們的層次有所不同：寂靜是遠離一般的分別戲論，邊寂靜是遠離四邊八戲等細微諸邊，極寂靜是完全超離言思、最不可思議的寂滅境界；無生法忍聲是諸法無生的聲音，只有一地或者八地以上的菩薩才真實具足無生法忍；灌頂受位聲是十方諸佛白毫間發光對十地末位菩薩灌頂授記的聲音。

在極樂世界，聽到任何聲音後都會非常快樂，根本不會產生煩惱。而娑婆世界則不同：即使在一些花園或者樂園中，那裡的聲音也不一定對你帶來快樂；即使去一些特別了不起的上師那裡，上師的聲音也不一定會讓你歡喜，也許他的講話會讓你產生煩惱、痛苦甚至嗔恨心。

極樂世界眾生的心非常寂靜快樂，這一點確實很令人羨慕。請大家想一想：如果每天從早到晚自己的心都

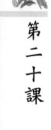

非常清淨，幾乎不產生分別念，即使生分別念也是信心、智慧、慈悲心、歡喜心，那該多麼好啊！可是，我們一天二十四小時當中，除了晚上酣睡時不起念頭，其他時候到底產生的是什麼心念？自己可以觀察觀察。這樣一比較，我們確實應該發願往生極樂世界。

而與觀察相應，厭離相應，滅壞相應，寂靜相應，邊寂靜相應，極寂靜相應，義味相應，佛法僧相應，力無畏相應，神通相應，止息相應，菩提相應，聲聞相應，涅槃相應。

聽到這些聲音後，進而與觀察相應，厭離相應，滅壞相應，寂靜相應，邊寂靜相應，極寂靜相應，義味相應，佛法僧相應，力無畏相應，神通相應，止息相應，菩提相應，聲聞相應，涅槃相應。

在娑婆世界，聽到說法的聲音後不一定能與正法相應，甚至會產生反方面的念頭。比如上師給你講空性，可是你聽後反而執著實有，上師給你講淨土法門，可是你不但不發願往生淨土，反而發願下地獄。這就是穢土的缺點。

所謂觀察相應，即以智慧觀察後通達所聞之理；厭離相應，即厭離娑婆世界等穢土和惡趣，根本不希求這些；滅壞相應，即了達無生無滅或者滅一切相之理；寂靜相應、邊寂靜相應、極寂靜相應，都是指與寂滅一切戲論的光明無為法相應；義味、佛法僧、力無畏、神

佛說無量壽經廣釋

通、止息、菩提、聲聞、涅槃等相應也應如是理解。

極樂世界的水、樹等外境經常發出法音，眾生聽到後都能與正法相應，這一點其實是很重要的。如果我們聞法後不能與正法相應，那所聞之法對於滅除煩惱、增上功德起不到任何作用，這樣聞法就沒有意義了。所以，今後我們在任何法師面前聽課時，一定要想方設法讓自心與正法相應。在這個過程中，自己首先要觀清淨心。在《大圓滿前行》中，華智仁波切提到了兩種聞法的發心：一是廣大意樂菩提心之發心，二是廣大方便秘密真言之發心。按第二種要求，聞法時要將上師觀為阿彌陀佛、蓮花生大士等佛菩薩，將聞法之處觀為極樂世界、鄔金剎土等淨土，將聞法的道友觀為男女菩薩眾。不能將上師、傳法之處以及道友作不清淨想，心裡不能分別：這個人是壞人，那個人也是不好的人，應該想：所有的人都是一地、二地、三地的菩薩。這樣的觀想是很有必要的。否則，如果自己的心不清淨，不管上師給你傳授多長時間佛法，在此過程中只會不斷地生煩惱，甚至會誹謗上師和佛法，結果佛法對你沒有任何利益，有這個可能性。在佛教的歷史上，有很多人去求法，最終的結果卻大不相同。其實世間也是如此，兩個學生一起上學，最後的結果也不同。所以大家聽法時要調整自心，努力與正法相應。

雖然我們這個世界不像極樂世界一樣，水、鳥、

樹、鈴時時刻刻都發出佛法僧三寶或者三十七道品的聲音，但是對有一定境界的人來說，聽到任何聲音也顯現為佛法的聲音。像有些大圓滿修得很好的人，不要說聽到說法的聲音，甚至聽到罵自己的聲音，都會成為他們增上修行的助緣。可是修行比較差的人，尤其是業力深重的人就不同了，不要說聽到罵自己的聲音，甚至聽到無常、無我、淨土等佛法，不但沒有任何收穫，反而會產生邪念。

佛說無量壽經廣釋

極樂世界的眾生之所以非常快樂，原因就在於聽到法音後他們的心能跟佛法相應，得到了佛法的真實利益。因此，對於想獲得快樂的眾生來說，要努力讓自己的心與佛法相應。如果在聞法的過程中，偶爾產生了與正法不相應的惡分別念，要馬上提起正知正念，當下就要滅掉這些惡念，當下就要發露懺悔，悄悄念幾句「嗡班雜兒薩埵吽」。今天我看到各地道友寄來的考卷。有一個人有三道題不會做，他在每道題下面各寫一句「嗡班雜兒薩埵吽」表示懺悔。這麼大老遠空運來三句「嗡班雜兒薩埵吽」，還是很不容易的，呵呵。以後我看誰聽課時嘴巴在動，這說明他正在懺悔，他剛才肯定產生惡念了，開玩笑。

復次阿難，彼極樂世界不聞諸惡趣名邊，無障礙、煩惱、覆蔽名，無有地獄、琰摩、畜生名邊，

無八難名亦無苦受、不苦不樂受名，尚無假設何況實苦，是故彼國名為極樂。

再者阿難，在極樂世界聽不到惡趣的名聲，那裡沒有障礙、煩惱、覆蔽的名字，沒有地獄、餓鬼、旁生的名聲，沒有八難（即八無暇）的名字，也沒有苦受和不苦不樂受的名字，連痛苦的名字都沒有，更何況真實的痛苦呢？以這個緣故彼國名為極樂。

阿彌陀佛往昔曾發願：如果我的剎土中有三惡趣的名稱，我就不取正覺果位。如今他的發願已經實現了，所以他的剎土中不要說地獄、餓鬼、旁生眾生，連它們的名稱都聽不到。這就像如果一個國家特別富裕，從來沒有餓死過人，人們不可能提這方面的話題一樣。

極樂世界的眾生沒有任何障礙、煩惱和覆蔽。而娑婆世界則完全不同，到處都是障礙、煩惱和覆蔽。不管有錢還是無錢、有勢力還是無勢力的眾生，臉上經常是悶悶不樂的表情，人們經常說：「我業力深重」、「我痛苦不堪」……每天都能聽到很多煩惱的聲音。

極樂世界沒有八無暇以及八無暇的名稱。大家要明白的是，雖然八無暇包括了三惡趣，但在此處二者是從不同角度講的，所以並沒有重複的過失。

極樂世界也沒有苦受和不苦不樂受的名稱，既然連名稱也沒有，更不用說有真正的苦受和不苦不樂受了。

總之，極樂世界沒有任何身心的痛苦。相比之下，

第二十課

這個娑婆世界真的是太苦了。有時候我去一些醫院，聽到的全是痛苦的聲音：這邊在開刀，那邊在搶救，病人不停地發出呻吟……聽到這些聲音，自己有非常強烈的感覺：唉，這個娑婆世界真的很苦，確實沒什麼可留戀的！你們有時候也可以觀察一下，站在大城市的十字路口，看看來往的每個行人是什麼表情。只要你們稍加觀察，就會發現幾乎90%以上的人都很痛苦，一個個都行色匆匆的，都在為名聞利養而奔波追逐。所以，這個世界跟極樂世界確實有天壤之別，可以說唯有極樂世界才是真正幸福的國土。現在社會上的人經常說要提高人民的幸福指數，但嘴上再怎麼說，也很難讓人民真正擁有幸福。即使有些人家庭美滿、事業成功，但由於娑婆世界不離痛苦的自性，所以他們的快樂只是暫時的，終究還是痛苦的。除非你有修行的境界，這樣才能一直處於法樂中，除此以外不會有恆常的快樂。我們學院有一個道友，我有時候打電話問他：「你在幹什麼呀？」他經常說：「喝喝茶，很快樂啊。」喝茶也許有點快樂，但這不是究竟的快樂，如果能往生極樂世界，那裡的快樂肯定遠遠超過喝茶。

阿難，我今略說極樂因緣，若廣說者窮劫不盡。

阿難，我如今只是略說極樂世界的狀況，如果要廣說，一個大劫都說不完。

從這句經文可以推知，極樂世界的器情世界該有多

麼莊嚴，它的狀況完全超出世間的分別心。

　　復次阿難，彼極樂世界所有眾生，或已生或現生或當生，皆得如是諸妙色身，形貌端正，神通自在，福力具足，受用種種宮殿、園林、衣服、飲食、香華、瓔珞，隨意所須悉皆如念，譬如他化自在諸天。

　　再者阿難，極樂世界的所有眾生，或者已經往生極樂世界，或者正在往生，或者將來往生，都能獲得如是妙色身相，他們形貌端正，擁有神通自在，具足福報和威力，能受用種種宮殿、園林、衣服、飲食、香花、瓔珞，一切所需都能隨意具足，就像他化自在天的諸天人一樣。

　　極樂世界的有情具足平等的莊嚴：長相一樣，服裝一樣，沒有高矮、胖瘦以及膚色的差別。而娑婆世界的有情則不同：每個人看上去都有差異，有長得好看的地方，也有長得不好看的地方，雖然很多人自認為長得不錯，但實際上或多或少都有一些缺陷。

　　在極樂世界，不管想要什麼，只要一想就會現前。你要在門前有個花園，心中一想馬上就出現。你的宮殿想要多高，不管三層還是四層，也是一想就可以實現。如果你覺得房子太寬大了，想要一個小小的閉關房，房子馬上就會縮小。其他諸如香花、瓔珞、衣服、飲食等喜愛的對境，也是一想就會出現。

從某個側面來講，極樂世界和欲界第六天比較相同。欲界第六天叫他化自在天，那裡的天人依靠自己和其他天人的幻變，一切所需資具都能隨欲現前；極樂世界的眾生也是如此，依靠阿彌陀佛的願力和自身的福德力，任何資具也是應念而生。

聽到這些說法，有些人也許會懷疑：不可能吧？會不會這樣？這種想法就是智慧不成熟的表現。作為娑婆世界的凡夫，見到的就是這麼一個污穢不堪、粗糙不悅、需要勤作的世界，所以產生這種疑惑也情有可原。包括我小時候聽老人們講極樂世界的功德，當時自己也覺得這是不可能的。但這種以有漏根識為依據的想法是錯誤的。以前我在家鄉放犛牛時，有些去過爐霍縣城的人經常講縣城的事：那裡有一個很大的商店，街上有各種各樣的燈，有一座特別大的橋，橋大得可以過汽車。聽到這些說法，我根本沒法想像。後來父親帶我去了一趟縣城，親眼看到縣城的一切後，我當時有這種感覺：我是不是到了極樂世界！那是1972年10月的事，當時我剛好十歲，第二年爐霍就發生了大地震。其實那時爐霍縣城比現在差多了，記憶中整個縣城只有一家民族服裝公司，但這已經讓我覺得特別稀有了。後來我在學院給漢僧上課時講了這段經歷。有個叫吳玉天的天津居士，他寫了一本《訪雪域大師》，書中描寫了學院早期的狀況，也記載了我的這段經歷。但有一兩處寫錯了：他說

佛說無量壽經廣釋

我當時是十二歲，其實我是十歲；他說我到縣城的感覺是到了天堂，其實我的感覺是到了極樂世界。

如果是智慧不成熟的人，聽到稀奇的事情往往無法想像。比如有些偏僻地方的人聽到大城市的自動化設備後，他們不僅不相信，反而哈哈大笑。我有個小學同學，有一次我跟他提到漢地城市的事情，他聽後根本不相信，一直認為我在騙他。所以，當對沒智慧的人說起極樂世界的功德莊嚴時，他們產生懷疑也是很正常的。

我有時候在想：世界上有這麼多人，每個人都拿著手機，自己不管說什麼話，對方馬上都能聽到，這確實很稀奇，既然娑婆世界都有這樣的稀奇事，極樂世界為什麼不能有不可思議的功德莊嚴？通過長期的聞思佛法，我對這方面的道理深信不疑。但有些剛學佛的人可能對此半信半疑，這種人一定要長期聞思，這樣才能逐漸斷疑生信。

復次阿難，彼佛國中有微細食，諸有情類嘗無噉者，如第六天隨所思念如是飲食即同食已，色力增長而無便穢。

再者阿難，極樂世界有微細食，世間諸有情從來沒有品嘗過，極樂世界的眾生就像欲界第六天一樣只要一思維就能享用這種食物，享用之後色力增長，而且沒有大小便。

所謂食，即能維持身命之法。《俱舍論》中提到了

364

四種食：一、段食，以香、味、觸為本體，依靠鼻、舌、身一段一段享用，所以稱為段食；二、觸食，以觸心所為本體，對所觸之境生起喜樂而長養身命[131]；三、思食，就是一種作意，這種作意就像業力一樣能維持身命[132]；四、識食，就是靈魂，這是身命之主體。

復有無量如意妙香、塗香、末香，其香普熏彼佛國界及散花幢幡亦皆遍滿[133]，其有欲聞香者隨願即聞，或不樂者終無所受。

又有無量的如意妙香、末香、燒香，這些香氣普熏整個極樂世界，乃至散花、寶幢、幡蓋上也都遍滿香氣，如果有人願意聞香，隨願就能聞到香氣，如果不願意聞香，則什麼都聞不到。

復有無量上妙衣服、寶冠、環釧、耳璫、瓔珞、花鬘、帶鎖，諸寶莊嚴無量光明，百千妙色悉皆具足，自然在身。

又有無量的上妙衣服、寶冠、環釧、耳環、瓔珞、花鬘、帶子、掛鎖[134]，這些都以各種珍寶莊嚴，放出無量光明，具足百千妙色，彼國眾生身上自然具足這些莊嚴。

---

[131]如孔雀、鸚鵡生卵後，時時親附、覆育之，令其生樂觸；若不親附、覆育、溫暖之，卵則腐壞。
[132]如海龜在陸地生卵後，以細沙覆之，然後回到海中，如果這些卵一直思母便不會腐壞，如果不思母就會腐壞。
[133]藏文譯本中沒有提到散花。
[134]類似《大圓滿前行》中講的十三種報身服飾。

藏文譯本中說，這些珍寶服飾都掛在如意樹上，眾生想要什麼都能自然在身。這比較像北俱盧洲，北俱盧洲的眾生依靠自己的福報，所需的受用都能在如意樹上出現。

復有金銀真珠妙寶之網，懸諸寶鈴周遍嚴飾。若諸有情所須宮殿樓閣等，隨所樂欲高下、長短、廣狹、方圓及諸床座妙衣敷上以種種寶而嚴飾之，於眾生前自然出現，人皆自謂各處其宮。

又有金銀珍珠等妙寶所成的網，這些網上懸掛著寶鈴，周遍嚴飾整個國土。如果諸有情需要宮殿樓閣，隨他們喜歡的高矮、長短、廣狹、方圓以及所配備的床座妙衣敷蓋，所有的宮殿都會自然出現，而且宮殿上以種種珍寶嚴飾，每個人都自認為各處其宮中。

在極樂世界住房非常方便，你想要什麼樣的房子都可以，不需要花錢、出力，馬上就會現前。而且極樂世界的房屋不是空空的、沒有一點裝修，那裡的房屋中都是寶床妙衣，並且以珍寶嚴飾。有些藏文經論中說，極樂世界的宮殿中有很多幻化的天子天女，這些天人恭敬承事每一個往生者。而娑婆世界的住房則很麻煩，現在漢地很多人為了房子很辛苦，整天忙來忙去。有些山裡的修行人住房也很困難：一直買不到房子，經常要搬家；即使買到房子，也不一定如意——本來自己喜歡大房子，結果買的房子特別小，而且又暗又潮。

對相信佛語的人來講，確實應該希求往生極樂世界。從自利角度來講，只要到了極樂世界，一切世間的痛苦都能得以解決；從他利角度來講，在極樂世界能夠順利圓滿一切功德，之後一剎那能度化無量無邊的眾生。所以不管從哪方面看，往生極樂世界都是每一個人的最佳選擇。

在我們這個世間，有些佛教徒為自己的飲食住處而忙碌，有些人雖然自己生活不愁，但經常為了道場痛苦。那天我遇到一個老和尚，老和尚看起來很可憐，他對我說：「我天天去化緣蓋廟，可是忙了十三年廟也沒蓋成，你看現在我累得頭髮都白了，牙也只剩一兩顆了。」我當時想：如果他早點往生極樂世界，那就不需要每天背著包、拄著拐杖到處化緣了，只要心裡一想，就會出現富麗堂皇的經堂，那該多省心啊！

說到這裡，我也要提醒有些出家人：如果打著佛教的旗號天天化緣，最後很可能讓在家信徒產生煩惱，甚至覺得出家人都像乞丐一樣，這對佛教是很不利的。藏地宗教政策剛落實的時侯，德格、爐霍、新龍等地的出家人經常去若爾蓋、紅原等經濟條件較好的藏區化緣，由於去化緣的人太多了，以致於那裡的牧民看到出家人就躲。現在有些藏地出家人把化緣的方向又轉到另一些地方了，結果又搞得很多居士天天害怕別人打電話要錢。

修道場本來是好事，但是如果過分地化緣，這就不

佛說無量壽經廣釋

一定很好了。正因為如此，所以我沒有向漢地居士介紹任何化緣的人。以前有些人對我說：「你肯定有大施主，你可不可以給我介紹一個？你只要簽個名就可以了。這對你來講算不上什麼，對我來講卻非常有意義，對佛法來講也有很大利益。你好好想一想：以前我們不是很熟悉嗎？再說我們也都是法王如意寶的弟子嘛……」但不管怎麼求我，我都沒給任何人介紹過施主。因為現在很多事情非常複雜，所以我始終擔心某些人的行為會讓居士們對佛法生邪見、對出家人說三道四。如果這些人實在想修道場，那乾脆發願早日往生極樂世界，到了那裡一切問題都能迎刃而解，想要什麼就能得到什麼。不過，這些欲望特別大的人不一定能往生極樂世界。

復次阿難，極樂國土所有眾生無差別相，順餘方俗有天人名。

再者阿難，極樂國土的所有眾生無有差別相，只不過隨順他方世界的習俗有天和人的名稱。

在極樂世界，阿彌陀佛和觀世音菩薩、大勢至菩薩具有不同於其他眾生的莊嚴身相，除此以外，其他眾生沒有任何差別，只不過隨順其他世界的習俗，才安立了天和人的不同名稱。

阿難，譬如下賤半挓迦人對於輪王則無可諭，威光德望悉皆無有。又如帝釋方第六天，威光等類皆所不

及，園苑、宮殿、衣服、雜飾、尊貴、自在、階位、神通及以變化不可為比，唯受法樂則無差別。

阿難，譬如下賤的黃門[135]，這種人沒法跟轉輪王相比，他們無有威光、福德、聲望。又比如帝釋天跟欲界第六天王相比，威光等都遠遠不及，他的園林、宮殿、衣服、裝飾、尊貴、自在、地位、神通、變化都沒法與欲界第六天王相比，只有在享受法樂方面無有差別。

欲界有六天，從下往上依次為四天王天、三十三天、離諍天、兜率天、化樂天、他化自在天。帝釋天是三十三天的天王，雖然他的福報很大，可是他的生活還是不能完全自在，不像他化自在天那樣只要一想就會現前一切受用，所以，帝釋天的生活跟他化自在天王還是有很大差別，可以說就像農民和大富翁的差別一樣。

這次傳講《無量壽經》的機會很難得，我從字面上基本上給大家過了一遍，希望大家好好學習，學完後起碼要能從字面上解釋。否則，以後如果你們要傳講《無量壽經》，那時我不在你們身邊，你們手頭也沒有《講記》，問天天不應，問地地不答，那時也許會後悔：唉，以前要是好好聽講就好了，當時上師是怎麼講的？「唯受法樂則無差別」，這到底是什麼意思啊？是不是當時我睡著了⋯⋯

---

[135]黃門：男根受損者，如太監。

剛才講到，帝釋天和第六天王的福報有很大差別，但他們在佛法方面卻可以沒有差別：比如說某個帝釋天證悟了法性，這個帝釋天和證悟法性的他化自在天王享受正法的快樂就沒有差別。其實，不僅證悟的帝釋天，人間有些大圓滿的瑜伽士神通自在、生死自在，對這些人來講，他化自在天王也沒什麼了不起的。

阿難應知，彼國有情猶如他化自在天王。

阿難你要知道，他化自在天王跟極樂世界的有情相比，他化自在天王就如同帝釋天，極樂世界的有情猶如他化自在天王。

世間的黃門跟轉輪王有很大差別，帝釋天跟他化自在天王也有很大差別，他化自在天王與極樂世界的眾生又有很大差別。雖然從世間角度來講，他化自在天王很了不起，能夠隨意幻化各種資具受用，但他畢竟是欲界的凡夫，其聲色香味等境界都是有漏的，所以極樂世界的有情遠遠超過他化自在天王。我們都知道，有些國產的自動機器跟進口的自動機器表面上看起來一樣，兩個都是自動化的，可是在實際使用的過程中卻有很大差別。同樣，他化自在天擁有幻化的資具，極樂世界的有情也擁有幻化的資具，二者看似相同，實際上也有很大差別。所以如果有些人問：既然他化自在天和極樂世界都能隨意幻化，那我要不要發願往生他化自在天呢？這沒必要，還是要發願往生極樂世界。

第二十一課

　　我是按照傳統的方式講《無量壽經》，所以有些新來的知識分子可能不太適應⑬，但大家對這種講法方式應該有所了解。現在我們正在講極樂世界的功德莊嚴。在《觀經》、《阿彌陀經》和《無量壽經》中，都宣說了阿彌陀佛及其剎土的功德，哪怕聽一堂課這方面的道理也有非常大的功德。所以在聞法的過程中，大家的心一定要專注，一定要有強烈的歡喜心。《大智度論》中說：「聽者端視如渴飲，一心入於語議中，踴躍聞法心悲喜，如是之人應為說。」意思是，如果聽者端視講法者，就像渴者希求飲用甘露一樣，一心專注於所講的內容，以踴躍歡喜的心態聽聞佛法，對這種人才可以宣說佛法。所以，在這個時候拍照不重要⑭，重要的是心專注於說法的聲音。我以前跟法王朝禮印度時也特別愛拍照，那個時候我二十八歲，有一次為此我還挨過上師批評：「你怎麼到哪裡不先發願，馬上就拍照？應該先發願，然後再照相。」當時是在鹿野苑挨批評，離開鹿野苑後我們去了廣嚴城，但那時自己習氣比較重，一到廣嚴城又克制不住，第一個動作又是按快門。當時我帶著一個170元人民幣的照相機，在那個時代我的照相機算是

---

⑬時逢首屆「青年佛教學術研討會」，許多參加研討會的大學生晚上也到經堂聽課，故上師有此說。本課的很多開示也是針對他們的。
⑭有些大學生在課上拍照，上師遂對此作開示。

很好的，但跟現在你們的照相機比起來不算很好。言歸正傳，聽經聞法有嚴格的要求，希望諸位在接下來一個小時中如理如法地聽法。

在前面幾堂課中，我們介紹了極樂世界的很多功德，下面繼續講這方面的內容。

阿難，彼極樂界於晨朝時，周遍四方和風微動不逆不亂，吹諸雜花種種香氣，其香普熏周遍國界，一切有情為風觸身安和調適，猶如比丘得滅盡定。

阿難，極樂世界每天清晨到處都吹起微風，這種微風不觸逆、不狂亂，和風吹諸雜花發出種種香氣，其香普熏整個極樂國土，一切有情為風觸身後都安寧舒適，猶如比丘獲得滅盡定。

極樂世界的風不像世間的颱風、龍捲風，它們只會給人們的身心帶來快樂。前一段時間中國沿海一帶刮颱風，很多人怕得要命，到處躲颱風。其實，在自然災害面前，有時候要躲避也是很困難的。

滅盡定是滅盡受想的出世間禪定，入此定者能感受無法言說的快樂。前一段時間我從漢地回佛學院，途中在一處遍滿鮮花的草地上休息，當時自己感覺特別舒服，好像忘記了世間的一切。後來司機提醒還要趕路，我才想起來：原來還有很長一段路要走。所以，有時候在人間的花園或者大自然中，也能感受到相似於極樂世

界的快樂。當然，這種快樂畢竟是娑婆世界的有漏感受，跟極樂世界的快樂還是有天壤之別。

其風吹動七寶樹林，華飄成聚高七人量，種種色光照曜佛土。

這些風吹動七寶樹林，樹上的鮮花飄落成堆，有七個人那麼高，這些花發出種種顏色的光，光芒照耀整個極樂國土。

在我們這個世間，如果花堆有七人高，踩在上面會陷進花裡，也許會被花「淹」死，但踩極樂世界的花堆上不需要有這種擔心。

譬如有人以花布地手按令平，隨雜色花間錯分布，彼諸花聚亦復如是。

就像有人用花布滿地面並用手按平花，各種顏色的花間錯分布，極樂世界的花堆也是如此。

其實極樂世界的花堆極其悅目，很難用世間的語言描述。有時候看起來，人的語言是非常無力的，對於不可思議的佛陀境界或者淨土的莊嚴，根本無法用語言真實描述。

其花微妙廣大，柔軟如兜羅綿，若諸有情足蹈彼花沒深四指，隨其舉足還復如初。

這些花堆微妙廣大，柔軟如兜羅綿，如果諸有情踩在上面腳會陷下去四指深，抬腳時花堆又恢復如初。

其實現在的生活設施應該參照極樂世界。現在很多

佛說無量壽經廣釋

家庭和賓館都有泡沫或者海綿做的沙發，很多人喜歡坐在上面，但這些沙發有個缺陷——雖然當時感覺很柔軟，可是睡一晚上後，腰可能特別痛。而極樂世界的花堆不會這樣，它們只會給人們帶來快樂。

　　有人可能想：既然極樂世界的花堆有七人高，那為什麼腳踩上去僅僅下陷四指，不會全部陷進去？這就是極樂世界眾生的福報所感。由於眾生沒有這樣的經歷，所以一聽說極樂世界的稀奇事物，人的分別念往往很難理解。

　　過晨朝已其花自然沒入於地，舊花既沒大地清淨，更雨新花還復周遍，如是中時晡時初中後夜，飄花成聚亦復如是。

　　過了早晨，這些花自然沒於地下，舊花消失以後，大地又像原來一樣清淨，這時又降下新的花雨，如是早晨、中午、晡時⑬⑧、初夜、中夜、後夜，一天六次飄花成聚。⑬⑨

　　有人可能認為：有些經論中說極樂世界沒有日月，既然那裡沒有日月，怎麼有白天黑夜之別呢？蓮池大師在《阿彌陀經疏鈔》中對此解釋道：「唯以華開鳥鳴而為畫，華合鳥棲而為夜也。」藏地的淨土經論也是這樣講的。

---

⑬⑧晡時：申時，即午後三點至五點。
⑬⑨《阿彌陀經》也有這樣的說法：「晝夜六時，雨天曼陀羅華。」

374

阿難，一切廣大珍奇之寶無有不生極樂界者。

阿難，一切廣大珍奇之寶沒有不生於極樂世界的。

在我們這個世間，金、銀、瑪瑙、琉璃、珊瑚、琥珀、鑽石等珍寶很不容易找。如果某國有這些珍寶，其他國家會想方設法占有這些珍寶，兩國甚至會因此而打仗。而極樂世界不存在這種情況，那裡具足各種奇珍異寶，隨時隨地都可以得到珍寶，人們不會為此發生衝突。

阿難，彼佛國中有七寶蓮花，一一蓮花有無量百千億葉，其葉有無量百千珍奇異色，以百千摩尼妙寶莊嚴，覆以寶網轉相映飾。

阿難，阿彌陀佛的國土中有七寶蓮花，每一朵蓮花有無量百千億片葉子，每一片葉子上有無量百千種珍奇之色，這些葉子以百千種摩尼寶莊嚴，上面覆蓋著寶網，花、葉、摩尼寶、寶網互相映襯、互為嚴飾。

如果現在我們受持阿彌陀佛的名號，將來就會在極樂世界的蓮花中化生⑭，這種蓮花不像人間的蓮花，完全是七寶所成的。在我們這個世間，如果從蓮花中化生一個人，這是非常稀有的；而在極樂世界，無量百千萬人都從蓮花中化生，這對世間人來講確實很難想像。

---

⑭不僅阿彌陀佛的名號，受持其他如來的名號也有如此功德，如《十二佛名經》中說：「若人持佛名，七寶華中生，其華千億葉，威光相具足。」

佛說無量壽經廣釋

阿難，彼蓮花量或半由旬或一二三四乃至百千由旬者，是一一花出三十六億那由他百千光明，一一光中出三十六億那由他百千諸佛，身如金色具三十二大丈夫相八十隨好殊勝莊嚴，放百千光普照世界。

阿難，那些蓮花大小或者半由旬，或者一二三四乃至百千由旬，每一朵花放出三十六百千億那由他光明，每一束光明中出現三十六百千億那由他諸佛，這些佛陀身如金色，具有三十二大丈夫相和八十隨形好等殊勝莊嚴，他們又放出百千光芒，其光普照一切世界。

在世間人面前，不管宣講極樂世界的任何一種功德，恐怕他們都沒辦法接受。這就像一個從來沒進過城的牧區孩子，如果給他講大城市的建築時很難接受一樣。我自己就有這種體會，有時候到一些發達國家，看到那裡的城市建築、交通設施，自己也會懷疑：這是不是用神通變出來的？前一段時間我去香港講學，當時我的感覺特別強烈：不管到哪裡都是聳入雲天的高樓大廈，而當地的人們看起來一個個很脆弱，好像誰都沒有很大的力氣，可是他們確實把這些大廈蓋了起來。

對於這個道理，《莊子·秋水》中有非常形象的比喻，如云：「井蛙不可以語於海者，拘於虛也；夏蟲不可以語於冰者，篤於時也。」確實是這樣的，跟井蛙沒辦法談論大海，因為井蛙一直坐井觀天，從來沒有見過井外的世界；跟夏蟲也沒辦法談論冰雪，因為夏蟲只有

第二十一課

短暫的壽命，不可能活到冬天。

在昨天的青年佛教學術研討會上，有學者說人類是小小的「肉蟲」。他說的是對的。人類分別念所涉的範圍非常渺小，根本沒辦法想像極樂世界的莊嚴。在我們這個世間也有一些清淨莊嚴的景象，如果某人去過那裡，回來後描述給沒去過的人，對方也不一定能相信，娑婆世界尚且如此，極樂世界就更不用說了。

如果想對極樂世界生起信心，就需要長期的聞思。皈依佛教的有兩種人：一種人首先什麼道理都不懂，直接就生起信心，這種信心不是很穩固；另一種人首先學習教理，通過反覆觀察，明白佛法的意義後再生起信心，這種信心就比較穩固。大家應該走後一條路。

現在很多知識分子什麼都不信。當然，所謂不信有兩種：一種是有理由的不信；另一種是沒有理由的不信。如果明明知道自己沒有理由，但就是不相信某個道理，這實際上就是一種迷信。這種不信肯定是不合理的。在座的青年學子應該捨棄對淨土法門的不信，盡量對其生起定解。在《淨土教言》中有許多淨土方面的問答，大家有時間可以去翻閱。相信看了這些問答後，很多人會對淨土法門生起堅定的信心。

現在有些知識分子對念佛法門心存看法，認為這是老年人或者沒文化人修的法。其實，念佛法門很不簡單，其中蘊含著甚深的道理，自從唐宋以來，這個法門

就在社會各階層廣為流傳。現在很多大學有禪學社，其實這些大學也應該有研究淨土法門的團體，大學生們不一定要每天大聲念阿彌陀佛，但是對淨土法門的研究是很有必要的。為什麼要研究呢？因為每個人都會老，那時自己最好的歸宿就是往生極樂世界。文革期間，藏地有些年輕人因為受環境影響而誹謗佛法，但這些人老了以後心還是轉了過來，又開始念阿彌陀佛了。可是因為他們年輕時經常以懷疑、排斥的眼光看待佛法，沒有了解佛法的甚深意義，所以，即便垂暮之年回心念佛，內心的懷疑卻依然存在，可是那時智慧已經衰退了，已經沒有能力深入研究了。因此，年輕人應該趁早對淨土法門產生信心，不要像經歷文革的這些老人一樣。

　　當然，並不是所有的老年人都不行，據我所知，有些七八十歲的老人雖然不懂很多佛理，但他們對佛法卻有著純潔的信心，這一點是很多年輕人遠遠不如的。有時候我去藏區一些偏僻的地方弘法，遇到有些連自己名字都寫不來的老人，但我感覺他們的修行似乎更好。為什麼呢？因為他們內心特別純潔，沒有很多分別雜念。相比之下，很多年輕人就很麻煩了：佛法說不懂也懂一點，說懂又懂得不究竟，在觀察過失方面很聰明，對真正的法義卻一竅不通。現在有人也批評這種年輕人：上了大學好像沒什麼收穫，只學會如何觀察別人的過失，此外什麼有意義的東西都沒學到，甚至連基本的為人處

世都不懂。（當然，說上大學完全沒意義也是偏頗之辭，任何事情都應該一分為二地看待。）

　　從這個角度來說，知識分子確實沒什麼可傲慢的。如果一個人執著自己是大學生、研究生或者大學教授，以致於傲慢心一直增長，最後別人的任何功德都看不到，這樣就不好了。傲慢心是很可怕的。拿我自己來講，如果我認為：我是一個堪布，大學生的佛學水平肯定在我之下，我幹嘛要接受他的觀點？這樣的話，即使有些人講得很有道理，我也會因為「堪布」這個假名而失去了進步的機會。因此，作為探求真理的人，應該勇於放棄我慢，這樣才會有所成就。在今天的研討會上，有個學者說，他通過參加某個禪修夏令營，完全摧毀了自己的傲慢。我覺得他講得很有道理。事實上，如果一個人能多接觸各階層的人士，最後就會知道自己其實沒什麼可傲慢的。

　　前一段時間，我去香港中文大學講學，本來當時交流的氣氛很好，但為了打消很多人的傲慢，為了他們能更好地學佛，我不管他們高興不高興，總結時就很不客氣地說：「一方面，大家有佛法的信仰，有學習佛法的機會，實屬來之不易，這一點非常好；另一方面，我也能看得出來，很多人對佛法的研究尚處於較低水平，還沒有達到很高的層次，還有進一步提高的餘地！所以，希望大家今後更加深入地學習佛法。」

佛說無量壽經廣釋

說實在的，凡夫人很容易產生得少為足的心態。以前我獲得堪布學位時也產生過今後不必再學習的心態，但後來自己的心態調整了過來，認識到在有生之年還要不斷地學習。我們學院是喇榮佛教大學，這裡的法師是不是不用再學習，不用再參加辯論了呢？絕對不是。法師們不能認為：我已經是法師了，已經獲得不退轉果位了……其他佛友也要注意這個問題。總之，我們要時刻以正知正念觀察自相續，永遠不要驕傲自滿。

是諸佛等現往東方為眾說法，皆為安立無量有情於佛法中，南西北方四維上下亦復如是。

為了將無量有情安立於佛法中，這些佛陀前往東方為眾生說法，也同樣前往南、西、北、東南、東北、西南、西北、上、下方說法。

學習這段經文後，大家要認識到：成佛的目的不是為了自己享受，而是為了度化眾生。其實做任何事情都應該如此。上大學目的是什麼？不能是為了自己享樂，應該是為社會做貢獻，為人類做有意義的事情。出家目的是什麼？不能是為了逃避世間，應該是利益眾生。如果你覺得：在世間生活特別累，現在剃除鬚髮、披上袈裟，在寂靜處有吃有穿，這真舒服。那你就錯了，肯定不會成為一個好出家人。

在今天的研討會上，有一個學生說：「我的老師站在講臺上時，他說的很多話就是為了自己的利益，按理

來講，我不應該看老師的過失，但某些老師的言行確實令人失望……所以我最終決定走上以犧牲自我、奉獻他人為宗旨的大乘之道。」我覺得他說的很有道理。每個人都應該走以利他為宗旨的人生之路。

《守護國界主陀羅尼經》中說：「佛大悲廣說，覺悟諸眾生，聞法得解脫，是佛最勝業。」意思是，佛陀以大悲心廣說妙法，目的就是讓眾生覺悟真理、聞法後從輪迴苦海中解脫，這就是佛陀最殊勝的事業。

在座諸位佛友請想一想：我聽法、念佛、參禪目的是什麼？在座諸位學子也應該想一想：我讀大學目的是什麼？如果是為了將來搞企業，擁有幾千萬的家產，那就完全錯了。如果你的財富對眾生有利，擁有財富當然很好；如果對眾生沒有利益，再多的財富都沒有實義。這樣的話，你不如變成一個連路費都沒有的窮人，至少這對眾生無利無害。

復次阿難，極樂世界無有昏闇，亦無火光、湧泉、陂湖，彼皆非有。

再者阿難，極樂世界沒有昏暗，也沒有火光、湧泉、池塘、湖泊，這一切都沒有。

極樂世界有依靠佛力自然形成的八功德水，但沒有世間的池塘、湖泊、水庫，也沒有自來水、礦泉水。所以和極樂世界的眾生比起來，現在大城市的人很可憐，都是依靠人工造作的水養活。

佛說無量壽經廣釋

亦無住著家室、林苑之名及表示之像幼童色類，亦無日月晝夜之像，於一切處標式既無亦無名號，唯除如來所加威者。

　　那裡也沒有家室、林苑、幼童的名稱和標誌，也沒有日月、晝夜的標誌，在一切處都沒有名字和標誌，除了如來加被的特殊情況（比如有度化眾生的特殊必要）。

　　極樂世界沒有地界的執著，那裡的眾生不會執著：那是你的房子，這是我的房子，那是你的院子，這是我的院子。在極樂世界，不可能阿彌陀佛和觀世音菩薩、大勢至菩薩住很好的房子，其他菩薩的破房子零零散散分布著，不像我們學院一樣到處是破房子。

　　在我們這個世間，街道上到處是紅燈綠燈、文字箭頭，甚至在一棟樓裡面也全是這邊那邊、上去下去的箭頭和標誌，如果沒有這些標誌，人們都會迷失方向。而極樂世界雖然沒有任何標誌，但依靠神通和智慧，那裡的菩薩從來不會迷路。

　　通過這些對比，我們不難知道，輪迴中的眾生就像蟻穴中的螞蟻一樣，也許他們自己很傲慢，但在佛菩薩看來是很可憐的。不管從所處的環境、身心的狀態還是相續中的煩惱來看，身處輪迴都猶如在火宅中，沒有真實的快樂可言。

　　阿難，彼國眾生若當生者皆悉究竟無上菩提到涅

槃處。何以故。若邪定聚及不定聚不能了知建立彼因故。

阿難，凡往生極樂世界的眾生都能究竟獲得無上大菩提，到達大涅槃之地。為什麼呢？因為極樂世界沒有邪定聚和不定聚[141]。

（你們笑什麼？其實有一點笑容也很好。有些人一直笑不出來，在昨天的研討會上，我看見有一兩個人一直不笑，不知道他們有什麼痛苦。我想：大家都在笑，為什麼他特別痛苦？不過有些人沒有任何理由也笑，這樣不太好。）

佛經中講過三種聚：見道的聖者斷盡見惑，必定入於擇滅，此為正定聚；造五無間業者必定墮入地獄，此為邪定聚；依緣次第不定者，此為不定聚。因為極樂世界沒有邪定聚和不定聚，所以那裡的眾生都能成就大菩提果位。

阿難，東方如恆沙界，一一界中如恆沙佛，彼諸佛等各各稱歎阿彌陀佛無量功德，南西北方四維上下諸佛稱讚亦復如是。何以故。他方佛國所有眾生聞無量壽如來名號，乃至能發一念淨信歡喜愛樂，所有善根迴向願生無量壽國者，隨願皆生得不退轉，乃至無上正等菩提，除五無間誹毀正法及謗聖者。

阿難，東方如恆河沙數世界中，每一個世界有恆河沙數佛陀，這些佛陀各各稱讚阿彌陀佛的無量功德，南

[141] 此處的譯文較難理解，其他譯本中無此說法，故據藏文譯本作此解釋。

佛說無量壽經廣釋

西北方以及四維上下諸佛也如是稱讚阿彌陀佛。為什麼諸佛一致稱讚？因為他方佛國的所有眾生聽到無量壽佛的名號後，乃至能發一念清淨信心、歡喜心、愛樂心，將所有善根迴向願生無量壽佛的國度，隨願都能往生彼國，往生後獲得不退轉，最終成就無上菩提果位。除了造五無間罪、誹謗正法、誹謗聖人者。

如果是一個世間人，要得到東南西北方所有人的稱讚是很困難的。凡夫人因為具足煩惱，沒有出世間的功德，始終會顯出不良的行為，所以不可能得到眾人的一致讚歎。而阿彌陀佛圓滿了一切功德，遠離了一切過患，又具有不共於其他佛陀的事業，所以能得到十方諸佛的稱讚。

在世間，不管在家人還是出家人，只要有一顆利他的心，肯定會得到大多數人的稱讚。相反，不管某人的地位、權力多麼顯赫，如果所作所為都以自我為中心，那他肯定不會得到人們的讚歎。這一點大家務必要知道。因此，以後我們不管做什麼事情，出發點都應該是利他，這樣自然而然能得到別人的認可。

對於今天所講的道理，常住的道友們應該很容易接受，很多新來的大學生可能感覺有點玄，內心有點接受不了。但只要自己認真聽聞，之後再好好思維，最終也應該能接受。

《往生禮讚偈》中說：「其有得聞彼，彌陀佛名號，歡喜至一念，皆當得生彼。」意思是，如果有人聽

到阿彌陀佛的名號，乃至生起一剎那歡喜心，都能往生極樂世界。對在座諸位來說，一剎那往生極樂世界的念頭應該可以生起。有些人因為以前這方面的熏習比較少，所以往生的心念不一定很堅定，但只要自己生起過這種心念，這個善根就會逐漸成熟，最終一定能往生淨土。需要強調的是，此處並不是說如果產生了這種念頭，死後馬上就能往生極樂世界，而是說產生一念善心的種子後，如果沒有遇到違緣必定會成熟往生淨土的果報。

當然，大家要清楚，如果造了五無間罪或者謗法、謗聖人，那是不可能往生極樂世界的⑫。今後大家尤其要注意謗聖人，因為誰都不知道聖人在哪裡，要區分出聖人也很困難。你覺得這個人脾氣不好，所以他肯定是壞蛋，實際上說不定他是文殊菩薩、觀音菩薩的轉世。現在活佛不是很多嘛，但你認為的活佛不一定是活佛，而你認為的乞丐等低劣者說不定是真正的活佛。我們看諸佛菩薩的傳記，他們大多轉為種姓低劣者或者婆羅門等外道。所以，為了保證往生極樂世界，大家一定不能造五無間罪，不能謗正法和聖人，要保持身口意三門清淨。

下面宣講非常重要的道理——三輩往生。

一、上輩往生。

阿難，若有眾生於他佛剎發菩提心，專念無量壽佛及恆種殖眾多善根，發心迴向願生彼國，是人臨

---

⑫在藏文譯本中只提到了造五無間罪和謗法，沒有說謗聖人。

命終時無量壽佛與比丘眾前後圍繞現其人前，即隨如來往生彼國得不退轉，當證無上正等菩提。

阿難，如果有眾生在他方佛剎發菩提心，一心專念阿彌陀佛，恆時積累眾多善根，並將善根迴向往生極樂世界，此人臨命終時，阿彌陀佛與比丘眾前後圍繞現其人前，此人即時就會隨如來往生極樂世界，往生後獲得不退轉，將來必定證得無上正等菩提果位。

此處提到了往生極樂世界的四種因：

一、發菩提心──若有眾生於他佛剎發菩提心；

二、明觀福田──專念（此「念」可解釋為觀想憶念）無量壽佛；

三、積資淨障──恆種殖眾多善根；

四、發清淨願──發心迴向願生彼國。

有些人說，往生四因是藏傳佛教的說法，漢傳佛教沒有這種說法。其實並非如此，大家都能看到，這段經文對往生四因就講得非常清楚。現在有些人特別害怕「藏傳」這兩個字，實際上不用這麼害怕。不管漢傳佛教還是藏傳佛教，都是釋迦牟尼佛傳下來的，對你不可能有什麼障礙。如果連相續中的煩惱都不害怕，就更不必害怕藏傳佛教了。其實，如果有些人能來藏地實地了解一下，就會明白藏地的佛法非常純正，它的聞思修行完全符合如來的聖教。

在這裡需要強調的是，在三輩往生中，不管哪種都

需要發菩提心⑭。在康僧鎧譯本中，對三輩往生是這樣
說的：上輩者要捨俗出家，發無上菩提心，一向專念無
量壽佛，修持廣大功德，這種人臨終時阿彌陀佛親自來
接引；中輩者雖然不能出家，但也要發無上菩提心，多
多少少修持功德，這種人臨終時阿彌陀佛的化身前來接
引；下輩者即使不能作諸善根，但也要發菩提心並念無
量壽佛，這種人臨終時夢見阿彌陀佛，之後往生極樂世
界。現在有些人說：只要專念一句「南無阿彌陀佛」，
其他任何條件都不需要，就足以往生極樂世界。對利根
者來說，當然不排除這種情況，但一般來講，按照佛經
的教言，欲往生淨土者必須發菩提心。

　　這次能與諸位大學生聚會，共同學習佛法，這個因
緣的確很難得。回到各自的學校後，同學們不一定有機
會再來喇榮。對很多人來講，這堂淨土課是第一次，也
可能是最後一次，希望大家利用這堂課掌握往生四因。

　　台灣佛光大學的一位法師講過一個比喻：阿彌陀佛
是西方極樂大學的校長，極樂世界的菩薩是這所學校的
教授和學生，淨土教法是極樂大學的招生通知，極樂世
界的莊嚴相當於校園的環境，一個人能否進入極樂大
學，就看自己具不具足招生條件。我覺得他講的有道
理，往生極樂世界確實可用出國讀書來比喻。如果一個

⑭後兩輩發菩提心的情況下堂課會宣說。

人要出國讀書，必須具足意樂、錢、護照、目的等條件，否則就不能出國讀書，這些條件就相當於往生四因：首先，意樂相當於願意往生淨土。如果沒有出國的意樂，那不可能把你捆起來裝在飛機裡送出國，這好比如果不願意往生極樂世界，那永遠不可能往生。其次，錢相當於資糧。如果一分錢都沒有，那不可能去國外讀書，不要說去國外讀書，甚至到喇榮求學也很困難，這好比如果沒有資糧就不可能往生淨土。第三，護照相當於明觀福田。如果沒有護照也出不了國，這好比沒有明觀福田就無法往生淨土。第四，目的相當於發菩提心。去國外讀書要有目的——將來更好地造福社會，這好比往生極樂世界也要有目的——為了度化一切眾生。很多人以前對淨土法門不太了解，在這次的研討會上我們也沒有安排淨土法門，為了讓同學們有個形象的了解，所以我用這樣的比喻給大家做個簡單的介紹。

念佛當然非常好，這有無量的功德。但要真正往生淨土，關鍵是要具足往生的四種因。如果能具足這四種因，雖然諸位現在身處娑婆世界，但今生一定能往生極樂世界。對此我有堅定不移的信心。以前我也曾半信半疑過：像我這樣的凡夫到底能不能往生極樂世界？但通過多年的深入研究，最終遣除了這些懷疑。雖然我修得不是很好，但一直在這方面下工夫，平時哪怕磕一個頭都發願要往生極樂世界。自己不僅有往生淨土的信心，

對弘揚淨土法門也有很大意樂。以前我有這種想法：法王如意寶在人間的時候，我跟著他去過很多地方，可是他老人家往生極樂世界時，為什麼將我拋棄在這個世界？後來我想通了：也許通過我在世間跟眾生結緣，可以將很多有緣的眾生帶到上師身邊。所以，這些年以來我也在盡心盡力地弘揚淨土法門。

希望同學們不要把這堂課看作世間的課，世間的課聽後也許有收穫，也許沒有收穫，而佛教的課完全不同，即使聽短短一堂課，也會改變生生世世的命運。以今天這堂課作為一個因緣，我希望大家都能往生極樂世界。人的生命是有限的，來世並不是很遙遠。大家想一想：再過二三十年，自己會變成什麼樣？所以每個人都要對未來有所準備，一定要走解脫的光明大道，尤其要依靠阿彌陀佛指引的往生淨土這條捷徑獲得究竟的解脫。往生淨土這條捷徑非常難得，能遇到這樣的捷徑，大家一定要引起重視。剛才經中也講了，如果有人具足往生四因，則臨命終時無量壽佛與比丘眾圍繞其前，將他迎接到極樂世界，最終獲得不退轉果位。對身處輪迴的眾生來說，這既是一種美好的夢想，也是人生最有意義的目標，所以大家都要為此而努力。

佛說無量壽經廣釋

第二十二課

下面繼續學習《大寶積經.無量壽如來會》。據我所知，自從菩提流志翻譯這部經典以來，還沒有人對此譯本做過講解。以前曾經有大德想為此譯本作注釋，但最終沒有成功。因此，如果這次我們學習《無量壽如來會》後整理出一本《講記》，也許會對後人有一定利益。

不管學習任何經論，大家都要有歡喜心。我們學院的大多數道友聞法的興趣都很濃，也很想研習佛法，這一點非常值得隨喜。末法時代，各地都有人在搞一些佛教的儀式，但真正深入學習佛法的人卻不多。在我接觸的佛教徒中，不少人對佛教很有信心，可是因為不具足智慧，所以他們的信心很容易變。

雖然世間有種說法，一個人內心的信仰是不容易改變的。在前幾天的青年佛教學術研討會上，有一個老師也引述了某位智者的話：「世界上有兩樣東西是亙古不變的：一是高懸在我們頭頂的日月星辰，一是深藏在每個人心底的高貴信仰。」從某個角度來講，這種說法確實是有道理的。我們學院有些人自從信佛後，不管家人親友怎麼反對，他們的信心一直不變。不過，我更提倡有智慧作為助伴的信心，否則，在遇到大的逆緣時，人的信心還是有退失的可能。佛經中說，對佛法生起信心

在百千萬劫中都是極為難得的，所以我們應該以智慧保護來之不易的信心，如果有智慧的釘子固定，人的信心就不容易退失，即使稍微有點動搖，也不致於徹底退失。

通過多年的聞思修行，我有這樣的體會：佛教徒很需要聞思修行佛法，而且聞思修行佛法不能像讀書一樣畢業後就徹底放棄，要在有生之年不斷地聞思修行，要有活到老學到老的精神，這樣自己的信心才能堅固不退。如果只是偶爾學修佛法，之後就再不學修了，這是遠遠不夠的。現在有些人就是這樣，剛開始信心大得不得了，見到上師時淚流滿面、汗毛直立，一直在水泥地上「」磕頭，甚至前額磕破了也無所謂，別人看起來都覺得：哇，這個人的信心真大！可是因為佛法的智慧沒有入心，所以時間一長信心就消失了。

要讓佛法的智慧深入內心，必須從兩方面下工夫。一方面要長期學習佛法，通過不斷學習懂得佛法的真義。在此過程中，剛開始可能會有很多疑惑，但只要長期堅持學習，疑惑就會慢慢消失，不退轉的智慧就會現前。另一方面要長期修行佛法。相對於學習佛法，修行佛法更為重要，通過修行得到的智慧和信心特別穩固。如果一個人從來沒有修行，即使暫時學得很好，智慧和信心都很不錯，最終也有退失的可能。

如今是五濁熾盛的末法時代，如果沒有經常聞思修

佛說無量壽經廣釋

行佛法，人的心會被亂七八糟的信息染污。如果一台電腦沒有經常清理，很可能染上病毒而無法運行；同樣，如果一個人沒有經常用佛法清理自相續，也可能染上各種煩惱的病毒。所以，大家一定要長期聞思修行。

在這個世界上，唯有佛陀的智慧是最究竟的真理，不管什麼人都應該接受這種真理。在面對世間的知識分子時，我經常感覺很有把握，為什麼我有把握？不是因為我學問很高，而是因為我掌握了佛法的真理，因此我自信不管在誰面前講解、研討、辯論這種真理，只要對方是正直之士，就一定能接受。

在以佛法的智慧剖析時，眾生的很多分別念都是錯覺。人們認為身體是乾淨的，實際上身體非常不乾淨；人們認為萬法常有，實際上萬法不是常有的；人們認為「我」是存在的，實際上「我」是不存在的；人們認為感受是快樂的，實際上感受是痛苦的。所以，我們應該通過佛法向眾生傳遞真理。

世界上有許多沒有信仰的眾生，有些人即使有些信仰，可是不信仰大乘佛教，在座諸位能夠信仰、學習、修持大乘佛法，應該說很有福報。但大家要清楚：既然自己是大乘佛教徒，就要具足利他的意樂。不管學淨土宗、禪宗還是密宗，都要具足這種意樂。宗喀巴大師在《菩提道次第廣論》中說：「故於最初入大乘數，亦以惟發此心（即菩提心）安立，後出大乘亦以惟離此心安

立。故大乘者，隨逐有無此心而為進退。」阿底峽尊者也說，大小乘的區別不在於行為、儀軌或者見解，而是看有沒有菩提心。不知在座諸位有沒有想過：我是大乘修行人還是小乘修行人？我是為利益眾生還是為了自己解脫而往生極樂世界？每個人外面的臉型不同，內在的發心也不盡相同，但不管怎麼樣，我希望所有的人都發起大乘心。《大寶積經》中說：「無量千劫中，被大無邊甲，為欲令眾生，解脫諸苦惱。」意思是，為了令眾生解脫苦惱、獲得究竟的涅槃彼岸，菩薩應該於無量劫中披上精進的鎧甲。這種發心是大乘行者應該具足的發心。只有具足這種發心，修行的方向才正確。否則，即使學大乘的淨土法門，也屬於小乘行人。

現在有些人認為：往生極樂世界不需要發菩提心。這種觀點是不合理的。《無量壽經》中講得很清楚，不管上、中、下輩往生者，發菩提心都是不可缺少的條件。原來我在講《藏傳淨土法》時，也有人提出這個問題：「漢傳佛教認為，不發菩提心也可以往生極樂世界。比如某人沒有發過菩提心，但他已經往生了。」我當時說：「你怎麼知道他不具足菩提心？也許他口中沒有說要度化無量的眾生，但實際上內心已經具足了菩提心。」因此，以後在弘揚淨土法門時，希望大家要強調菩提心。下面繼續講上輩往生。

佛說無量壽經廣釋

是故阿難，若有善男子善女人願生極樂世界，欲見無量壽佛者，應發無上菩提心，復當專念極樂國土，積集善根應持迴向，由此見佛生彼國中得不退轉乃至無上菩提。

是故阿難，如果有善男子善女人願意往生極樂世界，想見到無量壽佛，這些人應該發無上菩提心，還要專心憶念極樂國土（由此可見，念佛應該有兩種解釋：一是口念佛號，二是心念佛陀），積集善根，迴向往生彼國，以此因緣，他們臨命終時能見到阿彌陀佛，之後往生極樂世界，在那裡獲得不退轉，最終究竟無上菩提果位。

這裡又講到了往生四因：

1·發菩提心——應發無上菩提心。

2·明觀福田——復當專念極樂國土（包括阿彌陀佛及其眷屬）。

3·積資淨障——積集善根。

大家要通過七支供等方式積累資糧、懺悔罪障。尤其要多念百字明、金剛薩埵心咒以及經典、續部中的懺悔文。在前幾天的研討會上，有的老師說：「以前我覺得自己很清淨，學佛後才知道自己太惡了，原來所謂的善良很片面，從小到現在造了無量惡業，無量劫以來更是造業無邊。」這個老師說得很對。所以大家要通過懺悔清淨自相續。當然，在懺悔的同時也要積累資糧。如果一分錢都沒有，去國外是不可能的；同樣，如果一點

資糧都沒有，要前往極樂世界也是不可能的。

4·發清淨願——應持迴向，即將善根迴向往生極樂世界。

《華嚴經》中說：「如有才智王，能令大眾喜，佛福田如是，令眾悉安樂。」阿彌陀佛就是無上的福田，他能讓無數眾生往生極樂世界，得到究竟的安樂。我們應該對阿彌陀佛的加持力深信不疑，這一點非常重要。如果一個人除了自己的分別念以外什麼都不信，對超越自己的一切行境一口否認，這就是愚癡之輩。《維摩詰經》中說：「佛為增上慢人說離淫怒癡為解脫耳。若無增上慢者，佛說淫怒癡性即是解脫。」現在我們相續中有貪嗔癡，可以說就是增上慢人，以增上慢必定會障礙見到真理。既然我們的智慧有很大局限性，既然我們不是遍智全知，就不要以我慢而否定一切自己不了解的事物。通過這次的青年佛教學術研討會，很多大學生都摧毀了相續中的傲慢。以前他們覺得佛教沒有什麼了不起，通過這幾天的開放式交流，最終明白：原來佛教中有很深奧的道理，並不是自己以前想像的那麼簡單。

由此我也想到，佛教徒確實很需要跟社會溝通。如果你能像禪宗、噶當派、寧瑪派的大德一樣終生在深山裡修行，就像米拉日巴尊者說的那樣：「門外無人跡，室內無血跡，能死此山中，瑜伽心意足」，那你不與社會發生關係也可以。但很多人恐怕做不到這一點。既然

佛說無量壽經廣釋

自己還要跟社會交往，就要通過各種方法讓世人了解佛教。

　　當然，在這個過程中，首先要泯滅自相續的傲慢心。我經常在想：現在我有堪布的名稱，一方面這會給自己帶來方便，有時候即使我說的不對，別人也會接受；另一方面也會障礙自己，有些人雖然比我優秀，但由於沒有法師的名稱，我就會產生這種心態：我已經是法師了，他還不是法師，我憑什麼要接受他的觀點？同樣，如果你們執著：「我是出家人，我應該比這些世間人有智慧。」「我是佛教徒，他還不是佛教徒，他肯定不如我懂佛法。」這種心態也會障礙自己。因此，作為希求上進的人，大家應該從內心遠離傲慢。

　　其實一個人修行越好，他的心就會越謙虛、越放鬆、越快樂，人們跟他交往起來也會越方便。如果一個人修行很好，無論身處什麼環境都非常快樂：住在極樂世界那樣遍滿黃金的地方，他的內心很快樂；住在乞丐待的地方，內心還是很快樂。接觸任何人也是如此：不會因為遇到好人而歡喜若狂，也不會因為遇到壞人而傷心欲絕。不管遇到違緣還是順緣，都能坦然面對。總之，人的修行越好，心就越清淨，在他眼中，任何環境都像清淨剎土，對所有的人都能和睦相處。歷史上的很多高僧大德就是如此，當修行到一定境界時，他們的心徹底遠離了我執和痛苦的束縛。相反，如果你越修越看

第二十二課

不慣，越修越痛苦、不平，到哪裡都很討厭：到廚房裡不舒服，到臥室裡也不舒服，見到任何人都很討厭：要麼是壞人，要麼是羅剎、夜叉、魔鬼、阿修羅等非人，一切顯現都是不清淨的，這說明自己的修行已經入於歧途了。

言歸正傳，這段經文中講得很清楚：欲往生極樂世界，一定要發菩提心。希望有些人以後不要再說發菩提心是藏傳佛教的要求。這是對佛教不了解的說法。其實就佛教的本義而言，不分什麼藏傳、漢傳，所有的教法都是圓融不相違的，只不過個別上師的具體竅訣和說法有所不同，我們不應該對此有過多分別。

二、中輩往生。

阿難，若他國眾生發菩提心，雖不專念無量壽佛，亦非恆種眾多善根，隨已修行諸善功德，迴向彼佛願欲往生，此人臨命終時，無量壽佛即遣化身與比丘眾前後圍繞其所，化佛光明相好與真無異，現其人前攝受導引，即隨化佛往生其國，得不退轉無上菩提。

阿難，如果他方佛國有眾生發菩提心，雖然不能專念無量壽佛，也沒有恆時積累眾多善根，而是隨自己的能力修持善法功德，將善根迴向往生極樂世界，此人臨命終時無量壽佛的化身與眾比丘圍繞在他面前，化佛的

光明和相好跟真正的無量壽佛沒有差別，化佛和眾比丘攝受引導他，此人跟隨化佛往生極樂世界，往生後於無上菩提獲得不退轉。

剛才上輩往生要圓滿具足往生四因，而此處的中輩往生沒有圓滿具足四因，在專念無量壽佛、專念極樂世界以及積累資糧方面有所欠缺。

漢地有些注疏說：所謂化佛只是在行者面前說的，實際上它和真正的阿彌陀佛沒有區別，因為四十八願中說：如果有眾生憶念我、願意往生我國，我與比丘眾現其人前，接引此人往生我國。因此，如果化佛不是真佛，就會與往昔的發願相違。

但我覺得這不相違，因為不僅佛陀的真身可以接引眾生，佛陀的化身也可以接引眾生，而且法處比丘發願時，也沒有說只有我親自去接引眾生，絕對不會派化身去。

這段經文中也提到了要具足菩提心。淨土法門畢竟是大乘佛法，既然是大乘佛法，就一定要具足菩提心。我在講《入行論》時一再強調菩提心的重要性，現在很多人不知道菩提心的重要性，只是形象上念佛、聽灌頂、持咒、放生，雖然這些是佛教的行為，但最根本的還是內心具足菩提心。所以，今後大家每天念佛時一定要想到：為了利益天邊無際的眾生，我要往生西方極樂世界！

人的修行從表面上看不出來。在座的諸位當中，也許修行好、有菩提心的人顯得修行不好，而修行不好、自私自利心很重的人顯得修行很好。但是人有自知之明，所以每個人都要經常觀察：我修行怎麼樣？我有沒有菩提心？

三、下輩往生。

阿難，若有眾生住大乘者，以清淨心向無量壽如來，乃至十念念無量壽佛願生其國，聞甚深法即生信解心無疑惑，乃至獲得一念淨心發一念心念無量壽佛，此人臨命終時如在夢中見無量壽佛，定生彼國得不退轉無上菩提。

阿難，如果有眾生住於大乘者（即發菩提心者），對無量壽佛產生清淨心，乃至十念無量壽佛，願意往生他的國土，聽聞甚深的淨土法門後產生信解心，無有任何懷疑，乃至獲得一念清淨心、發一念心憶念無量壽佛，此人臨命終時如在夢中見到無量壽佛，決定往生極樂世界，於無上菩提獲得不退轉。

這裡沒有講如何積累資糧，也沒有說要很精進地念佛十萬、百萬、千萬遍，只是說發菩提心、迴向往生極樂世界、乃至十念無量壽佛，就可以往生極樂世界。

在娑婆世界，即使想做一個好修行人，但一方面外面有很多違緣，一方面自己的身心不堪能，所以很難真

佛說無量壽經廣釋

正成為好修行人。我在這方面有很深的感觸：有時候心情很好，很想看書修行，但身體實在不行；有時候身體好一點，可是心情又不堪能，於是給自己放假：唉，還是休息一下，喝一點咖啡吧。所以在娑婆世界修行很難如願以償，如果修行想有所成就，還是要發願往生極樂世界。

按照這裡的要求，為了能夠往生極樂世界，我們每天至少要十念阿彌陀佛，早上起來要想想阿彌陀佛及其剎土，晚上睡覺前也要想想。平時要時常想到：我最終要離開這個世間，那時自己應該往生極樂世界。如果經常有這樣的作意，往生才會有把握。

《大宗地玄文本論》中說：「雖得甚深論，其愚癡極故，不覺出世寶，無有學習心。」現在的很多眾生就是如此，雖然遇到了甚深的淨土法門，但因為他們極其愚癡，沒有覺悟到這是出世間的珍寶，所以無有學習、修持之心。道友們應該避免這種過失。

如果有些新來的人對阿彌陀佛和極樂世界的功德心存懷疑，只有通過長期學習才能遣除。我們這裡有些人以前對藏傳佛教特別反感，後來他們到藏地長期學習，最終明白了藏傳佛教的真義，結果，自己曾經反對的藏傳佛教成了終生的伴侶。因此，如果有人對淨土法門疑惑不解，只要自己長時間學習淨土法門，最終就會明白它的真義，那時也會發願往生極樂世界。

第二十二課

此處說十念即可往生極樂世界，可見心的力量確實很強大。《萬善同歸集》中說：「心力猛利，如火如毒，雖少能作大事。」意思是，心的力量非常猛厲，就如同火星、毒藥一樣，即使量很少也能起大作用。所以，哪怕十念阿彌陀佛也能往生極樂世界，哪怕念幾句金剛薩埵心咒也能清淨深重的罪業。這對我們來說確實是個好消息——每天從早到晚不斷地念誦觀修，對很多人來說可能很困難，但在短暫的時間中念誦觀修，每個人都應該能做到，這樣短暫的修行對解脫也能起到大作用。

佛經中說：「念佛者能令無量罪滅也，人若念佛，佛亦念人。」因此，如果我們能憶念阿彌陀佛，阿彌陀佛就會垂念加持自己，當佛陀加持的日光出現時，自相續中罪業的雪山就會融化，相續中的罪業清淨之後，就能順利往生極樂世界。（從這個教證也可看出，所謂念佛不完全是口念，還應該包括心念。否則，「人若念佛，佛亦念人」，那我口中念「阿彌陀佛，阿彌陀佛」，阿彌陀佛口中也要念「索達吉，索達吉」了。當然口念佛號也是好事，只有心裡有念佛的意樂，口中才會念佛，如果心裡一點都不想佛，口中也不可能念佛號。現在有些人根本不願意念佛，所以口中一句佛號都念不出來。）

要提醒個別人的是：淨土法門沒有了義和不了義的分別，沒必要在這方面進行分辨。有些稍微有點知識的

佛說無量壽經廣釋

人特別愛觀察，尤其學過一點中觀因明的人總是想：這是不是不了義？那是不是不合理？以前法王如意寶就此特別批評過個別法師。所以每個人都要遠離懷疑和猶豫，對淨土法門生起定解，要認識到這是無比殊勝的法門，即生中遇到此法門要感到特別榮幸，也應該經常憶念佛陀、發願往生極樂世界。

作為修淨土法門者，應該對往生淨土充滿信心。《觀經》在描述下品下生時說，即使造五逆十惡之輩，臨終十念阿彌陀佛也能清淨罪障，之後也有往生極樂世界的機會。黃念祖老居士以前也引用《觀經四帖疏》教證說，即使造五逆謗法者也有機會往生極樂世界。⑭

三輩往生這幾段經文非常重要，希望道友們好好思維這些內容，最好能將其牢記在心。今後在弘揚淨土法門時，大家要按照這裡的要求勸人們發菩提心。畢竟我們都是大乘行者，既然是大乘行者，就要在發菩提心的基礎上念佛，這才是比較合理的。

最後再次強調一下：念佛不要光是口頭上念，更重要的是內心的憶念。我詳細看了這幾處經文，主要都是從心念來解釋念佛的。本來，所謂「念」字，上面是「今」，下面是「心」，合起來就是用當下的心憶念。當然，「念」也可以解釋為口念，這樣理解也沒什麼不可以的。

---

⑭原話是：「善導師意謂，雖是謗法五逆，倘於臨終，聞法能信，懺悔回心，至心信樂，願生其國，乃至十念，佛垂大慈，亦可攝彼往生極樂。」

阿難，以此義利故，無量無數不可思議無有等等無邊世界諸佛如來皆共稱讚無量壽佛所有功德。

　　阿難，因為有如是大義、利益的緣故，無量無數不可思議世界的如來都讚歎無量壽佛的所有功德。

　　對阿彌陀佛的讚歎並非毫無根據的吹捧，這樣的讚歎有極大的意義。

　　一方面，阿彌陀佛具有無邊的功德，所以當然值得讚歎。世間也是如此，如果一個人特別好，他自然會受到各方面的讚歎。法王如意寶就是一個典範，不管他老人家的證悟境界、利他的菩提心還是弘揚佛法的威力，都非常值得人們讚歎。我也經常在各種場合讚歎法王。但我的讚歎沒有誇大其詞的成分。麥彭仁波切曾經說，即便對自己的根本上師，也不能無中生有地加以吹捧，只能就上師的真實功德加以讚歎。

　　另一方面，通過對阿彌陀佛的讚歎，能引導無數眾生往生極樂世界，所以阿彌陀佛值得讚歎。為什麼基督教徒特別讚歎上帝？就是因為通過他們的讚歎，很多人會進入他們的宗教。很多佛教徒也是如此，通過讚歎釋迦牟尼佛的功德，很多原來不信佛的人會覺得：既然佛陀這麼有功德，那我應該皈依他，學習他的教法。

　　其實我們有時候應該學習基督教的弘法精神。現在基督教徒經常在火車站、飛機場、學校等公共場所散發宣傳資料，這一方面是他們對上帝敬仰的體現，另一方

佛說無量壽經廣釋

面也是弘揚其宗教的手段。雖然這些基督教徒天天打廣告很累，但通過他們的努力，確實將很多人引入了基督教。現在很多人不知道該不該有信仰，一直站在精神的十字路口彷徨，這樣站著是很辛苦的，這種人很需要通過我們的讚歎進入佛法。

當然，雖然我們在讚歎佛陀，但對於阿彌陀佛、釋迦牟尼佛的功德，凡夫的分別念實際上是無法衡量的。《大寶積經》中說：「於佛勝功德，欲知其邊際，設經無量劫，而亦不可得。」的確如此，佛陀具有無比殊勝的功德，凡夫人於無量劫中絞盡腦汁研究，也不可能知道其邊際，不要說我們這樣的凡夫，甚至神通智慧第一的目犍連和舍利子都沒辦法了知。現在有些科學家為了搞清楚老虎「功德」的邊際，帶著大大的照相機，十幾年跟老虎生活在一起。但如果想知道佛陀功德的邊際，恐怕這些科學家用多少台電腦、花多少年也算不清楚。不過，雖然凡夫的分別念很渺小，很難真正知道佛陀的功德，但我們應該從總體上知道佛陀有無量的功德，這樣就不會輕易對佛陀退失信心。現在有些人非常愚蠢，動輒就說：「佛知道啥？佛懂什麼？」這就是不了知佛陀功德的愚癡說法。所以希望大家好好學習佛法，通過學習明白佛陀的功德，進而對佛陀產生尊重和敬仰之心。

第二十三課

上一堂課講了三輩往生以及十方諸佛讚歎阿彌陀佛的功德，聽聞這些道理後大家應該產生希求心。雖然佛法非常難聞，但如果內心沒有希求心，除了種下聞法的善根以外，對解脫也起不到直接作用。因此，當值遇百千萬劫難遭遇的佛法時，大家一定要有強烈的意樂。學院內外的很多道友對聞法都有希求心，這一點非常好。這種希求心不能是一天兩天，應該是十年八年的長期興趣，哪怕工作再忙、生活再困難，對佛法的希求心也不能退失。

現在有些人做無意義的世間瑣事時興致勃勃，而對佛法卻沒有什麼希求心，就像《前行》中講的那樣，對正法就像在餓狗面前放青草一樣毫無興趣。這種人的前途肯定是黑暗的。如《正法念處經》云：「闇覆生死中，難得佛正法，若人不愛法，從苦到苦處。」在生死輪迴中，佛陀的正法很難得聞，如果一個人對正法沒有愛樂心，那他一定會從黑暗前往黑暗、從痛苦前往痛苦，永遠也不會有光明和快樂。

當然，要對佛法產生意樂，前提是要通過觀修無常捨棄對世間的貪戀。法王如意寶等大德再三強調要多觀修死亡無常。為什麼呢？因為今天你快快樂樂、蹦蹦跳跳，可是明天說不定就會變成中陰身，所以提前就要對

佛說無量壽經廣釋

死亡有所準備。《正法念處經》云：「智者常念死，無有逃避處，念死最殊勝，諸念無與等。」念死確實是最殊勝的憶念，沒有一個修法能比得上憶念死亡，如果我們經常憶念死亡無常，就會策勵自己精進尋求佛法。

淨土法門雖然非常殊勝，但光說殊勝還不行，還要真正去學習。我個人有這種感覺：如果不斷地學習淨土法門，對極樂世界就會更為了解，對往生的方法就會更為熟悉，這樣臨終時就會胸有成竹。譬如一個商人遇到好的商機，為了銷售自己的產品，他肯定願意付出時間和精力；同樣，在生死輪迴中遇到淨土法門，這也是難得的解脫良機，因此每個人都要努力學習。下面看經文。

佛告阿難：東方如恆河沙界，一一界中有如恆沙菩薩，為欲瞻禮供養無量壽佛及諸聖眾來詣佛所，南西北方四維上下亦復如是。爾時世尊而說頌曰。

佛陀告訴阿難：東方有如恆河沙數的世界，每個世界有如恆河沙數的菩薩，他們為了瞻望禮拜供養無量壽佛以及諸聖者來到極樂世界，南西北方四維上下方世界的菩薩也是如此。這時世尊以偈頌宣說此義。

在康僧鎧譯本和藏文譯本中，下面這些偈頌跟唐譯本有所不同。在康僧鎧譯本中，這些偈頌大意為：十方所有的菩薩來到極樂世界，他們拿著鮮花、勝幢、妙

406

香、妙衣供養阿彌陀佛，讚歎佛陀的無量功德，之後繞佛三匝，並發願：見到極樂世界的無量功德，我們生起極大信心，但願我們將來也獲得這樣的剎土。阿彌陀佛聽後面露微笑，口中發光照耀十方國土，之後佛光又返回融入佛頂。觀世音菩薩問阿彌陀佛為何微笑。世尊回答說：我知道十方來的菩薩的心，他們都願意發願成就淨土，要成就淨土就要了知諸法如夢如幻，還要發大願度化無量無邊的眾生。

在唐譯本中這些偈頌不太好懂，下面我根據自己的理解給大家作個簡單解釋，你們在聽講過程中也要思考，看自己有什麼樣的理解。

為什麼十方諸佛菩薩一致交口稱讚阿彌陀佛呢？因為阿彌陀佛具有殊勝的願力和功德。對阿彌陀佛的稱讚都是名副其實的，而世間人的稱讚則不是這樣，有些人雖然特別出名，實際上並沒有什麼功德。作為學修淨土法門者，大家一定要了解阿彌陀佛的功德。

現在有些人對淨土法門很有信心，可是他們不了解阿彌陀佛和極樂世界的功德，只是聽別人泛泛宣說後生起籠統的信心。也許正是因為如此，有些不信佛的人說佛教的傳播方式相當於非法傳銷。這種說法當然很過分。雖然我們不排除個別佛教徒有迷信的成分，但如果一概說佛法的宣傳是非法傳銷，那世間很多團體的宣傳都成了非法傳銷。但我想，如果大家能對淨土法門的殊

佛說無量壽經廣釋

勝性、阿彌陀佛的大願力、極樂世界的功德莊嚴以及如何往生等道理有清楚的了解，並且能把這些道理講出來，那誰都不得不承認我們的觀點，否則就是愚者。所以，學淨土法門的人還是要有智慧，要通過深入研究產生堅不可摧的信心和定解，有了這種信心和定解，不僅能破斥他人的誹謗，也能提升自己修法的意樂。

下面我們看經中的偈頌。

> 東方諸佛刹，數如恆河沙，
> 如是佛土中，恆沙菩薩眾，
> 皆現神通來，禮無量壽佛。

在極樂世界的東方有無量佛刹，其數量多如恆河沙，每個佛刹中又有恆河沙數菩薩，這些菩薩都示現神通來到極樂世界禮拜、供養無量壽佛。

這些菩薩都是依靠神通出行，不像我們一樣要依靠飛機、火車、汽車、摩托車、自行車出行。如果他們要依靠交通工具，那極樂世界的交通可能就成問題了，也許交警天天要拿著牌子維持秩序。在我們這個世間，有些發達地方的交通還可以，開國際性會議時來多少人問題也不大，甚至來幾千幾萬人都不顯得擁擠；而在一些落後的地方，交通秩序就比較差，來的人一多就困難了。

這些菩薩到極樂世界不是為了賺錢，不是為了觀光旅遊，也不是做其他世間的事情，目的就是拜見阿彌陀佛，向阿彌陀佛求法，獲得超勝的功德。

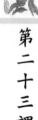

三方諸聖眾，禮覲亦同歸，

彼於沙界中，道光諸辯論，

住深禪定樂，四無所畏心，

各齎眾妙花，名香皆可悅，

并奏諸天樂，百千和雅音。

同樣，南西北方的聖眾也到極樂世界拜見阿彌陀佛⑭
，這些菩薩具有殊勝的功德，他們能在恆河沙世界中放
出智慧的光芒⑭，以無量辯才攝受有緣的眾生，經常入於
甚深的禪定，享受出世間的禪樂，具足四無畏心⑭。這些
菩薩各自懷著悅人的妙花名香，奏出具足百千和雅之聲
的天樂。

這幾句偈頌主要講了這些菩薩具足殊勝的功德以及
他們以各種供品供養阿彌陀佛，下面講接受供養者阿彌
陀佛的功德。

以獻天人師，名聞十方者，

究竟威神力，善學諸法門。

以這些供品獻給一切人天的導師阿彌陀佛，他的名
聲周遍於十方無量世界，他具有究竟的威神力，已經善
學一切深廣法門⑭。

---

⑭其他譯本中沒有「同歸」。「同歸」應該是最後的行為，不然諸菩薩剛到
極樂世界，還沒來得及頂禮供養阿彌陀佛，也沒得到阿彌陀佛的授記，這時
就回去顯然不合理。

⑭所謂「道光」，即由本性清淨而自然顯發的智慧光，菩薩能以這種智慧光
饒益無量眾生。

⑭這是類似於佛陀的四無畏，真正的四無畏只有佛陀才具足。

⑭康僧鎧譯本中是「遊入深法門」。

佛說無量壽經廣釋

阿彌陀佛往昔曾經發願：當我成佛時，十方諸佛一致讚歎我名。如今他的發願已經實現了，所以他的名聲遍於十方無量世界。與阿彌陀佛相比，現在世間的明星、名人並不是很有名，也就是幾百萬、幾千萬人知道而已。雖然跟諸佛菩薩比起來，這些凡夫人的功德不足掛齒，可是他們卻特別傲慢。

種種供養中，勤修無懈倦，
功德智慧景，能破諸幽冥。

阿彌陀佛往昔勤修種種供養，從來沒有懈怠厭倦過，他的功德和智慧的日光⑲能夠破除世間的一切無明黑暗。

因為阿彌陀佛在因地時無有任何懈怠，精進行持法供養、修行供養在內的一切供養，以此緣起，成佛時也得到十方菩薩的供養。

這裡說阿彌陀佛具有無邊的功德和智慧，能破除一切眾生的無明愚暗，此理真實不虛，如《華嚴經》云：「亦如日出時，照曜於世間，佛福田如是，滅除諸黑暗。」因此，向佛陀祈禱特別重要，如果我們誠心祈禱佛陀，就像太陽光入於暗室一樣，佛陀的智慧光芒當下能入於自己心間，自己的無明黑暗和煩惱痛苦當下可以遣除。

學習過經論的人知道，如果能以信心祈禱供養佛

⑲《說文》：景，日光也。

陀，就會獲得無量的加持。而不學佛的人不懂這些道理。沒見過摩尼寶的人不知道摩尼寶的價值，沒見過黃金的人也不知道黃金的價值，如果給他們一顆摩尼寶或者一塊黃金，他們會認為是普通的石頭或者鐵塊。中國的乞丐只知道人民幣，美國的乞丐只知道美元，印度的乞丐只知道盧比，如果給其他國家的錢，他們也不知道值多少錢。同樣，如果對不信佛的人講釋迦牟尼佛、阿彌陀佛的功德，他們也根本不會承認。有時候遇到這種不信佛的人，我從內心深處覺得他們很可憐。

當然，如果有些人因為不知道而不接受還情有可原，但如果他們進一步毀謗佛法、說佛法的過失，這就太不應理了。在這種情況下，我們應該站出來跟他們辯論。不過有時候跟這些愚者也沒法辯論，因為他們既說不出什麼理由，又不願意接受正確的道理。如果是有點智慧的人，他們不會沒有理由卻一口咬定對方不合理。有一個人就是這樣，他說：「雖然我沒有這個緣分，但是聽說你們的佛陀還是很偉大的，聽說你們的佛教非常深奧……」我覺得這個人還不錯，雖然他自己不懂，但沒有武斷地否認佛法，這種態度還算公正。

> 咸以尊重心，奉諸珍妙供，
> 彼觀殊勝剎，菩薩眾無邊，
> 願速成菩提，淨界如安樂。

這些菩薩都以尊重心供奉各種珍貴善妙的供品。觀

佛
說
無
量
壽
經
廣
釋

察到清淨殊勝的極樂世界具有無量菩薩眾之後，這些菩薩生起歡喜心，發願迅速成就無上菩提，也具足如極樂世界般的清淨剎土。

《現觀莊嚴論》中說，菩薩到了一定時候要修煉自己的國土。此處的這些菩薩就是如此，見到阿彌陀佛的極樂世界後，他們都發願成就像極樂世界那樣的國土。

　　世尊知欲樂，廣大不思議，
　微笑現金容。

　　了知他們的意樂廣大不可思議後，世尊阿彌陀佛破顏微笑。

　　這些菩薩的發心非常難得，在座諸位道友中不知道有多少能發起這種心。其實，不必說成就極樂世界那樣的國土，就連往生極樂世界的發心也非常難得，沒有一定福德因緣的人發不起這種心，就像沒福報的人不可能擁有財富一樣。

第二十三課

　　在康僧鎧譯本中，接著還有幾句偈頌：「（阿彌陀佛）口出無數光，遍照十方國。迴光圍繞身，三匝從頂入，一切天人眾，踴躍皆歡喜。大士觀世音，整服稽首問，白佛何緣笑，唯然願說意。」

　　　告成如所願，了諸法如幻，
　　佛國猶夢響，恆發誓莊嚴，
　　當成微妙土。

　　阿彌陀佛對這些菩薩說：你們的發願一定會如願以

償，但要實現這些發願要有條件：要了知一切諸法如同幻化，佛國也如同夢境、谷響，還要恆時發願將來成就如是微妙莊嚴的國土。

　　修淨土法門的人也要知道極樂世界是如夢如幻的，不能認為：我居住的娑婆世界是實有的，要往生的極樂世界也是實有的。這種想法是不合理的。其實，只要我們以正理觀察，就會知道諸法都不是實有的。《大寶積經》中說：「如來世尊所說法，愚癡凡夫不能了，如來所說諸法等，一切悉皆猶如幻。」意思是如來所說的法非常深奧，勝義中遠離一切戲論，世俗中如夢如幻，世間凡愚很難了達。的確如此，輪涅所攝萬法都如同夢、幻、陽焰、電光、影像，不僅娑婆世界的柱子、瓶子、茶杯、筆、衣服、頭髮、耳朵、鼻子等法，甚至我們發願往生的極樂世界也是如夢如幻的。在修淨土法門時，如果一點空性的基礎都沒有，把阿彌陀佛和極樂世界當作實有、堅固、不空的，光是口中念「南無阿彌陀佛」，想上品往生是很困難的。

菩薩以願力，修勝菩提行，

知土如影像，發諸弘誓心。

　　聽聞阿彌陀佛教言後，這些菩薩以堅固的願力修行殊勝的菩提行，他們了知佛國無有實質、如同影像，為了利益天邊無際的眾生發下弘誓。

　　我在前面反覆講了往生四因，大家應該明白這些道

佛說無量壽經廣釋

理。往生四因不只是藏傳佛教的說法，在漢傳佛教的經典中對此也有宣說，所以漢地佛友不應該排斥這些道理。其實佛法的內容是相通的，我們不需要在宗派、民族或者國家上過多地分別，只不過佛教在傳播的過程中，與各個地方的文化有所融合，所以在表現方式上也有所不同。

由此我也想到，雖然佛教的形式可以有所變化，但它的教義永遠也不需要改革。有些人認為：現在已經到了21世紀，你們佛教也要不斷地改進、創新。創新什麼呀？誰有能力對佛說的諸法無我之理進行創新呢？人們只要通過學習認識這個真理就行了。認識跟創新有很大區別。很多人都是因為愚癡，所以沒有認識到佛教的真理。當然，與19世紀、20世紀相比，現在人類的思維方式有了很大變化，19世紀、20世紀的有些語言不一定適合現在的人類，所以在宣說佛法的方式上稍微有點改變，稍微跟時代結合，這當然是可以的。

若求遍清淨，殊勝無邊剎，

聞佛聖德名，願生安樂國。

如果欲求周遍清淨、殊勝無邊的剎土，就要聽聞阿彌陀佛的萬德洪名，並且發願往生極樂世界。

這個偈頌是釋迦牟尼佛對阿難的教誡。在這個偈頌中，佛陀開示了一個殊勝的竅訣：如果菩薩想快速成就自己的剎土，就應該發願往生阿彌陀佛的極樂世界。

第二十三課

要想往生極樂世界，首先與淨土法門結上善緣很重要。如果一個人從來沒有學習淨土法門，他能以偶爾的因緣往生極樂世界嗎？有一定困難。如果你想去國外的大學深造，首先要詳細了解要去的國家和學校，為了拿到前往那裡的手續，自己還要付出一定的努力，這樣才能如願以償。往生極樂世界也是如此，因此大家要努力與淨土法門結上善緣。

> 若有諸菩薩，志求清淨土，
> 了知法無我，願生安樂國。

如果有菩薩希求成就清淨剎土，就應該了知諸法無我的道理，之後發願往生極樂世界。

能否往生極樂世界，與自己的意樂有很大關係。一個人雖然具足賢善、精進、信心等功德，但如果他對往生淨土一點興趣都沒有，那也不可能往生。意樂是做任何事的最初條件，在座的每個人都應該捫心自問：我到底有沒有往生極樂世界的意樂？有些人可能有回家探望父母的興趣，可是對於往生極樂世界連一個念頭都沒有起過，這種人是很難往生的。萬法都是隨心的，如果自己不願意去極樂世界，別人不可能把你捆起來扔到淨土，極樂世界的佛菩薩也不可能像警察抓犯人一樣把你強行帶走。所以，自己首先要有願意往生的心。心的能力是不可思議的，如果有了想往生的心，因緣具足時就能前往淨土。

415

當然，欲求往生極樂世界，對諸法無我空性的道理也要有所認識。《現觀莊嚴論》裡面講，勝義中一切皆為空性，世俗中一切皆如夢如幻，如果大家通達了這些境界，修任何法都很容易成功，往生極樂世界也就不難了。了知空性的道理非常重要。《佛說華手經》中說：「諸法空無相，亦復無有我，若人如是知，則為無貪諍。」在這個世界上，大至一個國家，小至一個家庭，大大小小的戰爭、衝突，都是對自我的實執而引發的。如果能通達萬法是無我空性的，就再也不會有爭執了。這種空性的境界就是往生極樂世界的最好基礎。

《華嚴經》云：「智者能觀察，一切有無常，諸法空無我，永離一切相。」這個教證特別好，大家應該記在心裡。有智慧的人能觀察到一切有為法是無常的，諸法都是無我空性、離開一切相狀。而愚者不是這樣，他們每天觀察的就是金錢、地位、感情等無有實義的法。在智者看來，這些愚人非常可笑，但也沒辦法改變他們。

復次阿難，極樂世界所有菩薩於無上菩提皆悉安住一生補處，唯除大願能師子吼擐大甲冑摩訶薩眾為度群生修大涅槃者。

再者阿難，極樂世界的所有菩薩於無上菩提都安住於一生補處，除了有些為度化群生而發大願、作獅子吼、披上精進鎧甲、勤修大涅槃法的大菩薩。

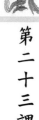

此處說，極樂世界的有些菩薩不願意像彌勒菩薩一樣馬上成佛，他們願意以菩薩身分在世間度化眾生。有些人可能會想：按理來講，菩薩度化的眾生不可能像佛陀那麼多，為什麼這些菩薩不願意成佛，非要以菩薩形象來度化眾生呢？這有兩個原因：一、這些菩薩往昔的發願還沒有圓滿；二、有些眾生的因緣比較特殊，佛陀不能度化他們，而菩薩卻能度化。佛經中記載，有時候佛陀沒辦法度化某些眾生，而文殊菩薩卻能度化他們。世間也有類似情況，按說大學老師的學問比小學老師高，但是在教育調皮的小學生時，可能小學老師做得更好。我認識的有些老師就是這樣，他們不願意去大城市深造，更願意在偏僻的地方教書。他們想：如果我離開這裡，這個班就沒人帶了，即使來一些大學生也不一定能帶好，我還是把這些孩子送到畢業為止。所以佛法中有很多微妙的道理，我們需要以智慧進行分析，有些眾生適合佛陀度化，有些眾生適合菩薩度化，在這方面不能一概而論。

復次阿難，彼佛剎中諸聲聞眾皆有身光能照一尋，菩薩光照極百千尋，除二菩薩光明常照三千大千世界。

再者阿難，阿彌陀佛剎土中的聲聞眾身體都有光明，他們的光明能照一尋，菩薩眾的光明能照百千尋，有兩位大菩薩的光明能恆常照耀三千大千世界。

阿難白佛言：世尊，彼二菩薩名為何等。

阿難對佛陀說：世尊，那兩位菩薩叫什麼名字？

阿難是最喜歡提問題的，也許他一直在等機會，一旦發現問題就提出來。我們這裡個別新來的人也是這樣，我講課時他們一直在找問題，還沒等下課就不停地舉手。

佛告阿難：汝今諦聽，彼二菩薩一名觀自在，二名大勢至。阿難，此二菩薩從娑婆世界捨壽量已往生彼國。

佛陀告訴阿難：你現在好好聽著，這兩位菩薩一個叫觀自在菩薩，另一個叫大勢至菩薩。阿難，這兩位菩薩從娑婆世界命終後往生到極樂世界。

觀自在菩薩就是觀世音菩薩，大勢至菩薩就是金剛手菩薩。有些佛經中說，觀世音菩薩是古佛再來，他不只住在極樂世界，在娑婆世界眾生面前也示現無量化身。

阿難，彼極樂界所生菩薩皆具三十二相，膚體柔軟，諸根聰利，智慧善巧，於差別法無不了知，禪定神通善能遊戲，皆非薄德鈍根之流。

阿難，往生極樂世界的菩薩都具足三十二種大丈夫相⑮⓪，他們膚體柔軟⑮①、諸根聰利、智慧善巧，對一切差

---

⑮⓪這是接近於佛陀的三十二相。
⑮①這是因為他們的心清淨柔軟之故。

別法沒有不了知的，善能遊戲於各種禪定和神通，這些菩薩都不是薄德鈍根之輩。

極樂世界的菩薩諸根都很健全，而娑婆世界的眾生則非常可憐，很多人身上的「零件」都有問題。拿眼根來說：有些人是近視眼，有些人是老花眼，今天左眼有問題，明天右眼不行了，一兩天好一點，過兩天又不行了，配再好的眼鏡也看不清楚。所以，娑婆世界的身體是國產破車，而極樂世界的身體是進口車。

娑婆世界的眾生智慧很差：有些人口中講得好，但理解力比較差；有些人理解力好，但口中卻講不出來。在一些名校，大學生的素質雖然總體上好一點，但每個人或多或少也有一些缺點。而極樂世界的菩薩智慧非常敏銳，對於佛陀所說的了義法和不了義法、勝義的本質和世俗的體相等差別法沒有不了知的。

娑婆世界的眾生不具備真正的智慧，在學習正理方面特別遲鈍，在生邪見、偏見方面卻很厲害。而極樂世界菩薩擁有的都是真正的智慧，他們對善法方面相當精通，從來不分別、思維惡法。總之，極樂世界的菩薩都不是薄德之輩，他們不是沒有福德的鈍根者，是有大福報的利根者，他們同時具足大悲心和智慧。

彼菩薩中有得初忍或第二忍者無量無邊，或有證得無生法忍。

這些菩薩中，有無量無邊的人獲得了初忍、二忍，

佛說無量壽經廣釋

還有些人證得了無生法忍。

在前面的課上，我們介紹過三種安忍：一是隨聲忍，二是隨順忍，三是無生法忍。這三種安忍分別對應聞慧、思慧、修慧。

阿難，彼國菩薩乃至菩提不墮惡趣，生生之處能了宿命，唯除五濁剎中出現於世。

阿難，極樂世界的菩薩乃至菩提果之間不會墮入惡趣，生生之處都能了知自己的宿命，除了特意在五濁剎土示現出世者。

極樂世界的菩薩雖然有在輪迴中投生，但他們不會有任何自相的痛苦。按照《經莊嚴論》的說法，菩薩依靠願力前往惡趣跟凡夫以業力墮入惡趣完全不同，他們實際上恆時不離解脫的安樂。比如非洲發生飢荒時，有些善心人士前去支援，這些人就沒有當地人的痛苦，即使當地一天有二十個孩子餓死，前去支援的人也不會挨餓。菩薩到輪迴中度化眾生也是如此。《大涅槃經》云：「菩薩摩訶薩，畢竟到彼岸，所作眾事辦，是名為最樂。」由於大菩薩已經到達了解脫的彼岸，雖然他們在五濁惡世投生時顯現上有生老病死，但實際上不會有任何痛苦。所以我們要知道，菩薩其實是非常快樂的，他們的示現跟惡趣眾生的感受有天壤之別。

---

⑮一般獲得加行道忍位以後就不會再墮入惡趣。
⑯如云：「極勤利眾生，大悲為性故，無間（即無間地獄）如樂處，豈怖諸有苦

第二十四課

　　不管聽聞任何經論，首先都要調整自己的心，如果自己的心沒有調整，帶有各種煩惱和染污，這樣聞法就像食用雜毒的食物一樣利益不大。因此，聞法者首先要讓自己成為清淨的法器。每次聽法之前，都要想到為利益天邊無際的眾生而聽法，然後遣除懈怠心、厭煩心、昏沉心、掉舉心，以清淨心、恭敬心、歡喜心諦聽，這樣聞法的功德是無量無邊的。

　　在我們聽聞的法中，有些道理自己當下就可以接受，而有些道理對自己來講比較遙遠。因為凡夫人的心終日被五欲六塵所覆蓋，而佛法則是遠離一切欲塵的，所以，要與這樣的清淨之法相應，對凡夫人來講確實有一定困難。其實在諸佛菩薩眼裡，我們這些被無明煩惱所束縛的人跟瘋狂者沒有什麼區別。《佛說大乘隨轉宣說諸法經》㊝中有個教證，我看了以後非常有感受，經中說：「眾生貪放逸，無心學聖道，馳騁諸欲樂，與狂人無異。」意思是，世間眾生整天貪執於放逸之行，沒有心思學習出世間的聖道，他們終日狂奔追逐欲樂，與狂人沒有什麼區別。這部經中又說：「佛法如虛空，不可稱量故，無上佛菩提，愚夫不了悟。」意思是，佛法

㊝《佛說大乘隨轉宣說諸法經》：宋紹德譯。鳩摩羅什譯為《諸法無行經》，隋朝闍那崛多譯為《諸法本無經》。《大圓滿心性休息大車疏》中經常引用此經的教證，那裡面的譯名為《諸法無生經》。

猶如虛空一樣無法衡量，無上大菩提的境界也是如此，世間的愚夫很難了悟。因此，世間凡夫的見聞覺知很難與佛法相應，聽到《阿彌陀經》、《無量壽經》中的說法，有些人覺得非常遙遠，心裡根本無法想像；而他們的心跟電影、電視、電子遊戲卻非常相應。當然，這對凡夫人來說也是情有可原的，只要他們能夠長期聞思佛法，逐漸也可以接受大乘佛教的深廣道理。

阿難，彼國菩薩皆於晨朝供養他方無量百千諸佛，隨所希求種種花鬘、塗香、末香、幢幡、繒蓋及諸音樂以佛神力皆現手中供養諸佛，如是供具廣大甚多，無數無邊不可思議。

阿難，極樂世界的菩薩每天早晨都前往他方剎土供養無量百千諸佛，隨他們心中的希求，種種花鬘、塗香、末香、幢幡、傘蓋以及音樂依靠阿彌陀佛的神力都自然現於手中，以之供養諸佛，這些供具廣大無邊、不可思議。

有些南方或者新疆的居士從家鄉帶上供品，千里迢迢趕到要供養的地方時，很多供品都過期腐爛，不能再用了，自己也很失望。而極樂世界沒有這種情況，那裡的菩薩即使前往無數世界以外作供養，供品也不可能過期、壞掉。

阿彌陀佛的力量不可思議，依靠他的威神力，極樂世界的菩薩不管想要什麼樣的供品，都能自然現於手掌

中，然後可以供養諸佛。不像人間作供養那樣費事——首先到處去找供品，然後將供品裝在口袋或者箱子裡，用繩子捆來捆去，再辛辛苦苦送到寺院供養。

若復樂求種種名花，花有無量百千光色皆現手中，奉散諸佛。

如果這些菩薩想要種種名花，具足無量百千光芒和色彩的花都自然現於手中，以之奉散諸佛。

在前面的課上我也講過，依靠阿彌陀佛的加持，極樂世界到處是青紅赤白等具足無量光芒和色彩的鮮花。而娑婆世界則不同，花只有少數幾種顏色，而且沒有光芒；有些花雖然有光芒，卻是塑料做的假花。這就是淨土和穢土的區別。

當然，在娑婆世界也有這樣的區別。在一些特別貧窮的地方，人們想供養一朵花都找不到；而在一些繁華的大城市，可以找到許多莊嚴的供品。有些地方的寺院供品特別少，而有些地方的寺院供品多得無法想像，尤其是在香港、美國等地，佛堂前的供品多得驚人，看上去極其莊嚴。

阿難，其所散花即於空中變成花蓋，蓋之小者滿十由旬，若不更以新花重散，前所散花終不墮落。阿難，或有花蓋滿二十由旬，如是三十四十乃至千由旬，或等四洲或遍小千中千乃至三千大千世界，

此諸菩薩生希有心得大喜愛。

阿難，這些菩薩拋散的花在空中變成莊嚴的花蓋，花蓋小的滿十由旬，如果沒有拋散新的花，以前拋散的花一直不會掉落。阿難，有些大的花蓋滿二十、三十、四十乃至一千由旬，或者大小等同四大部洲，或者遍滿小千世界、中千世界乃至三千大千世界，這些菩薩見到花蓋後生起稀有心，產生極大的歡喜。

在極樂世界，大的花蓋居然有三千大千世界那麼大，對很多初學佛者來說，這是無法想像的，但只要自己有一顆廣大的心，長期堅持學習佛法，就能逐漸接受這些道理。

看到廣大莊嚴的花蓋，極樂世界的菩薩會生起極大的歡喜心。這種歡喜心不同於世間人的歡喜心。世間有些人得到一筆錢、吃了一頓美餐或者某天放假不上班，他們就覺得非常歡喜。和這種歡喜心比起來，菩薩的歡喜心歷久不衰，而且極為廣大。

《菩提資糧論》中說：「若念佛功德，及聞佛神變，愛喜而受淨，此名為大喜。」意思是，如果能憶念佛陀的功德，聽到佛陀的神變，有善根的人會生起清淨的歡喜心，這種歡喜心叫做大歡喜。這種歡喜心源於對如來功德的正確認識，這和認識諸法的實相後產生的歡喜心一樣都不容易退失。

世間的歡喜心很容易退失。很多人在沒有得到地

位、財產、愛人、欲妙時一直在想：如果我能擁有這些，那該多好啊！當他們通過努力得到這些時，當時也會激動萬分、歡喜無比，可是這種心情很快就會退失，最終一點感覺都沒有了。用經濟學的話來說，這叫做「邊際效益遞減」。這種現象在生活中比比皆是：某個新款的諾基亞、蘋果或者三星手機剛面市時，人們都覺得特別好，都想擁有這種手機，可是一旦得到以後就沒什麼感覺了；剛得到財富和地位時，很多人都覺得特別快樂，可是這種快樂不可能保持很久；剛到一個美麗的花園時，人們感覺就像天堂一樣舒服，可是待一兩個小時或者住兩三天以後，就沒有什麼感覺了；對人的耽著也是如此，剛開始你拼命追求某個人，可是跟對方接觸久了以後，就不一定有原來的感覺了。用佛教的話來說，這些現象就叫做「有漏皆苦」，即一切有漏的安樂終究不離無常壞苦的自性。相比之下，如果通達了諸法實相或者知道了諸佛菩薩的功德，因為那時產生的歡喜心隨順真理之故，所以始終不會退失。極樂世界的菩薩就是如此，他們見到種種莊嚴的供品，想到能以之供養諸佛、積累無量資糧，會產生恆久不退的歡喜心。

　　於晨朝時奉事、供養、尊重、讚歎無量百千億那由他佛及種諸善根已，即於晨朝還到本國。

　　這些菩薩每天早晨承事、供養、恭敬、讚歎無量百千萬億那由他佛陀，在諸佛面前種下善根，之後於當

佛說無量壽經廣釋

天早晨就能回到極樂世界。

在我們這個世間，有些人利用假期五六天時間到寺院朝拜，返回途中遇到塌方而耽誤了時間，他們心裡特別憂愁：我可能要超假了，單位會不會把我開除了？而極樂世界的菩薩沒有這些痛苦，前往他方佛剎作供養後，依靠神變一瞬間就能飛回本國。

雖然極樂世界的菩薩具足大善根，但他們還天天到諸佛面前供養，而現在有些人則不是這樣，他們本來並不是很懂佛法，卻自認為證悟了很高的境界，再不需要積累世俗的善根了，在他們眼裡，供養頂禮只是一般的善根，是境界比較低的人的做法。其實這種想法完全是錯誤的。大家應該想一想：極樂世界的菩薩都是大菩薩，連他們還要積累資糧、培植善根，為什麼我們不需要積累資糧、不用培植善根？

此皆由無量壽佛本願加威及曾供如來善根相續無缺減故，善修習故，善攝取故，善成就故。

之所以這些菩薩能無勤具足各種供品，前往他方無量世界供養無量諸佛，然後一瞬間回到極樂世界，這都是因為無量壽佛往昔的願力和威神力所加持以及這些菩薩曾經供養過諸佛，所以他們的善根相續不斷、無有缺減，也由於他們善於修習、善於攝取、善於成就善根的緣故。

所謂善修習，即以大乘的菩提心、空性見、迴向等方便來攝持自己的修行，這樣修行的力量非常強大。所謂

善攝取，即通過修持各種善法來攝取廣大的善根，比如一會兒修菩提心，一會兒修出離心，一會兒磕大頭，一會兒念咒語，一會兒發心做事情，等等。所謂善成就，即如果具足了善修習和善成就，則自然能夠成就一切功德。

作為修行人，應該善攝取各種善法，不能局限於有限的幾種善法。如果有人認為：我對念咒沒有興趣，所以任何咒語我都不念；我只愛背誦經論，除了背誦以外什麼善法都不做。這就是片面的觀點。一個學生報考某個專業後，如果他的基本學科不及格，即使專業成績合格也不會被錄取；同樣，如果我們沒有廣泛積累資糧，即便專修一個法也很難成就。因此，不管哪方面的善根我們都要積累，不管哪方面的惡業都要遮止。

佛說無量壽經廣釋

既然極樂世界的菩薩都是善攝取各種善法，才善成就一切功德，那我們也應該善修持各種善法，這樣才能成就道業。只要是善法就要去做；念佛功德特別大，自己應該去做；放生功德也非常大，自己也應該去做；觀修空性也應該做……這樣善根深厚了，身語意三門才會清淨，見佛往生淨土也就不難了，如《月燈三昧經》云：「身口及意皆清淨，讚歎諸佛常不斷，常修如是念佛相，日夜恆見諸如來。」

有些人不知道是前世的業力還是即生的障礙現前，他們只樂於參與個別善法，而其他善法卻不願意參與，這就是凡夫人的偏執。我經常在想，法王如意寶的示現

真的很不可思議：一方面，他老人家對大圓滿、中觀、因明等甚深法門有極大信心，經常為四眾弟子傳講這些法要；另一方面，他對念咒語、用轉經輪、刻瑪尼石、掛經旗等世俗的善法也特別重視，經常以歡喜心做這些善法。大家應該向法王學習，在今後的修行旅途中，希望大家不要以偏執心排斥很多有意義的善法。

復次阿難，彼極樂界諸菩薩眾所說語言與一切智相應。

再者阿難，極樂世界菩薩所說的語言都與一切智相應。

極樂世界菩薩的語言不像世間凡夫的語言：世間凡夫的語言大多與貪嗔癡相應，說出來後不但對自他沒有利益，甚至會傷害別人；而極樂世界菩薩的語言都是從智慧中流露出來的，都與佛法相應，都能夠調化眾生。

於所受用皆無攝取，遍遊佛剎無愛無厭亦無希求。

這些菩薩對於房屋、床榻等任何受用都無有耽著，雖然他們遍遊一切佛剎，但內心無愛無厭，也無有希求。

凡夫人如果去到一個地方，對可愛的對境會生起貪愛心，對可惡的對境會生起嗔恨心。而極樂世界的菩薩沒有這些心態，由於他們已經證悟了空性，見一切法都如夢如幻，所以他們雲遊各個世界時，內心無有貪愛和厭惡，對任何法都不會希求，他們既不可能因為某個地

方特別好，所以一直待在那裡不回來，也不可能因為某個地方的人很壞，所以跟當地人發生衝突。

不希求想，無自想，無煩惱想，無我想，無鬥諍相違怨瞋之想。

他們沒有希求想，沒有自想，沒有煩惱想，沒有我想[155]，沒有鬥諍、相違、怨恨、瞋恚之想。

極樂世界的菩薩沒有希求想，而世間人則經常希求這個、希求那個，貪心始終無有止境。有些人有一間房子不行，還想要兩間房子，有一層樓不行，還想要兩層、三層、四層、五層、六層、七層的樓，甚至有了和被本·拉登炸毀的世貿大廈一樣高的樓還不行，還想要更高的樓。

這些菩薩沒有自我之想，他們不會想到維護自己，不會想到讓自己得到什麼。

這些菩薩沒有煩惱想。娑婆世界的凡夫有很多煩惱想。有些人天天不開心，情緒非常不好，傷心、焦慮一直纏繞心頭，甚至痛苦得連話都說不下去：「不行，現在我沒法說下去，等一會兒再說吧……」

這些菩薩也沒有鬥爭、相違、怨恨、瞋恚之想。有些人經常有鬥爭想，今天跟這個吵架，明天跟那個鬥爭——手中拿著一塊石頭，狠狠瞪著對方：「你有本事過來吧！」

---

[155]我想和自想有所區別：前者是就「人」、「法」中的「人」而言的，後者是就「自」、「他」中的「自」而言的。

佛說無量壽經廣釋

何以故。彼諸菩薩於一切眾生有大慈悲利益心故。有柔軟無障礙心、不濁心、無忿恨心。

為什麼無有這些想？因為這些菩薩對一切眾生具有大慈大悲心和饒益心，具有柔軟無障礙心、不濁心、無忿恨心。

菩薩和眾生差別非常大。菩薩的心非常柔軟；眾生的心卻很不柔軟，非常剛強難化，如果你好心勸某人一句，說不定他反過來會頂你兩句。菩薩的心無有任何障礙；眾生的心卻存在許多障礙，對真理沒辦法接受，對非理卻很容易接受，經常產生邪念和煩惱。菩薩的心無有濁亂；眾生的心卻非常污濁混亂。菩薩的心無有忿恨；眾生的心卻有種種忿恨。

有平等調伏寂靜之心、忍心、忍調伏心，有等引澄淨無散亂心、無覆蔽心、淨心、極淨心、照曜心、無塵心、大威德心、善心、廣大心、無比心、甚深心、愛法心、喜法心、善意心、捨離一切執著心、斷一切眾生煩惱心、閉一切惡趣心故。

又因為這些菩薩有平等調伏寂靜心、忍心、忍調伏心、等引澄淨無散亂心、無覆蔽心、淨心、極淨心、照曜心、無塵心、大威德心、善心、廣大心、無比心、甚深心、愛法心、喜法心、善意心、捨離一切執著心、斷一切眾生煩惱心、閉一切惡趣心的緣故。

無覆蔽心是不為煩惱覆蓋的心。淨心、極淨心是不

同層次的清淨心⑮。照耀心是照見萬法本體的智慧心。無塵心是沒有世塵的出世間心。大威德心是具有強大威力的菩薩心。菩薩的心力非常強大，而凡夫的心力非常微弱。凡夫做事情過程中遇到一點麻煩就想退。有些道友在發心時跟別人吵架，然後就打退堂鼓：「不行，我現在要退下來了，實在沒有辦法了，我的心徹底破裂了，再也沒有原來的心力了。」如果別人說一句話，自己的心就破裂了，那也太脆弱了。

廣大心是非常廣大的胸懷。凡夫人的心很狹窄，遇到一點小事就苦惱半天：上午有人說自己的過失，一下午都不舒服；晚上有人說自己的壞話，整個晚上都睡不著，一直在床上滾來滾去：這個人不應該對我這麼講，我明天早上非找他算賬不可，我平時對他夠好了，他為什麼這樣說我？

無比心是凡夫人無法相比的心。甚深心是通達一切甚深法義的心。愛法心和喜法心是對正法愛樂、歡喜的心。斷除一切眾生煩惱心是能夠令一切眾生斷除煩惱的智慧心。閉一切惡趣心是關閉一切惡趣之門的智慧心。

這段經文間接說明了一個道理：一個人的修行好不好，從他所具足的心態便可看出。簡單講，如果某人經常處於清淨快樂的狀態，這說明他有一定的境界。我看

佛說無量壽經廣釋

---

⑮按照《寶性論》的觀點，凡夫是不清淨位，一地以上的菩薩是清淨位，佛陀是極清淨位。

過一本叫《世界上最快樂的人》的書，書中說美國有科學家曾做過一個實驗，他們用儀器測試某位禪修者的「大腦快樂區域」，結果發現此人大腦快樂區域中，神經元活動指數是正常人的700%。這些科學家對此感到不可思議。他們又在大學生中進行實驗，結果發現在進行禪修之後，大學生的快樂指數提高了10%～15%。最終他們得出結論：如果經常進行禪修，可以有效地增加人的幸福指數。在座很多人對此也應該有所體會：有時候我們心情不好，如果把手頭的事情放下，靜下心來念經、禪修，過一會兒痛苦就會煙消雲散，取而代之的是無法描述的快樂。

菩薩的善心非常令人羨慕，這些善心是每一個修行人都應該希求的。如果我們具足了愛法心、喜法心、調伏心，自然就能具足很多殊勝的功德。尤其是如果具足了慈悲心，就能面見十方諸佛。如《大寶積經》云：「長夜以慈悲，普念諸眾生，以是福德故，得見無量佛。」在我們學院就有這樣的例子：有些人放下自我的事情，以慈悲心一心一意利益眾生，在此過程中智慧不斷增上，很多修行的境界也自然現前。

行智慧行已成就無量功德，於禪定覺分善能演說，而常遊戲無上菩提勤修敷演。

這些菩薩行持智慧行，成就了無量的功德，善於宣說禪定、菩提分法，恆常遊戲、精勤修持於無上菩提之

432

道並且為眾生宣說無上菩提之道。

菩薩之所以能自在地演說佛法，主要是因為他們的心非常清淨。如果一個人的心很清淨，很多教證理證都能自然而然說出來；如果整天處於貪嗔癡中，那不要說佛教的道理，甚至一般的語言都說不清楚。所以，如果有人想講經說法，首先要令心清淨。

作為菩薩，一方面自己要修持佛法，一方面要通過佛法讓眾生離苦得樂。《華嚴經》中說：「菩薩遊行諸世界，常能安隱群生類，悉令一切皆歡喜，修菩薩行無厭足。」世間有很多這樣的菩薩，他們生起了真實的菩提心，內心沒有自私自利，經常雲遊各地以佛法讓眾生得到安穩和快樂，對於利他的菩薩行永遠無有滿足。

很多道友就是這樣的，通過學習《入菩薩行論》等大乘佛法，他們相續中生起了無偽的菩提心，徹底捨棄了自己的一切，不管別人怎麼說、怎麼看自己，都不懈地以佛法饒益眾生，最終感化了很多眾生，讓這些眾生對人生有了新的認識，獲得了遠超金錢的出世間利益。

在這方面，尤其是法王如意寶一生的弘法利生事業給我們留下了不可磨滅的印象。在我的印象中，他老人家從來沒想到自己累，只要哪個地方有具緣的眾生，就不辭辛勞前往那裡傳法。依靠法王的傳法，很多人當下就通達了佛法、解除了煩惱，還有很多人種下了得度的善根。

大家要隨學法王如意寶，應該以佛法利益眾生。在

佛說無量壽經廣釋

這個過程中，不要太擔心自己的身分。拿我自己來說，雖然我是一個凡夫人，今天給你們講一堂課後，大家不一定馬上有大收穫，但我宣說的畢竟是如來的正法，所以不管誰聽後都會種下菩提的種子。這就像一個農民雖然很窮，但他在田裡播下的畢竟是種子，將來種子成熟時就會收穫糧食，而農民自身的貧富對種子並沒有影響。因此，在座諸位要有這方面的發心，一旦因緣成熟也要去各地弘法。

下面介紹極樂世界菩薩的五眼功德⑤。

肉眼發生能有簡擇，天眼出現鑒諸佛土，法眼清淨能離諸著，慧眼通達到於彼岸，佛眼成就覺悟開示。

這些菩薩的無垢肉眼能簡擇萬法差別，無漏的天眼能照見諸佛的剎土，清淨的法眼能遠離一切執著，通達的慧眼能到於彼岸，成就了能覺悟、開示佛法的佛眼。

肉眼在資糧道時現前，它能照見一百由旬到三千大千世界的色法。在國王赤松德贊時代，藏地有位名叫釀.當珍桑波的大德，他曾以肉眼看見印度東方的菩提薩埵論師。

天眼在加行道時現前，它能照見六道眾生死此生彼，也能照見一切遠近粗細色法。

法眼在一地到十地現前，它能通達一切教法證法的

---

⑤薩迦派果仁巴大師指出，小乘行人只能獲得六通，而不可全得五眼，只有大乘聖者才具足五眼。

意義以及眾生的根機，這是菩薩出定的境界。

慧眼也是一地到十地的功德，它能通達一切諸法的勝義本性，這是菩薩入定的境界。

佛眼是佛陀具有的功德[158]，它其實是照見輪涅萬法的大智慧，換句話說，它就是佛陀的如所有智和盡所有智，只有福慧二資圓滿才能現前佛眼。

生無礙慧為他廣說，於三界中平等勤修，既自調伏亦能調伏一切有情，能令獲得勝奢摩他，於一切法證無所得，善能說法言辭巧妙，勤修供養一切諸佛，摧伏有情一切煩惱，為諸如來之所悅可而能如是。

這些菩薩生起了無礙的智慧，以智慧為他人廣說佛法，在三界中平等勤修一切佛法，既調伏了自相續，也能調伏一切有情，能令一切有情獲得殊勝的奢摩他，對一切法證得了無所得的境界，善於以巧妙的言辭宣說佛法，他們前往各個世界精勤供養一切諸佛，摧伏了有情的一切煩惱，他們之所以能做到如此，是因為得到了諸佛的歡喜。

此處雖然說菩薩能調伏一切有情，能摧伏有情的一切煩惱，但這是就有緣眾生而言的，如果是無緣的眾生，不要說這些菩薩，連功德圓滿的佛陀也沒辦法度化。換句話說，只有當眾生的善根成熟時，諸佛菩薩才能調伏他們，才能摧伏他們的煩惱。

如來歡喜的是什麼？就是摧伏自己的煩惱，摧伏眾

佛說無量壽經廣釋

---

[158]一地到十地菩薩也有相似的佛眼。

生的煩惱。如來不歡喜的是什麼？就是產生煩惱，損害眾生。因此，如果我們想讓如來歡喜，就要斷除自他的煩惱。在這個過程中，如果首先通過修行認識了心性，要斷除煩惱就很好辦了。《父子合集經》中說：「若於法明了，則厭五欲樂，彼善降其心，能破諸煩惱。」意思是，如果一個人對佛法有所了悟，這個人就會厭惡世間的五欲，就很容易降伏自己的心，就能破除一切煩惱。所以，歸根結底，修行人還是要認識心性。

當然，我只是口頭上會說，實際上內在的修行非常慚愧。但不管我修得怎樣，在認識心性方面確實很有意樂，這不是一天兩天、一年兩年的興趣，應該說是長期的意樂。我總是覺得，尋找心的本性是一生最大的希求，因為這是最直接、最快速、最容易的解脫之徑。

如果一個人對心性有所認識，雖然他表面上需要吃飯、走路、休息、看病，吃飯沒胃口時也會放一點「老乾媽」，但他的內心和一般人是完全不同的。這個時候，有些人不要產生誤解：因為某人在飯裡加了辣椒，所以他肯定沒有證悟，證悟的人什麼都能吃得下去，他怎麼需要加辣椒呢？不會有這種過失。如果龍樹菩薩現在來到世間，他吃東西也可能會嫌鹽多或者鹽少，但這並不能說明他沒有獲得成就，因為他已經解決了最根本的問題——通達了萬法的實相。這就像老人跟一群孩童玩耍時，如果孩童們認為：因為這個老人跟我們一起

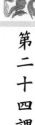

玩，所以他的心態和我們一樣。這種想法肯定是錯誤的。老人已經走過了人生的風風雨雨，所以他只是在隨順這些孩童，在他眼裡孩童的遊戲沒什麼可耽著的。

如是思惟作是思惟時能集能見一切諸法皆無所得，以方便智修行滅法，善知取捨理非理趣，於理趣非理趣中皆得善巧。

菩薩這樣思維時能見到基道果或者苦集滅道所攝的一切諸法都無所得，他們以方便智慧修持寂滅之法，善能了知合理與非理，對於一切合理非理都善巧通達。

世間很多人對合理與非理分不清楚，有一個人說：「我不清楚他們到底在搞啥，反正他們每天忙忙碌碌的。」極樂世界的菩薩不是這樣，他們對於一切法都非常清楚，尤其對於合理與非理的區別搞得很清楚。

於世語言心不愛樂，出世經典誠信勤修。

這些菩薩對世間的語言心不愛樂，誠信並勤修出世間的經典。

凡夫談論的經常是亂七八糟、引發貪嗔癡的世間八法，而菩薩對這些話題沒有興趣，他們感興趣的是出世間的經論和聖者的智慧法語，他們對這些有信心並且精勤修行。其實一個人有沒有修行境界，從他感興趣的話題便可推知：如果他對有意義的話題感興趣，這說明內心有一定境界；如果他對沒有意義的話題非常感興趣，這說明內心沒有什麼境界。

善巧尋求一切諸法，求一切法增長了知，知法本無實不可得，於所行處亦無取捨，解脫老病住諸功德，從本已來安住神通勤修深法。

這些菩薩善巧尋求一切正法，希求增長對一切法了知的境界，他們知道諸法本來沒有自性、實際上無有可得，於一切行處都沒有取捨，解脫了生老病死的束縛，安住於諸功德法中，從本以來安住於神通境界，精勤修持甚深的佛法。

一個人越有修行境界，他會越加精進修持佛法，這是一種必然的規律。

於甚深法而無退轉，於難解法悉能通達。得一乘道無有疑惑，於佛教法不由他悟。

這些菩薩對於甚深的佛法不會退轉，對於一切難以解了之法都能無礙通達。他們獲得了究竟的一乘妙法⑲，對其無有任何疑惑，對於佛陀宣說的佛法，不依靠他人，以自力就能悟入。

菩薩不會說：「佛法太難了，我實在聽不懂，算了，乾脆退下來不學了。」也不會像有些人那樣，第一天去聽了《釋量論‧成量品》，第二天就不想去了：「我還是回家去吧，不知道在講啥名堂，我一點都聽不懂。」

---

⑲一乘：即佛乘。《妙法蓮華經》中說，佛出世的本懷是令眾生皆入於佛乘，但因眾生根機不等，故先說三乘之法而調熟之。

第二十五課

前面的經文中宣說了極樂世界菩薩的很多功德，今天這堂課將以各種比喻宣說菩薩的功德。在講這些道理之前，首先要提醒大家一個問題：不僅極樂世界有具足無量功德的菩薩，娑婆世界也有許多具足不可思議功德的菩薩。我們從外表不一定能看得出誰是菩薩，因為菩薩外在的顯現跟一般人一樣，也有行住坐臥、言談舉止等行為。但菩薩的內心完全不同於凡夫，他們沒有任何耽著和煩惱。《華嚴經》云：「示現種種色，亦現心及語，入諸想網中，而恆無所著。」意思是，菩薩在世間示現種種色相，也示現種種心態和語言，也示現入於各種思想之網中，但實際上他們內心恆時無有執著。表面上看起來，很多人是一樣的，但其中確實有真正的菩薩。有時候我們從外在行為便可推知：噢，這個人肯定有超越的境界，他可能是大菩薩再來。在學習《無量壽經》的過程中，大家一方面要知道極樂世界有許多菩薩，一方面要知道娑婆世界也有許多菩薩，所以不管何時何地都要對他人觀清淨心。總之，不管學習任何經論，除了要掌握經論本身的意義，還要將經論結合自己的實際修行。這是我今天要提醒大家的一個要點。

對於此次學習《無量壽經》，在座諸位應該有一種難得之心。現在世間有各種培訓班，不僅一般的人要培

佛說無量壽經廣釋

訓，有些領導和企業家都要參加培訓。培訓的內容也很多，有些人參加國學培訓，有些人參加瑜伽培訓。不僅在國內參加培訓，還有人到印度、新加坡、馬來西亞、美國去培訓。為了短短七天、二十一天或者一兩個月的培訓，往往要支付高昂的費用。前幾天有人對我說他們參加了一個培訓，二十一天要交兩萬五千元，而且生活還是自理。我問他們：「你們學到了什麼？」「什麼都沒學到，但也沒辦法，錢已經交了，只有白白待了二十一天。」所以我在想：如果聽法也要交很多錢，不管通過網絡、光盤還是在現場聽課，每個人都要交兩萬五千元，那大家肯定會覺得：這堂課我一定要好好聽，因為我交了那麼多錢。不過人就是這樣，雖然佛法很珍貴，可是由於沒有收費，所以很多人就覺得：反正堪布每天都「叭叭叭」地講，我聽不聽都無所謂。有些人甚至是為了給我面子，才勉強聽我講一堂課。（從這一點來講，我還是很「感謝」這些人的。）實際上這種想法完全是錯誤的。大家想一想：為了世間的培訓，人們要付出多少時間、精力和錢財？首先從中國飛到美國，然後在美國培訓幾天，最後又從美國飛回中國，這期間的開銷是多少？而這種培訓到底有什麼價值？所以，大家應該對聞法有難得之心。下面我們看極樂世界菩薩的功德。

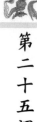

第二十五課

其智宏深譬之巨海，菩提高廣喻若須彌⑯。

這些菩薩智慧甚深，猶如巨海一樣；菩提心的境界極其高廣，猶如須彌山一樣。

世間的任何高山都無法與須彌山相比，如果站在須彌山頂上，一切景象都會一覽無餘；菩薩的境界就像須彌山一樣，凡夫人也根本無法測度。

自身威光超於日月⑯，凡所思擇與慧相應。

這些菩薩的身體發出威光，其光明超過了日月；但凡有所思維、抉擇，都與佛法的智慧相應。

凡夫人的分別、抉擇經常與煩惱相應，而菩薩不是這樣，他們的想法完全與佛法的智慧相應。

猶如雪山其心潔白。

這些菩薩的心猶如雪山一樣潔白。

黃念祖老居士說，雪山可以從三個方面比喻菩薩的功德：一是以雪山之潔白比喻菩薩的心清淨，二是以雪山之純白一色比喻菩薩的心平等一如，三是以雪山之不動搖比喻菩薩的心安住不動搖。

光明普照無邊功德，燒煩惱薪方之於火，不為善惡之所動搖，心靜常安猶如大地。

這些菩薩具有無邊功德，猶如光明普照十方；他們的智慧猶如猛火，能燒盡一切煩惱薪柴；其心不為善惡

---

⑯康僧鎧譯本說是：「三昧如山王」。
⑯康僧鎧譯本說是：「慧光明淨，超逾日月」，藏文譯本也是這樣講。

佛說無量壽經廣釋

分別所動搖，就像大地一樣恆時安穩不動。

凡夫人的心經常被好壞、善惡所動搖，今天遇到成功的事歡喜若狂，明天遇到失敗的事氣急敗壞、非常痛苦。而菩薩不是這樣，他們的心非常寂靜，不會被好壞、善惡動搖，就像大地一樣能承受一切。

洗滌煩惑如清淨水，心無所主猶如火。

這些菩薩的智慧能洗滌眾生的煩惱迷惑，猶如清淨的水一樣；他們的心無有偏袒，猶如野火一樣。

火沒有固定的主人，凡是因緣具足之處就會燃起來；菩薩的心也是如此，無有任何偏袒執著，一切眾生都是他們饒益的對境。

不著世間猶如風，養諸有情猶如地，觀諸世界如虛空，荷載眾生猶如良乘，不染世法譬之蓮花。

這些菩薩對世間無有任何執著，猶如空中的風一樣；長養一切有情的身體和智慧，猶如大地長養萬物；觀照一切世界皆無所有，猶如虛空一樣；承載一切眾生前往解脫城，猶如良乘承載一切乘客；不沾染任何世間的塵垢，猶如蓮花出淤泥而不染。

佛經中說：「雖出於世間，亦不離世間，俱在於世間，不行世間道。」意思是，菩薩雖然已經超出了世間，但顯現上不離於世間，雖然跟其他人一樣住於世間，但菩薩不會行於世間輪迴之道。《攝大乘論》[162]中也

⑯《攝大乘論》：無著菩薩造，無性菩薩和世親菩薩均造有此論的注釋。

說：「如虛空不染，此無分別智，常行於世間，世間法不染。」意為，菩薩以無分別智觀察後前往世間受生，雖然他們行於世間，卻不為世間法所染，猶如虛空不為他法所染。現在就有不少這樣的菩薩，即使他們到城市或者不清淨的眾生中，也不會受到任何染污。

遠暢法音猶如雷震。

這些菩薩的法音遠暢，猶如雷鳴一樣。

菩薩經常在眾生面前宣揚佛法，他們的說法猶如雷鳴一樣遍於整個世間，其他任何人的聲音都會被壓倒。法王如意寶就是如此，他老人家不管到哪裡講法，其他人的聲音都好像成了默然無說，沒有什麼可接受的價值。

雨一切法方之大雨，光蔽賢聖猶彼大仙，善能調伏如大龍象，勇猛無畏如師子王。

這些菩薩降下正法的大雨，猶如天降傾盆大雨；其光芒遮蔽其他賢聖的光芒，猶如大仙人⑯的光芒映蔽日月之光；這些菩薩善能調伏眾生，猶如大龍象⑯；弘法利生勇猛無畏，猶如獅子王。

凡夫人只要遇到一點小事就不行了：「我要倒下去了，現在沒辦法了」，「這幾天心情不好，我的心力提不

⑯有些經中將世尊稱為大仙人。故此處也可解釋為菩薩的光芒猶如佛光一樣，任何賢聖的光芒都無法比擬。
⑯龍象：水行龍力最大，陸行象力最大，故佛經中經常以龍、象比喻佛陀和大菩薩。有些經論中認為龍象就是大象，就像馬中俊美者叫龍馬一樣，如《維摩詰經·不思議品》曰：「譬如龍象蹴踏，非驢所堪。」

起來。」而菩薩不是這樣，只要是做對眾生有利的事情，他們的心力始終能提得起來，不會隨便「降溫」，他們就像獅子王一樣，在弘法利生的過程中從來不會害怕。

覆護眾生如尼拘陀樹，他論不動如鐵圍山，修慈無量如彼恆河[165]，諸善法王能為前導如大梵天。

這些菩薩無偏地維護一切眾生，就像尼拘陀樹覆護一切眾生一樣；他們不會被他論所動搖，猶如鐵圍山不為大風所動搖；經常修持慈無量心，內在的慈心猶如恆河水一樣恆常不斷；於一切善法中最為上首（即能率先行持一切善法），就像大梵天之於梵天眾一樣。

每逢如來出世，大梵天都會請世尊轉法輪，世尊之所以需要大梵天的勸請，是為了顯示佛法的珍貴。除了此類特殊情況以外，一般來講，行持善法不需要別人勸請，應該自己主動去做。可是很多凡夫人卻不是這樣，行持善法經常需要別人求，甚至求了半天才勉強做一點。其實，如果是真正的菩薩，他會覺得行持善法是分內之事，不會天天要別人求——你先給我磕三個頭，我才會去做事情。

無所聚積猶如飛鳥，摧伏他論如金翅王，難遇希有如優曇花。

這些菩薩沒有積聚的財產，猶如飛鳥一樣隨緣度

---

[165]康僧鎧譯本中說：「曠若虛空，大慈等故。」藏文譯本中也以虛空比喻菩薩的慈心。

日；他們能摧毀世間的他論邪說，猶如金翅鳥王能降伏龍類；難得值遇、極其稀有，猶如優曇花現世。

菩薩都是知足少欲的，他們不會像世間人一樣為了自己的住房、錢財而忙碌，也不會因此而產生煩惱，就像飛禽一樣到哪裡都隨緣度日。我們應該像菩薩這樣生活。

最勝丈夫其心正直，無有懈怠能善修行。

這些菩薩堪稱為最勝大丈夫，其心正直無有偏袒；他們無有任何懈怠，能善巧修行各種善法。

菩薩的精進是恆常的，而凡夫的精進是偶爾的，有些人剛開始特別精進，後來慢慢就倒下去了，最後再也動不了，即使心裡還想精進，但身體就是精進不起來，就像沒有燃油或者被凍壞的汽車一樣，怎麼發動車也動不起來。

於諸見中善巧決定，柔和忍辱無嫉妒心，論法無厭求法不倦。

於世出世間諸見解中，這些菩薩能善巧決定真正的正見；他們的心柔和忍辱，無有任何嫉妒心；對於討論佛法無有滿足，在求法過程中無有任何疲倦。

菩薩雖然日日夜夜聞思修行，但從來不會感覺疲勞。而我們有些人不是這樣：一邊聽課一邊打瞌睡，最後慢慢睡著了，口水掉到法本上，旁邊的道友幫他擦掉法本上的口水，這個時候他被驚醒，以為道友在欺負自

佛說無量壽經廣釋

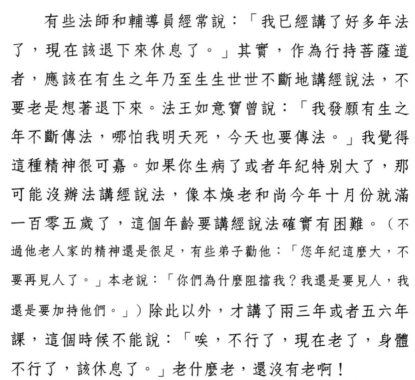

己，於是狠狠地瞪對方一眼。呵呵，這是我編的故事，經堂裡應該不會有這種事情。

常勤演說利益眾生。

這些菩薩經常精進演說佛法，以佛法利益一切眾生。

有些法師和輔導員經常說：「我已經講了好多年法了，現在該退下來休息了。」其實，作為行持菩薩道者，應該在有生之年乃至生生世世不斷地講經說法，不要老是想著退下來。法王如意寶曾說：「我發願有生之年不斷傳法，哪怕我明天死，今天也要傳法。」我覺得這種精神很可嘉。如果你生病了或者年紀特別大了，那可能沒辦法講經說法，像本煥老和尚今年十月份就滿一百零五歲了，這個年齡要講經說法確實有困難。（不過他老人家的精神還是很足，有些弟子勸他：「您年紀這麼大，不要再見人了。」本老說：「你們為什麼阻擋我？我還是要見人，我還是要加持他們。」）除此以外，才講了兩三年或者五六年課，這個時候不能說：「唉，不行了，現在老了，身體不行了，該休息了。」老什麼老，還沒有老啊！

戒若琉璃內外明潔，善聞諸法而為勝寶，其所說言令眾悅伏。

這些菩薩戒律非常清淨，就像琉璃一樣內外明潔；他們善於聽聞佛法，將聞法當作殊勝的珍寶；但凡有所言說，都能令眾人歡悅誠服。

真正的菩薩都是樂於聞法的。以前藏地有一位蔣揚欽哲旺波尊者，他一輩子依止了一百五十多位上師，在上師面前聽受了新舊各派的一切顯密教法。尊者在藏地是一位無與倫比的大師，不僅具足出世間的殊勝功德，而且種姓高貴、財富圓滿，可是為了得到佛法，他在乞丐面前都能恭恭敬敬地聽受。有時候看起來，現在有些人聞法的精神真是太差了，稍微聽一兩天課就滿足了，就已經「吃飽」了，不想再「吃」了。

以智慧力建大法幢，吹大法螺，擊大法鼓，常樂勤修，建諸法表⑯。

這些菩薩以智慧力建立大法幢，吹大法螺，擊大法鼓，常樂勤修佛法，建立正法的表率。

此處的建法幢、吹法螺、擊法鼓都是比喻轉法輪。當然，這些說法也可以直接理解：修建寺院作為弘法基地就叫建法幢，在傳法前吹螺、打鼓通知大家就叫吹法螺、擊法鼓⑯。所謂法表，就是正法的表率，建諸法表就是在弘揚佛法的過程中起到表率作用。

由智慧光心無迷惑，遠眾過失亦無損害，以淳淨心離諸穢染，常行惠施永捨慳貪。

由於這些菩薩具足智慧的光明，所以內心無有無明迷惑；他們遠離了一切過患，也不損害其他眾生；以淳

佛說無量壽經廣釋

---

⑯藏文譯本中還有「受持法幡，燃亮法燈」的說法。
⑯佛經中說，凡是聽到講經說法前的海螺聲、鼓聲的眾生都能獲得解脫。

厚清淨之心遠離了貪嗔癡等穢染；經常行持布施，永遠捨離了慳貪心。

　　凡夫人往往很吝嗇，有些人對錢財特別吝嗇，有些人對佛法特別吝嗇。周利槃特為什麼特別笨？就是因為前世他成為三藏法師時，有人向他請教佛法，他出於吝嗇心不好好說法。現在有些人也有這種心態：我相續中有這麼多智慧，講法時應該只講一半，不能全部講出來，不然別人知道後就勝過我了。我以前遇到過的一些輔導員就是這樣，本來他們明明懂得某個道理，可是在輔導時卻不好好講，遇到關鍵地方就跳過去：「你們自己看書吧。」其實這種對佛法的吝嗇心很不好。從這方面來講，我還是很不錯的，這麼多年以來自己從來沒有產生過這種心態。不僅如此，有時候發現一個很好的教證，我都在想：能不能很快講給大家，如果大家能記住這個教證該多好啊！

　　稟性溫和常懷慚恥，其心寂定智慧明察，作世間燈破眾生闇，堪受利養殊勝福田。

　　這些菩薩稟性溫和，恆常懷有慚愧羞恥心；其心寂靜安定，智慧能明察萬法；他們能作為世間的明燈，破除眾生的無明愚暗；堪能接受人天的供養，是世間的殊勝福田。

　　不管在這些菩薩面前作任何供養承事，他們都能消受得了。為什麼呢？因為他們具有慚愧心、慈悲心、恭

第二十五課

敬心等善心。其實這些善心是一切功德的根本。《華嚴經》云：「常行慈悲心，恆有信恭敬，慚愧功德備，晝夜增善法。」所以，如果我們沒有很多積累功德的機會，但只要能做到經常對眾生起慈悲心，對上師三寶起信心和恭敬心，長期懷有慚愧心，（尤其慚愧心對修行人非常重要。古人說，有道德的人不會認為自己有道德，有智慧的人不會認為自己有智慧，反而是沒有道德和智慧的人喜歡吹噓自己。所以我們應該像以前的高僧大德一樣，時時刻刻把自己看作普普通通的人），這樣善根日日夜夜都能增上。所以大家應該明白，不一定每天做很多善事才能增長功德，培養善心就是增長功德的竅訣。

為大導師周濟群物，遠離憎愛心淨無憂。

這些菩薩堪為世間的大導師，能夠周濟一切眾生；他們遠離了憎愛之心，內心清淨無有憂惱。

如果是真正的菩薩，心情永遠都是很好的，不可能某天心情特別不好，弄得人們都不敢接近他，不然會挨批評。

勇進無怖為大法將，了知地獄調伏自他。

這些菩薩勇猛精進、無有怖畏，成為弘揚正法的大將軍；他們了知地獄之苦以及苦因，以正法調伏自他的相續。

《正法念處經》云：「當以智慧，饒益一切世間，觀地獄苦，於一切眾生，思惟憶念，起慈愍心，修行慈

449

悲。」極樂世界的菩薩就是這樣，他們恆時以智慧饒益眾生，他們觀察地獄痛苦的因，看見眾生在造墮入地獄之業，由此生起悲憫心。其實慈悲就是菩薩的本性，用世間的話來講，這就是菩薩的「專業」，他們讀的是「悲憫眾生系」。

利益有情拔諸毒箭，為世間解為世間師，引導群生捨諸愛著，永離三垢遊戲神通。

這些菩薩利益一切有情，拔除眾生的煩惱毒箭；他們成為世間解[168]和世間導師；這些菩薩引導無量眾生捨離一切愛著；他們永離了貪嗔癡三垢，自在遊戲於各種神通。

煩惱毒箭入心的眾生特別可憐，對這些眾生來說，最迫切的需求就是拔除煩惱毒箭，正因為如此，所以佛陀沒有講怎樣造飛機、坦克、衛星，而是主要宣講斷除煩惱的四諦法門。

因力、緣力、願力、發起力、世俗力、出生力、善根力、三摩地力、聞力、捨力、戒力、忍力、精進力、定力、慧力、奢摩他力、毗缽舍那力、神通力、念力、覺力、摧伏一切大魔軍力、并他論法力、能破一切煩惱怨力及殊勝大力。

這些菩薩具足因力、緣力、願力、發起力、世俗力、出生力、善根力、三摩地力、聞力、捨力、戒力、

忍力、精進力、定力、慧力、奢摩他力、毗缽舍那力、神通力、念力、覺力、摧伏一切大魔軍力、摧伏他論法力、能破一切煩惱怨力、殊勝大力。

因力是前世的發心和善根之力。緣力是即生中善知識等外緣的力量。發起力是做事情的能力。三摩地力和奢摩他力都是指寂止、禪定或者靜慮的力量，區別在於三摩地是一般的寂止，奢摩他是跟毗缽舍那對應的寂止，也就是說後者要求更高。毗缽舍那力指的是勝觀力。聞力是聽聞正法的力量。

菩薩的力量跟凡夫人完全不同，拿聞力來說：菩薩聽多長時間法也不會起厭煩心；而凡夫人即便聽一個小時法都很困難，聽著聽著就會東張西望，或者打妄想：現在有點困了，還是快點講完，馬上就下課，早點休息吧。聽一個小時法都是如此，聽兩個小時、三個小時、四個小時就更不行了。發起力、戒力、忍力、精進力的差別也是如此。總之，菩薩在善法方面什麼力量都具足，在惡法方面則沒有力量，如果你想拉菩薩去造惡業，他是不會配合你的。而凡夫人在善法方面力量很薄弱，在惡法方面力量卻很強，時間、意樂、方法樣樣都具足。

在康僧鎧譯本中，這段經文後還有一句：「如是等力一切具足」，意思是，上面這些力量菩薩都具足。我覺得有這句話好一點，否則意思有點不全，看起來不是

特別好懂。

威福具足相好端嚴，智慧辯才善根圓滿，目淨修廣人所愛樂，其身清潔遠離貢高。

這些菩薩具足威德福報、相好莊嚴，而且圓滿具足取捨的智慧、制伏外道的辯才、世出世間的善根；他們的眼睛清淨、修長，為人們所喜愛，身體非常清潔，遠離了貢高我慢。

菩薩跟世間人大不相同，由於具足上述功德，尤其是他們的一切所作所為都是利益眾生，從來沒有考慮過自己（其實人最可怕的就是凡事以自我為中心），所以能得到很多人的喜愛。

以尊重心奉事諸佛，於諸佛所植眾善本，拔除憍慢離貪瞋癡，殊勝吉祥應供中最。

這些菩薩以尊重心奉事諸佛，在諸佛面前廣種善根，拔除了相續中的傲慢，遠離了貪嗔癡等煩惱，他們是最殊勝吉祥的士夫，於一切應供中堪為最勝。

極樂世界的菩薩是不會有傲慢的，即使剛往生極樂世界時有一點餘習，很快也會得以根除。不然的話，他們已經有了那麼高的境界，很可能再不願意上供養諸佛、下隨順眾生了。

這些菩薩是真正的應供處，無論接受多少供養也不會有過失。現在很多人找不到真正的應供處，經常在非菩薩面前供養很多錢財，事後又後悔得不得了，想要回

原來的供養，可是對方不給，於是到法院打官司，法官說：「既然是你願意給的，那你要對自己的行為負責。」於是傷心地回家，然後跟老公吵架。

住勝智境赫奕慧光，心生歡喜雄猛無畏。

這些菩薩住於殊勝的智慧境界，發出顯耀盛大的慧光；他們能令眾生心生歡喜，具足雄猛無畏的辯才。

作為有大智慧、大辯才的菩薩，在任何眾生面前都沒什麼可害怕的。除非遇到不講真理的人，就像國外某些宗教那樣以暴力壓服對方，這種情況當然另當別論。不過現在有些法師與別人研討時經常害怕，本來有些道理自己說得來，但就是不敢在人前站起來，一站起來就有點不自在，一直拽自己的衣服。這一方面是缺少訓練，一方面是缺乏勇氣。其實，只要自己掌握了真理，就應該在眾人面前雄猛無畏地宣說，不需要有任何擔心。

福智具足無有滯限，但說所聞開示群物，隨所聞法皆能解了。

這些菩薩具足福德和智慧，出言無有任何阻礙和滯限，但凡聽到的法要都能開示給眾生，眾生隨所聽聞都能了解通達。

菩薩做任何事情都不會有阻礙；而凡夫人做善事時四面八方都是違緣，天天被各種障礙擋住。很多人今天遇到這個障礙，明天又遇到那個麻煩，今天過不了這個

佛說無量壽經廣釋

關，明天邁不過那個坎，每天都懇求上師：「請您加持加持我，我現在又不行了。」

其實，如果具足了智慧和方便，再多的魔眾也不能障礙我們的善行。《華嚴經》中說：「智慧及方便，所行清淨道，乃至千億魔，皆所不能壞。」《格言寶藏論》中講過，具足方便的小山兔戰勝了成群的大象。所以，關鍵是看自己有沒有智慧和方便，如果有了智慧和方便，什麼困難都能解決。比如在座有些人想出家，也許很多親人會反對你，但只要你具足智慧和方便，那就既不會傷害他們，也不會障礙自己出家。當年我出家時就是這樣，當時我佛法學得並不深，但因為我看過《格言寶藏論》，所以運用了其中幾個偈頌的道理。我知道擋在自己面前的都是有勢力的人，他們肯定會反對我出家，所以我每天都在考慮通過什麼方法出家，甚至做夢都在考慮，後來我的計劃還是很成功的。所以佛教徒很需要智慧和方便，如果有了智慧和方便，很多人和非人造成的違緣都能遣除。

於菩提分法勇猛勤修，空無相願而常安住，及不生不滅諸三摩地，行遍道場遠二乘境。

這些菩薩勇猛精進修持三十七菩提分法，經常安住於空、無相、無願的境界以及不生不滅、不來不去、不常不斷的三摩地，他們遍行於各個道場，以智慧和悲心利益群生，遠離了二乘的自我寂滅作意。

阿難，我今略說彼極樂界所生菩薩摩訶薩眾真實功德悉皆如是。阿難，假令我身住壽百千億那由他劫，以無礙辯欲具稱揚彼諸菩薩摩訶薩等真實功德不可窮盡。阿難，彼諸菩薩摩訶薩等盡其壽量亦不能知。

阿難，我今天簡單地宣說了極樂世界諸菩薩摩訶薩的真實功德，這些菩薩都具足如是功德。阿難，假使我住於世間百千萬那由他劫，用無礙的辯才宣揚諸菩薩摩訶薩的真實功德，終究是不可窮盡的。這些菩薩盡他們的壽量也不能了知極樂世界諸菩薩摩訶薩的真實功德。

大家看看：釋迦牟尼佛的智慧是什麼樣？他的辯才又是什麼樣？即便釋迦牟尼佛住世無量劫，以無礙的辯才宣說，也無法說完極樂世界菩薩的功德，何況要我在短短一節課中圓滿宣說菩薩的功德，這當然是不可能的。不過，對於有智慧的人來說，通過學習菩薩的部分功德，也能推知他們具有無量的功德。

在以上提及的功德中，沒有一個不符合事實，宣說這些功德實際上就是對極樂世界菩薩的如實讚歎。其實，不要說極樂世界的菩薩們，在現在我們這個世間，也有些人具足類似菩薩的功德，他們的智慧、悲心、慚愧心和正直人格也得到眾人稱道，既然這些人的功德都值得宣揚，極樂世界菩薩的功德就更值得宣揚了。

要完全宣說大菩薩的功德是不可能的。《華嚴經》

佛說無量壽經廣釋

云：「虛空可度量，海水可滴數，菩薩功德海，無可為譬諭。」意為，即便虛空的邊際可以度量，大海的水可以用滴來數盡，但是菩薩的功德海無法宣說完，要想用恰如其分的比喻來描述菩薩的功德是不可能的。

現在大家有福報、有緣分學習諸佛菩薩的功德，這是一個特別好的機會。在這個過程中，我們的語言、思維真的是有價值了。拿我來說，能在這裡給大家講一堂課，我覺得自己確實很有福氣。為什麼呢？因為我讀、講的是佛經中的金剛語，雖然我讀得不好，講得也不好，但和世間人的囉囉唆唆完全不同，還是有很大功德。有一個領導對我說，有一個人打了三個小時電話，他在旁邊一直聽著，在三個小時中沒聽到一句有意義的話，都是些「今天到哪裡去」、「今天吃什麼」、「我家裡有什麼人」等無聊的話。而我的語言不是這樣，至少我重複了佛經中的金剛句。你們聽的人也很有福氣，不管能不能聽得懂，但只要聽聞、思維了這些道理，對今世來世肯定有極大意義。

通過我這麼簡單的幾句話，雖然大家不可能完全了知菩薩的功德，但至少會知道：噢，原來極樂世界的菩薩有無量的功德，不要說所有的功德，哪怕一個慈悲心的功德，也需要很長時間才能講完。對有智慧的人來說，只要一聯想就會明白這個道理：現在也有一些了不起的高僧大德，我們不談他們所有的功德，即便一個慈

悲心的功德也是不可思議的，既然人間的大德都有如是功德，極樂世界菩薩的功德就更不用說了。

最後提醒個別人一點：聽到極樂世界菩薩的功德後，應該產生如理的作意，這一點非常重要。如果沒有如理作意，反而產生邪見，這樣就不好了。我原來也說過，大家對佛法最好不要有懷疑，如果有懷疑一定要趁早解決，否則，懷疑會像癌細胞一樣，剛開始是小小的良性腫瘤，慢慢會變成邪見的惡性腫瘤，最終驅使自己謗佛謗法，造下無邊的惡業，這輩子閉眼以後直接墮入三惡趣。這樣就太可惜了。得到人身非常不容易，有了這樣的人身寶時，應該懂得取捨之理，這對每個人來講非常重要。總之，希望大家好好聞思淨土法門，通過聞思遣除對淨土法門的邪分別，要對淨土法門產生歡喜心，特別是對極樂世界器情世界的功德莊嚴要產生歡喜心，這有不可思議的功德。

佛說無量壽經廣釋

第二十六課

　　《無量壽經》非常重要，希望大家今後弘揚淨土法門時一定要講這部經典，在淨土宗的各個經典中，我覺得《阿彌陀經》、《觀經》和《大勢至菩薩念佛圓通章》太略了，如果想讓人們全面地了解淨土宗的教義，最好是講《無量壽經》。在講《無量壽經》時，最好是依靠唐譯本來講。我以前說過，不管從哪方面來看，菩提流志的譯本都應該說是最好的。在其他譯本中，有些譯本內容特別略，沒有完全開顯淨土宗的教義，有些譯本內容雖然比較全，但是文字特別難懂。因此，從開講《無量壽經》到現在，我始終覺得選擇唐譯本是正確的。

　　道友們今後要廣弘淨土法門。在座的很多道友以後肯定有弘法利生的機會，不敢說你們能給多少多少人講經說法，最起碼給十幾個、幾個甚至一兩個人講經說法的機會應該是有的。佛陀講過，在兩個人所能做的善法中，功德最大的就是一個人認認真真地講法、另一個人恭恭敬敬地聽法。藏地一直有講經說法的傳統，昨天我去了一趟尼眾大經堂，看到經堂裡到處有人在講聞佛法，甚至在樓梯上都有人面對面坐著——一個人在講，一個人在聽。（我不知道她們為什麼選擇在樓梯上聞思，可能有一些密意，但我還是很隨喜她們。）不過漢地在這方面卻比較遺憾，人們對講經說法一直不是很重視，大多數佛教徒只

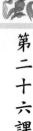

是熱衷於作佛事、念佛、參禪。我希望今後這種狀況能有所改變，一下子改變這種狀況有一定困難，但不管怎麼樣大家都要努力，能找到多少人就給多少人講法。我們都相信佛陀的金剛語，自己應該想一想：如果能給別人講半個小時或者一個小時法，這個功德該有多大！所以，今後如果有因緣，大家就應該主動站出來講經說法。

在這個世界上，不論高貴還是卑賤、有權勢還是無權勢的人，最終都會放棄一切而離開人間，所以每個人活著時都不能忘記生死大事。蓮池大師曾在案頭書「生死事大」四字，以此作為警策。死亡到來之際，世間的一切都帶不到後世，哪怕有再多錢也帶不走，唯有善惡因果會如影隨形般跟隨自己，此時唯有佛法才能令自己獲得解脫。《佛說須摩提長者經》中說得很清楚：「十方世界中，生者無不死，生死往來道，唯法能除滅。」意思是，在十方一切世界中，從來沒有生而不死的人，唯有佛法才能滅除眾生的生死輪迴之苦。因此，從現在開始我們必須精進修持佛法，這樣臨終的時候才有解脫的把握。

不過，一說到實修佛法，很多人往往落入輕視聞思的誤區。有些人說：「淨土宗只是念佛就可以了，沒有必要強調聞思。」這種說法是錯誤的。蓮池大師破斥這種觀點說：「有些人說，只要念佛就可以了，何必學習經典？可是如果沒有看經，哪裡會知道十萬億世界之外有阿彌陀佛？」實際上，從古來很多弘揚淨土宗的大德

看，他們都學習過很多經論，因此作為後學者，我們也應該重視聞思。

還有些人說：「禪宗只要安住就可以了，不需要聞思。」這種說法也是不對的。蓮池大師破斥這種觀點說：「有些參禪的人說，達磨不立文字，見性則休。如果這些人內心沒有真實體會，這就是不通教理的護短之說。何以故？禪宗雖然是教外別傳，可是如果離教而參禪則屬邪因，如果離教而悟則屬邪解。」事實上，如果禪宗完全不立文字，那六祖留下這麼多字的《壇經》，這又如何解釋呢？而且六祖在《壇經》中也說：「不可沈空守寂，即須廣學多聞。識自本心，達諸佛理。」意思是不能沉沒於斷空或者寂止，一定要廣學多聞，這樣才能認識心的本性，通達諸佛的理趣。

所以，所謂淨土宗不需要聞思，只是個別不愛聞思者的邪分別念，所謂禪宗不需要聞思，這也是與《壇經》的說法相違的。

現在還有些人說修密宗不需要聞思，這種說法也是不合理的。全知無垢光尊者明確地說過，在末法時代，要通達無上大圓滿，首先必須廣聞博學。智悲光尊者也說：「我是廣聞博學以後才通達了心的奧義。」請大家想一想：像智悲光尊者那樣具足宿世善緣的利根者都需要廣聞博學，而我們這些被煩惱業力纏縛的凡夫卻不需要聞思，這合理嗎？

第二十六課

當然，所謂的廣聞博學，也不能只是停留在理論的層面。現在有些學者整天研究佛理，從來不用佛法返觀自心，這也是不行的。不管是淨土宗還是禪宗等任何宗派，我們都應該首先了解它的基本理論，在此基礎上進一步修行，這樣聞思修相結合才是合理的。

有些人認為聞思會障礙修行。這種觀點也是似是而非的：如果你聞思的是外道的邪說或者世間亂七八糟的知識，這當然會障礙自己的修行；如果你聞思的是佛陀的經典和高僧大德的論典，這肯定不會障礙自己的修行。華智仁波切和堪布阿瓊[169]的實修竅訣中都說，閉關者在座間要翻閱與所修之法相關的經論。作為閉關者，不接觸世間人，放下一切瑣事，這是理所應當的，但是在關房裡擺一些經論，適當地翻閱這些經論，我想，這還不致於障礙自己的修行，這些經論畢竟是聖者的語言，聖者的語言都是智慧的結晶，智慧怎麼會障礙修行呢？在這個問題上，希望大家三思而行。下面開始講經。

在前面的經中，佛陀向阿難宣說了極樂世界菩薩的無量功德。聽到這些道理後，不要說阿難那樣的利根者，我們這樣的人也會有所了解：原來極樂世界有這麼多菩薩，這些菩薩有這麼不可思議的功德！其實這就是聞思的作用。宣說完這些道理後，佛陀讓阿難向極樂世界頂禮。

---

[169]堪布阿瓊：1879-1941，寧瑪巴近代著名大德。

爾時世尊告阿難言：此是無量壽佛極樂世界，汝應從坐而起合掌恭敬，五體投地為佛作禮。彼佛名稱遍滿十方，彼一一方恆沙諸佛皆共稱讚無礙無斷。

這時世尊告訴阿難：這是無量壽佛的極樂世界，你應該從座而起，恭敬合掌，五體投地，向阿彌陀佛頂禮。阿彌陀佛的名稱遍滿十方，每一方都有無量恆河沙數佛陀，這些佛陀都不斷地稱讚阿彌陀佛的功德。

從這段經文可知，如果有人對阿彌陀佛及其剎土沒有意樂、不加讚歎，甚至持有蔑視，這只能顯露自己的無知。連具有圓滿功德的十方諸佛都不斷地稱讚阿彌陀佛及其剎土，我們這些業力深重的凡夫憑什麼不稱讚呢？

是時阿難即從坐起偏袒右肩，西面合掌五體投地，白佛言：世尊，我今欲見極樂世界無量壽如來，并供養奉事無量百千億那由他佛及菩薩眾種諸善根。

這時阿難從座而起，偏袒右肩，面朝西方合掌，五體投地，之後對佛陀說：世尊，我現在想見到極樂世界的無量壽如來，我想供養承事那裡的無量百千億那由他諸佛菩薩眾，種下諸多善根。

釋迦牟尼佛要求阿難向西方合掌頂禮，間接也是要求後學者頂禮阿彌陀佛。從今天開始，我希望大家早上起來向西方至少磕三個頭，如果願意也可以磕一百個頭，晚上睡覺前也至少磕三個頭。如果你的房子太小了，不方便朝著西方磕頭，那就觀想阿彌陀佛磕頭。這

是我的希望，如果有些人身體不堪能或者實在沒興趣，那就不勉強了。

頂禮佛陀非常有必要。《佛說德護長者經》云：「一心恭敬信，出世勝導師，無量百千劫，不墮諸惡道。」意思是，如果一心敬信出世間的最勝導師，向佛陀頂禮、供養，無量百千劫都不會墮入地獄、餓鬼、旁生。現在很多人經常擔心：我今生造了這麼多罪業，死後會不會墮入惡趣？因此，為了來世的解脫，這些人就應該經常頂禮佛陀。這種以佛陀為對境種下的善根永遠不會失壞，如《大悲經》云：「若於佛所，一發信心，善根不失，何況諸餘勝妙善根？」

時無量壽佛即於掌中放大光明，遍照百千俱胝那由他剎。彼諸佛剎所有大小諸山，黑山、寶山、須彌盧山、迷盧山、大迷盧山、目真鄰陀山、摩訶目真鄰陀山、鐵圍山、大鐵圍山，叢薄園林及諸宮殿天人等物，以佛光明皆悉照見。

這個時候，無量壽佛從手掌中放出大光明⑩，光明遍照百千俱胝那由他佛剎，這些佛剎中的所有大小諸山——黑山、寶山、須彌盧山、迷盧山、大迷盧山、目真鄰陀山、摩訶目真鄰陀山、鐵圍山、大鐵圍山，以及叢林、園林、宮殿等天界人間的事物，以佛的光明悉皆照見無餘。

---

⑩阿彌陀佛身體各處都能放光示現神變，如《極樂願文》云：「法身無量光部主，右手放光化觀音，復化百俱胝觀音；左手放光化度母，復化百俱胝度母；心間放光化蓮師，復化百俱胝蓮師，頂禮法身阿彌陀。」

佛說無量壽經廣釋

《大寶積經》云：「如來光所照，一切須彌山，鐵圍金剛山，徹過無有障。」太陽、月亮的光芒不可能照到山的背後，而如來的光芒則無有任何障礙，它能徹底照過一切須彌山、鐵圍山、金剛山。所以依靠阿彌陀佛的光明，所有世界的一切事物都能無餘明照。

譬如有人以淨天眼觀一尋地見諸所有，又如日光出現萬物斯睹。彼諸國中比丘、比丘尼、優婆塞、優婆夷悉見無量壽如來，如須彌山王照諸佛剎，時諸佛國皆悉明現如處一尋。以無量壽如來殊勝光明極清淨故，見彼高座及諸聲聞菩薩等眾。

就像有人以清淨天眼觀看一尋之地，所有的色法都能看得一清二楚。又像日光出現時，一切萬物能看得清清楚楚。這些佛國中的比丘、比丘尼、優婆塞、優婆夷都能清晰地見到無量壽如來，無量壽如來的身體猶如須彌山王一樣高大莊嚴，無量壽佛放光照耀諸佛剎，當時諸佛的國土全部明現，如同處於一尋之內一樣清晰。依靠無量壽如來的殊勝清淨光明，這些眾生又見到無量壽佛的高座以及極樂世界的聲聞菩薩眾。

剛才阿難說想見到無量壽佛和極樂世界，結果依靠無量壽佛的加持，不僅阿難見到了無量壽佛和極樂世界的狀況，無量世界的眾生也都見到了。不僅佛陀時代，自古以來有很多人在修行境界中見到了阿彌陀佛、蓮花生大士的剎土。這個道理其實不難理解：依靠現代的網

絡技術，美國或者加拿大的人都能見到我在中國講法；依靠諸佛菩薩的不可思議加持，見到遠方的佛剎當然也是可以的。

譬如大地洪水盈滿，樹林山河皆沒不現，唯有大水。如是阿難，彼佛剎中無有他論[171]及異形類，唯除一切大聲聞眾一尋光明及彼菩薩摩訶薩踰繕那等百千尋光，彼無量壽如來應正等覺光明映蔽一切聲聞及諸菩薩，令諸有情悉皆得見。

譬如大地遍滿洪水，一切樹林山河都隱沒不現，唯有大水能見到。就像這樣，阿難，阿彌陀佛的剎土沒有他類眾生[172]以及異類色法，除了諸大聲聞發出的一尋光明和菩薩摩訶薩發出的百千踰繕那光明，但這些聖者的光明也被無量壽如來應供正等覺的光明映蔽，依靠無量壽佛的加持，一切有情都能見到佛的巍巍光明。

這段經文是在顯示阿彌陀佛光明的不可思議，雖然極樂世界的聲聞和菩薩也有光明，但他們的光明在阿彌陀佛的光明面前都隱沒不現，就像大水淹沒大地時其他事物都隱沒不現一樣。

彼極樂界菩薩、聲聞、人天眾等一切皆睹娑婆世界釋迦如來及比丘眾圍繞說法。

極樂世界的一切菩薩、聲聞、人天眾也見到娑婆世

佛說無量壽經廣釋

[171]其他譯本無此說，「他論」疑為「他倫」，即其他種類的眾生。
[172]除了阿彌陀佛幻化的鳥兒。

界釋迦牟尼佛被比丘眾圍繞而宣說佛法。

本來，在極樂世界往娑婆世界看比較容易，從娑婆世界往極樂世界看則比較困難，除了特殊情況以外，一般是見不到極樂世界的。就像在國外可以上國內的網站，而在國內卻很難上國外的網站一樣。不過釋迦牟尼佛說法時，依靠阿彌陀佛放光加持，娑婆世界的眾生也能見到極樂世界的狀況。

這兩段經文的文字比較難，康僧鎧譯本中的說法則比較好理解：「譬如劫水彌滿世界，其中萬物沉沒不現，滉漾浩汗，唯見大水。彼佛光明，亦復如是。聲聞菩薩一切光明，皆悉隱蔽，唯見佛光，明耀顯赫。爾時阿難即見無量壽佛威德巍巍，如須彌山王，高出一切諸世界上。相好光明，靡不照耀。此會四眾，一時悉見。彼見此土，亦復如是。」

以上的經文是圍繞佛陀跟阿難的對話展開的，從下面開始則是佛陀和彌勒菩薩的對話。因為至此阿難尊者的任務已經完成了，所以他就像有些電影裡的人物一樣不知不覺消失了，接著彌勒菩薩要出場了⑰。黃念祖老居士說，一方面從此處開始彌勒菩薩成為當機眾，一方面佛陀最後把這個法交付於彌勒菩薩，所以佛陀從這裡開始與彌勒菩薩對話。我也想過：為什麼前面是佛陀和阿

---

⑰康僧鎧譯本的說法有所不同：「爾時佛告阿難及慈氏菩薩」，也就是說阿難當時還在。

難對話，而下面是佛陀和彌勒菩薩的對話呢？原因可能是和學法的次第有關：一般我們學法的次第是從小乘到大乘，阿難尊者顯現上是小乘聲聞比丘，所以首先通過他和佛陀的對話，讓大眾對此法有個基本了解，但淨土法門畢竟是大乘法，所以最終還是要彌勒菩薩出場。這兩個人物的出場次序是不是有這個密義？你們也可以觀察。

爾時佛告彌勒菩薩言：汝頗見具足清淨威德莊嚴佛剎，及見空中樹林、園苑、湧泉、池沼不耶。汝見大地乃至色究竟天於虛空中散花樹林以為莊嚴。復有眾鳥住虛空界出種種音，猶如佛聲普聞世界，是諸眾鳥皆是化作非實畜生，汝見是耶。彌勒白佛言：唯然，已見。

這時佛陀告訴彌勒菩薩：你見到具有清淨威德莊嚴的阿彌陀佛剎土沒有？見到虛空中的樹林、花園、噴泉、池沼等莊嚴沒有？你見到從大地乃至色究竟天，在虛空中有散花、樹林以為莊嚴沒有？又有鸚鵡、共命鳥等眾鳥住於空中發出種種妙音，猶如佛音一樣普聞整個世界，這些鳥都是阿彌陀佛化現的，不是真正的旁生，你見到這些沒有？彌勒菩薩對佛陀說：是的，已經見到了。

彌勒菩薩當然能見到極樂世界的景象，而我們這些業力深重的人就很難見到了。眾生的根機不盡相同，以

前阿秋法王經常問弟子：「你見到我的身體是普賢王如來的壇城沒有？」有些心清淨的弟子見到了，也有些人本來沒有見到，卻打妄語說見到了。

佛復告彌勒菩薩言：汝見此諸眾生入踰繕那百千宮殿已，遊行虛空無著無礙，遍諸剎土供養諸佛，及見彼有情於晝夜分念佛相續不耶。彌勒白言：唯然，盡見。

佛陀又問彌勒菩薩：你見到極樂世界的眾生入於百千踰繕那寬廣的宮殿，在虛空中無有阻礙地遊行，以神通力遍諸佛國供養諸佛，又見到這些有情白天晚上不斷地念佛沒有？彌勒菩薩回答：是的，我都見到了。

極樂世界的有情日日夜夜都在念佛、念法、念僧，除了行持善法以外，從來不做散亂、聊天等不如法的事情。而娑婆世界的眾生恰恰相反，有意義的事情從來不做，每天要麼以聊天、吃飯混日子，要麼做無意義的壞事。一說到別人的過失，眼睛睜得大大的，身體非常不錯，心情也很好；一說到功德和善法，身體也不好，心情也不好，馬上就要打瞌睡，哪怕聽一堂課也痛苦得像馬上要圓寂一樣。尤其很多嘴巴會說的惡人經常聚在一起誹謗三寶。不過這些人總有一天會感受果報的，但那時就沒必要怨天尤人了，因為一切禍患都是自招的。古人早就說過：「物必自腐，而後蟲生；人必自侮，而後人侮之。」

佛復告言：汝見他化自在天與極樂諸人受用資具有差別不。彌勒白言：我不見彼有少差別。

佛陀又問彌勒菩薩：你見到他化自在天人跟極樂世界的有情在受用資具方面有差別沒有？彌勒菩薩說：我沒有看見二者有少許差別。

雖然彌勒菩薩說沒有差別，但我覺得：二者只是在能夠幻化一切受用以及隨心所欲享用方面沒有差別，而在有漏無漏方面應該是有差別的，否則，一般的欲界天人要跟極樂世界有情完全相同，這恐怕不太可能。

佛告彌勒：汝見極樂世界人住胎不。彌勒白言：世尊，譬如三十三天、夜摩天等八百由旬若五百由旬宮殿之內遊戲歡樂，我見極樂世界人住胎者如夜摩天處於宮殿，又見眾生於蓮華內結加趺坐自然化生。

佛陀問彌勒菩薩：你看見極樂世界有人住於胎中沒有？彌勒菩薩說：世尊，就像三十三天、夜摩天的天人入於百由旬乃至五百由旬的宮殿內遊戲作樂，我見到極樂世界住胎者猶如三十三天或者夜摩天的天人處於宮殿中，又見到極樂世界有眾生在蓮花中結跏趺坐自然化生。

大家要明白：極樂世界大多數是化生，但也有一些人是胎生的，並且極樂世界的胎生是蓮花胎，不是人間的母胎。

佛說無量壽經廣釋

時彌勒菩薩復白佛言：世尊，何因緣故彼國眾生有胎生者化生者。

這時彌勒菩薩又對佛陀說：世尊，以何因緣極樂世界的眾生有胎生者和化生者？

有些人向法師提了無數個問題，法師來不及回答，馬上又問下一個問題。彌勒菩薩也是這樣，對世尊說見到極樂世界的狀況後，還沒有等世尊說話，馬上就開始問世尊。

佛告彌勒：若有眾生墮於疑悔積集善根，希求佛智、普遍智、不思議智、無等智、威德智、廣大智，於自善根不能生信，以此因緣於五百歲住宮殿中，不見佛不聞法不見菩薩及聲聞眾。

佛陀告訴彌勒菩薩：如果有眾生墮於疑悔而積集善根，雖然他們希求佛智、普遍智、不思議智、無等智、威德智、廣大智⑭，可是對自己的善根不能生信（作是在作善根，但是一直產生懷疑：我這樣念佛、觀佛、積資、淨障、發願，到底能不能往生極樂世界？到底有沒有極樂世界？阿彌陀佛的願力真的不可思議嗎？），以此因緣，他們將會在五百歲住在蓮花宮殿中，不能見到阿彌陀佛，也不能聽到佛陀說法⑮，不能見到菩薩以及聲聞眾。

---

⑭這些都是佛陀的智慧，希求這些智慧就是希求佛果。
⑮喬美仁波切在《極樂願文》中說：「於五百年中，雖具樂受用，聽聞佛語聲，然花不綻放。」而這裡說在蓮花裡不聞法，可能是深廣的法門聽不到，而一般的法門可以聽到。

470

阿彌陀佛除了講經說法，不可能整天做聊天等散亂的事情，所以，如果因為疑悔而導致往生以後不能聞佛說法，那就失去大意義了。不過我看過一本書，書中是這樣寫的：某上師問某人：你在極樂世界見到阿彌陀佛沒有？某人說：見到了。上師問：阿彌陀佛在那幹什麼？那個人說：阿彌陀佛也經常喝茶、喝咖啡。這個作者肯定搞錯了，阿彌陀佛不可能是這樣。還有一個弘揚人間佛教的法師說：「藏傳佛教的第一座寺院是桑耶寺，其實桑耶寺是一所學校，校長就是蓮花生大士……」有時候看起來，把佛法講得太世俗化也很難聽。

　　當然我們要明白：雖然懷疑者往生後會住於蓮花苞中，不能見到佛、菩薩、聲聞眾，但他們不像蜜蜂被包在花蕊裡面一樣痛苦，極樂世界的蓮花苞非常廣大，裡面各種受用應有盡有。

　　若有眾生斷除疑悔積集善根，希求佛智乃至廣大智，信己善根，此人於蓮華內結加趺坐，忽然化生瞬息而出。譬如他國有人來至，而此菩薩亦復如是，餘國發心來生極樂，見無量壽佛奉事供養及諸菩薩聲聞之眾。

　　如果有眾生斷除疑悔而積累資糧，希求佛智乃至廣大智，相信自己的善根（心中有這樣的定解：我這樣修持善

―――――――――――――――――――――――
⑯原文為「已」。

471

法，肯定會往生極樂世界，阿彌陀佛肯定存在，極樂世界肯定存在），此人就會在蓮花中結跏趺坐，忽然間就能化生，一瞬間就會出生。就像有人從其他國家來到此地，這些菩薩也是如此，他們在其他國家發心往生極樂世界，面見、承事、供養阿彌陀佛及菩薩聲聞眾。

沒有疑悔的人往生到極樂世界後很方便：他們在蓮花中忽然降生，一生下來身體就圓滿具足，不像娑婆世界的眾生一樣從幼兒園、小學到中學、大學慢慢成長；而且一到極樂世界就可以面見、供養如來，不像娑婆世界有些人一樣一直見不到上師。有些人千里迢迢來到藏地，可是等了好幾個月都見不到上師，最後特別生氣：怎麼連見都見不到，哪有這樣的道理，這樣的話我乾脆走了，本來想給他供養，現在供養其他人算了！

阿逸多，汝觀殊勝智者，彼因廣慧力故受彼化生，於蓮花中結加趺坐。汝觀下劣之輩，於五百歲中不見佛不聞法不見菩薩及聲聞眾，不知菩薩威儀法則，不能修習諸功德故，無因奉事無量壽佛，是諸人等皆為昔緣疑悔所致。

阿逸多⑰，你看那些殊勝的智者，他們因為具足廣大的智慧力而感得殊勝化生，在蓮花中結跏趺坐。你看那些下劣之輩，他們於五百歲中不見佛、不聞法、不見菩薩聲聞眾，不知道菩薩的威儀法則，不能修習諸功德，

⑰意為無能勝，即彌勒菩薩。

472

沒有因緣承事無量壽佛，這些人都是因為往昔產生疑悔所致。

看看疑惑者的果報，大家應該盡量遣除疑惑。在《淨土教言》中，麥彭仁波切以大量的教證理證遣除了對淨土法門的疑惑。在《淨土十疑論》中，智者大師也宣說了很多遣除疑惑的教言。有時間大家要學習這些教言。

下面佛陀以比喻來描述這些疑惑者的身心狀況。

譬如剎帝利王其子犯法，幽之內宮處以花觀，層樓綺殿妙飾奇珍，寶帳金床重敷茵褥，名花布地燒大寶香，服御所資悉皆豐備，而以閻浮金鎖繫其兩足。

比如剎帝利王的王子違犯了王法，被國王幽禁在內宮和美花嚴飾的樓觀中，宮中有奇珍異寶裝飾的層樓華殿，以珍寶為帳黃金為床，床上鋪有層層褥墊，而且以名花布地，到處燒著大寶香，一切衣服、車馬等資具沒有不圓滿的，但是以瞻部洲純金做成的鎖繫住王子雙足。

世間也有比較高級的監獄。我去監獄講過法，一般的盜竊犯、殺人犯住的是一種監獄，而縣級以上幹部住另一種監獄，裡面的待遇是比較不錯的。關押王子的監獄也是如此，住在裡面也非常舒服。可是王子雙腳被金鎖鎖著，沒有活動的自由，從這個角度來講，他的內心是很痛苦的。

佛說無量壽經廣釋

佛告彌勒：於意云何，彼王子心寧樂此不。答言：不也，世尊，彼幽縶時常思解脫，求諸親識、居士、宰官、長者、近臣，王之太子雖希出離終不從心，乃至剎帝利王心生歡喜方得解脫。

佛陀問彌勒菩薩：你是怎麼想的，這個王子難道喜歡待在裡面嗎？彌勒菩薩回答：不喜歡，世尊，王子被幽禁時恆常思維怎樣從中解脫，經常懇求諸親人、居士、宰官、長者以及國王的近臣，雖然他想盡辦法從獄中出去，可是始終不能如願，只有剎帝利王心生歡喜時才能獲得解脫。

雖然極樂世界的蓮花苞裡面沒有世間監獄的種種痛苦，但是跟蓮花苞外面的菩薩比起來，蓮花苞中的菩薩在佛法方面的很多希求不能滿足，從這個角度來說，待在蓮花苞裡也是一種痛苦。如果世間人住在這種蓮花苞裡，他可能覺得：反正這裡有吃有穿，不需要自己燒菜做飯，想吃什麼馬上就會現前，待在這裡還是很快樂的，不要說待五百年，即使待一千年都行。可是極樂世界的菩薩對佛法的意樂特別強，如果讓他們一直待在蓮花苞裡，見不到佛陀，聽不到佛法，心裡肯定比較著急，就像被關在內宮的王子一樣，雖然生活過得很好，而內心卻不快樂。在學習淨土法門的過程中，希望大家一方面了解極樂世界的各種功德莊嚴，同時也應該了解極樂世界的這些特殊情況。

第二十七課

　　我以前說過，講完《無量壽經》以後，準備給大家講《觀經》。到目前為止，我在藏文《大藏經》中一直沒有找到《觀經》，也許藏文的這部經典名稱不同。但不管怎麼樣，我自己有這樣的想法：看能不能和大家把淨土五經共同學一遍。

　　在昨天的課上，佛陀對彌勒菩薩說，如果對自己的善根產生懷疑，這樣的人雖然也能往生極樂世界，但往生後將於五百年中住在蓮花胎裡。佛陀又以王子被關在豪華監獄裡比喻懷疑者住在蓮花胎裡。隨後佛陀問彌勒菩薩，關在豪華監獄中的王子快不快樂。彌勒菩薩說，王子不快樂，他恆時希求從獄中解脫。下面繼續講這方面的道理。

　　佛告彌勒：如是，如是。若有墮於疑悔種諸善根，希求佛智乃至廣大智，於自善根不能生信，由聞佛名起信心故，雖生彼國於蓮花中不得出現。彼等眾生處花胎中猶如園苑宮殿之想。何以故。彼中清淨無諸穢惡，一切無有不可樂者。

　　佛陀告訴彌勒菩薩：如是，如是，如果有人墮於疑悔⑱而種諸善根，雖然他們希求佛智乃至廣大智，可是對

⑱因明中說猶豫分為兩種：非理猶豫和合理猶豫。合理猶豫即能引生合理認識自境之正確心識，如思維「聲是常耶，抑無常耶？很可能是無常」，此猶豫能引生認為聲是無常之正確心識。非理猶豫即能引生不合理認識自境之邪

⑰自己的善根不能生起堅定的信心，由於聽到阿彌陀佛的名號而生起一定信心，這種人雖然往生極樂世界，卻被包在蓮花中不能出來。這些眾生認為處於蓮花胎中就像住在園苑宮殿中。為什麼呢？因為蓮花胎中非常清淨，沒有任何穢惡之法以及不快樂的因緣。

極樂世界的蓮花胎中什麼資具都具足，在裡面就像夜摩天宮一樣快樂；而娑婆世界的監獄則非常狹小，在裡面走幾步都很困難，而且飲食等受用也受約束。所以，如果是貪執享樂的人，待在這種蓮花胎裡還是很快樂的，反正什麼享用都應有盡有。

然彼眾生於五百歲不見佛不聞法不見菩薩及聲聞眾，不得供養奉事諸佛，不得問於菩薩法藏，遠離一切殊勝善根，彼等於中不生欣樂，不能出現修習善法。

然而這些眾生於五百歲不得見佛，不得聞法，不得見菩薩聲聞眾，不得供養承事諸佛，不得詢問菩薩法藏，遠離一切殊勝善根，由於不能修習善法，所以他們在蓮花胎中並不快樂。

雖然是在極樂世界，但也有個別不開心的菩薩。為什麼這些菩薩不開心呢？因為他們被關在蓮花胎中，雖

分別心，如思維「聲是常耶，抑無常耶？很可能是常」，此猶豫能引生認為聲是常之顛倒分別心。此處的懷疑當屬合理猶豫，比如心中想：我應該可以往生極樂世界，60%以上應該是沒有問題的，但是……好像還有一些問題……

然那裡面非常清淨，沒有我們這個世間的語言垃圾、思想垃圾、行為垃圾，見不到爾虞我詐、自私自利的現象，也沒有生老病死、哀號哭泣、嫉妒傲慢、拼搏競爭等痛苦，可是這些菩薩在五百歲中見不到佛陀，聞不到佛法，也見不到菩薩聲聞眾，沒有詢問菩薩法藏的機會，沒有積累殊勝善根的機會，就像有些富人雖然想作供養，可是找不到福田一樣，也沒有通過講經說法度化眾生的機會。從這個角度講，這種菩薩是不快樂的。

往昔世中過失盡已然後乃出，彼於出時心迷上下四方之所。

只有往昔的過失消盡後才能從蓮花胎中出來（就像只有刑滿後才可以出獄一樣），他們剛出來時心中有點迷茫，分不清上下東南西北等方向。

極樂世界的五百年是非常漫長的，不像人間的五百年那樣短暫，因此，如果在蓮花胎中住上極樂世界的五百年，由於在裡面待的時間太長了，剛出來時會有一種迷茫不清的感覺。前幾年，有個校長也對我說過類似的語言，他說自己執教的那所學校特別偏僻，一個學期都沒機會去一次縣城，一次放假期間他和老師們搭貨車去縣城，由於大家在偏僻地方待得太久了，剛在縣城下車時所有的人連路都不會走了，後面的人一直踩前面人的腳。我聽後有點不相信，問他真是那樣嗎？他說確實是那樣的。

若五百歲無疑惑者，即當供養無量百千俱胝那由他佛并種無量無邊善根。[179]

如果這些菩薩在五百歲中能認識到自己的罪過並斷除疑惑，則當下就能從蓮花胎中出來，供養無量百千俱胝那由他佛陀，並且種下無量無邊的善根。

汝阿逸多當知，疑惑與諸菩薩為大損害。

阿逸多你應該知道，疑惑對菩薩是極大的損害。

疑惑的危害相當大，因此大家在聞思過程中一定要斷除疑惑。對有智慧的人來講，斷除疑惑其實並不是很困難。《大法炬陀羅尼經》中說：「凡所疑處，皆可發問……於一切諸法門處，應當決斷，勿生疑心。」因此，只要對佛法有疑惑之處，我們都可以向別人提問，只要和有智慧的人深入探討，就很容易解開疑團、打破邪見，從而生起正確的見解。

學佛者剛開始有疑惑是允許的，這不一定是壞事，禪宗也說過：「大疑大悟，小疑小悟」，可是如果疑惑的時間太長了，一直沒有解決掉，那麼，原來是小小的腫瘤，慢慢就會變成不可救藥的癌症。因此，大家在學習淨土法門時，如果覺得有些道理深不可測，對自己來說非常遙遠，就應該這樣想：佛陀的智慧不可思議，佛

---

[179] 康僧鎧譯本云：「於五百歲中，不見三寶，不得供養修諸善本，以此為苦。雖有餘樂，猶不樂彼處。若此眾生，識其本罪，深自悔責，求離彼處，即得如意，往詣無量壽佛所，恭敬供養，亦得遍至無量無數諸餘佛所，修諸功德。」

法的道理深如大海廣如虛空，我的分別念不能了知也很正常。如果能這樣提醒自己，即使暫時不能遣除疑惑，至少也不會讓疑惑發展成邪見。

有些人疑心特別大，平時經常懷疑：是不是這個人告我的狀？是不是那個人害了我？以前我批評過一個發心人員，他認為是另一個人告的狀，於是他當著我的面對那個人說：「你已經害了我！你已經害了我！」其實他不明白，別人是害不到自己的。當善知識或者負責人批評自己時，你應該捫心自問：如果我的行為是對的，那批評一下也不要緊；如果我的行為不對，挨批評也是應該的。不過，很多人往往不觀察自己對不對，也不觀察良心上能否過得去，只要一遭到批評，第一反應就是：噢，這個人在指出我的錯誤，他真是在害我！其實，與別人的批評相比，如果對淨土法門或者上師的教言等不應懷疑之法產生懷疑，這才會真的害了自己，而且這種損害不是被偷錢或者在大眾場合中挨批評所能相比的，這對自己的今生來世有極大損害。對有智慧的人來說，丟點錢、挨頓批評也不是什麼違緣，反而是增上修行的順緣。所以，大家一定要遣除對佛法的懷疑。

為什麼藏傳佛教特別提倡辯論？因為在辯論時可以把自己的懷疑擺出來，和有智慧的道友們共同剖析，在道友的幫助和啟發下，所有的懷疑最終會冰消瓦解。我本人就有這種經歷，可能是因為上過世間的學校，自己

佛說無量壽經廣釋

剛聞思佛法時也產生過懷疑，後來我經常參加辯論，白天晚上都跟道友們探討，慢慢心中的疑惑就沒有了，最後完全明白：以前只是自己不懂佛法而已，實際上所有的懷疑都是不合理的。

在前一段時間的青年佛教學術研討會上，有的大學生說：「以前我認為自己什麼都懂，自己的觀點都是對的，通過和這麼多智者探討才明白：原來，別人知道的好多道理自己都不知道，自己曾經認為真實的想法都是邪見，這才感覺特別慚愧，完全摧毀了內心的傲慢。」

所以，不管佛教徒還是非佛教徒，如果對佛法有所懷疑，請不要把懷疑隱藏在心中，一直捨不得擺出來，應該勇於亮出自己的懷疑，到有智慧的人面前虛心求問。

爾時彌勒菩薩白佛言：世尊，於此國界不退菩薩當生極樂國者其數幾何。[180]

這個時候彌勒菩薩問佛陀：世尊，在娑婆世界有多少不退轉菩薩往生極樂世界？

下面依次介紹十四個佛剎往生極樂世界的不退轉菩薩數量。首先是娑婆世界往生者的數量。

佛告彌勒：此佛土中有七十二億菩薩，彼於無量億那由他百千佛所種諸善根成不退轉當生彼國。況餘菩薩由少善根生彼國者不可稱計。

---

[180]在藏文譯本和其他譯本中，彌勒菩薩不僅問了娑婆世界往生者的數量，也問了其他世界往生者的數量。

佛陀告訴彌勒菩薩：我的這個佛土中有七十二億菩薩，他們曾經在無量百千億那由他佛陀面前廣種善根、獲得不退轉果位，這些菩薩將往生極樂世界。何況其餘依靠微少善根往生極樂世界的菩薩，這些小菩薩的數量多得不可稱計。

並不是所有往生的菩薩都曾在無量佛陀面前廣積資糧、獲得不退轉果位，有些往生的菩薩境界並不是很高，他們只是修持過往生四因，以少許善根就能往生極樂世界。

下面是其他佛國往生者的數量。

阿逸多，從難忍如來佛國有十八億不退菩薩當生極樂世界。東北方寶藏佛國中有九十億不退菩薩當生彼土。從無量聲如來國中有二十二億不退菩薩當生彼土。從光明如來國中有三十二億不退菩薩當生彼土。從龍天如來國中有十四億不退菩薩當生彼土。從勝天力如來國中有十二千不退菩薩當生彼土。從師子如來國中有五百不退菩薩當生彼土。從離塵如來國中有八十一億不退菩薩當生彼土。從世天如來國中有六十億不退菩薩當生彼土。從勝積如來國中有六十億不退菩薩當生彼土。從人王如來國中有十俱胝不退菩薩當生彼土。從勝花如來國中有五百菩薩，具大精進，發趣一乘，於七日中能令眾生離百千億那由他劫生死流轉，彼等亦當生極樂

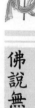

佛說無量壽經廣釋

界。從發起精進如來國中有六十九億不退菩薩當生彼土。到彼國已供養禮拜無量壽如來及菩薩眾。

阿逸多，從難忍如來佛國有十八億不退轉菩薩將會往生極樂世界。從東北方寶藏佛國中有九十億不退轉菩薩將會往生極樂世界。從無量聲如來國中有二十二億不退轉菩薩將會往生極樂世界。從光明如來國中有三十二億不退轉菩薩將會往生極樂世界。從龍天如來國中有十四億不退轉菩薩將會往生極樂世界。從勝天力如來國中有一萬二千不退轉菩薩將會往生極樂世界。從師子如來國中有五百不退轉菩薩將會往生極樂世界。從離塵如來國中有八十一億不退轉菩薩將會往生極樂世界。從世天如來國中有六十億不退轉菩薩將會往生極樂世界。從勝積如來國中有六十億不退轉菩薩將會往生極樂世界。從人王如來國中有十俱胝不退轉菩薩將會往生極樂世界。勝花如來國中有五百位具足大精進的菩薩，他們發心趣入大乘，能在七日中讓無量眾生遠離生死輪迴，他們也將往生極樂世界。從發起精進如來佛國有六十九億不退轉菩薩將會往生極樂世界。這些菩薩到極樂世界後禮拜、供養無量壽如來以及諸菩薩眾。

以凡夫人的分別念來看，上面這些數目是很不可思議的。其實，不僅往生淨土者的數量，世間也有很多不可思議的數量。我昨天看了一本書，書中說，七千萬年

⑴藏文譯本中說，星光如來國中也有許多不退轉菩薩往生極樂世界。

前整個藏地是一片汪洋大海，後來隨著地殼運動，大海才慢慢退失。現在科學界認為人類起源於非洲，英國的《自然》雜誌說，目前已經發現的最早人科動物化石有六七百萬年的歷史。和這些時間相比，所謂五千年的文明其實算不上什麼。如果我們的分別念連這些世間的數量都很難想像，那麼往生極樂世界者的數量對我們來說就更遙遠了。

對於此處經中說法的真實性，我們可以通過教證和理證成立。所謂以教證成立，就是因為這是釋迦牟尼佛宣說的，所以它是千真萬確的。當然，以教證成立的前提是要成立佛陀為量士夫。⑱所謂以理證成立，就是由於任何人都沒有充足、可靠的理由來駁斥這些道理，所以不得不承認這是真理。

佛法的境界非常甚深廣大，連聖者阿羅漢都無法完全了知。佛經中說，阿羅漢有四種不知因：時不知因，即阿羅漢對於過於久遠時代的事情無法了知；境不知因，即阿羅漢對於過於遙遠處的事情無法了知；細不知因，即阿羅漢對於過於細微之事無法了知；多不知因，即阿羅漢對於過於眾多的法無法了知。不要說阿羅漢，甚至大菩薩都不能完全知道這些，唯有佛陀才徹底了知宇宙萬法。有些不懂佛法的人可能會懷疑：佛真的知道一切嗎？這是不是佛教徒自吹自擂？不是的。如果這些

⑱關於如何成立佛陀為量士夫，詳見《釋量論.成量品》。

人有機會深入研究佛法，最終只能對佛陀產生信心。這不僅是佛教徒的經驗，很多公正的智者也有如此經歷。

阿逸多，我若具說諸方菩薩生極樂界，若已到今到當到為供養、禮拜、瞻仰無量壽佛等者，但說其名窮劫不盡。

阿逸多，如果我詳細宣說諸方菩薩往生極樂世界的數量，為了供養、禮拜、瞻仰無量壽佛，他們或者已經到極樂世界、或者正在到極樂世界、或者將來到極樂世界，則僅僅宣說這些佛國的名稱，窮盡一個大劫都說不完。

阿逸多，汝觀彼諸菩薩摩訶薩善獲利益。若有聞彼佛名能生一念喜愛之心，當獲如上所說功德，心無下劣亦不貢高，成就善根悉皆增上。

阿逸多，你可以觀察到這些菩薩摩訶薩都將獲得無窮利益。如果有人聽到阿彌陀佛的名號生起一念喜愛心，必定會獲得如上所說的功德，此人心無下劣，也沒有貢高，成就諸多善根，一切善根悉皆增上。

世間人的心整天為貪嗔癡所轉，做善法方面一點心力都沒有，即便聽一個小時佛法都會起厭煩心；如果做散亂或者不如法的事，那一直不會厭煩，還特別開心。而聽到阿彌陀佛名號、得到阿彌陀佛加持的修行人則不同，他們不會有任何下劣之心，也不會有貢高我慢之心，相續中的菩提心、大悲心、無二慧等功德日日夜夜

在增長。所以聽聞佛號非常有意義，這對我們的解脫有極大利益。

阿逸多，是故告汝及天人世間阿修羅等，今此法門付囑於汝，應當愛樂修習，乃至經一晝夜受持讀誦生希望心，於大眾中為他開示，當令書寫執持經卷，於此經中生導師想。

阿逸多，因此我告誡你和一切人天阿修羅等：今天我將此法門交付於你，你要愛樂修行此法門，縱使不能長期如此，乃至一日一夜要受持讀誦此經，對此經生起希求心，在大眾中為他人開示其內容，令他人書寫受持此經，對此經生起導師想。

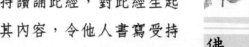

麥彭仁波切說過，諸佛菩薩所說的密咒與本尊沒有任何區別，如「嗡嘛呢叭美吽舍」其實就是觀世音菩薩。同樣，這部《無量壽經》與阿彌陀佛也沒有區別，可以說它與阿彌陀佛無二無別，所以我們應該把它當作自己的導師。

《大集經》云：「若聞導師語，如說能修行，人天世間中，常受勝樂報。」現在我們很有福報，可以聽聞、讀誦、受持[183]這部《無量壽經》，也可以書寫、翻印此經給別人結緣，還可以為別人宣講此經，大家應該把握住這些機會，依靠這部經典廣積資糧。

---

[183]受持經典，既可以指依照經典修行，也可以指經常將經典帶在身上。

阿逸多，是故菩薩摩訶薩欲令無量諸眾生等速疾安住不退轉於阿耨多羅三藐三菩提，及欲見彼廣大莊嚴攝受殊勝佛剎圓滿功德者，應當起精進力聽此法門。

阿逸多，如果有菩薩摩訶薩欲令無量眾生在很快的時間中安住、不退轉於阿耨多羅三藐三菩提道，如果欲見到廣大莊嚴、具足無邊功德的阿彌陀佛剎土，欲受持這樣殊勝的佛剎、圓滿一切功德，就應當發起精進力聽聞此法門。

簡單講，凡是想實現以下三個心願的菩薩都要學習《無量壽經》：一是想度化眾生，二是想見到阿彌陀佛的極樂世界，三是自己也想創造這樣的清淨剎土。

假使經過大千世界滿中猛火，為求法故不生退屈諂偽之心，讀誦、受持、書寫經卷，乃至於須臾頃為他開示勸令聽聞不生憂惱，設入大火不應疑悔。

在此過程中，假使需要經過遍滿三千大千世界的猛火，為了求得此法也不應該生起退卻、諂偽之心。要讀誦、受持、書寫此經，乃至在須臾頃也為他人開示此經，勸令他人聽受此經、不要產生憂惱心，即使躍入火海也不應該對此法門產生疑悔。

這段經中講得很清楚，為了求得《無量壽經》，付出再大的代價都是值得的。如今我們不需要付出人力、財力，不管在現場還是通過其他方式聽課的人，輕輕鬆

鬆就能聽受此經，可是有些人卻不珍惜這個機會。前一段時間，我們這裡有些人出去受戒，有些人出去聽受《大寶伏藏》的灌頂，還有些人去看望生病的師父，中斷了《無量壽經》的學習。我覺得這太可惜了。雖然我是一介凡夫，但是這個法的傳承非常清淨。以前我也說過，1993年法王在佛學院下面的洛若地方舉辦了第一屆極樂大法會，當時法王說：「從現在開始，我要度化無量的眾生往生極樂世界。」在法會中，法王傳講了《無量壽經》，所以我具有此法的清淨傳承。雖然求戒、聽灌頂有功德，我也不否認這些善法，但對於想往生極樂世界的人來說，斷了這麼殊勝的傳承也許真的會斷了往生淨土的緣起。佛陀說，為了求得此法門，即使越過遍滿三千大千世界的火坑，菩薩也應該勇猛精進、不生退屈之心。想想這些道理，很多人是不是應該珍惜這次學習的機會呢？

以後如果有因緣，希望有能力的人盡量弘揚這部《無量壽經》。能夠招集很多人聽講當然很好，如果找不到很多人，哪怕給一兩個人宣講也有很大意義。在如今這個末法時代，通過講經說法弘揚如來的聖教非常有必要，所以每個人都應該在這方面發一份心。我本人就是這樣的，自從來佛學院到現在，講經說法一直是自己生命中首要的事情。我非常希望自己能像法王如意寶那樣以講經說法度過一生。老道友們都知道，法王一輩子

佛說無量壽經廣釋

沒有中斷講經說法，甚至臨圓寂前老人家已經病得非常嚴重了，但還在拖著病體為弟子們傳講《寶性論》。我經常想：如果我能像上師那樣度過一生，自己的生命就算是光明燦爛有意義了。當然，我的福報和法王是有差別的，所以不一定真能像上師那樣。總之，我希望在座諸位承擔起講經說法的重任，在此過程中你的眷屬多不多沒有關係，哪怕只有一兩個眷屬，自己也要為他們講經說法，這種弘法的精神是很重要的。

《佛說未曾有因緣經》云：「若善男子善女人，從師聞法一句一義，展轉教化乃至一人，未信令信未解令解，如是功德無量無邊，非是凡夫所能知也。」在座諸位應該記住這個道理：哪怕傳講一句佛法，令對佛法沒有信心的人產生少許信心，令對佛法不了解的人產生少許了解，這個功德也是無量無邊的。今後如果我們能傳講大經大論當然很好，如果沒有這樣的機會，至少傳一兩句法是可以的；給一百個人傳法當然很好，如果這樣比較困難，起碼給一兩個人傳法是沒問題的。比如你乘火車或者飛機時，可以試著跟身邊的陌生人聊：「你信不信佛教？」、「你對佛法是怎麼看的？」、「你有沒有看過《百業經》？」、「你看過《楞嚴經》沒有？」……

有些人確實有這方面的意樂，前一段時間有個人給我遞紙條，他說：我來這裡就是為了講經說法，請您盡

快給我找一些弟子。他一共給我遞了四次紙條。不過到目前為止，我還沒有幫他找到弟子。過兩天再看看吧，如果找到弟子，我一定給他發傳真。每個人的根機和意樂不盡相同，有時候看起來，有這種心還是很好的。

何以故。彼無量億諸菩薩等皆悉求此微妙法門，尊重聽聞不生違背，是故汝等應求此法。

為什麼呢？那些無量萬億的菩薩都希求此微妙法門，以尊重心聽聞此法，不違背此中的教言，所以你們應當希求此法。

阿逸多，彼諸眾生獲大善利，若於來世乃至正法滅時，當有眾生殖諸善本已曾供養無量諸佛，由彼如來加威力故，能得如是廣大法門，一切如來稱讚悅可。若於彼法攝取受持，當獲廣大一切智智，隨意所樂種諸善根。

阿逸多，凡是希求此法的眾生一定會獲得大利益，於未來世我的正法即將滅盡之時，如果有眾生曾經供養無量諸佛、積累過善根，由於這些如來的加持和威力，他們才能獲得如是廣大法門，他們將獲得一切如來的稱讚、歡喜、認可。如果修行受持這個法門，一定會獲得廣大一切智智，能夠隨心所欲種下各種善根。

在康僧鎧譯本中，這段經文是這樣說的：「當來之世經道滅盡，我以慈悲哀愍特留此經止住百歲。其有眾生，值斯經者，隨意所願，皆可得度。」現在有些淨土

佛說無量壽經廣釋

宗的法師經常講，將來佛法滅盡時，只有淨土法還會存在，這種說法就是以此為據的。

有些人聽課時覺得很簡單，可是讓他講就不那麼簡單了，所以大家還是要注意聽我講。我發現在講考時有些人講得可以，有些人講得則不令人滿意。希望講考的道友們不要糊弄。各班的法師也要經常關心，看哪些人學得好、哪些人學得不好。不然有些人學得一點都不好，但自認為學得特別好，而有些人本來學得挺好，卻特別自卑：我在所有的人當中肯定是學得最差的。所以對人應該有客觀的評價，不要以主觀的迷亂顯現作為正量。

若善男子善女人等於彼法中廣大勝解之者，當能聽聞，獲大歡喜，受持讀誦，廣為他說，常樂修行。

如果有善男子善女人對此法門生起廣大勝解，這些人便能聽聞此法，能對此法生起大歡喜心，不僅受持讀誦此經，並能廣為他人宣說，經常樂於修行此法。

人的根機和意樂不完全相同。如果你沒有廣大的智慧，也不具足前世的善緣，那可能從開始聽《無量壽經》到現在都特別苦惱：唉，什麼時候講完啊，還有五分鐘才下課，真討厭！如果你具有前世的善緣，即生中的智慧也很不錯，那聽《無量壽經》時一直會有歡喜心，聽完一堂課覺得不夠，還想再聽兩堂課，甚至覺得一天二十四小時一直聽才好。

第二十七課

490

阿逸多，無量億數諸菩薩等求請此法不曾厭背，是故汝等諸善男子及善女人於今來世能於是法若已求現求當求者皆獲善利。

阿逸多，有無量億菩薩精勤尋求這個法，從來不曾生起厭煩心，所以你們這些善男子善女人也要尋求此法，如果於今生來世有人對此法或已求或正求或將求，都會得到大利益。

從各個方面來看，現在弘揚淨土的因緣都特別殊勝，希望此時大家不要失去聞思、修行、弘揚淨土法門的機會。尤其是不能失去弘揚佛法的機會，弘揚佛法的範圍要越廣越好，弘揚佛法的發心要越大越好。

佛說無量壽經廣釋

今天，我感悟到一個道理——不管做佛教還是世間的事業，如果能將工作當做自己的事情，那就會比較好辦。比如你在一個公司上班，你不能把做工作看作是給別人打工，要把工作當做分內之事。我自己就是這樣的。以前法王曾經派我做過很多事情，我都是把這些事情當做自己的事情；前幾年我負責管理佛學院，我也是把學院的事情當作自己的事情。

為什麼要這樣作意呢？因為很多人都是初學者，還沒有達到菩薩的自他平等境界，凡事肯定會首先替自己考慮，因此，如果能將工作當做自己的事情，就比較容易做好工作。譬如你是電信公司的員工，如果你把工作

當作自己的事情，做事情肯定會比較認真；相反，如果沒有把工作當作自己的事情，而是當作老闆或者企業的事情，那不僅工作做得不好，而且做的過程中會特別累。所以，今後不管做世間還是出世間的事情，大家都要把它當作自己的事情，這是一個微妙的竅訣。

尤其在弘揚佛法的過程中，每個人更應該把工作當作自己的事情，不要認為：這是佛學院的事情，這是某法師的事情……如果你總是覺得是為別人做事請，那可能天天都在數日子：什麼時候發心才結束啊？這樣工作效率不一定高。其實，只要我們在某個部門發心，自己就與這個部門有緣，這個部門的事情應該說就是自己的事情，既然是自己的事情，那你會怎麼對待呢？一般來講，除了個別沒有心的人以外，人對自己的事情都很重視，不會敷衍了事的。昨天我對某發心人說：「如果是你自己的事情，你會不會這樣做？」他想了想：「嗯，如果是我自己的事情，可能我不會這樣做，我肯定會認真一點。」所以，今後在做事情的過程中，大家需要有一顆誠摯的心，這種誠摯心要以對自己負責為標準，這樣事情才會做得比較圓滿。

第二十七課

第二十八課

前面講到，不管讀誦、受持還是給別人宣說《無量壽經》都有極大功德，下面繼續講這方面的道理。

阿逸多，如來所應作者皆已作之，汝等應當安住無疑種諸善本，應常修學使無疑滯，不入一切種類珍寶成就牢獄。

阿逸多，如來該做的事情已經做完了（即已宣說了極樂世界、阿彌陀佛以及諸菩薩的功德，也宣說了《無量壽經》的功德），你們應該安住於無有懷疑的狀態而種下善根，應該經常修學此法，不要猶豫不定，以免入於一切珍寶所成的牢獄中。

極樂世界的蓮花胎雖然清淨，住在裡面也很舒服，但實際上它也是一種監獄。我記得法王在講《無量壽經》時說：「世尊前後兩次對彌勒菩薩說不要懷疑：一是要安住無疑種諸善根，二是長期修學無有疑滯。本來，彌勒菩薩是釋迦佛的補處，作為十地菩薩，他不可能對世尊的教言有懷疑。但對後學者來說，如果在修行過程中有懷疑，後果是非常嚴重的。所以，為了讓後學者斷除懷疑，世尊才反覆向彌勒菩薩強調這一點。」

凡夫人經常會對佛法產生懷疑，這種懷疑不但會障礙自己繼續積累善根，而且會損害以前的善根。拿修持淨土法來講，有懷疑者即使往生到極樂世界，也將於五百年中

佛說無量壽經廣釋

住在蓮花胎裡，一直不能見佛聞法，也見不到僧眾。

阿逸多，如是等類大威德者能生廣大佛法異門，由於此法不聽聞故，有一億菩薩退轉阿耨多羅三藐三菩提。

阿逸多，這些大威德者能夠出生廣大無邊的佛法功德，由於沒有聽聞此法的緣故，有一億菩薩從阿耨多羅三藐三菩提道中退轉。

如果一個人無有疑惑地修持《無量壽經》，這種具足信心者就可以稱為大威德者，這種人能夠出生廣大無邊的佛法功德，會自然而然得到神通、總持、正見，這種人也會修持往生四因，一定能往生極樂世界並度化無量眾生。

由於沒有聽聞《無量壽經》，有一億菩薩從無上菩提中退轉，可見聽聞此經確實很重要。在座諸位非常幸運，如今聽聞了《無量壽經》，將來一定有希望獲得成就；而同樣是學佛的人，由於沒有聽聞此經，有些人以後也許會有退轉的情況。

阿逸多，佛出世難，離八難身亦為難得，諸佛如來無上之法十力無畏無礙無著甚深之法及波羅蜜等菩薩之法，能說法人亦難開示。

阿逸多，佛陀出世難得，遠離八種無暇的人身也難得，諸佛如來的十力、四無畏、無礙無著等無上甚深之法以及菩薩的六波羅蜜法也難得，能宣說這些法要的人也很難得。

所謂佛法難聞，根本在於說法的人難遇。有些地方佛教表面上很興盛，但是沒有人講經說法，即使有些人在講經說法，但是說得不透徹，沒辦法將一切了義與不了義、淺顯與甚深之佛法和盤托出。如果我們在各個道場尋找，會主持佛教儀式的人能找到一些，可是會講經說法的人卻很難找到，即使找到講經說法的人，能挖出佛法精髓的人卻極為難得。我經常有這種想法：如果不是法王如意寶廣轉法輪，雖然我從小就信仰佛教，對佛法的信心不一定會退，可是要懂得佛法的意義就很難了，因為佛法非常深廣，單憑自己隨便看一兩本書，這是不可能通達佛法的。

　　在《大方等大集經》中，也有和此處類似的教證：「難見導師今已見，難得人身今已得，難遇善友今逢值，難聞正法今得聞。」大家要對這些難得有深刻認識。

　　阿逸多，善說法人非易可遇，堅固深信時亦難遭，是故我今如理宣說，汝等修習應如教住。

　　阿逸多，能善說佛法的人不容易遇到，對佛法生起堅固深信也很難得，如今我為你們如理宣說了佛法，你們應該依教奉行，如實修習。

　　聽聞佛法後生起堅固深信非常難。有些人非常可憐：剛開始信心非常大，但因為前世的業障以及即生的違緣現前，逐漸對上師和佛法退失了信心，最終離開了佛教的團體，再也沒有學習佛法的機會。

佛說無量壽經廣釋

佛陀在此叮囑彌勒菩薩，聽聞佛法後要實地修行。這一點非常重要。我們聽聞佛法之後，不能光是口頭上重複、從來不去修行，也不能一直將修行往後推，甚至打算推到下一輩子。應該當下將所聞之法落到實處，哪怕今天聽到一句佛法，也要在實際行動中有所體現，這樣才能獲得佛法的利益。

汝阿逸多，我以此法門及諸佛法囑累於汝，汝當修行無令滅沒。如是廣大微妙法門一切諸佛之所稱讚，勿違佛教而棄捨之，當令汝等獲不善利，淪沒長夜備眾危苦。是故我今為大囑累，當令是法久住不滅，應勤修行隨順我教。

阿逸多，我將此法門及其他諸佛法囑託給你，你應該如理修行此法，不要令此法寶在世間隱沒。此廣大微妙法門為一切諸佛之所讚歎，你不要違背諸佛的教言而捨棄它；否則，你將獲得不善業，於長夜中備受眾苦。所以如今我特別囑咐你，應當想方設法令此法久住世間不滅，應當隨順我的教誨精勤修行此法。

在座諸位都是佛教徒，既然是佛教徒，就要有護持佛教的發心。前一段時間我在漢地講了一堂課，當時我在課上說：每個人都要發心護持如來的教法和證法，不能認為護持佛法只是法師和出家人的事情，其實，每個在家居士以上的佛教徒都有這個責任。

如果能發心護持佛法，乃至在短短的時間裡護持一

第二十八課

點一滴的佛法，這個功德也是非常大的。《地藏十輪經》中說：「為佛僧造寺，量等十四洲，彼所獲福聚，不如護佛法。」意思是，為佛陀和僧眾造寺院，其量等同於十個四大部洲，這個功德雖然非常大，但不如護持佛法的功德大。

　　在座諸位要熱愛佛教。大家想一想：世間人對自己的國家和團體是怎樣熱愛的？其他宗教徒對自己的宗教是怎樣熱愛的？而作為佛教徒，如果只是談到自己修行時有興趣，對於護持佛法卻沒有興趣，這樣合理嗎？世間有所謂的「關心下一代委員會」，而在佛教界卻沒聽到有這樣的機構。現在很多佛教徒的想法就是：只要我自己往生到阿彌陀佛那裡就可以了，其他事情沒必要去管。藏地有些修行人喜歡曬著太陽念「嗡嘛呢叭美吽」，漢地有些修行人喜歡在念佛堂裡念「南無阿彌陀佛」，念觀音心咒和佛號當然很好，我百分之百讚歎這種行為，但是這些人也應該考慮一下：我要不要關心下一代的佛法？

　　作為一個佛教徒，如果對佛法沒有負起應有的責任，這是非常不應理的。更有甚者，如果不但不護持佛法，反而將佛法當作維生、發財的手段，這就更不如法了。現在藏傳佛教界有些人經常去各地「弘揚佛法」，表面上說是給別人灌頂傳法，實際上就是為自己牟利。漢傳佛教界也有類似現象。這就是當今佛教界的弊病，這種情況非常不樂觀。其實，如果以佛教的名義欺騙他

人、做不如法的事情，不信因果的人則另當別論，如果是信因果的人，應該很清楚將來的果報。所以，如果有些人實在想發財，那不如脫掉僧衣當在家人，以在家身分去做生意、搞世間法，這樣至少對佛教不會有損害，對自己也不會有太大損害。總而言之，道友們要認識到，在這個世界上唯有佛法才能真正利益眾生，為了讓佛教如意寶久住世間，大家都應該付出努力。

爾時世尊而說頌曰。

在這個時候世尊以偈頌總結說。

若於福德初未修，終不聞斯微妙法，
勇猛能成諸善利，當聞如是甚深經。

如果最初沒有修積廣大的福德，終究不會聽聞如此甚深微妙的法門，只有往昔供養承事過諸佛、聽聞過佛法，今生具足勇猛精進，將來能夠成就善利的人，才能聽聞如是甚深法門。

從這個偈頌可以看出，在座諸位前世肯定造過大善根。有些人可能覺得：堪布沒什麼了不起的，這本《無量壽經》也是複印室印的，我也是偶然來佛學院聽了這部經，這一切好像並不是很難得。其實這種想法是不對的。在世間，如果一個學生不具備各方面的因緣，不可能到理想的高校接受教育；同樣，如果沒有以前世積累無量善根為因，今生也不可能聽到像《無量壽經》這麼殊勝的經典。

很多人經常問我：「我前世是什麼？我前世到底造了什麼業？」這些問題並不難回答。雖然我們的肉眼看不到前世，但是通過推理可知：既然我現在能聽聞這麼殊勝的佛法，那前世肯定積累過廣大的善根，否則今生根本遇不到這些佛法。全知無垢光尊者在《勝乘寶藏論》中，也運用過這樣的推理：「我等師徒（有法），往昔曾供養過無數佛陀，並聚集為普賢如來的眷屬（立宗），因為修行最密無上乘之故（因）。」

> 彼人曾見諸世尊，能作大光拯濁世，
> 多聞總持如巨海，彼獲聖賢喜愛心。

這種人曾經見過諸佛世尊，他們能作為無明癡暗中的大光明拯救濁世的眾生[184]，他們的多聞總持等功德猶如大海，獲得一切聖者的喜愛。

大家應該認識到：今生能發善願、行善法，這與前世的善根有密切關係。如果這一點都不懂，恐怕自己的見解是有問題的。這一點從法王如意寶身上就能看出：他老人家以慈悲和智慧的光芒拯救了無量眾生，他的多聞總持等功德猶如大海一樣，他的一切所作所為都讓諸佛菩薩生起歡喜心，根據法王的這些示現，我們可以推出他肯定不是一般的人，他前世肯定承事過無量如來，否則，同樣是短暫的今生，為什麼我們不能做到像他一樣呢？

---

[184]在藏文譯本中，「能作大光拯濁世」是「諸世尊」的定語。

佛說無量壽經廣釋

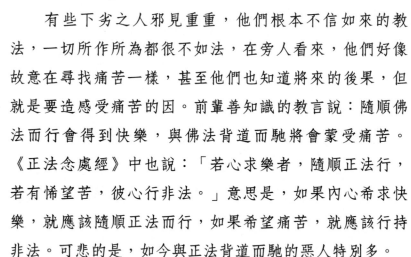

懈怠邪見下劣人，不信如來斯正法，

若曾於佛殖眾善，救世之行彼能修。

如果是懈怠邪見的下劣之人，則不能信受如來的此正法；如果曾經在諸佛面前廣植眾善，這種人才能修持如是救世之行⑱。

有些下劣之人邪見重重，他們根本不信如來的教法，一切所作所為都很不如法，在旁人看來，他們好像故意在尋找痛苦一樣，甚至他們也知道將來的後果，但就是要造感受痛苦的因。前輩善知識的教言說：隨順佛法而行會得到快樂，與佛法背道而馳將會蒙受痛苦。《正法念處經》中也說：「若心求樂者，隨順正法行，若有悕望苦，彼心行非法。」意思是，如果內心希求快樂，就應該隨順正法而行，如果希望痛苦，就應該行持非法。可悲的是，如今與正法背道而馳的惡人特別多。

站在人類和諧共處的角度，我們不能用特別難聽的語言呵斥某些人，但為了揭露他們的愚癡，也可以使用一些尖銳的詞彙。以前我寫過一本《佛教科學論》，有一位加拿大的女士對我說：「你在這本書中使用了一些難聽的比喻，作為佛教徒應該具有慈悲心，我覺得這樣寫不太合理。」我反駁她說：「雖然我有一點相似的慈悲心，但我的慈悲心遠遠趕不上釋迦牟尼佛，而佛陀都用過一般人很難接受的語言呵斥某些人，既然如此，我

⑱救世之行：即《無量壽經》。

為什麼不能說一些尖銳的語言？」

佛經中確實有一些很尖銳的語言。如《佛說須摩提長者經》中說：「若人不信佛，亦復不行法，行於非法者，是則名為死。」佛陀說得非常嚴厲：如果有人不信佛法，也不行持佛法，天天行非法之事，這種人就叫做死人。如果我們對現在的世間人說「你跟死人沒什麼區別」，對方可能會暴跳如雷，尤其在微博上這樣一說，可能有無數人站起來反對，因為一聽別人說自己不好，人們一般都會很執著。但如果從正理上分析：不承認前生後世、善惡因果的人到底有沒有生命？這種人的生命有什麼價值？說這些人是死人也不算過分。

這裡說，懈怠邪見的下劣之人不信受如來的正法，而積累過善根的人則能修行如來的正法，由此也可看出人和人確實差別很大。我們這裡有這種情況：有些道友前世善業的習氣比較濃厚，今生稍微一聽法就能領會，每個教證都記得住；而有些道友前世造的惡業比較深重，今生聽到惡法方面的詞語馬上就能記住，而善法方面的詞語聽得再多也記不住。大家應該觀察一下，看自己是哪類人。

譬如盲人恆處闇，不能開導於他路，
聲聞於佛智亦然，況餘有情而悟解。

譬如恆時處於黑暗中的盲人不可能為他人開導道路，同樣，斷除煩惱障、證悟人無我的聲聞阿羅漢對佛

陀的智慧也是茫然無知，何況其餘有情怎麼能悟解如來的智慧呢？

現在有些知識分子就是這樣的，由於他們相續中的煩惱一點都沒有斷除，各種邪知邪見已經遮蔽了本具的慧眼，所以他們既不知道佛陀的功德，也不懂得佛說的因果空性之理，這種世智聰辯之輩就像盲人一樣，根本無法為他人開示解脫之道。

《大寶積經》云：「眾生不能知，如來之境界，如來常在定，解脫不思議。」意思是，如來恆常安住於禪定和不可思議的解脫境界中，世間眾生不可能了知如來的這些境界。不過現在有些人好像能了解如來，他們對如來的評價還是比較多的——釋迦牟尼佛說的這個地方不對，說的那個地方也不對。這些人真的特別可憐，把佛陀當做一般的世間人來看待。作為佛教徒，我們很有必要跟這些人辯論（這不是出於維護自宗的貪嗔煩惱），通過客觀、公正、公開的辯論，看他們怎樣解釋佛教的教理，要讓他們認識到：如果自己不懂佛法，卻在眾人面前胡言亂語，這是非常可笑的。

如來功德佛自知，唯有世尊能開示，

天龍夜叉所不及，二乘自絕於名言。

只有如來才知道自己的功德，也唯有如來才能開示如來的功德，其他天龍夜叉等眾生根本不能開示如來的功德，甚至聲聞緣覺也無法用語言宣說。

唯有佛才了知佛的境界，也唯有佛才能宣說佛的功德，釋迦牟尼佛能宣說阿彌陀佛的功德，其他佛也能宣說釋迦牟尼佛的功德，除此以外，其他再有智慧的人，甚至像龍樹菩薩、月稱論師那樣的一切智者之頂嚴，他們也不能原原本本地宣說佛的功德。

《華嚴經》云：「世間所言論，一切是分別，未曾有一法，得入於法性。」確實如此，世間的言論都是分別念的產物，根本不能入於真正的法性。現在有些人寫一些文章、論文、小說，其實這些作品都是以分別念將語言組織起來的，雖然我們不能完全否定這些世間的文字，但是站在如來智慧的層面，這些文字確實沒有真實的意義和價值。

佛說無量壽經廣釋

> 若諸有情當作佛，行超普賢登彼岸，
> 敷演一佛之功德，時逾多劫不思議，
> 於是中間身滅度，佛之勝慧莫能量。

如果一切有情都變成佛陀，他們已經超越了普賢菩薩的修行，都抵達了究竟的解脫彼岸，如果這些佛陀共同宣說一位如來的功德，則他們即便經過無數不可思議劫乃至入滅，也無法說完如來的殊勝智慧。

假使在座諸位都成了佛，都圓滿了普賢菩薩的如海行願，大家共同宣說釋迦牟尼佛或者阿彌陀佛的功德，則經過一個劫、兩個劫、三個劫乃至不可思議的劫，直到諸位都示現涅槃為止，也無法宣說完畢。可見佛的功

德多麼偉大。相比之下，世間人的功德很快就能說完。比如要宣說愛因斯坦、牛頓的功德，那不需要很長時間就能說完。聽到這個道理，有些人可能很難接受：這麼長時間都說不完佛的功德，不可能吧？因為凡夫人的智慧就只有這麼一點，所以產生這樣的懷疑也很正常。

如果真要宣說如來的功德，不要說我們這樣的凡夫人，甚至菩薩中智慧第一的文殊菩薩或者聲聞中的舍利子、目犍連尊者都無法完全宣說，只能象徵性地宣說一部分。因此，大家對如來的功德要有一種不可思議的感覺，要這樣想：與清華、北大或者哈佛等名校的大學生相比，不管從學問、經驗等哪方面來看，幼兒園的孩子都遙不可及；同樣，與如來的功德相比，我們這些初學者也相差十萬八千里。如果經常這樣想，慢慢就會對如來功德的不可思議有所認識。

> 是故具足於信聞，及諸善友之攝受，
>
> 　得聞如是深妙法，當獲愛重諸聖尊。

所以如果有人具足信心、多聞並且得到善知識的攝受，這種人方能聽聞如是甚深微妙法門，他們會獲得一切聖尊的愛重。⑱

由於不懂佛法，很多人一聽說佛陀功德不可思議都不以為然：釋迦牟尼佛有什麼不可思議的？他不就是兩千五百多年前的一個人嘛？他不就是印度的淨飯王子嘛？很多人對佛陀的說法也特別可笑。前幾天我看了某

第二十八課

大學教授寫的一本書，這個人確實是不懂佛法，看到他對釋迦牟尼佛以及印度諸智者的介紹，我不禁合上書笑了很長時間。

其實凡夫人一定要認識到自己的無知。如果有人自以為很聰明，不依靠善知識的攝受，隨便翻閱一兩本書，就要憑分別念給諸佛菩薩下評語，這是根本辦不到的。作為凡夫人，首先應該得到善知識的攝受，在善知識座下踏踏實實聞法，這才有可能懂得佛法的意義。否則，即使你獲得了世間最高的文憑，已經戴上了兩三層的博士帽（開玩笑，博士帽不一定有很多層。不過文革期間，被批鬥的人頭上都戴著高高的帽子，這些帽子有一層、兩層甚至三層的，據說越反動的人戴的帽子越高。當時我是小孩，經常去看戴高帽的人。也許在座有些老和尚也戴過這種帽子），也很難擁有佛法的智慧，你擁有的最多是世間的假名，這沒什麼可傲慢的。

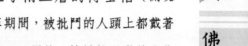

　　　如來勝智遍虛空，所說義言唯佛悟，
　　　是故博聞諸智士，應信我教如實言。

如來的殊勝智慧廣大無邊，猶如周遍十方的虛空一樣，唯有佛陀才能了悟佛所說的教言，所以廣聞博學的諸智者應該相信我的如實教言。

對三寶的信心特別重要。麥彭仁波切曾說：「有一種不可思議的境界，唯有我不知道，而如來您完全了知。」所以大家平時經常要有「如來知」或者「上師

⑱⑥這個偈頌在藏文譯本中沒有。

505

知」的心態。藏傳佛教的修行人經常說「喇嘛欽」，意思是「上師知」⑱，即上師遍知一切，不管因果、空性還是往生淨土之理都懂，甚至自己犯了小小的錯誤也一清二楚。藏地佛教徒也常說「噶瑪巴欽」、「格日仁波切欽」，意思是「噶瑪巴知」、「蓮花生大士知」。也許是受家庭的教育，很多藏族人從小對三寶就有虔誠的信心。其實家庭的教育特別重要，每個人來到世間後第一個老師就是父母，點點滴滴的知識都是跟父母學的。如果父母信佛，孩子也會信佛；如果父母不信佛，孩子也會受不良影響，長大後即使信仰佛教，內心始終會有疑惑：到底前世後世存不存在……

　　人趣之身得甚難，如來出世遇亦難，

　　信慧多時方乃獲，是故修者應精進。

　　人趣的身體很難獲得，值遇如來出世也很難，對佛法的信心和智慧也要歷經多時方能獲得，所以修行人應當精進修持正法。

　　上述這些條件對學佛者來說缺一不可。假使其他條件都具足，但是一點智慧都沒有，上師講的課一點都聽不懂，從開始學習《無量壽經》到現在，連一句經文都看不懂，那人身依然是無有意義。而在座諸位非常幸運，不僅獲得了人身，遇到了佛法，而且具足信心和智

慧，在這個時候千萬不能放棄學佛的機會。

在《月燈三昧經》中，也有類似的教言：「佛出甚難遇，人身得亦難，信佛法亦難，出家具戒難。」前三難與《無量壽經》的說法相同，不同的是出家具戒這一條。在家佛友們雖然不具足這一條，但前三條都可以具足，所以也有解脫的機會。

我經常這樣想：在座諸位能聽聞如此殊勝的《無量壽經》，這的確非常難得。有些人也許認為：密宗的法很難得，而顯宗的法不是很難得。其實並非如此。如果你的根機與法不相應，密宗的法對你也沒有利益；如果你的根機與法相應，具足信心和智慧，能夠如理如法地學習，顯宗和密宗可以說一模一樣。

《大智度論》中說：「若人得信慧，是寶最第一，諸餘世財利，不及是法寶。」意思是，如果有人得到信心和智慧，這就是最為第一的珍寶，世間所有的珍寶都不如這種法寶。現在很多人認為金銀很難得，如果有了一塊金銀，一定要藏在保險櫃裡。甚至有些人已經出了家，還把耳環像繫解脫一樣天天帶在身上。其實這些世間的珍寶不珍貴，最珍貴的就是對佛法的信心和智慧。因為人有了信心和智慧，一定會精進修行，每天會早起晚睡，放棄一切散亂和無義之事，這樣離解脫就不遠了。

不過要提醒大家的是，為眾生做事情不叫散亂。有些人覺得：我發心雖然對眾生有利益，但是自己太散亂了，

佛說無量壽經廣釋

所以一定要閉關修行。這種想法是沒福報的表現。如果有些人發心不成功，閉關肯定也不會成功，也許剛閉關兩三天又會起厭煩心。其實，如果一個人有一定修行境界，對佛法有一定責任心，對眾生有一定慈悲心，即使發心再辛苦也會覺得像在蓮花宮裡一樣快樂，對什麼環境都可以適應；相反，如果修行比較差，福報又很淺薄，那即便不發心也不會快樂。所以希望大家不要放棄利益眾生的機會，這對自己的修行實際上也是有利的。

還要提醒大家的是，我們不管做任何事情，都要以對自己的修行和眾生有利為出發點。有些人曾問我：「我是待在學院還是出去？」其實這些人應該問自己：如果對自己的修行或者眾生有利，那待在學院可以，出去也可以；如果對二者沒有利益，那不管去哪裡都沒區別，反正到哪裡都是三界輪迴，到哪裡都是熙熙攘攘的眾生，就像掀開的螞蟻窩一樣。

> 如是妙法已聽聞，常念諸佛而生喜，
> 　彼人往昔真吾友，善能樂欲佛菩提。

如果有人已經聽聞如是妙法，能經常憶念諸佛而生起歡喜心，這種人往昔真正是我的道友，他們善能希求佛菩提。[188]

在座諸位都聽了《無量壽經》，除了個別邪見嚴重

---

[188] 在藏文譯本中，本偈頌最後兩句的次序相反，即：「如是妙法已聽聞，常念諸佛而生喜，善能樂欲佛菩提，彼人往昔真吾友。」

者以外，應該不會對阿彌陀佛等諸佛生起嗔恨心，都能對諸佛生起歡喜心，以釋迦牟尼佛的金剛句來推斷，諸位和釋迦牟尼佛一定有甚深的因緣，往昔一定做過他的道友。以前藏地有一位大成就者，他在拉薩大昭寺對著覺沃佛說：「曾經你和我是一樣的，但後來因為你太精進了，現在已經獲得了佛果，所以今天我不得不向你頂禮。」和這位大德一樣，我們以前也是釋迦牟尼佛的朋友，大家應該對此深信不疑。

此處說「常念諸佛而生喜」，所以我們應該經常憶念諸佛，不管憶念哪一位如來，這個功德都特別大。《華嚴經》云：「若能須臾念如來，乃至一念功德力，永得遠離眾惡趣，智慧日光滅癡暗。」意思是，如果有人能於須臾間憶念如來，以一次憶念的功德力，此人將永遠離開地獄、餓鬼、旁生趣，最終能以智慧的日光滅除愚癡的黑暗，從輪迴中獲得解脫。正因為如此，我經常要求大家外出時攜帶釋迦牟尼佛像或者唐卡，如果沒有時間念《釋尊儀軌》，即便看一眼佛像或者唐卡，這也有不可思議的功德。

佛說無量壽經廣釋

爾時世尊說是經已，天人世間有萬二千那由他億眾生遠塵離垢得法眼淨，二十億眾生得阿那含果，六千八百比丘諸漏已盡心得解脫，四十億菩薩於無上菩提住不退轉被大甲冑當成正覺，有二十五億眾生得不退忍。

世尊宣說這部經時，人天世間有一萬二千億那由他眾生遠塵離垢獲得法眼淨，二十億眾生獲得不來果，六千八百比丘滅盡諸漏、心得解脫，四十億菩薩於無上菩提住於不退轉，他們披上勇猛無畏的甲冑，將成就無上正等正覺，有二十五億眾生獲得不退法忍[189]。

有四萬億那由他百千眾生於無上菩提未曾發意，今始初發種諸善根，願生極樂世界見阿彌陀佛，皆當往生彼如來土，各於異方次第成佛同名妙音。

有四萬億那由他眾生以前沒有發過無上菩提心，如今發下了無上菩提心，種下了諸多善根，這些眾生又發願往生極樂世界面見阿彌陀佛，他們都將往生阿彌陀佛的剎土，最終在各個世界次第成佛，名號都叫妙音。[190]

以這次學習《無量壽經》的因緣，也許我們也包括在這些妙音如來中。現在有些淨土宗的法師給弟子們取法名為妙音，也是根據此處的說法。

有八萬億那由他眾生得授記法忍成無上菩提，彼無量壽佛昔行菩薩道時成熟有情，悉皆當生極樂世界。憶念疇昔所發思願皆得成滿。

有八萬億那由他眾生得到授記將來獲得無生法忍、成就無上菩提。這些眾生都是無量壽佛往昔行菩薩道時

---

[189]即無生法忍。
[190]法賢譯本中說，是燃燈佛授記他們未來成為妙音如來，如云：「復有十方佛剎，若現在生及未來生見無量壽佛者，有八萬俱胝那由他人得然燈佛記名妙音如來，當得阿耨多羅三藐三菩提。」

成熟的有情，他們都將往生極樂世界。依靠世尊宣說此經之力，他們都憶念起往昔的發願，知道自己的發願一定能圓滿。

獲得解脫是按次第的，就像學生一批批從學校畢業一樣。當年釋迦牟尼佛宣說《無量壽經》時，阿彌陀佛在因地成熟的菩薩首先往生極樂世界；同樣，如今我們在釋迦牟尼佛的教法中種下善根，將來也會在其他如來面前獲得解脫。

爾時三千大千世界六種震動並現種種希有神變，放大光明普照世界，無量億那由他百千天人同時音樂不鼓自鳴，雨天曼陀羅花沒至於膝，乃至阿迦膩吒天皆作種種殊妙供養。佛說經已，彌勒菩薩等及尊者阿難一切大眾，聞佛所說皆大歡喜。

這時三千大千世界六種震動並出現各種稀有神變，光明普照整個世界，無量億那由他天人同時奏響音樂，天鼓不鼓自鳴，從虛空中降下沒至膝蓋的天界曼陀羅花，欲界諸天人乃至阿迦膩吒天人[191]都在釋迦牟尼佛面前作種種殊勝上妙供養。佛陀說完這部經後，彌勒菩薩和阿難尊者等一切大眾聽到佛陀的說法都生起極大歡喜心。

至此，我們已經圓滿了《無量壽經》的學習。能夠

[191]阿迦膩吒天：即色究竟天，此天為色界十八天之一，五淨居天之一，位於色界最頂位，其果報於色界中為最勝。

學習功德這麼大的經典，我感到非常高興。雖然現在沒有出現佛陀講完經時的瑞相，但我認為肯定也有很多天人和非人在歡欣慶祝，所以大家也應該生起歡喜心。

依靠阿彌陀佛和法王如意寶的殊勝加持，我相信通過這次的學習，除了極個別人以外，在座諸位都能往生極樂世界。人身非常難得，又遇到如此殊勝的淨土法門，當具足這些解脫的因緣時，道友們千萬不要輕易放過。同時大家也不要忘記，在自己身邊還有很多眾生沒有聽聞這樣的甚深法門，因此有機會的時候大家要大力弘揚此法門，哪怕給一個人宣講也有很大必要。我在傳講此經過程中，一方面參照了藏文譯本，一方面進行了反覆思維，基本上從字面上過了一遍。以後大家傳講此經時可以參考我的講解方式。漢地的居士和出家人以後也應該經常念誦《無量壽經》。在開講此經之前，我通過反覆比較，決定選擇唐譯本，現在講完《無量壽經》，我對這個譯本更加生起信心，感覺這確實是最好的譯本，所以大家在念誦時最好是採用唐譯本。

最後，我們共同作迴向：以學習《無量壽經》的善根，願天邊無際的一切眾生盡快甦醒善根，早日生起菩提心，都往生極樂世界；願所有弘揚佛法的高僧大德長久住世，佛法長久住於世間；願一切災難自然消除，整個世界變成清淨的剎土。

醒世歌釋

　　下面我們學習憨山大師的《醒世歌》。雖然我沒有《醒世歌》的傳承，但我覺得裡面的內容很好，所以就算是和大家共同學習。按理來說，要給別人傳授經論，最好自己要有傳承，但如果是為了便於理解而共同探討研究，沒有傳承也沒什麼不可以的。

　　由於我沒看過《醒世歌》的正式講義，也沒有在其他上師面前聽受過，只是憑自己的理解給大家從字面上作一個解釋，所以可能解釋得不一定準確，如果發現有不準確之處，希望道友們予以指正。

　　標題：醒世歌。

　　作者：憨山大師。憨山大師（1546～1623）名德清，字澄印，號憨山。他與袾宏、真可、智旭並稱明末四大高僧，不僅精通大小乘經典，著有許多經典的注釋，而且精通道教、儒教等世間的宗派，為《道德經》、《大學》、《中庸》也撰寫過注釋。大師圓寂後肉身不壞，至今仍供奉在廣東南華寺[192]。除了撰寫注釋，他還造過很多論典。這次我們學習《醒世歌》，也算是和大師結上善緣。

---

[192]南華寺有三大肉身，一是六祖惠能，一是憨山大師，一是丹田禪師。

正文：共有十個偈頌。下面看正文。

紅塵白浪兩茫茫，忍辱柔和是妙方，

到處隨緣延歲月，終身安分度時光。

世間的紛擾爭鬥漫無邊際，猶如茫茫無際的紅塵白浪一樣，唯有忍辱柔和才是處世的妙方，我們應該到處隨緣延續歲月，終身安分守己度時光。

從唐朝以來，漢地就有了「紅塵」這個名詞，據說因為當時的首都是長安，那裡終日車水馬龍，飛揚的塵土在夕陽下成了紅色，所以人們就以「紅塵」來比喻世間或者鬧市。

所謂「紅塵白浪兩茫茫」，這是比喻世間的鬥爭猶如紅塵和白浪般無邊無際。人們為了達到自己的目的，整天都在勾心鬥角、互相奮戰。在這種情況下，息滅鬥爭的唯一妙方就是忍辱柔和。安忍有許多功德。佛陀在《生經》中說：「若常行柔和，眾人所愛敬。」如果一個人恆常行為柔和，那麼他就會得到眾人的尊重和喜愛。《中阿含經》說：「唯忍能止諍，是法可尊貴。」意思是，唯有安忍能制止諍論，這個法是最為尊貴之法。所以在如今這個鬥爭特別多的社會，大家應該奉行忍辱柔和、互相和愛，這樣才能活得快樂。

此外，我們不管處於何時何地都不要有過多的強求，應該隨著自己的緣分，一輩子安分守己度時光。在短暫的人生裡，很多人總是想強行達到某種目標，有些

醒世歌釋

無權無財的人很想升官發財，有些容貌不端嚴的人非要做整容手術，結果反而給自己帶來了不快樂。其實人的生活不應該違背自然法則。水是往下流的，日月是在天空中運行的，如果我們特意阻擋它們是很困難的。同樣，一個人如果貧窮，他肯定有貧窮的因緣，如果相貌醜陋，肯定也有醜陋的因緣，要強行改變是相當困難的。因此，生活要隨緣，有條件過得好一點，沒有條件就隨緣而過。世間任何法都是如此，只要因緣具足時，即使不願意它也會來。比如你家裡發生了不開心的事情，如果這是無法改變、命中註定的，那它早晚會來的，再怎麼抗拒也沒有用。所以我們應該隨順自然規律，以坦然的心態過平靜的生活。

佛說無量壽經廣釋

　　休將自己心田昧，莫把他人過失揚，

　　謹慎應酬無懊惱，耐煩作事好商量。

　　不要將自己的心田埋沒，昧了自己的良心，也不要把別人的過失在眾人面前宣揚。與人交往時要謹慎應酬，不要做讓別人不開心的事，否則以後自己也會懊悔。在做事情的過程中應該細緻耐心，要盡量跟別人溝通商量。

　　在《醒世歌》裡，前後兩句的字詞都是對應的，從修辭學的角度來講，這是一篇很好的作品。大家可以細心品味。

　　我們千萬不能宣揚別人的過失，如果看到別人有過

失就宣揚，這是一種最壞的行為。《弟子規》中說：「揚人惡，即是惡。」意思是，如果宣揚別人的過失，說明自己也很壞。當我們說別人的過失時，別人肯定不願意，就像別人說我們的過失時，自己也不願意一樣，所以「己所不欲，勿施於人」，大家以後不要說他人的過失。不僅不能說過失，也不能觀察他人的過失，如果經常見到他人的過失，說明自己也有許多過失，要像《六祖壇經》說的那樣——「常見自心過愆，不見他人是非好惡」。

在與人交往時應當謹慎應酬，一定要懂得為人處世的基本原則：對上者恭敬尊重，對中者和睦相處，對下者以慈悲心維護。總之，不要經常吵吵鬧鬧，跟誰都合不攏。有些人就是這樣，不管到出家人還是在家人的群體中，跟誰都合不攏，與別人的合作性特別差。這種人很成問題，不要說出世間的修行解脫，甚至在世間的群體中也很難有所成就。

在做事情的過程中，我們不能自作主張，要跟大家共同商量。麥彭仁波切在《君規教言論》中再三強調，遇到重大的事情要和大家商量，這樣即使事情沒有成功，人們也不會對你有怨言。如果沒有商量就自作主張，事情成功就罷了，如果沒有成功的話，別人都會把過失歸責於你。

總之，我們在做事情的過程中，一定要和別人好好

醒世歌釋

商量，在和別人接觸的過程中，一定要有善巧方便。

從來硬弩弦先斷，每見剛刀口易傷，

惹禍只因閒口舌，招怨多為狠心腸。

在世間，從來都是硬弩的弦先斷，每每見到鋒利鋼刀的刀口容易損傷。惹禍都是因為語言不當造成的，過患大多是心狠手辣、心地不善招致的。

遇到石頭等堅硬物時，為什麼鋼刀的口最容易損傷呢？就是因為刀口太鋒利了。為什麼硬弩的弦最容易斷呢？就是因為繃得太緊了。這說明一個道理：在世間如果人的行為太粗暴、性情太剛強，就會處處遇到不順。所以我們應該經常保持柔和的態度，心平氣和地處理問題，這樣任何事情都容易成辦。

我們還要時刻觀照自己的語言，否則也會導致種種禍患。老子說：「多言數窮，不如守中。」意為，如果人的語言過多，反而會帶來不便。孔子也說，花語巧言足以擾亂人的德行。所以大家要注意自己的語言。

《辯意長者子經》云：「心調能柔和，謙讓而敬順，學問誦習經，乃為人中尊。」意思是，如果一個人的心調柔，對別人謙讓恭敬隨順，同時又能學習持誦經論，這就是人當中最尊貴、最了不起的。所以，如果我們能有一顆調柔的心，對與人交往或者做事情都會有很大利益。

在我接觸的道友中，有些人的心很調柔，不管什麼環境都能適應，在哪裡都能隨順大家；而有些人則心不

佛說無量壽經廣釋

調柔：今天在這個部門，明天在那個部門，後天又到另一個部門；或者今天在這個班，明天在那個班，後天又換一個班……不管在哪裡都待不住。其實回顧自己的人生也會發現，很多不順都是由於性情剛強難化導致的。要解決這些問題，就必須通過大乘的甚深教法調伏自己的心。大乘佛法的加持力是不可思議的，即使心特別粗暴野蠻的人，通過一段時間聞思修行後，心也會變得調順堪能，這種例子有很多。

是非不必爭人我，彼此何須論短長？

世事由來多缺陷，幻軀焉得免無常？

沒必要整天爭論我是你非，彼此又何必辯論我長你短呢？世事從來都是缺陷比較多，自己的幻軀又焉能免於無常呢？

我們這個世界是娑婆世界，不是極樂世界，所以肯定會有許多缺陷。如果是極樂世界的話，那一切都是清淨快樂的。《白蓮花經》等經中說，「娑婆世界」意為「堪忍世界」，所以在這裡度化眾生的菩薩要有頑強的毅力，否則度不了剛強難化的眾生；生活在這裡的人也要有堪忍力，否則很難待下去。既然這個世界缺陷這麼多，加之自己的幻化之軀也免不了無常，如果天天講人我是非、不斷進行鬥爭，這有什麼意義呢？人生這麼短暫，哪有工夫搞這些啊？

以前羅狀元[193]有一首《醒世詩》，裡面也有類似的教

醒
世
歌
釋

518

言：「世事紛紛如電閃，輪迴滾滾似雲飛，今日不知明日事，哪有工夫理是非？」大意為：世事像閃電一樣瞬息萬變，輪迴猶如滾滾的烏雲一樣，今日根本不知道明日會發生什麼事，我們哪裡有講是非的時間？

　　如果一個人重視自己的修行，或者利益他眾的心比較強，那他根本不會談論別人的是非。我們這裡有些道友就是如此，除了自己的基本生活以外，白天晚上都在想著利益眾生的事，從來沒時間說是非。我前兩天也說過，如果是為了眾生，事情越多越好；如果是為了自己，事情越少越好。為什麼這麼講呢？因為自己的瑣事太多會障礙修行，而利益眾生的事情太多則不同，即使障礙自己的修行也是值得的。我們是大乘佛教徒，所以首先要有利益眾生的發心，然後要實地行持。如果捨棄了利益眾生，我覺得有點可惜。我不是因為找不到發心人員，才故意這樣說的。我自己經常有這種情況，如果某一天因為做事情而耽誤了修行，我就會返觀自身：我是因為利益眾生還是因為散亂、煩惱而耽誤了修行？如果是因為利益眾生而耽誤了修行，那我就不會有後悔心——畢竟是為眾生而忙碌，雖然自己的念經、磕頭、觀修沒有完成，但眾生的事情和自己的事情比較起來，我應該選擇為眾生做事情！這是我個人的少許體會。當

---

⑲羅洪先（1504-1564），字達夫，號念庵，江西吉水人，明朝嘉靖八年己丑科狀元，世稱「羅狀元」。後出家為僧，在寺院中苦行十三年，曾回家度化妻兒，但家人沒認出他，遂作詩離去，後得龍褲國師指點而開悟。

然，每個人各有價值觀，有人認為我這樣做很好，也有人認為我這樣不合理，應該先度自己再度他人。但話說回來，不管是先度自己還是先度他人，我們哪有談論是非長短的時間呢？世間本來不可能十全十美，再說自己的身體也無有恆常性，既然如此，我們就沒必要談論人我是非，要麼自己認認真真修行，要麼勤勤懇懇利他。

吃些虧處原無礙，退讓三分也不妨，
春日才看楊柳綠，秋風又見菊花黃。

在生活中吃一些虧沒什麼大不了的，在與人交往時適當讓步也不妨。興衰很快就會交替，才看到春日的綠柳，很快又見到秋風中的黃菊。

俗話說：「捨得，捨得，有捨才有得；捨不得，捨不得，不捨就不得。」所以我們不要怕吃虧。《修心八頌》中有一個甚深的教言：「虧損失敗自取受，利益勝利奉獻他。」大家應該做到這樣。最近我找到了金厄瓦格西的《修心八頌講義》，方便的話我想把它翻譯成漢文，那裡面說做任何善事以後如果以《修心八頌》作迴向，相續中會自然而然生起自他交換的菩提心。自他交換的菩提心非常重要，阿底峽尊者依止了許多上師，雖然他對所有的上師都很恭敬，可是提起其他上師時，尊者只是合掌於胸前，而一提到金洲上師，尊者就雙手合掌在頭頂並且流淚不止。為什麼他如此恭敬金洲上師呢？就是因為金洲上師給他傳授了自他交換的菩提心。

醒世歌釋

這裡有一個比喻，春天的綠柳雖然很好看，可是時過境遷，不久就會被秋天的黃菊代替。這個比喻可能有兩層意思：

一方面是對當時社會的影射。從紫柏禪師和憨山大師的傳記看，當時的皇帝對高僧大德有一些特殊的措施，所以作者借物喻人說：今天你是高高在上的皇上，但過一段時間就不一定了，萬法都是無常的，就像春天的綠柳到了秋天就會被黃菊代替一樣。

另一方面可以解釋為：在世間今天我吃虧，也許明天就會得到回報；今天我向別人讓步或者將勝利奉獻給他，也許明天或者下一世他就會對我好。萬法不可能永遠保持不變，這就是因果循環之理。古人說：「讓一時，風平浪靜；退一步，海闊天空。」所以，當你遇到不順時，如果能讓一時，很快就會風平浪靜，如果能退一步，前方馬上就是一片海闊天空，這樣自己的事情就會逐漸順利了。

漢地很多大德都造有道歌，如永嘉禪師的《證道歌》、憨山大師的《醒世歌》，這些道歌的詞句雖然好懂，但只有結合大乘佛法來講解，才能發掘其中的甚深意義。

> 榮華終是三更夢，富貴還同九月霜，
> 老病死生誰替得？酸甜苦辣自承當。

世間的榮華只是半夜三更的美夢，醒後一點都沒

佛說無量壽經廣釋

有，富貴如同秋天的霜一樣，很快就會消失。在輪迴之中，有誰能替自己感受老病死生之苦呢？個中酸甜苦辣唯有自己承擔。

　　雖然人們特別希求榮華富貴、名聲地位、相貌端嚴，但這些世間的圓滿很容易消失，不會伴隨自己很久，唯有老病死生才會恆時相隨。在流轉輪迴的漫長過程中，不管是在惡趣感受痛苦還是在善趣感受快樂，一切酸甜苦辣都是自己感受，別人不可能代替。因此，我們沒必要為了暫時的榮華富貴造惡業，否則自己終將承受果報。

　　世上哪有永不衰敗的圓滿呢？麥彭仁波切在《二規教言論》中說：「一切高貴終墮落，一切榮華終衰竭，一切美妙終醜陋，有為諸法豈未見？」在這個世界上，從來沒有永遠的高高在上、永遠的榮華富貴、永遠的美麗端莊，在我們的記憶中，許多以前特別令人羨慕的富貴人現在已淪為乞丐，許多非常了不起的人物也變成了淒慘可憐者。《六度集經》云：「盛者必衰，實者必虛。」因此，高際必墮、聚際必散就是世間的真理，可惜世間人極其愚昧，往往不懂這個道理。

　　　　人從巧計誇伶俐，天自從容定主張，
　　　　諂曲貪嗔墮地獄，公平正直即天堂。

　　人自恃聰明而巧計營謀，別人也會誇他聰明伶俐，雖然這樣的假動作在人前有可能成功，但最終卻無法逃

522

脫因果的制裁，老天自會從容定主張——諂曲貪嗔者將慘墮地獄，公平正直者將超生天堂。

人們常說：「諸天尊和上師三寶有天眼，如果你做了昧良心或者違背因果的事，他們會恥笑你的。」所以人的行為是無法隱藏的。況且善有善報、惡有惡報，如果以諂曲心、貪心、嗔心造惡業，必定會墮入旁生、餓鬼、地獄感受痛苦；如果居心公平正直，以無貪、無嗔之心行持善法，就可以前往天堂⑲⁴享受快樂。所以我們務必要慎重取捨善惡因果。

《諸法集要經》云：「一切諸世間，善惡法為主。」因此，人的命運或者前途是快樂還是痛苦，就取決於自己的行為是善是惡。這個道理說起來簡單，要做到卻不容易。《好了歌》云：「世人都曉神仙好，只有金銀忘不了。」很多人覺得成就佛菩薩果位或者往生極樂世界很好，但在生活中一遇到貪嗔的對境就對治不了煩惱，然後就開始造惡業，最終以此而感受痛苦。

這裡講到了甚深的因果之理，希望大家千萬不要違越因果法則，否則必定會像吃毒藥一樣感受惡趣的痛苦！

麝因香重身先死，蠶為絲多命早亡，
一劑養神平胃散，兩盅和氣二陳湯。

麝因為珍貴的麝香而身先死⑲⁵，蠶因為貴重的蠶絲而

命早亡，同樣，人如果不知足少欲，貪求奢侈的生活，很快也會遭遇許多危害，所以我們應該服用養神平氣的法藥，盡量過清心寡欲、平平淡淡的生活。

所謂「一劑養神平胃散」、「兩盅和氣二陳湯」，這是以調身的藥來比喻調心的法：平胃散是一種中藥，此處比喻調心養神，二陳湯也是一種中藥，此處比喻和氣融樂。也就是說，依靠平胃散和二陳湯這兩種藥，能讓人們身體健康；同樣，依靠調心養神、和氣融樂的法藥，也能讓人們內心快樂。

《佛所行讚》云：「多求則為苦，少欲則安隱，為安應少欲，況求真解脫？」意思是，人如果過多地希求，許多痛苦會接踵而至，如果少欲則會過得很安逸，即便為了暫時的安樂也應該少欲，更何況說希求真正解脫呢？因此，如果我們不知足少欲，不滿足於清貧的生活，修行絕對不能成功，根本得不到解脫！

生前枉費心千萬，死後空留手一雙，

悲歡離合朝朝鬧，富貴窮通日日忙。

生前費盡心機苦苦營謀，死後只能兩手空空前往後世，世間凡愚天天上演悲歡離合的鬧劇，日日為富貴窮通而忙碌不已。

這些詞很美，你們應該背下來，以後可以給別人講一講。以前有歌星唱過《醒世歌》，以後你們開心時可以唱一唱，不開心時也可以唱一唱。在漢傳佛教大德的

醒世歌釋

524

道歌裡，有許多看破紅塵、放下自在的殊勝竅訣，在藏傳佛教大德的道歌裡，有許多利他菩提心尤其是大圓滿覺性的殊勝竅訣，我們應該用這些教言來對治自己的煩惱，經常處於法喜充滿的狀態。

有些人始終愁眉苦臉，不僅自己心裡不舒服，跟別人接觸時也經常小題大做，最後把整個團體的氣氛都搞壞了。這樣沒有必要。我們在世上活不了很久，終究避免不了無常，跟道友或者其他人接觸的時間是很短暫的，所以沒有必要今天跟這個人鬥，明天跟那個人鬥。如果自己的一生都成了永不停息的「戰鬥機」，那有什麼意義呢？當然，今天我比較開心，所以裝成一個開心自在的修行人，也許明天我不開心，自己也變成了「戰鬥機」。

這裡說得很清楚：生前費盡心機、辛辛苦苦謀求財產、名聲、地位，一直為這些身外之物而奔波忙碌，但死時只能空手一雙前往後世，連一根毛都帶不走，甚至最貪執的身體也帶不走。在《雜阿含經》中，也有這樣的教言：「世間金寶等，王賊水火侵，死時悉捨離，無有隨人者。」意思是，世間的金銀財寶都是不可靠的，有些被國王搶走，有些被盜賊偷走，有些以地水火風的災害而滅盡，即使沒有遇到這些違緣，死的時候分文也帶不走，唯有生前造的善惡業會跟隨自己。既然人死的時候終將一無所有，那現在天天上演悲歡離合的鬧劇，

佛說無量壽經廣釋

為了富貴窮通而忙碌，這有什麼意義呢？如果整天為了感情、財產、人際關係而不開心、互相爭鬥，這樣過一輩子確實沒有任何意義，所以我們應該將世間看得淡一點。

自古以來，真正看破的上師對世間都是無有耽執的，不管榮華富貴、親朋好友還是繁華的都市，他們對此一點耽執都沒有，心中唯一希求的就是解脫，大家應該向他們學習。

以前我們學院附近有一位曲恰堪布，他是法王如意寶的道友，法王經常讚歎曲恰堪布講經說法的精神。自從曲恰堪布圓寂後，他的道場多年來一直沒有恢復，最近他的部分弟子想恢復上師的道場，繼續進行聞思修行。其中有一位法師是我的同學，前一段時間我們在一起聊天，他回憶說：「上師一生中每天都講經說法，我記得這麼多年以來，除了夏天耍壩子時跳七八天格薩爾王的金剛舞，除此以外連一天休息都沒有，不管公曆的星期天還是藏曆的初十、十五都不例外，每天都要講一堂課。前一段時間我們商量後覺得，應該按照上師的傳統每天講經說法，但這樣又出了個問題：如果一個月連一天休息都沒有，現在的人能不能忍受啊？他們不一定高興。可是原來我們根本不存在這個問題。」聽了他的話，我當時就想：以前的上師不是一年兩年，而是這麼長時間裡每天不斷地講課，無論星期天還是節假日都不

中斷，確實非常了不起！

可是現在城市裡的人不是這樣，菩提學會有些人每個星期上一兩堂課都很困難，有些人基本上來不成——今天親戚結婚，明天親戚的親戚死了，後天我要出差，再過幾天感冒了⋯⋯總是有一些理由。這些人表面上是正式學員，可是一個禮拜連一兩天都空不出來學習，甚至半天都空不出來。這些人應該好好反省：人家是三百六十五天不斷聽經聞法，一天都不需要休息，而我在世間打轉那麼長時間了，現在還拿不出一點精進，這是不是太慚愧了？

羅狀元在《醒世詩》中描述世間人說：「急急忙忙苦追求，寒寒暖暖度春秋，朝朝暮暮營家計，昧昧昏昏白了頭。」（世人急急忙忙苦求世間瑣事，寒寒暖暖度過一年四季，從早到晚經營家業，在昧昧昏昏中已經是白髮蒼蒼。）「是是非非何日了？煩煩惱惱幾時休？明明白白一條路，萬萬千千不肯修。」（世間的是是非非、煩煩惱惱何時方能止息？雖然所有人最終明明白白都是死路一條，可是芸芸眾生就是不肯修行解脫道。）

有時候看起來，世間人每天不停地忙著，這樣忙到最後有什麼用呢？如果沒有修持善法，為了這個虛幻不實的身體忙多少年也是白忙。再過二三十年，現在我們為之忙碌的一切都會消失，一點也帶不到後世，唯有造的善惡業會緊緊跟隨自己。大家一定要明白這一點！

佛說無量壽經廣釋

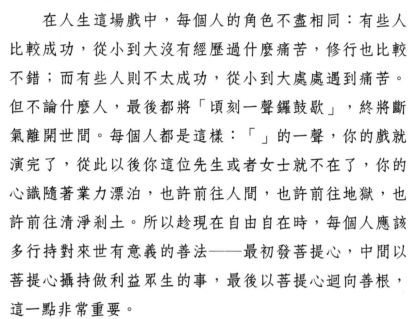

休得爭強來鬥勝，百年渾是戲文場，

頃刻一聲鑼鼓歇，不知何處是家鄉。

不要爭強好勝，為一些小事爭鬥不息，人生百年不過一場戲而已，如果自己一直執迷不悟，最後忽然一聲鑼鼓響，鬧劇謝幕散場，那時不知將隨業流轉何方。

在人生這場戲中，每個人的角色不盡相同：有些人比較成功，從小到大沒有經歷過什麼痛苦，修行也比較不錯；而有些人則不太成功，從小到大處處遇到痛苦。但不論什麼人，最後都將「頃刻一聲鑼鼓歇」，終將斷氣離開世間。每個人都是這樣：「 」的一聲，你的戲就演完了，從此以後你這位先生或者女士就不在了，你的心識隨著業力漂泊，也許前往人間，也許前往地獄，也許前往清淨剎土。所以趁現在自由自在時，每個人應該多行持對來世有意義的善法——最初發菩提心，中間以菩提心攝持做利益眾生的事，最後以菩提心迴向善根，這一點非常重要。

人的生命確實很短暫，在座的很多人也許明年之前就會離開人間，那時自己的家鄉在何處呢？捫心自問時，有些沒有行持善法，尤其造了惡業沒有懺悔的人是很可憐的。既然自己來到世間，遇到了大乘佛法，也明白了善惡因果之理，就再不能整天散亂度日、忙碌於無有實義的世間法了。作為出家人，應該看破放下一切瑣事，把時間和精力全部放在修行上；作為在家人，雖然

醒世歌釋

528

不得不生活，該做的經商、務農、放牧都該去做，但也不能一直忙碌不息，一直對世間法特別耽執。

如果一年三百六十五天裡，連一個月也拿不出來修行，那這樣的人表面上是皈依佛教的人，實際上肯定沒有考慮過後世，和世間人就沒什麼差別了。世間人對前生後世的存在與否沒有真實的依據，而佛教通過可靠的依據進行抉擇，證成了每個眾生都有前生後世，眾生乃至從輪迴解脫前都將隨善惡業不斷流轉。既然每個人都有後世，那大家想一想：人生最多一百年，即使有人活得特別不錯，最多也是一百二十歲、一百二十五歲、一百三十歲，而未來的前途是多少萬年？這麼漫長的快樂和痛苦都取決於現在，如果這方面一點都不考慮，那自己是不是比較愚癡？希望各位了知善惡取捨之理，從世間的迷夢中清醒過來。

佛說無量壽經廣釋

以上講完了《醒世歌》，憨山大師確實是非常了不起的大德，他通過這首《醒世歌》提醒我們：早日醒來吧，不要再做世間的美夢了，這樣沒有任何意義！學習這首道歌後，大家要生起無偽的出離心，對世間不要有任何耽執。當然，光有出離心還不夠，如果沒有菩提心，善根不能成為成佛的因，如果沒有空性見，善根不能直接成為解脫的因，所以還要生起菩提心和空性見。現在漢地藏地有些人雖然表面上行持善法，實際上他們

行持的善法根本不能成為解脫之因。有些人不要認為：我天天供燈、念經，一定能解脫。要看看你的心態：我這樣做是為了斷除輪迴，還是為了今生的目的？在這方面一定要好好辨別。

醒世歌釋

費閑歌釋

今天我們學習憨山大師的《費閑歌》。很早以前我就看過《費閑歌》，覺得裡面的內容很適合現在的修行人，相當於藏傳佛教的修心法門，所以這次跟道友們一起學習這首道歌。

《費閑歌》的注釋不多，我曾在某個雜誌上看過一個注釋，但是感覺解釋者好像在亂說，沒有很好地解釋其中的內容，所以這次我沒有尋找其他講義，而是憑自己的理解與大家交流。在這個過程中，如果有不符教義、上下錯亂之處，希望各位給予斧正。

標題：費閑歌。

為什麼叫「費閑歌」呢？下文十個偈頌中，每頌第一句有「難」，第二句有「總是閑」，第三句有「空費力」（有三頌例外），第四句有「也徒然」，在整體上構成了一種排比，故全文以「費閑」名之。

從意義上講，所謂「費」是費了很大力氣，所謂「閑」是空耗、沒有實義，合起來講就是有些人表面上費了很大力氣，不管念經、閉關、參禪都特別認真，但實際上意義不大。有鑒於此，故作者以這首道歌提醒後人：修行要方法正確、表裡如一、踏踏實實，不要費了

很多時間、精力，實際效果卻不大。

作者：憨山大師。

在上堂課已經作了介紹，所以這裡不再重複。

正文：共有十個偈頌。我對每一頌用四個字作了歸納，相當於一個科判。下面看頌詞。

一、靜修體悟：

講道容易體道難，雜念不除總是閑，

世事塵勞常掛礙，深山靜坐也徒然。

宣講佛法的道理很容易，許多人口才比較好，講起來天花亂墜，可是體驗佛法的道理卻非常難，如果所講的法自己從來沒有修過，即便修也是雜念紛飛，這樣總是無有實義。在修行的過程中，如果世間塵事經常掛在心頭，一直耽著名聞利養等世間八法，縱然長年累月在深山靜坐苦修也徒勞無益。

「講道容易體道難」，宣講佛法容易，體驗佛法卻很難。作為一個修行人，光是口頭上說法不一定有用。雖然講經說法很好，但要注意避免兩種情況：

一、有些人雖然對別人宣講佛法的道理，但目的就是想獲得名聞利養，這樣不但沒有功德，對眾生也沒有利益。《佛說華手經》云：「若人以利養，為大眾說法，依於世利故，則為法所害。」意思是，如果有人以希求利養之心給別人宣說佛法，由於他的發心不清淨，

費閑歌釋

是為了獲得世間八法，這樣的說法不但沒有利益，反而會害了自他。

　　大家一定要注意這一點。很多人口口聲聲說要弘法，弘法當然很好，但發心不能是為了名聞利養。現在有這種現象：某人要給別人講法，目的是什麼呢？一方面想提高自己的知名度，另一方面想獲得一些供養。以這種目的宣說佛法是不合理的。

　　二、如果心裡對修行沒有感受，誇誇其談也沒有實義。雖然真正體悟佛法很難，但最起碼發心不能為世間八法所染，這一點很重要。

　　「雜念不除總是閑」，在修行的過程中，不去除雜念總是閑，因此我們要盡量避免紛亂的心態。佛經中有一個公案：以前有一位比丘到寂靜處修行，那個地方有許多鬼神，他在修行時經常聽到鬼神發出怪聲，比丘心裡特別恐怖，產生了惡分別念：這真是個鬼地方，我不願意再待了……正當他想離開時，佛陀知道了他的心，便到比丘面前安慰他。這時有一頭野象王也到那裡，牠臥在一棵樹下想：我離開了象群煩雜的生活，獨自在這裡真舒服。佛陀告訴比丘：「這個象王有五百頭眷屬，牠因為不願意待在喧鬧的象群中，所以來到樹下獨自而住。大象是愚昧的旁生，牠都嚮往寂靜處，你身為比丘，難道連旁生都不如嗎？」接著佛陀講了一個偈頌：「樂戒學行，奚用伴為？獨善無憂，如空野象。」（大

意為：真正的修行人哪裡需要伴侶呢？為什麼在寂靜處待不住呢？應該獨自安住於善法中，內心無憂無慮，就像野象王一樣。）佛陀勸告後，比丘心定了下來。後來他認真修行，獲得了阿羅漢果位。

　　這個故事很有意義。我有時候在想：也許跟前世和今生的因緣有關，有些人修行一直不能成功，有些旁生都喜歡待在山中，可是這些修行人卻喜歡到鬧市中，經常與人群交往；即使偶爾產生寂靜的心態，也不能長期保持，剛出家時往深山裡跑，後來卻又回到紅塵中。這樣確實非常遺憾。

　　「世事塵勞常掛礙，深山靜坐也徒然」，大家最好抖擻乾淨世間的「塵土」，捨棄對世間的貪執，否則修行是不會成功的，再怎麼努力也徒勞無益。此處說「也徒然」，當然我們要明白，這並非一點意義都沒有，只不過要獲得解脫有一定困難。實際上，不要說真正在寂靜處修行，《三摩地王經》中說，以厭離心向寂靜處僅僅邁七步也有無量功德。所以我們對此說法要有全面理解。

二、守持淨戒：

> 出家容易守戒難，信願全無總是閑，
>
> 淨戒不持空費力，縱然落髮也徒然。

　　出家很容易，換件衣服、剃掉頭髮連半個小時都不要，剛才還是在家人，馬上就變成出家人了，但一日出家、終生持戒，要守持戒律則很難，沒有信願總是無有

實義⑲。如果不守持淨戒，出家只是空費力，縱然披上袈裟、剃除鬚髮也徒勞無益。

對真正的修行人來說，不管在家還是出家都要守持清淨的戒律。以戒律護持自相續非常重要。世間的愚人一般不願意有所約束。《諸法集要經》中說：「愚癡無戒人，起增上散亂，相續⑲造諸罪，去地獄非遠。」說得很清楚，愚癡之人對戒律毫無興趣，因為沒有戒律約束而三門放逸散亂，不斷造下各種罪業，這種人離惡趣也就不遠了。

末法時代的很多眾生輕視戒律，有些形象的出家人連一點慚愧心都沒有，甚至大肆貪污挪用僧眾的財產。前幾年，某寺院的財務長將僧眾的財物用於搞不如法的事，以致連自己的性命都丟掉了。如今外相上出家的人很多，但真正從內心出家，經常能想到：我是出家人，行為不能與世間人相同，這樣的人則不太多。

當然，我並不是說出家不好。雖然大多數出家人都是凡夫，不可能出家後馬上獲得阿羅漢果位，依然有貪心、嗔心等煩惱，但是因為現了僧相，所以跟在家人還是不同。總的來說，出家後造善業的機會非常多，造惡業的機會則非常少，這一方面是因為自身多少會有慚愧

⑲現在有些演員也剃光頭扮演出家人，但因為沒有信心和發願，所以這種「出家」是無有意義的。當然，這是說意義不大，並非完全無意義，佛經中有個公案：某阿羅漢尼前世是戲子，曾經演過出家人，以此功德在釋迦牟尼佛教下出家證果。
⑲此處的「相續」是「不斷」的意思。

心，另一方面如果在眾人前做殺生等不如法行為，自己肯定會受到譏毀，所以行為多少會有所顧忌。

如果是有正知正念的人，出家後有許多行持善法的因緣，如果是沒有正知正念的人，以出家身分反而會造很多惡業。如今也有些無慚無愧的出家人搞一些非法行為，這樣一方面毀壞自己，另一方面對佛教也造成不好的影響。但是也沒有辦法，末法時代肯定有各種情況。

作為在家人，應該對出家人觀清淨心，作為出家人，自己也應該反覆觀察：既然已經出了家，就要守持清淨的戒律。末法時代持戒一塵不染雖然很困難，但也要盡力護持學處。多的不談，即便守持一分戒律也很有意義。《三摩地王經》中說，往昔佛法興盛時，在百千萬劫中守持圓滿戒律並在十方諸佛前作種種供養，也不如末法時代一日中守持一分學處功德大。所以出家人應該嚴持戒律，否則，剃著光頭、穿著袈裟天天造惡業沒有意義。

三、依師修行：

> 修行容易遇師難，不遇明師總是閑，
>
> 自作聰明空費力，盲修瞎煉也徒然。

表面上的修行比較容易，有善知識引導的修行卻很難得，如果不遇到明師總是沒有實義。自作聰明者付出再多時間和精力也沒用，這樣盲修瞎煉到頭來徒勞無益。

修行一定要依止善知識，佛法極其深奧，如果沒有善知識一步一步引導，最終會一無所得。現在有些人自

認為文憑比較高、學識比較淵博，隨便看一看書，隨便學一學，就覺得很不錯了，然後稍微修一修，就覺得自己證悟了，跟佛的境界沒有差別了，可是到頭來卻無惡不造。這種沒有系統學習的修行很危險。所以我們要依靠善知識的引導，最好能長期依止上師。

蓮池大師講過一件事：有一個名叫性空的比丘，他最初依止蓮池大師很虔誠，但沒過多久就離開大師，發下大願到寂靜處獨自修行。後來，性空修行出了問題，發瘋而死了。蓮池大師覺得很惋惜，遂以此事教誡後人不要盲修瞎煉，應該長期依止善知識，否則，初學者自作主張去修行是不會成功的。

在座各位如果不注意，可能也會這樣。有些人出家不到兩三個月就嚷嚷著：我要閉關，我要弘法……其實，連基本的佛理都不懂，就這樣著急是沒必要的。大家想一想：在世間拿一個大學文憑，起碼也要十幾二十年的學習，一天兩天、一年兩年就能通達甚深的佛法嗎？這根本是不可能的。

即生中遇到三寶很難，遇到善知識更難，佛經中講了四難：「佛世難值，經法難聞，眾僧難遇，明師難遭。」因此值遇善知識後切勿輕易離開。如果某善知識精通顯密經論，同時有一定的實修境界，在他面前待的時間越長越好。《山法寶鬘論》中說，初學者必須恆時不離上師，這樣就能逐漸得到上師相續中的功德。《大

佛說無量壽經廣釋

圓滿前行》中也說：一節普通的樹木落到瑪拉雅山的檀香林中，數年後就會薰染上妙香，它也會散發出芬芳的香味；同樣，如果我們依止一位具相的高僧大德，久而久之也會薰染上他的功德妙香，所作所為也會變成和上師一樣。各位道友要牢記這些道理。

現在很多人自作聰明，盲修瞎煉，結果一無所成。這一點大家要特別注意。如果沒有上師的引導，隨便看一些藏密的書就開始修風脈明點、光明大圓滿，隨便翻幾本禪宗的書就開始安住參禪，這樣不一定成功。如果光看書真能修成，那當然不需要依止善知識，但實際上並不是這樣。因此，希望每個人好好依止善知識，對善知識依教奉行，這對解脫非常重要。

四、心離紅塵：

染塵容易出塵難，不斷塵勞總是閑，

情性攀緣空費力，不成道果也徒然。

染上世塵容易，從世塵中擺脫出來則很難，沒有斷除對塵勞的貪戀總是沒有實義，如果心一直耽執感情，一直攀緣親友、財產、地位、名聲等世間法，那再怎麼修行也是空費力氣，不會得成道果。

噶當派的大德經常祈禱：願法融入心，願心得堪能。這一點非常重要。如果人的心沒有與法相應，表面上離開世間很久了，實際上還是很容易受到染污。一個人即使在山裡待了很久，如果他內心沒有佛法的境界，

538

到城市裡以後遇到一點一滴染污就會沾染上。尤其有些人以前習氣比較重，要遠離習氣更不容易，可能要花很長的時間。上山難、下山易，在座各位從紅塵中走出來不容易，要花很多時間和精力，而染上紅塵則特別容易。有些人已經出家多年了，由於看了一些短信、一部電影或者接觸以前的舊友，不用兩三天就毀壞了相續中的善根。

《諸法集要經》云：「是心難降伏，多攀緣欲境，若能善制之，獲清涼安隱。」我們的這顆心很難降伏，它經常攀緣欲妙的對境，如果能通過佛法善加制伏此心，善加對治相續中的煩惱，就能獲得甘露般清涼安隱的果位。不過道理雖然如此，要做到的確很難。遇到感情、財物、地位等對境時，一般人很容易被束縛。

當然，也有個別前世習氣比較好的人，這些人就像蓮池大師《七筆勾》說的那樣，能夠將妻兒、財產、地位等一筆一筆勾銷。以前有一位仰山禪師，十幾歲時家人逼他成家，為了表明自己遠離紅塵、不願與世間人為伍的決心，他割下兩根手指給父母看，父母被他的行為感動，最終他得以自由自在地修行。

除了個別善根深厚的人以外，一般的凡夫很容易染上世間的五欲六塵。如果沒有一定的境界和看破放下的能力，即使暫時在修行佛法，最終也不一定成功。這樣的人很多：有些人上半生看破一切而出家，什麼都不需要，晚年又回到紅塵中；有些人在短短的時間中就產生修行的境

佛說無量壽經廣釋

界，可是後來修行也不究竟，遇到一些因緣又捲入世間的漩渦裡。所以每個人都要恆時以正知正念觀察自相續，同時要經常祈禱上師三寶，千方百計保護自己的修行。

五、虛心聞思：

聽聞容易實心難，侮慢師尊總是閑，

自大貢高空費力，聰明蓋世也徒然。

聽聞經論比較容易，但以虔誠謙虛心學修佛法則非常難，如果有侮慢師尊之心，那一切所為都沒有實義，自高自大之人再怎麼努力也是空費力氣，即使聰明蓋世也徒勞無益。

《集菩薩學論》云：「若高舉我慢，不重師尊，亦不恭敬禮拜，當知菩薩是為魔鉤所制。」所以人不能有傲慢心，如果有了傲慢心，不管上師還是道友的功德都看不到，總覺得自己的想法和行為是正確的。傲慢者從不觀察自己的過失，即使上師、道友勸他：你的行為不如法，他也不會接受。所以我們應該具足謙虛心和恭敬心，要把所有的上師、道友當作善知識，否則，自己有過失發現不了、別人有功德發現不了，那就比較麻煩了。

以前惹瓊巴去印度求法，他在印度和尼泊爾依止了很多善知識，學了很多密法的高深竅訣，也學了一些外道的法。有一次，米拉日巴在定中看到惹瓊巴，隨後又見到一個水晶塔放出一片刺眼的光芒，尊者想：看來我的弟子遇到違緣了。為了拯救惹瓊巴，尊者便前去迎接

費閑歌釋

540

他，最終師徒在路上相遇。當時惹瓊巴很傲慢，他想：
我到印度求得了這麼高深的密法，這次我對上師頂禮
時，他會不會回我一個禮呢？可是他頂禮後，尊者卻沒
有給他回禮。惹瓊巴心裡很不舒服，他想：如果是其他
上師，肯定會對我隆重迎接，也肯定會給我回禮，可是
這個米拉日巴太傲慢了。米拉日巴知道他的心，便想了
一個調伏他的辦法。在回來的途中，米拉日巴撿了一個
牛角。當他們行至一處平原時，本來萬里無雲的晴空突
然烏雲密布，冰雹狂襲而下。米拉日巴鑽進牛角，但稀
奇的是牛角沒有變大，尊者也沒有變小。而惹瓊巴則無
處可躲，最後他向米拉日巴求助。米拉日巴在牛角裡對
惹瓊巴唱了一首歌，大意為：如果你認為我們倆同等，
為什麼不入此牛角？⑱惹瓊巴聽後也想鑽進牛角，可是鑽
了半天連頭都進不去。最終他的慢心被折服了，覺得米
拉日巴確實與眾不同，從此對上師產生了恭敬心。

　　從這個公案可以看出，如果相續中有傲慢心，那根
本看不出別人的功德。傲慢者縱然聰明蓋世，也得不到
任何真實利益，所以大家一定要謙虛。

佛說無量壽經廣釋

⑱歌曰：上師加持入我身，此身若與凡夫同，何堪成為大修士？現以化身顯
神通，惹瓊子兮應頂禮！上師加持入我口，口若妄言或綺語，何堪成為大
修士？我歌多富妙口訣，惹瓊子兮應善思！上師加持入我心，心若紛起諸
妄念，何堪成為大修士？神通明體廣大現，惹瓊子兮應皈敬！惹瓊見地似野
鷲，時飛高空時降地，如是高低不穩固，應趨堅中兮善思維。應捨放逸兮布
衣行！你我父子若相等，何不速入此牛角？牛角內藏大宮室，廣大寬敞甚舒
適！惹瓊修觀似日月，有時明兮有時暗，時暗時明不穩固，應趨堅中兮善思
維！應捨放逸兮布衣行！你我父子若相等，何不速入此牛角？牛角內藏大宮
室，廣大寬敞甚舒適！惹瓊行素似山風，有時急驟有時緩，時急時緩不穩
固，應趨堅中兮善思維！應捨放逸兮布衣行！你我父子若相等，何不速入此

六、實修實證：

> 學道容易悟道難，不下功夫總是閑，
>
> 能信不行空費力，空空論說也徒然。

表面上廣聞博學聖道很容易，而真正體悟聖道卻不容易，不下工夫修行總是沒有實義，即使表面上對佛法有信心，但如果沒有實際行持也只是白費力，沒有境界卻空空論說終歸徒勞無益。

《水木格言》云：「多聞若未實修，則於自心無益，百年住於水中，石性乾燥而存。」意思是，光聽聞而不實修對自心是沒有利益的，就像石頭即使一百年住在水裡，它的本性還是乾燥一樣。所以，如果你沒有真正實修，表面上再怎麼廣聞博學，甚至天天聽課也沒有用。

現在很多人特別愛說，有些人一談起佛法的境界時，別人聽起來都嚇一跳：哇！這個人已經開悟了！但事實並非如此，也許他從來沒用功過，甚至一天連一個小時都沒修過，這樣的人純粹是自欺欺人，他們的空談沒有實義。所以大家一定要下工夫修行。

有些人口中說得很好，實際上天天睡懶覺，這樣虛

費閑歌釋

牛角？牛角內藏大宮室，廣大寬敞甚舒適！慈瓊證果似稼禾，有時好兮有時惡，時好時惡不穩固，應趨堅中兮善思維！應捨放逸兮布衣行！你我父子若相等，何不速入此牛角？牛角內藏大宮室，廣大寬敞甚舒適！若於微妙因緣法，此心隨意得自在，則能進入此牛角，享用宮屋之舒適！子兮！吾今呼喚汝，速入此屋伴老父，父喚子歸子應歸，為子之道應如是。我乃年邁衰殘人，生平從未到印度，身微路險未遠遊。慈瓊青年身健壯，曾往印度遊學去，參訪眾多成就者，依止博學善知識；如今已為大貴人，應住廣大舒適屋，乾枯廢棄此牛角，何能增長我法執？是故吾子慈瓊巴，應入牛角內室居！

542

度時日也沒有意義。《阿育王傳》記載，優波笈多尊者有一個弟子特別愛睡覺，一打坐就入睡。為了度化他，有一次他打坐正要睡覺時，尊者化為一個七頭魔鬼，倒懸在他面前的空中。他特別害怕，跑到尊者面前說：「林中有鬼，我不敢在那裡修行了。」尊者說：「七頭鬼不足畏，睡眠最可畏。為鬼所殺不會入於生死，如果為睡眠所殺則生死無窮。」聽了這個教言，他從此精進修行，後來獲得了聖果。

在短暫的人生中，如果一點工夫都不下，一點精進都沒有，修行要成功是很困難的。每個道友都應該觀察，看自己以前修了多少法，以後打算怎樣修行。有時候總結起來，我也很慚愧：這麼多年以來，雖然我沒有特別散亂，也不像世間人那樣天天搞世間法，但是對死亡有用的善根積累了多少？以出離心和菩提心攝持的善法修了多少？這樣觀察的時候，還是覺得很慚愧。

作為凡夫人，在行持善法方面力量很薄弱，在造惡業方面則相反，心態、行為、方便樣樣齊全，所以大家要盡量祈禱上師三寶、依止對治法來調整自己的惡劣相續。

七、如理閉關：

　　閉關容易守關難，不肯修行總是閑，
　　　身在關中心在外，千年不出也徒然。

表面上的閉關很容易，而關住妄心和非法行為的閉關則很難，如果沒有真正修持解脫法總是沒有實義；有

佛說無量壽經廣釋

些人雖然身在關房，但心一直往外散亂，一剎那也沒有觀修過，這樣即使閉關千年也徒勞無益。

有人認為：我閉關十幾年、二十幾年了，我肯定很了不起。很多人宣傳上師時也說：這個上師閉關六年了，那個上師閉關十二年了，另有某個上師閉關二十四年了……其實，如果沒有真正的修行境界，沒有出離心和菩提心，不要說二十四年，按照憨山大師的說法，即使閉關千年也徒然。

現在有些居士的說法特別可笑：聽說某上師是你們學院的，在學院待了二十年了，他肯定很了不起。待二十年有什麼用？如果沒有修行的境界，待在學院跟石頭待在學院一模一樣。石頭不要說在學院待二十年，待一千年都有了，這又怎麼樣？有些考古學家說，在藏地發現了六萬年前的文物，所以如果沒有修行，在青藏高原待多少年也沒用。

有些人經常說：這個人很厲害，他閉關三年了……其實也許他一直在觀修嗔恨心、愚癡心，毒蛇和旱獺冬天也一直閉關，牠們觀修的就是這些。我並不是誹謗所有閉關的人，在閉關的人當中肯定有很好的修行人，但如果僅僅因為在關房裡待的時間長，所以就很了不起，這是不一定的。

其實，有些人的「閉關」只是說法而已──他並沒有修行十二年，只不過在山裡一直沒有出來，於是便認為自己在閉關。以前藏地交通不好，所以從廣義上說，住在深山、寺院裡都可以叫做閉關，開玩笑。

如果想閉關，就要像以前的高僧大德那樣真實閉

費閑歌釋

關。在《前行備忘錄》中，對於每天的修行安排都有詳細宣說，要求修行人白天晚上精進行持善法。如果能這樣閉關，不要說十幾年、二十幾年，哪怕七天或者二十一天也有很大功德。

憨山大師講得很好，我覺得他真正講到了某些人的毛病。有些人表面上看起來很了不起，他們自己也認為已經閉關了很長時間，但實際上如果心沒有與法相融，閉關多長時間都沒有用。相反，有些人雖然沒有閉關，但因為心與佛法完全相融，所作所為也與佛法相應，所以不管到哪裡都得到人們的恭敬。總之，我們應該了解，什麼是真實的閉關、什麼不是真實的閉關。

八、信心念佛：

> 念佛容易信心難，心口不一總是閒，
> 口念彌陀心散亂，喉嚨喊破也徒然。

口中念佛很容易，但內心對佛陀生起虔誠的信心卻很難，如果心口不一總是無有實義；假使口念彌陀而內心散亂，這樣即使喊破喉嚨也徒勞無益。

對佛陀生起信心很難，尤其懂得佛陀是最尊貴、最偉大的皈依處，在整個世間沒有像佛陀那樣的量士夫，這種隨法的信心更為難得。《大寶積經》云：「佛能救世間，餘無可依者，世雄甚希有，大慈難思量。」意思是，唯有佛陀能救護世間，世間再沒有其他可皈依者，世尊的功德甚為稀有，他的大慈大悲以分別心難以思維

佛說無量壽經廣釋

衡量。大家應該對此理生起定解。

現在念佛的人比較多，很多寺院每天早上四五點鐘就開始唱念，但並不是所有的人對佛陀都有信心：有些人邊念佛邊打瞌睡；有些人念佛不是為了解脫，而是為了逃避暫時的煩惱；還有些人念佛是為了得一些錢。真正對佛陀生起誠摯信心的人不多，尤其像《勝出天神讚》講的那樣，對佛陀生起不共信心的人就更少了。

如果一個人口中念阿彌陀佛，但心裡既沒有恭敬心和歡喜心，也沒有認識到佛陀的偉大，甚至持有種種邪見，或者口中雖然念佛，但心裡一直散亂，這樣念佛沒有多大意義，最多種個善根而已，即使喊破喉嚨也得不到解脫的利益。所以念佛的人一定要懂得淨土法門的道理，對阿彌陀佛的宏願、佛號的功德都要有所了解。正因為如此，我才一再提倡佛教徒要系統聞思。不然學佛就流於表面了，我們沒必要為表面上的學佛花費很多時間。

九、敬心拜佛：

拜佛容易敬心難，意不虔誠總是閑，

五體虛懸空費力，骷髏磕破也徒然。

身體拜佛容易，但知道佛陀的功德進而生起歡喜心和恭敬心卻不容易，如果沒有虔誠的信心總是沒有實義，這樣形象上磕頭只是空費力氣，即使身體都磕破了，頭上、手上傷痕累累，也是徒勞無益。

要頂禮佛陀，必須懂得佛陀的功德並對佛陀有信心和

費閑歌釋

恭敬心，這個前提非常重要。否則磕頭雖然有功德，但功德並不大。作者在此處說，沒有信心恭敬心的磕頭一點意義都沒有。《大圓滿前行》中也說，如果思想渙散、隨境所轉，只是身體東倒西歪地頂禮，除了身體白白受累以外沒有任何實義。當然，這樣磕頭並不是一點意義都沒有，從種善根來講有一點功德，只不過不能成為解脫的因。

我坐車時經常看到有些藏族人三步一拜前往拉薩，一方面他們的精神很感人，我們不要說好幾個月在野外磕頭，一天在外面磕頭都很困難，尤其寒冬臘月在雪地裡磕半天頭都冷得不行了，所以人和人的精神力量是完全不同的，但另一方面如果這些人沒有出離心、菩提心、恭敬心，甚至懷有其他目的，這樣磕頭意義不一定很大。

大家磕頭時一定要對佛陀有恭敬心，尤其要認識到佛陀是真正的量士夫，世間沒有一個人能與佛陀相比，不管從智慧、悲心、能力哪方面來講，佛陀都是最偉大的，如果有這樣的虔誠心，哪怕磕一個頭也有無量的功德。

十、誦經解義：

誦經容易解經難，口誦不解總是閑，

能解不依空費力，日誦萬卷也徒然。

口頭上誦經非常容易，但是理解經文的意義卻很難，如果口誦不解總是沒有實義；即使表面上能解釋，但如果沒有按照經典實地行持也是白費力氣，所以關鍵是身體力行，否則日誦萬卷也徒勞無益。

佛說無量壽經廣釋

口中誦《阿彌陀經》、《金剛經》並不是一點功德都沒有，但最重要的是通達經典的意義。《六祖壇經》裡說，法達誦了三千部《法華經》，他覺得自己很了不起，向六祖頂禮時頭沒有著地。六祖呵斥他：「你只是口頭上誦經，並沒有懂得經的意義。」於是六祖讓法達給自己念《法華經》⑲，然後為法達解釋經意，並說偈曰：「心迷法華轉，心悟轉法華，誦經久不明，與義作讎家。無念念即正，有念念成邪，有無俱不計，長御白牛車。」法達聽後言下大悟，讚歎六祖：「經誦三千部，曹溪一句亡。」從此以後，法達既領悟了經中要義，同時也不輟誦經。

我們不管誦任何經典，最好要懂得其中的意義，如果不懂得經意，即使日誦萬卷也只是種一點善根。《法集要頌經》云：「智者尋一句，演出無量義，愚者誦千句，不解一句義。」所以懂意義和不懂意義的念誦差別很大。

以上大概介紹了《費閑歌》。學習這首道歌後，大家要遣除此中所說的不如法之處，以後不管是聞思還是修行，自己的心與行為都要相合於正法。

這次我以個人的淺見解釋了《費閑歌》，這只不過是磚引玉，算是給道友們作一個參考。你們的母語是漢語，如果要你們來解釋，也許能挖掘出更深的意義，所以課後大家應該反覆研究，爭取體會到一些更甚深的道理。

⑲六祖顯現上不識字。

思考題

第一課

1·《無量壽經》在歷史上共有多少個譯本，目前現存有哪幾個譯本？

2·此次傳講唐譯本的原因是什麼？

3·我們對佛經應該持什麼樣的態度？如何看待佛經中的「錯誤」之處？

第二課

1·佛經分為哪幾種？

2·佛經是誰結集的？

3·對於「與大比丘眾萬二千人俱」，各個經中有哪些不同說法？你如何看待這些不同的說法？

4·請介紹三迦葉兄弟。

5·請介紹文殊菩薩。

6·請解釋十二相。

第三課

1·請介紹菩薩的幻變功德。

2·什麼是因陀羅網？此處比喻什麼？

3·什麼是三摩地？什麼是佛華三昧？

4·什麼是實際？

佛說無量壽經廣釋

5・請結合惟信禪師的教言談談入世和出世。

6・什麼是不請友？我們應該怎樣利益眾生？

第四課

1・佛陀從哪三個方面讚歎阿難的提問？

2・為什麼如來善能開示無量知見？為了說明如來具足徹知萬法的智慧，經中用了什麼樣的比喻？

3・請列舉經中提及的十位古佛的名號。

4・請解釋如來十號。

5・解釋「如來無量無邊光，舉世無光可能喻，一切日月摩尼寶，佛之光威皆映蔽。」

6・解釋「世尊能演一音聲，有情各各隨類解，又能現一妙色身，普使眾生隨類見，戒定慧進及多聞，一切有情無與等。」

7・解釋「心流覺慧如大海，善能了知甚深法，惑盡過亡應受供，如是聖德惟世尊。」

8・解釋「雖恆處地獄，不障大菩提，若起自利心，是大菩提障。」

第五課

1・解釋「阿耨多羅三藐三菩提」。

2・世間自在王如來說：「汝應自攝清淨佛國。」這句話蘊含了什麼意義？為什麼佛陀這樣說了以後，法處

思考題

550

比丘還要讓佛陀為他宣說清淨佛國？

　　3‧世間自在王如來說法的時間多長？法處比丘思維的時間多長？你對此有何感受？

　　4‧請結合教證和公案，說明右繞的功德。

第六課

　　1‧複述並解釋國無惡趣願。

　　2‧請結合不墮惡趣願比較極樂世界和其他剎土的優劣。

　　3‧有人對於極樂世界有情皆為金色膚色心存懷疑，如何遣除這種懷疑？

　　4‧極樂世界的眾生形貌無有美醜之別，這有什麼重要意義？

　　5‧什麼是宿命通？具足宿命通對修行人有什麼意義？

第七課

　　1‧結合《經莊嚴論》的觀點，簡述如何方能現前神通？

　　2‧解釋「世間所有諸恐怖，皆從我見我所生，若能斷除我我所，一切恐怖無所依。」

　　3‧有些大德說極樂世界有凡夫，而有些大德則說極樂世界沒有凡夫，這兩種觀點矛盾嗎？你是如何看待這個問題的？

佛說無量壽經廣釋

第八課

1·複述並解釋諸佛讚歎願，為什麼法處比丘發願要讓諸佛讚歎他的國土？

2·複述並解釋十念往生願，並詳細解釋往生淨土的兩大障礙。

3·複述並解釋臨終接引願，請指出該願中的往生四因。

4·看了商丘開的故事，你有何感想？這對你修淨土法有何啟示？

第九課

1·複述並解釋一生補處願。

2·複述並解釋供養諸佛願。

3·複述《大寶積經》中目犍連尊者的公案，這個公案說明了什麼道理？

4·複述並解釋善說佛法願。

5·現在有些人講經說法時經常摻雜世間的內容，你如何看待這種現象？你覺得應該怎樣宣說佛法？

6·複述並解釋得金剛身願。

第十課

1·複述並解釋莊嚴無盡願。

2・複述並解釋無量色樹願。

3・什麼是無礙解？請解釋四種無礙解。

4・複述馬鳴菩薩皈依佛教的公案，這個公案說明了什麼道理？

5・複述並解釋徹照諸剎願。

第十一課

1・複述並解釋觸光安樂願。

2・世間的光和佛光有何區別？

3・解釋四種陀羅尼。

4・根據《大乘莊嚴經論》的觀點，怎樣才能得到陀羅尼？

5・複述並解釋聞名轉男願。

6・遠離女身必須修哪八種法？

7・學習了《大智度論》中述婆伽的公案後，你有何體會？你打算如何對治貪欲？

第十二課

1・複述並解釋人天禮敬願。

2・複述並解釋妙衣在體願。

3・複述並解釋樂如漏盡願。

4・複述並解釋樹現諸剎願。

佛說無量壽經廣釋

第十三課

1．複述並解釋聞名富貴願。

2．解釋「修福不修慧，象身掛瓔珞。修慧不修福，羅漢應供薄。福慧二莊嚴，乃能成正覺。」

3．複述並解釋增上善根願。

4．解釋「若人無善根，不得聞是音，曾供無量佛，今得聞佛名。」

5．複述並解釋得三摩地願。

6．複述並解釋隨願聞法願。

7．複述並解釋聞名不退願。

8．複述並解釋聞名得忍願。

9．請解釋三忍。

第十四課

1．解釋「正覺大醫王，善投眾生藥，究竟除眾苦，不復受諸有。」

2．解釋「我證菩提坐道場，名聞不遍十方界，無量無邊異佛剎，不取十力世中尊。」

3．解釋「願獲如來無量光，普照十方諸佛土，能滅一切貪恚癡，亦斷世間諸惡趣。」

4．解釋四種顛倒。

5．什麼是真正的導師？怎樣才能成為真正的導師？

第十五課

1.根據「具足莊嚴威德廣大清淨佛土」，請比較淨土和穢土的差別。

2.學習「於諸眾生，常樂愛敬，猶如親屬，其性溫和，易可同處」這段經文後，你在做人方面有何感想？

3.有些人說：「藏傳佛教講四皈依，這有什麼教證依據呢？」請回答。

4.為什麼要先奉事師長，之後才敬佛法僧？

《無量壽經》思考題

第十六課

1.阿彌陀佛在因地是如何守護語言的？

2.解釋「自於佛法中，如佛所教住，悲心不含法，亦令他得住。」

3.略述《佛說濟諸方等學經》中的公案，學習此公案後你有何收穫？

4.為什麼世間的生活難以完全避免惡業？既然如此，我們應該怎麼辦？

5.修行人應該如何面對生活中的痛苦？

第十七課

1.聽聞淨土法門是需要很大福報的，請以教證說明此理。

佛說無量壽經廣釋

2・請介紹阿彌陀佛的不可思議光明。

3・列舉無量壽佛的十四種異名。

4・複述關於極樂世界聲聞數量不可思議的兩個比喻。

第十八課

1・簡述苦樂轉為道用的修心法。

2・請簡單介紹極樂世界的七寶樹。

第十九課

1・請介紹極樂世界菩提樹的功德。

2・為什麼極樂世界的眾生見到菩提樹後能獲得三種安忍？

3・為什麼我們這個世界的環境高低不平、粗糙不堪，而極樂世界的環境非常平坦、細柔悅意？

4・既然極樂世界沒有須彌山，那極樂世界的四天王天與三十三天的天人依何而住？

5・請介紹極樂世界河流的功德。

第二十課

1・極樂世界的河流中能發出什麼樣的法音？聽到這些聲音後有什麼利益？

2・為什麼阿彌陀佛的國土名為極樂？

3・極樂世界的眾生，或已生或現生或當生，都具足什麼樣的福報？

4・極樂世界的食物有何特點？

5・本課用了什麼樣的對比來襯托極樂世界眾生的廣大福德？

第二十一課

1・極樂世界的風有何功德？

2・請描述極樂世界飄花成聚的狀況。

3・請描述極樂世界的七寶蓮花。

4・為什麼極樂世界的眾生都能究竟獲得無上大菩提、到達大涅槃地？

5・請解釋上輩往生。

第二十二課

1・請解釋中輩往生。

2・請解釋下輩往生。

第二十三課

1・請解釋「告成如所願，了諸法如幻，佛國猶夢響，恆發誓莊嚴，當成微妙土。」

2・為什麼極樂世界的有些菩薩不願意很快成佛，而願意以菩薩身分在世間度眾生？

佛說無量壽經廣釋

3・往生極樂世界的菩薩都具足什麼功德？

4・極樂世界的菩薩雖然有在輪迴中投生，但他們有自相的痛苦嗎？請結合教證和比喻加以分析。

第二十四課

1・極樂世界的菩薩在供品方面具足什麼樣的自在？

2・什麼是善修習、善攝取、善成就？

3・極樂世界菩薩的語言有何特點？

4・極樂世界的菩薩有那些善心？

5・什麼是五眼？解釋極樂世界菩薩五眼的功德。

6・解釋「若於法明了，則厭五欲樂，彼善降其心，能破諸煩惱。」

第二十五課

1・解釋「光明普照無邊功德，燒煩惱薪方之於火，不為善惡之所動搖，心靜常安猶如大地。」

2・解釋「不著世間猶如風，養諸有情猶如地，觀諸世界如虛空，荷載眾生猶如良乘，不染世法譬之蓮花。」

3・解釋「常行慈悲心，恆有信恭敬，慚愧功德備，晝夜增善法。」這個教證中蘊含了什麼竅訣？

4・解釋「虛空可度量，海水可渧數，菩薩功德海，無可為譬諭。」

第二十六課

1‧解釋「一心恭敬信，出世勝導師，無量百千劫，不墮諸惡道。」

2‧本經中阿難和彌勒菩薩的出場次序有何密義？

3‧以何因緣極樂世界有胎生者和化生者？

4‧請複述極樂世界胎生者的比喻。

第二十七課

1‧既然極樂世界的蓮花胎中清淨無穢，沒有任何不可樂之事，為什麼裡面的眾生不生欣樂？

2‧想實現什麼心願的菩薩應該聽聞《無量壽經》？

第二十八課

1‧既然彌勒菩薩是十地菩薩，為什麼釋迦牟尼佛還要反覆叮囑他不要對《無量壽經》生起疑惑？

2‧護持佛法有何功德？

3‧解釋「若於福德初未修，終不聞斯微妙法，勇猛能成諸善利，當聞如是甚深經。」

4‧解釋「懈怠邪見下劣人，不信如來斯正法，若曾於佛殖眾善，救世之行彼能修。」

5‧解釋「人趣之身得甚難，如來出世遇亦難，信慧多時方乃獲，是故修者應精進。」

6‧解釋「若人得信慧，是寶最第一，諸餘世財利，

佛說無量壽經廣釋

不及是法寶。」

7·什麼樣的人是釋迦牟尼佛因地的朋友？

8·你對弘揚《無量壽經》有何想法？

《醒世歌》思考題

1·解釋「休將自己心田昧，莫把他人過失揚，謹慎應酬無懊惱，耐煩作事好商量。」

2·從「從來硬弩弦先斷，每見剛刀口易傷」的現象中，你體悟到怎樣的為人處世之理？

3·談談你對吃虧、讓步的看法。

4·解釋「人從巧計誇伶俐，天自從容定主張，諂曲貪嗔墮地獄，公平正直即天堂。」

5·解釋「多求則為苦，少欲則安隱，為安應少欲，況求真解脫。」

6·明白了人生只是一場戲的道理後，你打算如何度過自己的人生？

《費閑歌》思考題

1·講經說法要避免哪兩種情況？

2·解釋「愚癡無戒人，起增上散亂，相續造諸罪，去地獄非遠。」

3·學習性空比丘的公案後你有何體會？今後你打算如何修行？

3．傲慢有何過失？請引用教證和公案加以說明。

4．有人說：某人閉關很多年了，所以他很了不起。這種說法對嗎？為什麼？

5．什麼樣的念佛容易？什麼樣的念佛難？

佛說無量壽經廣釋

思考题

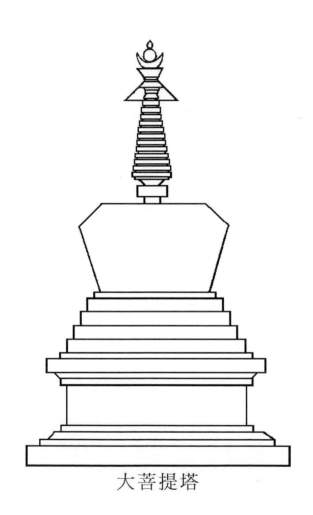

大菩提塔